OS PRIMITIVOS
COLONIZADORES NORDESTINOS
E SEUS DESCENDENTES

Carlos Xavier Paes Barreto

OS PRIMITIVOS COLONIZADORES NORDESTINOS E SEUS DESCENDENTES

2ª. edição

Rio de Janeiro

2010

Copyright© 2010 por **Carlos Xavier Paes Barreto e Noemia Paes Barreto Brandão**

Título Original:
Os Primitivos Colonizadores Nordestinos e Seus Descendentes

Editor-chefe:
Tomaz Adour

Revisão:
Sonia Camara

Editoração Eletrônica:
Bernardo Franco

Capa:
Eduardo Nunes

Conselho editorial:
Tomaz Adour
Barbara Cassará
Waldomiro Guimarães Jr.

Barreto, Carlos Xavier Paes, 1881-1969
Os primitivos colonizadores nordestinos e seus descendentes/Carlos Xavier Paes Barreto – 2.ed. revista – Rio de Janeiro: Editora Usina de Letras, 2010.

400 p.: il.
Inclui Bibliografia e índice

ISBN 978-85-62851-67-4

Contém bibliografia.
1. Brasil – Biografia – História

CDU 920

Usina de Letras
Rua Conde de Irajá, 90 - Botafogo – (021) 2539-7909
    Rio de Janeiro – RJ – CEP: 22271-020
SCS Quadra 01 Bloco E - Ed. Ceará sala 809
    Brasília – DF – CEP: 70303-900
www.editorausinadeletras.com.br

NOTA DO EDITOR

Esta edição é uma reedição da obra original "Primitivos Colonizadores Nordestinos e seus descendentes" de Carlos Xavier Paes Barreto, publicada em 1956 pela Editora Melso Soc. Anônima do Rio de Janeiro. Não houve qualquer modificação no texto, respeitando integralmente a edição do autor.

O objetivo desta reedição é atender a centenas leitores que buscam exemplares esgotados da edição original, que se tornou de estudo obrigatório para qualquer pesquisa sobre genealogia e a história das famílias originais que fizeram a colonização do Brasil.

O livro foi organizado pela filha do autor, Noemia Paes Barreto Brandão e o único acréscimo são poucas notas de rodapé da organizadora respondendo à questionamentos sobre algumas informações citadas na edição original. Não foi objetivo da organizadora reescrever o livro e sim o reeditar respeitando integralmente a edição original. Por isso, o texto é como um facsímile da versão original e cabe aos novos pesquisadores aprofundarem suas pesquisas a fim de poder dirimir quaisquer dúvidas.

Esta edição terá um tiragem limitada e caso seja necessário, novas edições serão feitas, com possíveis revisões, caso a organizadora e a editora julguem necessário.

Tomaz Adour
Editor

NOTA DA ORGANIZADORA

Passados cinquenta e quatro anos de publicada esta obra e esgotada a edição, a procura por ela ainda tem sido grande, tantos são os pedidos feitos à família do autor.

Urge uma reedição. Assim sendo, eu, Noemia Paes Barreto Brandão, filha do autor, reedito este livro tão bem aceito pelo público, principalmente os nordestinos, desejosos de conhecer mais a nossa história passada **"na paz e na guerra, na terra e na água, na política e na administração, no cultivo da terra e no amor à pátria, na casa grande e na senzala"** e em torno das grandes famílias nordestinas, nas quais se situa a Estirpe Paes Barreto que tanto contribuiu, em lutas memoráveis, para o engrandecimento de Pernambuco.

Esta obra teve apreciação de renomados sociólogos, historiadores, escritores, pesquisadores e genealogistas, tais como:

Gilberto Freyre: "O Desembargador Carlos Xavier Paes Barreto deixa-nos entrever muita intimidade significativa do passado pernambucano. Do passado da aristocracia pernambucana que teve no sul do Estado suas raízes rurais mais profundas e seus rebentos mais vigorosos e nos Paes Barreto uma de suas expressões mais autênticas."

Othon Costa: "...Este livro terá o destaque natural por um dos nossos mais lúcidos historiadores contemporâneos. É uma obra de erudição e de amor. A obra historiográfica é bastante valiosa e a ela terão de recorrer todos aqueles que pretendem estudar o nosso passado. O Desembargador Carlos Xavier é um dos nossos melhores e mais autorizados genealogistas. Escreveu uma obra de incontestável valor literário e que se destaca, sobretudo, pelas suas minuciosas e exatas pesquisas em torno da opulenta nobiliarquia pernambucana... Com as suas bem detidas e escrupulosas investigações, descreveu a boa qualidade e procedência dos homens que organizaram, com a vida social e econômica, a aristocracia rural do nordeste, particularmente de Pernambuco... A sua contribuição para os estudos dessa natureza é realmente preciosa e meritória..."

General Tristão Alencar Araripe, Ministro do Superior Tribunal Militar: ..."Quanto trabalho profundo! Quanta atividade! Quanto amor à terra e à gente. Obra de genealogista insigne e de pura gema! Seu trabalho, de grande fôlego, confirma o batalhador de escol, de que ouvi falar em minha terra...";

Ten. Cel. Henrique Oscar Wederspahn – ..."Apreciei imensamente o trabalho de V.Exa. porque representa algo que age uma área vastíssima girando em torno da especialização sobre os Paes Barreto do Cabo de Santo Agostinho. Tudo que conheço sobre esta linhagem varonil ininterrupta de V. Exa. eu o bebi quase exclusivamente nos trabalhos de V.Exa... e que rebusquei nos "Colonizadores Nordestinos...";

Raul Monteiro: ..."O Desembargador Carlos Xavier Paes Barreto é, sem dúvida, singular afirmação de homem de letras que se biparte entre o Direito e a História. Criminalista e historiador dos mais cultos e perspicazes... Devemos agora, porém, nos ater aos seus afamados méritos de historiador que com a publicação de *"Os Primitivos Colonizadores Nordestinos e seus Descendentes"* acaba de enriquecer as nossas letras eruditas... Grande obra... bastante valiosa e que a ela terão de recorrer todos aqueles que pretendem estudar o nosso passado, principalmente, no que concerne à história de Pernambuco. Ele tem sabido não apenas honrar, mas engrandecer, graças à têmpera do seu caráter, à polpa de sua cultura e a acuidade do seu espírito...";

Walter Wanderley – "...Ao escrever meu livro, *data vênia*, citei muito o seu excelente livro *"Os Primitivos Colonizadores Nordestinos"* que me foi de grande valia... Há trechos do seu livro que eu cito por inteiro para não deturpar o seu pensamento... especialmente aquela que se refere a Cotegipe como pernambucano, baiano e mineiro...";
Eros de Moura: ..."Acabei de concluir a leitura do seu livro *"Primitivos Colonizadores Nordestinos e seus Descendentes"*. Está classificado como uma das obras que mais terei de consultar daqui por diante...";

Eloi Angelos Ghio – "Carlos Xavier – homem de múltiplos talentos, se tornou um ícone nacional, convém estudar sua genealogia, tendo por base seus estudos pessoais em obras de valor inestimável como *"Primitivos Colonizadores Nordestinos e seus Descendentes"*. Esta obra nasceu como um diamante lapidado por ourives ilustríssimos resistentes às intempéries do tempo e da crítica especializada.";

Rubens Ferraz de Oliveira: "Há poucos dias adquiri o seu livro "Os Primitivos Colonizadores Nordestinos e seus Descendentes" e confesso fiquei encantado com a precisão, a clareza e o interesse dos assuntos tratados";

Sônia Maria Xavier de Araújo – Ulrich – "...Todo nordestino devia agradecer ao autor desta obra *"Os Primitivos Colonizadores Nordestinos e seus Descendentes"* por ter nela encontrado as suas raízes e que até hoje está servindo aos pesquisadores e estudiosos de nossa história";

Editora Melso S/A, GM. "...Obra de pesquisa, uma preciosa síntese da colonização nordestina, a qual oferece uma verdadeira revisão histórica em relação a muitos dos seus principais episódios, estudando detidamente os seus grandes vultos. O livro, que apresenta também estudos sobre algumas das grandes famílias nordestinas que se destacaram na colonização, apresenta ainda aspectos salientes e curiosos de nossa vida social e econômica primitiva... O autor dispensa maiores considerações sobre suas produções literárias, culturais e científicas e este livro oferece uma obra de interesse histórico e sociológico que vai atender aos estudiosos dos problemas históricos e sociais e também do nosso desenvolvimento populacional e econômico"[*]

---

[*] Correio da Manhã, outubro de 1956, GM.

NOS 50 ANOS DE
"OS PRIMITIVOS COLONIZADORES NORDESTINOS E SEUS DESCENDENTES"

Nos cinquenta anos de publicação de "**Os primitivos colonizadores nordestinos e seus Descendentes**", a talentosa genealogista alagoana, Sônia Maria Xavier de Araújo-Ulrich, pesquisadora responsável pelo Projeto Resgate Barão do Rio Branco, na Bélgica, convidou-me para comemorar a efeméride, homenageando a figura do autor e fazermos juntas, o primeiro *workshop* de genealogia, convocando para isso representantes de cada estado do norte do Brasil a fim de apresentar trabalhos relativos a seu torrão natal.

Abrindo a sessão:

"Sou Sônia Maria Xavier de Araújo-Ulrich, pesquisadora responsável pelo Projeto-Resgate de Documentação Histórica Barão do Rio Branco, na Belgica, onde resido há dez anos.

Estamos comemorando os cinquenta anos de "Primitivos Colonizadores Nordestinos e Seus Descendentes", esgotado, de autoria do genealogista Desembargador Carlos Xavier Paes Barreto.

Foi este o primeiro livro de genealogia que tive em mãos e que acaba de completar 50 anos. Confesso que me empolguei ao lê-lo. Com ele pude chegar às minhas raízes. Desde aí me dedico ao estudo da genealogia.

Todos nós, genealogistas nordestinos, devemos um preito de agradecimento ao autor dessa obra, pelo ensejo que tivemos de pesquisar seus trabalhos genealógicos que sua filha Noemia, gentilmente, nos permitiu.

Este é, também, o primeiro workshop sobre a Genealogia Nordestina em que deverão se pronunciar os representantes dos Estados do norte do Brasil."

Abrindo a sessão, Sônia dedicou a primeira parte ao homenageado, com o título:

"Quem foi Paes Barreto?

Em seguida, deu a palavra ao insigne jornalista, escritor, acadêmico Francisco Nobre de Almeida, Presidente da Federação das Academias das Letras do Brasil, que, em frente ao busto do Desembargador Carlos Xavier Paes Barreto, exaltou a erudição, cultura e o profundo conhecimento do homenageado sobre a nossa história, assim como, a sua operosidade e eficiência quando Presidente, Vice-Presidente e orador daquela Casa de Cultura.

m seguida, coube ao renomado jornalista e historiador Reynaldo Leite Paes Barreto, Vice-Presidente do Jornal do Brasil, sobrinho-neto do autor, discorrer sobre as raízes da Família Paes Barreto, descendente do Morgado do Cabo, que o fez com profundo conhecimento, erudição, voz altiva de eloquente orador, ao final muito aplaudido.

O terceiro orador, Dr.Marcelo Paes Barreto, Chefe da Defensoria Pública do Estado do Espírito Santo, também sobrinho-neto de Carlos Xavier, discursou oralmente, com proficiência, entusiasmo e emoção, apontando fatos inusitados do biografado como o de ter sido um dos primeiros a falar sobre a independência feminina e o primeiro a apresentar o projeto sobre os Direitos Autorais dos Escritores, incumbido que fora pela Federação das Academias de Letras do Brasil e como Presidente da Sociedade dos Escritores Nacionais, projeto entregue ao criminalista Alcântara Machado que, em carta, agradeceu ao autor "a excelência do trabalho". Realçou, ainda Marcelo, as grandes qualidades intelectuais e morais do tio, sobretudo, a bondade, a generosidade, no que muito sensibilizou os parentes e ouvintes sendo muito ovacionado.

Por último, o conhecido genealogista Carlos Eduardo de Almeida Barata, insigne Presidente do Colégio Brasileiro de Genealogia, autor do renomado "Dicionário das Famílias Brasileiras", leu trechos da correspondência genealógica de Paes Barreto com diversos genealogistas: Orlando Cavalcanti, Eugênio Mendonça, Carolina Nabuco, Terezinha Caldas, Cel. Oscar Henrique Wederspahn, Adalgisa Cavalcanti, Sebastião do Rego Barros, Wanderley de Pinho e outros.

A segunda etapa do evento foi dedicada à genealogia das famílias nordestinas em que foram apresentados valiosos trabalhos de representantes dos seguintes Estados:

Alagoas: Sônia Maria Xavier de Araújo; **Bahia:** Christovão Dias de Ávila Pires Jr.; **Ceará**: Francisco Augusto de Araújo Lima; **Maranhão:** Desembargador Milson Coutinho; **Paraíba**: Dr. Fábio de Arruda Lima; **Pernambuco**: Reynaldo José Carneiro que, impossibilitado, não compareceu; **Piauí;** Renato Arariboia de Brito Bacelar; **Rio Grande do Norte**: Dr. Paulo Fernando de Albuquerque Maranhão; **Sergipe**: Dr. Ricardo Teles de Araújo e "**Por uma Escola Brasileira de Genealogia**": Dr. Gilson Caldweil Nazareth.

Em nome da Família Paes Barreto, agradeci a tão significativa homenagem a meu pai sentindo-me orgulhosa de vê-lo, depois de 38 anos de falecido, ressurgir. Surpresa, por ter partido esse tributo de Sônia Maria Xavier de Araújo-Ulrich que não o conheceu em vida, mas reconheceu a sua obra.

Noemia Paes Barreto Brandão

Ao leitor

Carlos Xavier Paes Barreto

O presente trabalho constituiria o 5º volume de "Genealogia Nordestina". Infelizmente não foi possível a publicação integral da obra.

Aceitamos a sugestão do "ilustre diretor do Instituto Nacional do Livro", aproveitando a parte referente aos primitivos colonizadores nordestinos e seus próximos descendentes.

Apresentamo-los com vícios e virtudes, desfazendo-os, entretanto, das injustas acusações dos pósteros.

Não poucos são os que lhes atiram apodos e opróbios, chamando-os de ditadores, violentos, autoritários, arrogantes, antiemancipacionistas, ignorantes, de vida ociosa e sem apego ao bem comum. Esquecem-se os detratores de que não é possível julgar os homens senão procurando o observador colocar-se, espiritualmente, no momento histórico em que eles viveram e produziram.

E quem, mentalmente, transportar-se aos primeiros séculos de posse portuguesa no solo pernambucano, verificará que a maior soma de defeitos, então vigorantes, obedece ao ambiente social.

Mas, mesmo dentro dos usos e costumes da época, os desbravadores exerceram atuação firme e segura nas lutas pela proteção da capitania, ameaçada por flamengos, ingleses e franceses; em prol da integridade territorial do Brasil, contra o Paraguai e Argentina, e na defesa do próprio reino.

Tiveram papel preponderante no desenvolvimento de todo o nordeste, com ramificações no norte, levando concurso decisivo a Sergipe, Paraíba, Rio Grande do Norte, Ceará, Piauí, Pará, Maranhão e Amazonas.

Praticaram atos de renúncia e filantropia e mostraram ardor cívico e altivez desmedida, em busca de autonomia e contra governos prepotentes.

Revelaram amor pelas letras e engrandeceram a agricultura.

Pode ser censurável a aristocracia rural, latifundiária e escravocrata que organizaram. Inegável é, porém, o progresso que ela trouxe à donatária de Duarte Coelho que, tirante a de Martim Afonso, foi a única salva do naufrágio administrativo.

Analisamos os serviços realizados na paz e na guerra, em terra e nas águas, na política e na administração, no cultivo da terra e no amor à pátria, na casa grande e na senzala.

Apreciamos os vultos, no seu equilíbrio mental e nas deficiências e taras, na feição etnológica agro-luso-aborígene e no choque provocado pela mistura de sangue italiano, notadamente florentino; britânico, francês, escocês, alemão, holandês, sobretudo da Baviera, e israelita.

Confrontamos esses com os elementos de formação lusitana, procurando as antigas estirpes de Astúrias, Navarra, Catalúmbia, Lalença, Aragão, Mairoca, Biscaia, Barcelona e Castela, por sua vez mescladas com godos, ostrogodos, visigodos, entre muitos ou-

tros que constituíram o trono de Afonso Henriques, e que, especialmente, do Minho e da Madeira, vieram para Pernambuco e dos Açores para o Ceará.

Acompanhamo-los quando se fundiram na península ibérica que levou de novo Portugal à Espanha.

Os velhos povoadores são apresentados no esplendor de benemerência e nos infortúnios dos erros; nas manifestações espontâneas e nas determinadas por complexos; no gesto de abnegação e nos de egoísmo; nas ações meditadas e nas de boemia; nas ligações legítimas e nas extralegais.

Penetramos na biologia para pesquisar dados decorrentes de uniões antieugênicas e das oriundas de longevidades e de renovação de parentescos; na história para investigar origens de nomes e apelidos e no folclore, afim de assinalar fatos, reais e lendários, atribuídos aos vetustos ancestrais.

PREFÁCIO

O autor deste livro, cujo nome há muito se impôs ao respeito e à admiração dos homens cultos deste país, é, pelo seu saber e pelos múltiplos aspectos de sua fascinante personalidade, uma das figuras mais representativas de nossa cultura contemporânea. Jurista, magistrado e mestre de direito dos mais notáveis, não há hoje, entre nós, quem não conheça e proclame sua autoridade em vários ramos da ciência jurídica, sobretudo no âmbito da criminologia em que granjeou, com os seus estudos e investigações, uma reputação magistral que o situou, com justiça, entre os mais eminentes criminologistas dos nossos dias.

Assinalando, de início, esses aspectos de sua intensa e onímoda atividade intelectual, não quero, de modo algum, afirmar que o conhecido e douto magistrado se tenha fixado exclusivamente no campo do direito, sem que o seu cintilante e vigoroso espírito haja sido solicitado para outros domínios da investigação e da cultura. Quem estuda a obra, copiosa e erudita, do Desembargador Carlos Xavier Paes Barreto, observa, desde logo, que as preferências de seu espírito se voltaram para os estudos históricos, pelos quais, de resto, tem mantido uma admirável e significativa fidelidade, desde a publicação, em 1914, de seu primeiro livro – "Formação da nacionalidade brasileira". Esse pendor para a história não podia deixar de ser natural em um pernambucano, da melhor cepa genealógica, que havia passado pela velha Escola de Recife, saturando o seu espírito, ao contato da profunda fermentação cultural que ainda ali perdurava, com as vigorosas e sugestivas tradições daquela nobre e encantadora cidade nordestina, que representa, por certo, o mais belo marco de nossa evolução histórica.

A obra historiográfica do Desembargador Carlos Xavier é bastante valiosa e a ela terão de recorrer todos aqueles que pretendem estudar o nosso passado, principalmente no que concerne à história de Pernambuco e Espírito Santo. Há uma obra de sua autoria – "FERIADOS DO BRASIL" – que se tornou, por assim dizer, clássica em nosso país, e que pode ser colocada, pela sua utilidade e autoridade, ao lado das "EFEMÉRIDES BRASILEIRAS" do Barão do Rio Branco.

Todavia, a sua obra de maior vulto, aquela que fixará, de futuro, a sua posição definitiva entre os nossos grandes historiadores, assegurando-lhe ainda a primazia entre os linhagistas brasileiros, é a "Genealogia Nordestina", cuja importância, utilidade e alta significação histórica podem ser aquilatadas pelo presente trabalho, que constitui apenas um dos volumes daquela obra erudita e monumental.

ALBERTO TORRES, por certo, exagerou ao afirmar que o Brasil não tem história, embora o eminente sociólogo justificasse o seu conceito pessimista pela ausência de uma unidade moral, que "a unidade política está longe de produzir". Mais preocupado com os problemas da organização nacional do que com os fatos, um tanto tumultuosos, de nossa formação histórica, Alberto Torres via em nossa evolução política e social um processo de adaptação de cultura estranha às nossas realidades, uma simples civilização de empréstimo, sem as características de "um crescimento regular". Entendia o preclaro sociólogo que os países de origem colonial se formam, desordenadamente, por uma adequada disposição psíquica, pela "avidez sem freio dos aventureiros". A nossa evolução, a seu ver, se operou mais em função da geografia do que da história.

Alberto Torres, na realidade, estudou o nosso passado como sociólogo e não como historiador. Nas suas interpretações, indubitavelmente magistrais, preocupou-se particularmente com as instituições políticas e com a morfologia social, sem examinar, mais detidamente, a associação dos fatos e acontecimentos de nossa vida histórica. Foi esta, sem dúvida, a razão porque, sob este aspecto, nos deu um retrato do Brasil quase tão pessimista como o que PAULO PRADO nos deixou no seu famoso livro.

Uma nação, como depõe GASTON BOUTHOUL, constitui-se "à travers une histoire qui laisse toujours quelques strates, traces et survivances dans les structures et dans les sprits". O nosso país tem, com efeito, a sua história, em que há episódios dos mais sugestivos e de que ficaram, em sua estrutura material e espiritual, os mais diversos e profundos vestígios. Um desses episódios é o da epopeia bandeirante, que se tornou um dos assuntos mais frequentes e apaixonantes dos nossos historiadores, romancistas e sociólogos, e que, ainda há pouco, inspirou ao Sr. VIANNA MOOG o admirável livro "Bandeirantes e Pioneiros", no qual assinala, com erudição e sagacidade, os confrontos e contrastes entre as civilizações brasileira e norte-americana. Um outro episódio de não menor sedução histórica e, por certo, do maior interesse sociológico, pela sua maior complexidade, é o da colonização do nordeste, que teve por centro a donatária de Duarte Coelho, inegavelmente o mais hábil dos nossos colonizadores, na lúcida observação de João Ribeiro.

A colonização do Brasil caracterizou-se, na realidade, pela improvisação. A sua divisão em capitanias hereditárias foi, sem dúvida, um imperativo das enormes dificuldades com que lutava a metrópole, ao desenganar-se das fabulosas riquezas da Índia. Tendo que tomar posse efetiva da colônia, que começava a ser cobiçada por outros países europeus, a coroa portuguesa não queira, como acentua J. Lucio de Azevedo, empenhar o seu próprio cabedal nessa aventura. Das capitanias, somente as de Pernambuco e S. Vicente viriam a prosperar: a primeira por circunstâncias que independeram de seu donatário, Martim Afonso de Souza, que logo a abandonou pela sedução da Índia, e a segunda graças às excelentes qualidades de administrador e colonizador de Duarte Coelho, "que, antes de ilustrar-se no Brasil, como nota Oliveira Lima, ganhara reputação de soberania e valentia na Ásia".

Portugal, que havia sido um país agrário, como toda a Europa medieval, ainda antes de findar a Idade Média começou a exercitar os seus pendores náuticos, que o levariam, mais tarde, às suas célebres aventuras marítimas e às suas intrépidas conquistas ultramarinas. Ao iniciar-se a colonização do Brasil, o povo lusitano estava dominado pelo espírito mercantil e aventureiro de uma nação imperialista e conquistadora. Foi com esse espírito que os homens de prol, aquinhoados com as extensas capitanias por D. João III, se transferiram para o Brasil, quando este rei quis pôr em prática o plano colonizador sugerido por Diego de Gouvêa.

Das duas únicas capitanias que lograram vingar, apenas uma, a de Pernambuco, deveu a sua prosperidade ao respectivo donatário. Os historiadores, em geral, observam que essa capitania foi favorecida, entre outros fatores, pela sua maior proximidade da Europa e pelo mais fácil contato com a África para a aquisição de escravos. Há um outro fator, porém, de inequívoca preeminência: é a "qualidade do elemento colonizador", como observa Gilberto Freyre nos seus exatos estudos ecológicos, "gente boa e sã, habituada à vida rural e ao trabalho agrícola".

Tudo isso encontramos exaustivamente demonstrado no magnífico livro do Desembargador Carlos Xavier. Enquanto os outros donatários, fascinados pelo exemplo da Índia, se aniquilavam no ilusório e delirante afã de riquezas ainda não reveladas, Duarte Coelho, constituindo e revigorando a sua Nova Lusitânia, em moldes estritamente feudais, voltou-se fielmente para a exploração da terra, lançando, com a indústria açucareira, os sólidos fundamentos econômicos da nova colônia portuguesa e as bases de uma nova civilização. O sagaz e experimentador colonizador compreendeu que somente a sua fidelidade à terra, como faziam os seus ancestrais da velha monarquia rural portuguesa, lhe daria as possibilidades de seu inteiro domínio e a plena vitória de seu empreendimento. Somente a terra podia então oferecer as bases de uma rudimentar organização social e econômica.

Demonstrando a inconsistência de algumas generalizações de Vicente Ferrer, na "Guerra dos Mascates", o Desembargador Carlos Xavier escreveu uma obra de incontestável valor literário e que se destaca, sobretudo, pelas suas minuciosas e exatas pesquisas em torno da opulenta nobiliarquia pernambucana. Uma das acusações feitas a Duarte Coelho é que ele administrava ditatorialmente. O autor de "O Rio Formoso" mostra que essa imputação é ingênua e que "não é possível julgar os homens sem que nos situemos na época em que eles viveram". O donatário pernambucano e os homens que com ele vieram, como todos os demais que foram investidos do rude encargo de colonizar o novo domínio lusitano, não podiam proceder de outra maneira. A lei suprema da evolução, como evidencia Gumplowicz, é o instinto de conservação. No estado de primitivismo bárbaro em que se encontrava o Brasil, a mais rudimentar organização social, ou sequer o mais embrionário núcleo de povoamento, dependia da força, do arbítrio e da violência. Von Ihering mostrou isso em relação ao primitivo mundo romano. Duarte Coelho foi necessariamente um patriarca, embora, mais do que ele, o tenha sido o seu famoso cunhado Jeronymo de Albuquerque, figura sugestiva e de inegável preeminência nesse novo mundo, que ele tanto concorreu para povoar e fortalecer. Paulo Prado sublinha que Jeronymo de Albuquerque, foi "o chefe e o patriarca de um dos três núcleos de povoamento e mestiçagem" desse período inicial.

Estudando a origem e a evolução das principais famílias dos colonizadores nordestinos, o Desembargador Carlos Xavier não se preocupou em fazer ressaltar somente as suas qualidades, posto que ponha em manifesto, com as suas bem detidas e escrupulosas investigações, a boa qualidade e procedência dos homens que organizaram, com a vida social e econômica, a aristocracia rural do nordeste, particularmente de Pernambuco.

Fazendo investigações acerca de nomes e apelidos dessas famílias, acentuando imparcialmente os seus desvios e as suas ligações antieugênicas, o autor, imprimindo maior interesse histórico e folclórico ao seu trabalho, notou e comentou, com admirável senso psicológico, todos os fatos, reais e lendários, atribuídos a essas estirpes colonizadoras.

Oliveira Lima foi certamente injusto ao asseverar que a influência holandesa no Brasil setentrional foi nula. O Desembargador Carlos Xavier, judiciosamente, discorda e salienta, com os melhores fundamentos históricos, que essa influência foi decisiva na civilização pernambucana. Nassau foi, inegavelmente, um idealista, como depõe o autor deste livro. Recebendo da poderosa Holanda de então, através da Companhia das Índias Ocidentais, a incumbência de uma simples exploração comercial, tão ao gosto do espírito prático das grandes nações marítimas, preocupou-se muito mais "em implantar uma civilização", de que ficaram vestígios bem nítidos, sendo apenas de lamentar que, por motivos de crença religiosa, essa influência não se tenha feito sentir mais intensa e extensamente, sob o aspecto etnológico. Tão só em virtude de razões religiosas, que então se revestiam de suma gravidade, nenhum brasileiro ou português, como observa o eminente historiador e magistrado patrício, haja desposado mulheres holandesas.

Não me cabe aqui, por certo, referir todos os aspectos desse magnífico e erudito livro do autor de "Feriados do Brasil". Enriquecendo a bibliografia histórica desse período de nossa colonização, o autor nos deu um livro realmente útil e valioso, que ocupará lugar destacado na literatura brasileira. As suas pesquisas em torno das grandes famílias nordestinas, em que tão alta e dignamente se situam os seus ilustres ascendentes, são das mais notáveis. O Desembargador Carlos Xavier é um dos nossos melhores e mais autorizados genealogistas. A sua contribuição para os estudos dessa natureza, com este volume de sua monumental "Genealogia Nordestina", é realmente preciosa e meritória. Através dessas belas e vigorosas páginas, verifica-se, com prazer, que "esse galhardo e impávido" pernambucano é, na verdade, "o mais cativador e o mais fidalgo gentil-homem do Brasil", como escreveu Paulo Setubal.

A propósito de Bolivar, notou Emmil Ludwig que "o herói é uma súmula: cada homem encontra nele um pouco de si mesmo". É isto o que sucede com os historiadores pernambucanos em relação aos bravos e beneméritos colonizadores da antiga e nobre capitania, que se tornou o centro da civilização do nordeste. E, por certo, bem poucos historiadores estão no caso do eminente autor deste livro, que, pelo sangue, pelos méritos, pelo patriotismo e pela fidalguia, é um legítimo descendente daqueles heróis. Oscar Wilde foi, como sempre, elegantemente sutil quando disse que qualquer pessoa pode fazer história, mas só um grande homem pode escrevê-la. Foram muitos, com efeito, os Pais Barretos que contribuíram para fazer a nossa história, mas somente agora surgiu um grande homem, dessa nobre estirpe, para evocar e fixar duradouramente o que eles foram e o que fizeram.

Othon Costa
Rio, 30 de março de 1956.

TÍTULO 1
ATAQUES ATIRADOS AOS COLONIZADORES PERNAMBUCANOS

Capítulo I
SERIA IMPROVISADA A NOBREZA PERNAMBUCANA?

Endeusados e criticados, exageradamente, têm sido os vultos pernambucanos dos primeiros séculos da colonização.

Vicente Ferrer, em "A Guerra dos Mascates", chama-os titulares improvisados, ignorantes, transgressores dos direitos dos indígenas.

Há, evidentemente, transgressão à regra de Aristóteles de que nos extremos não é possível encontrar a verdade.

Os companheiros de Duarte Coelho e os que lhes seguiram não tiveram, senão excepcionalmente, honrarias adquiridas apenas por munificência, tradição, ou pelas torres que edificaram. Haviam solidificado com dificuldades, sacrifícios e, por vezes, deixando sangue na arena do combate. Originavam-se de monarcas, muitos dos quais subiram ao trono, não por herança, mas por aclamação popular.

Na colônia não procuraram dormir sobre as glórias passadas.

Impossível é, entretanto, desconhecer que, também, ocasiões houve em que tiveram cobertura de opróbios.

Ao lado de grandes guerreiros, navegadores, administradores de honradez inatacável que mostraram forte dose de espírito de renúncia, existiram os violadores da lei, os inescrupulosos.

Analisaremos ambos os lados.

A expressão *Nobre* não pode ser tomada como pureza absoluta.

Raça sem mescla é difícil encontrar. Já se disse que não há pastor que não descenda de reis, nem rei que não provenha de pastor.

Alexandre de Gusmão faz interessante trabalho no intuito de demonstrar que ascendência sempre fidalga não seria possível em Portugal, cuja monarquia data de 1134, com a aclamação de Afonso Henriques. Dessa época até aquela em que escreveu, calculou o decurso de 20 gerações, perfazendo 133554482 individualidades. Argumentou que as terras doadas a *D. Henrique de Borgonha* não compreendiam mais do que pequena parte da Galisa e as províncias de Entre Douro e Minho, Tráz os Montes e Beira, até o Mondego, abrangendo 70 a 80 mil almas.

Onde achar o restante para cada aristocrata? Naturalmente nos estrangeiros, nos mouros e nas raças que entraram, sem esquecer a leva extraordinária de judeus, expulsos de Castela em 1492 e que, cinco anos mais tarde, se maiores, eram, por ordem de D. Manuel, obrigados a receber os santos óleos ou saírem e, se menores de 7 anos, a serem compulsoriamente batizados.

Há ligeiros reparos ao cálculo do notável brasileiro, secretário do governo português. Todos nós temos 204 194 304 avós em 20º grau, ou sejam, ascendentes até 21 gerações.

Sucede, porém, que nas famílias portuguesas, era comum os liames entre parentes, de modo que o mesmo vulto poderia ser repetidamente tronco de outro.

Os casamentos consanguíneos provocavam o que, genealogicamente pode ser chamado perda de ancestrais. Lembra Eurico Scheffer que Felipe, o belo, Joana, a louca e D. Manuel, o venturoso, eram duplamente bisavós de Felipe, que tinha sob a cabeça duas coroas.

O exemplo é exíguo, pois mesmo em Pernambuco há muita gente que descende de Florentino Barreto, de Lambert Lins, do Barão Henrique de Holanda, de Bartolomeu Sá, por numerosas ligações.

Pessoas há nas condições do autor, cujo 8º avô – Arnaud de Holanda é seu ascendente 77 vezes, do mesmo modo que o é por 58, Cristóvão Lins, por 37, João Gomes de Melo, por 28, Francisco Carvalho de Andrade, por 27, João Paes Barreto e por 20, Gaspar Wanderley.

Antônio de Sá Maia, Antonio de Barros Pimentel, André Rocha Dantas, Baltazar de Almeida Botelho, Clemente da Rocha Barbosa, Afonso do Rego Barros, Felipe Cavalcanti, Jerônimo de Albuquerque, João Batista Acioli e grande número de colonos se tornaram, em razão de cruzamentos na estirpe, progenitor repetido da mesma pessoa.

Acresce que, ainda depois da constituição da monarquia lusitana, os entroncamentos etnológicos permaneceram entre Portugal e o país de onde se desmembrara.

Apesar do adágio "de Espanha nem bons ventos nem casamentos", até os reis dos dois povos procuravam estreitar, cada vez mais, os laços de família.

Sancho I e D. Diniz ligaram-se a Dulce e Isabel de Aragão: Afonso II e Afonso III, e Pedro o Crú a Urraca, Beatriz e Branca de Castela e D. Manuel a Isabel, Maria e Leonor, todas de Espanha.

Não podem, pois, ser procuradas apenas na terra de Camões as raízes das famílias portuguesas. Ademais, já o disse Alcântara Machado, Portugal é uma nação que a Espanha comprimiu mas o oceano alargou.

Seja como for, a razão está ao lado do grande ministro, irmão do padre voador, impugnando a idéia de que haja pureza absoluta na linhagem lusitana. Batk foi mais longe, achando que não há raça pura em parte alguma.

As considerações de Gusmão mostram, entretanto, que a fidalguia lusa está muito misturada mas, ainda assim, não feita de improviso, como quer Vicente Ferrer.

Capítulo II
ARGUIÇÃO DE IGNORÂNCIA DOS COLONIZADORES PERNAMBUCANOS

— A —
GUERREIROS E AGRICULTORES

Vicente Ferrer, na = "Guerra dos Mascates" afirma que:

> "Os nobres que acompanharam Duarte Coelho, os que ulteriormente chegados à capitania e, nela domiciliados, constituíram família, seus descendentes, salvo raríssimas exceções, não se distinguiram nas ciências, nas artes e nas letras."

A afirmativa nos parece ingênua.

De fato: são raros os letrados e artistas dos primeiros tempos da colônia, não só em Pernambuco como em todo o Brasil.

É claro que não foram esses homens privilegiados que atravessaram o Atlântico em demanda de novos meios de vida.

A escolha não se fez entre os sábios. Em São Paulo vamos encontrar até analfabetos, como Pascoal Moreira, que prestaram altos serviços.

A orientação diferiu assaz da que, mais tarde, viria ter Maurício de Nassau, cercando o governo de notáveis naturalistas, teólogos, astrônomos, arqueólogos, arquitetos, pintores, historiadores e publicistas.

Exatamente por esse critério de enriquecer, desenvolver e civilizar a região é que a Companhia das Índias Ocidentais nomeou Conselho de Finanças, cuja finalidade era fiscalizar-lhe os atos, e encarregou Artichofsky de vigiá-lo. Viu-se obrigado a pedir demissão e retirar-se, deixando a direção nas mãos do Supremo Conselho do Recife, composto de Hamel, van Bellestan e Haarlen Bas.

Mas, se é indiscutível que a ciência é a prova mais veemente da civilização de um país, da vitalidade de um povo, também o é que não será pelos ensinamentos da cultura intelectual que se pode começar o povoamento. A espada e a lavoura têm sido agentes poderosos da colonização.

E guerreiros e lavradores foram, dos mais dedicados, os nobres pernambucanos que, disciplinados, sem servilismo, desobedecendo para melhor servir ao rei de Portugal, reconstituíram a integridade territorial brasileira contra a Holanda, a Inglaterra e a França, e nos defenderam prerrogativas em vários graves momentos da vida nacional.

De Duarte Coelho partiu o primeiro brado de insubordinação ao poder de Tomé de Sousa, cujo regimento feria a Carta Régia de doação.

As missivas ao monarca são de alto interesse. Vicente Tapajós, em "História Administrativa do Brasil", transcreve as de 27 de abril de 1542, 20 de dezembro de 1546, 22 de março de 1548 e 14 de abril de 1549, que considera documentos dos mais importantes da história pátria.

Há, ainda, a de 24 de novembro de 1549, em que altivamente declara: "e cá não se entenda em mim a que tinham mandado a Tomé de Sousa nem venha cá e nem se estenda em minha jurisdição".

Sentiu-se o 1º governador geral, como se vê da sua epístola de 18 de julho de 1551, em que diz "Os capitães dessas partes" Jerônimo de Albuquerque e Duarte Coelho) "merecem muita honra e mercê de V. A. e mais quem tudo Duarte Coelho, sobre quem tem largamente escrito a V. A., mas, não deixar ir, V. A. às suas terras, parece-me grande desserviço de Deus e de Vossa Consciência e dignificante de Vossas rendas". Os companheiros de Duarte Coelho eram, diz Camara Cascudo, fidalgos de linhagem conhecida, filhos segundos ávidos de batalhas e riquezas, espadas sempre prontas para a luta.

— B —
NÃO ERAM APENAS DEGREDADOS OS PRIMITIVOS COLONIZADORES

São detratados os povoadores com o título de degredados. Deve-se de logo notar que os enviados para a colônia, em alguns casos, como declara Wanderley de Pinho, abandonavam a estirpe e em outros testemunhavam a insignificância do delito.

Não se tratava, para Helio Viana, de crimes que inspiravam horror.

Diz Alcântara Bacelar "tem se afirmado que o Brasil foi povoado pela escória de portugueses. Há nisso flagrante exagero. O degredo foi largamente utilizado como forma de compelir o reinol a participar da colonização... Muitos crimes reprimidos com o exílio não seriam hoje classificador como delitos". Entre esses atentados estava v. g. o de dormir ou casar com parenta, criada ou escrava, daquele em cuja companhia vivesse.

Havia, nas Ordenações, 250 casos de desterro.

Oliveira Vianna, Pereira da Silva e grande número de escritores salientam a ausência de desár nessas penalidades.

As infrações que a elas davam lugar, consistiam em acutelar o rosto de alguém, trazer máscaras, casar contra a vontade de pais ou senhores, usar magia e, entre outras coisas, dar festas de bodas fazendo convites que fossem até o 4º grau, além dos atentados políticos. Ainda assim, Duarte Coelho recusou os deportados, considerando-os pior que a peste. O velho donatário, em carta dirigida ao rei, em 20 de dezembro de 1548, dizia:

> "Já por três vezes tenho escrito dando conta a V. A., acerca dos degredados e nisto, Senhor, sempre digo, por mim e por minha terra, quão poucos serviços de Deus e de V. A. e por bem momento desta capitania mandar tais degredados como de dez anos para cá, me mandam.

Creia V. A. que são os piores na terra do que a peste, pelo que peço a V. A., pelo amor de Deus, tal peçonha não me mande."

Houve, não há dúvida, condenados por crimes comuns que aumentariam se não fora a reclamação do donatário. Esses delinquentes, vítimas dos selvagens de um lado, e de outro da rigorosa fiscalização da governação, que adotara até a força, foram diminuindo e os restantes, assinala *Oliveira Lima*, tiveram, em grande parte, de ir para outras regiões.

Ademais, não pode ser esquecido que Duarte Coelho não trouxe gente de ralé, não improvisou nobreza nem procurou fidalgos pelo sangue, mas com gente limpa povoou o solo.

Acompanhou-o seu cunhado, Jerônimo de Albuquerque, exímio batalhador e homem de Estado que viria, mais tarde, a dirigir a capitania.

Seus companheiros eram de estatura moral de, entre outros, Álvaro Fragoso, Antônio Bezerra Felpa Barbuda, Antônio Pinheiro Feio, Braz Barbalho Feio, Felipe Bandeira de Melo, Gonçalo Leitão, Gonçalo Novo de Lira, Gaspar Uchôa, João Gomes de Melo, Luís Malheiros, Pedro Bandeira de Melo, Perez Campelo e Vasco Fernandes Lucena, desbravador invicto, aos quais ainda no início da segunda metade do século XVI, se vieram juntar João Paes Barreto, Luís Rego Barreto, Felipe Moura, Francisco Carvalho de Andrade, Duarte Sá Maia, Vasco Marinho Falcão, Antônio de Barros Pimentel e vários outros, sem esquecer Feliciano Coelho de Carvalho, primo do donatário, esposo de Maria Monteiro e governador de várias capitanias e, citado por Almir de Andrade, entre os escritores sobre administração. Em 1957 é a célebre carta, escrita a D. Felipe II.

Antônio Coelho de Carvalho, casado com Brites Barros, neta de Arnáu de Holanda e de Brites M. Vasconcelos, e Francisco Coelho de Carvalho, consorte de Brites de Albuquerque, filha de Antônio Cavalcanti e neta de Felipe Cavalcanti, desfrutaram notoriedade.

O último, foi pai do também governador do Maranhão, Antônio de Albuquerque Coelho, casado com Inês Maria Coelho, Filha de seu tio Antônio Coelho de Carvalho. Antônio de A. Coelho, entre outros filhos, teve Antônio de Albuquerque Coelho, governador do Rio e Felipe de A. Coelho, administrador da Paraíba.

Os estrangeiros que se localizaram em Pernambuco e exerceram influência eram do quilate de Arnáu de Holanda, descendente dos Condes Suseranos da Holanda e que se casou com Brites de Vasconcelos, fidalga trazida pelo próprio donatário, e de Cristovão Lins, genro do vulto acima citado, guerreiro e geógrafo.

De Florença vieram Felipe Cavalcanti, de família consular, seu primo Nicolau Manelli e outros que estudaremos mais adiante.

Duarte descendia, é certo, de Egas Moniz, o honrado varão fiador do acordo entre o rei de Portugal e Castela e era filho, embora natural, do célebre náutico Gonçalo Coelho, a quem se deve o primeiro núcleo do Rio de Janeiro, e de Catarina Anes Duarte.

Não viveu, porém, à sombra dos triunfos ancestrais. Teve a aristocracia chamada de privilégio por altos serviços prestados com valor e inteligência, como forte guerreiro e técnico em assuntos vários, sobretudo chineses e siameses.

Oliveira Lima, em *Pernambuco e seu desenvolvimento histórico*, mostra-lhe a prudência, a inteligência e a coragem manifestada em sérios combates, em companhia de Afonso de Albuquerque, Vasco da Gama e Francisco de Almeida.

Não representavam, pois, ato de proteção e generosidade os brasões, concedidos em 1545, por D. João III.

É suposição, admitida por vários historiadores, que tivesse acompanhado o genitor na viagem exploradora de 1503. Já havia, na frase de *Luís Estavão de Oliveira*, "enamorado anteriormente a paisagem, em exploração que fizera com seu pai, o famoso navegador Gonçalo Pires Coelho".

Vultuosas eram as obras que desempenhara na Índia, na China, na África e na França, de 1509 a 1531, quando a Carta Régia de 10 de março e foral de confirmação de 24 de outubro de 1534, o agraciaram com a doação da terra que, no começo do século, fora visitada por Vicente Yanes Pinzon, João de la Cosa e Américo Vespúcio e onde já haviam existido as feitorias de Pero Capico e Cristovão Jacques.

Tivera, também, quando em 9 de março de 1536 chegara à nobre e leal São Cosme e Damião de Igarassú e depois, ao fixar-se na bela Marim, a preocupação de não permitir tomassem os seus domínios o rumo da Capitania de Itamaracá, apenas refúgio de criminosos.

E a severidade, exercida para tal intento, determinou o acutilamento de Francisco Braga, preposto do donatário vizinho.

Tipo perfeito do agricultor, o ouro não o seduziu, preferindo, como afirma Gilberto Freyre, em "Casa Grande e Senzala", radicar-se à terra espontaneamente, adotando a cana e o algodão.

Trouxe técnicos, pedreiros, oleiros, carpinteiros.

Duarte Coelho, segundo Helio de Alcântara Bacelar, "foi uma ponta de lança das formas institucionais da administração portuguesa no Brasil.

Plantando vilas, introduziu o municipalismo peninsular no nordeste.

"Semeando engenhos, manteve velhas sobrevivências agrícolas de colorido mourisco e realizou sem o saber, como tantos outros, a transformação do caráter mercantil da empresa ultramarina, numa duradoura obra de colonização formativa da nacionalidade".

Foi exemplo de um grande administrador.

Sua esposa – Brites de Albuquerque – não era unicamente a antiga dama do Paço. Possuía altas qualidades que veio a revelar quando capitôa de Pernambuco por várias vezes, sendo a primeira em 1540 e a última em 1582.

Foi a primeira mulher a administrar, na América, segundo Gilberto Freyre.

Há engano de Adalgiza Bittencourt, em "A mulher paulista na história", dando a prioridade a Ana Pimentel. A ilustre esposa de Martim Afonso de Sousa era apenas a procuradora de seu marido. Não exerceu a função com autonomia própria. Além disso, já o dissemos, morava com seus filhos em Lisboa, de onde expedia os atos.

Duarte Coelho faleceu a 7 de agosto de 1554.

— C —
NÃO ERAM COMPLETAMENTE INCULTOS, COMO SE APREGOA, OS COLONIZADORES NORDESTINOS

I
Século XVI

Não foram escolhidos apenas na massa ignorante os povoadores nordestinos.

No sul houve mais iletrados. Aliás, sustenta *Cassiano Ricardo*, que, se cultos fossem os bandeirantes, o destino do Brasil teria sido outro.

Muitos dos que aportaram na Nova Lusitânia, eram descendentes de magistrados e estadistas de valor.

Estão nestas condições os desembargadores *Antônio Teixeira Alvares, Bartolomeu Colaço, Braz Fragosa, Feliciano Dourado, Francisco Carneiro Mariz, Francisco Quaresma, João Alvares de Carvalho, João Rodrigues Campelo, Paulo Gomes de Lemos* e o Ministro *Cristovão Soares*, troncos de várias famílias.

E o valor dessas estirpes teve continuação nos descendentes até mesmo sob o aspecto intelectual.

Jorge de Albuquerque Coelho, filho do capitão-mor primeiro donatário, foi grande lutador, ao lado de seu irmão *Duarte*, nos campos de Kaar-el-Quibir, onde recebeu onze ferimentos que ocasionaram a extração de vinte ossos e obrigaram-no a andar de muletas. Mas distingue-se também como escritor. Diversas das suas produções se encontram na Biblioteca *Barbosa Machado*.

Dele são conhecidas, além da "*Fala dos governadores*" e "*Conselhos e pareceres*", o poema "*O rico avarento e o falsário pobre*", representado em Olinda no ano de 1575.

Estas e a *Anchieta* foram as nossas primeiras manifestações treatrólogas.

Acresce que, conforme prova *João Piretti*, a sua administração foi fluente quanto às artes e à cultura. Tudo leva a crer, para Silvio Romero, que, no século XVI, tivesse havido em Pernambuco um grupo de moços ardentes e dedicados às letras, entre os quais *Bento Teixeira Pinto, Francisco do Rosário e Jorge de Albuquerque*.

Também *Fernando de Azevedo* salienta o clima favorável desde o 2º século de povoamento, na aristocracia rural e na burguesia, embora *Genolino Amado* considere a literatura, na época, unicamente um adorno.

O caso é que os fidalgos territoriais promoviam a educação dos filhos.

Contemporâneo de *Jorge de Albuquerque* era *Bento Teixeira Pinto*, que para *Silvio Romero* é, cronologicamente, o primeiro literato nascido no Brasil. *Rodolfo Garcia* e outros, apontam-no como português, vindo para a Bahia em 1580. *Peretti*, com dados valiosos, demonstra o contrário. Voltaremos ao assunto e analisaremos a confusão existente entre duas personalidades existentes com o nome de Bento Teixeira. Para o presente capítulo, pouco interessa a nacionalidade do poeta da "*Prosopopeia*", em que narra as peripécias do naufrágio da embarcação que o conduzia e a Jorge de Albuquerque.

É vezo de críticos atacarem-no pela orientação laudatória. Era da época. O próprio *Camões*, cujo estrilo tomou por modelo, não mandou cessar do *sábio grego e do troiano as navegações grandes que fizeram para que pudesse espalhar por toda parte as armas e os brasões assinalados?*

Encomiástico ao Duque de Cadaval seria, mais tarde, *Manoel Botelho* como, na Academia dos Esquecidos, *Pinto Lima e Soares França*, ao Conde de Valverde e a Pedro II de Portugal e, na Arcádia Ultramarina, *Alvarenga Peixoto* a D. *Maria e Silva Alvarenga*, a D. *José* e a *Luís de Vasconcelos*, a quem chama *egrégia flor da lusitana gente*. O nosso próprio *Machado de Assis* não se considerou o mais reverente dos servos de Pedro II, de quem dizia:

> *Elevados aos umbrais da imensidade*
> *Tereis fama, respeito e amor intenso:*
> *Um nome transmitido é eternidade?*

Anchieta fez de Mem de Sá quase um Deus?

O vigário *Barreto* compara o tirano Luís do Rego a Marco Aurélio e a Tito. A *Prosopopeia* peca por incorreções, mas revela esforço e inteligência. Ainda hoje é citada. Oswaldo Orico na "*A saudade brasileira*" lembra os versos:

> *Tudo estava tão quedo e sossegado;*
> *Só com as flores zéfiro brincava.*

Barbosa Machado, Joaquim Norberto e outros atribuem ainda a Bento Teixeira o "Diálogo das Grandezas", cuja autoria Rodolfo Garcia e Jaime Cortesão supõem pertencer a Ambrosio Fernandes Brandão.

Eladio Ramos, comparando estilo, cultura, apego religioso e outras circunstâncias, opina tratar-se do Padre Simão Travassos.

Seja quem for o autor, vê-se obra de erudito em teologia, filosofia e matemática, profundo conhecedor de fatos e coisas locais e identificado com a terra e a gente.

O governo, a agricultura, os costumes e a geografia de Pernambuco e da Paraíba são minuciosamente estudados. O próprio título mostra o entusiasmo pelo país.

Para *Fernando de Azevedo*, a "Prosopopeia" e o "Diálogo das Grandezas" pertencem à categoria dos documentos que nada têm de brasileira, senão por terem sido escritos na colônia ou tomarem-na por objeto.

Parece-nos que bastariam essas razões.

Bento Teixeira era, segundo *Arthur Orlando*, uma organização hereditariamente portuguesa, mas influenciado pela natureza americana.

Não pode haver dúvida que a nossa literatura inicial era lusitana, mas, diz José Veríssimo, recebia o influxo regionalista.

Almir de Andrade encontra no "Diálogo" espírito profundamente brasileiro, aclimatado com a região. É até de admirar que, já na época, existissem estudiosos a se preocuparem tanto com as grandezas do Brasil.

IGREJA DE NOSSA SENHORA DO ROSÁRIO DOS PRETOS

A arte não foi descurada em Olinda. As igrejas do Carmo, construída em 1596, e do Rosário dos Pretos em 1662, foram modelares.

A colonização do nordeste era mais difícil do que a do sul, em razão de maior sensibilidade aos invasores.

II
Século XVII

Dois foram os filhos de *Jorge de Albuquerque: Duarte e Matias.*

Duarte Coelho de Albuquerque, Marquês de Basto, Conde e Senhor de Pernambuco, de educação esmerada e toda castelhana, foi historiógrafo. São de sua lavra: "Compêndio de las vidas de los reys de Navarro, Aragão, Napoles e Sicilia", "Compêndio dos reis de Portugal", "Memórias diárias de la guerra del Brasil por decurso de nueve años empecando desde el M. D. C.". Esta última obra serviu de base para os que posteriormente escreveram sobre o Brasil holandês. Acha Varnhagem que dela muito se aproveitou Brito Freire.

Hélio Viana, em "Matias de Albuquerque", transcreve não somente as cartas do Conde de Castro, como a minuciosa "Informação sobre a diminuição de furtos no Brasil" e, sobretudo, a "Informação sobre as capitanias do Brasil e o que contêm, rendem e despendem", trabalho em que dá conta, clara e metódica, da situação agrícola, econômica e política do Pará, Maranhão, Ceará, Paraíba, Itamaracá, Pernambuco, Sergipe, Bahia, Ilhéus, Porto Seguro, Espírito Santo, Rio de Janeiro e São Vicente. Foi o comandante na primeira vitória portuguesa, contra a Espanha em Montijo, diz M. Murias. Administrou Pernambuco de 1576 a 1580.

Também os descendentes de Jerônimo de Albuquerque se ilustraram nas armas e nas letras, alguns começando a educação em Olinda, onde havia seminários com professores de mentalidade de Simão Travassos e, desde 1539, o Mosteiro de São Bento.

Jerônimo de Albuquerque Maranhão, o mais notável dos rebentos de *Maria Arcoverde*, nos altos postos de administração, revelou inteligência invulgar.

Seu filho, *Antônio de Albuquerque Maranhão*, governou Maranhão e Paraíba, e de tal modo dirigiu o primeiro, *sem mais assistência que o seu bom juízo*, diz Pereira da Costa, que granjeou aplausos até dos seus êmulos. *Matias de Albuquerque Maranhão* deixou tradições de bravura e clarividência.

No século XVI muitos foram os netos de *Jerônimo de Albuquerque* que se distinguiram na guerra e nas letras.

Seu neto *Afonso de Albuquerque*, filho de *Diogo Martins Pessoa* e de *Felipa Melo*, teve o cognome de Columim e deixou altos trabalhos.

Francisco Rolim de Moura, bisneto do grande colonizador, escreveu sobre os seus feitos. *André de Albuquerque* é autor da obra intitulada "Relatório da vitória alcançada", *Alexandre Moura* do "Roteiro da viagem ao Amazonas" e *José de Sá Albuquerque* da primeira monografia sobre a família Albuquerque e "Povoações e cousas do Brasil".

Matias de Albuquerque, a quem acima nos referimos, Governador Geral do Brasil e em especial de Pernambuco, fortificador das capitanias do norte, General das armas de Além Tejo, Conde de Alegrete, vencedor de Montijo, herói dos maiores na guerra holandesa, era também um belo espírito.

Por outro lado, o governo de Pernambuco esteve a cargo de administradores como *Cristovão Melo, Simão R. Cardoso, Felipe Moura, Felipe Cavalcanti, Manoel Mascarenhas, Duarte Sá, Alexandre Moura, Vasco Pacheco, Luís de Sousa, João Paes Barreto (4), Felipe Guedes Alcoforado, Francisco de Gouveia, Matias de Albuquerque Coelho e André Dias de Figueiredo*.

Entre os eclesiásticos haviam vultos como os frades *Manoel da Piedade, Bernardo das Neves* e *Paulo de Santa Catarina*, filhos de *João Tavares* e de *Felipe Moura*.

Os fidalgos portugueses em Pernambuco não se cingiram a ostentar as cotas de armas dos Abreus; a cruz de ouro dos Almeidas; o leão de asas dos Albuquerques; os pescoços de serpe dos Andrades; o falcão de garras dos Araujos; a águia com estrelas dos Azevedos; o leão de púrpura dos Barbalhos; a aspa dourada dos Barros; a donzela com arminhos dos Barretos; o bezerro sem chifres dos Bezerras; o leão alapardo de ouro dos Borges; o leão de ouro dos Botelhos; o cavalo branco dos Bragança; o cisne preto dos Carvalhos; a roda de navalhas dos Castros; as aspas dos Corrêas; as cinco cunhas no peito e mais três em cada asa dos Cunhas; o leão dos Gonçalves; o elmo dos Lagos e Mesquitas; o leão dos Limas e Vasconcelos; o escudo em pala dos Mendes; a cruz dobre dos Melos; a aspa azul dos Paivas; o louro dos Pimenteis; a águia com saleiro dos Salgados; o vaso de prata dos Silveiras; o castelo de ouro dos Sousas; o delfim dos Távoras; o cavalos dos Tavares; o unicórnio dos Teixeiras; e o chapéu pardo dos Velhos.

Educando os filhos na escola do civismo, sucederam-se na capitania, logo no 2º século de povoamento, por combatentes como *Afonso de Albuquerque*, defensor dos fortes de São Jorge, Pontal de Nazaré e Serinhaem; capitão *Agostinho Bezerra*, general *André de Albuquerque, André de Albuquerque Maranhão; André Rocha Dantas; Antônio de Albuquerque; Antônio de Albuquerque Maranhão; Antônio Cavalcanti*, morto nas lutas de Igarassú; *Braz de Araujo Pereira; Felipe Bandeira de Melo; Fernão Melo; Guilherme Barbalho*; vários *Jerônimos de Albuquerque; João Lopes Barbalho; João do Rego Barros; João Soares de Albuquerque; João de Sousa; Luís Barbalho Bezerra*, o majestoso guerreiro; Martim Soares Moreno; Nataniel Lins; Pedro de Albuquerque; Tomé Dias de Sousa; Zenóbio Acioli de Vasconcelos e muitos outros.

Barleo compara *Luís Barbalho* a um astro surgido no ocidente. Foi governador do Rio.

Não é, como se vê, exata a afirmação de *Vicente Ferrer* quanto à ignorância dos que se seguiram a *Duarte Coelho*. A própria genealogia teve cuidados especiais de *Antônio Feijó de Melo, Antônio Sá Albuquerque, Fernão Fragoso, Francisco do Rego Barros, Domingos Loreto Couto* e *José de Sá Albuquerque*, em trabalhos que seriam continuados por José Faria de Figueiredo, Frei *Santa Maria Jaboatão* e *Antônio José V. Borges da Fonseca*.

Do século XVII não se contam unicamente os guerreiros que se acham descritos no capítulo sobre a guerra holandesa, mas de Jesuítas como o Desembargador João Velho Barreto, chanceler do reino; médicos como *Jacó Velosimo* e, no domínio eclesiástico: Frei *Francisco de Santo Antônio*, Frei *João da Apresentação Campelo, Manoel Macedo, Ruperto de Sousa e Simão Figueiredo*, pregadores e autores de trabalhos de valia, na época.

III
Vultos do século XVIII

O século XVIII, célebre pela revolta de 1710, teve forte brilho intelectual, a começar pelos trabalhos de Rita Joana de Sousa.

Suas obras foram continuadas por *Antônio Bastos, Antônio Joaquim de Melo, Antônio José Vitoriano, Antônio Francisco de Paula Cavalcanti de Albuquerque, Augusto Pacheco, Domingos Ribeiro, Domingos Malaquias, Francisco José Marinho, Joaquim Jerônimo Serpa, José Corrêa Picanço, João Saulter de Mendonça, Ovídio Gama, Manoel Caetano de Almeida Albuquerque, Manoel Inácio Carvalho de Mendonça*.

Deixaram traços fortes de passagem os padres *Francisco Arantes, Francisco Ferreira Barreto, Francisco Leandro, Francisco Corrêa Teles de Menezes, João Evangelista Periquito, João Borges Fonseca, João Barbosa Cordeiro, João Melo, José Costa Gadelha, José Marinho Falcão, José Maurício Wanderley, Leandro Sacramento, Loreto Couto, Luís A. Pinto, Luís Botelho do Rosário, D. Manoel Monte Rodrigues, (V. Irajá) Manoel Gomes Magalhães, Manoel Sousa Magalhães, Pedro Tenório, Pedro Moura, Quintino Carvalho, Miguel Sacramento, Lopes Gama* e os frades *Francisco de Santa Teresa, João Batista, João do Rosário, Luís Botelho do Rosário, Manoel de Santa Catarina, Manoel de Santa Teresa, Miguel Sepulveda, Venâncio Rezende, Virgínio Rodrigues Campelo, José de Santa Maria* e muitos outros.

IV
Século XIX

Descendentes em grande parte dos colonizadores primitivos foram, no século XIX, além dos heróis que fizeram as revoluções de 1817, 1822 e 1848 e que se acham descritos nos capítulos referentes à república pernambucana, ao movimento de Goiana, à Confederação do Equador e à Guerra praieira, não foram poucos os homens de Estado, os parlamentares, os poet5as, os oradores, os juristas, os professores e os literatos.

Teve estadistas do porte de *Antônio Machado Portela, Antônio do Nascimento Feitosa*; Barões de *Camaragibe, Cimbres, Cotegipe, Escada, Lucena, Mamanguape e Vila Bela*, conde da *Boa Vista*; Conselheiros *Francisco de Carvalho Soares Brandão, Francisco de Gusmão Lobo, Joaquim Vilela de Castro Tavares, Francisco Xavier Paes Barreto, Gusmão Lobo, Joaquim Saldanha, Joaquim Alfredo Correia de Oliveira, Luís Felipe de Sousa Leão, José Mariano Carneiro da Cunha, Machado Portela, Sá e Albuquerque, Sebastião do Rego Barros, Teodoro Machado, Manoel Buarque de Macedo, Visconde Guararapes e Marquês de Olinda.*

Brilharam no parlamento e na imprensa *Antônio de Miranda Falcão, Antônio Coelho Sá e Albuquerque, Antônio Pedro de Figueiredo, Fernando de Castro Paes Barreto, Manoel de Figueiroa Faria e Almeida Cunha.*

A poesia foi dignificada por *Álvaro Teixeira de Macedo, Antônio Peregrino Maciel Monteiro, Natividade Saldanha e Vitoriâno Palhares*; a oratória por *Aprígio Guimarães, Joaquim Nabuco, Martins Junior e Sisenando Nabuco*; o direito por *Adelino de Luna Freire Senior, Francisco de Paula Batista, Joaquim Tavares e José Higino*; a medicina por *Cosme de Sá Pereira*, o magistério por *Aprígio Guimarães, Antônio Rangel Torres Bandeira, Barros Guimarães, Brás Florentino, Jerônimo Vilela, João Vieira e Soriano de Sousa* e a magistratura por *Antônio Afonso Ferreira, Antônio Pires Campelo, Anselmo Peretti, Felix Peixoto, Quintino José de Miranda.*

No campo eclesiástico brilharam vultos como Antônio Lima, D. Francisco Cardoso Aires, Francisco Ferreira Barreto, Francisco Muniz Tavares, Monsenhor Manoel da Costa Honorato, Laurentino Moreira Carvalho, Monte Carmelo, D. Manoel do Monte, Pinto de Campos e Cardeal Joaquim Arcoverde.

V
Século XX

O século XX recebeu grande acervo literário e não deixou que se perdesse.

Ao contrário, acresceu-o com professores, quais Adelino Antônio de Luna Freire, Antônio Vicente de Andrade Bezerra, Antônio de Siqueira Carneiro da Cunha, Augusto Vaz de Oliveira, Carlos Porto Carreiro, Constancio Pontual, Clodoaldo de Sousa, Esmeraldino Bandeira, Estevão de Oliveira, Eugenio de Barros, Henrique Milet, Hercílio de Sousa, José Bandeira de Melo, José Higino, Júlio Pires, José Vicente Meira de Vasconcelos, Laurindo Leão, Metódio Maranhão, Manuel Neto Campelo, Oliveira Fonseca, Phaleante da Camara, Pedro Celso, Regueira Costa, Thomaz Caldas, Sousa Bandeira, Virginio Marques e Vitoriano Monteiro; médicos como Simões Barbosa, Arnobio Marques, Barreto Sampaio; juristas como Alfredo Pinto, André Cavalcanti, Eurico de Sá Pereira, Ulisses Viana, João Barbalho, Fernando de Sá, Solidonio Leite e Vicente Ferreira; magistrados quais Altino de Araujo, Antônio Ferreira Coelho, Barcimio Barreto, Francisco da Cunha Mello, Virgílio de Sá Pereira; homens de Estado da envergadura de Agamemnon Magalhães, Ambrosio Machado, General Barbosa Lima, Conde Corrêa de Araujo, General Dantas Barreto, Estácio Coimbra, Galdino Loreto, Eurico Chaves, Aristarco Xavier Lopes, Barão de Contendas, Manuel Cicero, Herculano Bandeira de Melo, José Bezerra, Manoel Borba, Rosa e Silva e Sergio Loreto; parlamentares do porte de Amaury de Medeiros, Bianor de Medeiros, Cornélio da Fonseca, Gouveia de Barros, Júlio de Melo, Otávio Tavares, Visconde do Rio Formoso, Sebastião do Rego Barros e jornalistas da estirpe de Arthur de Albuquerque, Anibal Falcão, Baltazar Pereira, Carneiro Vilela, Alcedo Marrocos, Antônio Vitoriano, Gonçalves Maia,

Elpidio de Figueiredo, Eliseu Cesar, José Maria de Albuquerque Melo, Manoel Caetano, Mario Rodrigues, Medeiros de Albuquerque, Oswaldo Machado e Thomé Gibson. Arthur Orlando foi um erudito assim como Ulisses Pernambuco e Júlio Pires, Luís Porto Carneiro, Vilela Mario Melo, Vitoriano Monteiro e Samuel Campelo honraram o teatro, como Alfredo de Carvalho, Francisco A. Pereira da Costa, Domingos Cordeiro, Henrique Capitulino, Jerônimo Rangel Moreira, Manuel de Oliveira Lima, Olimpio Galvão, Sebastião Galvão e Zeferino Galvão a história.

A poesia teve Demostenes de Olinda, Eugenio de Sá Pereira, Farias Neves Sobrinho, Layete Lemos, Gervásio e João Fioravanti, José de Barros Lima, Paulo de Arruda, Silveira Carvalho, Olegário Mariano.

A literatura de ficção conta, entre muitos, com Afonso Gonçalves Costa, Afonso Olindense, Agripino Silva, Alberto Rangel, Alfredo de Castro, Artur Muniz, Celso Vieira, França Pereira, Ernesto de Paula Santos, Generino dos Santos, Manuel Arão, Silva Lobato e Teotônio Freire.

Souberam dar a nota da elegância o Conde da Boa Vista, Joaquim Nabuco e os leões do Norte.

Capítulo III
A DITADURA DE DUARTE COELHO

É acusado o velho donatário de ditador. De fato, para felicidade de Pernambuco, a sua energia era férrea. Puniu os culpados com severidade. Foi rigoroso com os degredados que se viram forçados a rumar para Itamaracá.

A sua altivez não se fez sentir apenas para com os governados. Estendeu-se aos governadores gerais e até ao rei de Portugal, perante quem reclamou contra a quebra de prerrogativas obtendo que a sua competência ficasse colocada em plano superior a dos demais capitães-mores.

Não se submeteu a Tomé de Sousa e permaneceu sem outra dependência senão a da metrópole.

Mas, sem a dureza adotada, a donatária não se teria avantajado às outras em progresso econômico e cultural.

Floresceu, ao contrário de quase todas as outras, e pela ação exclusiva do chefe, assegurava Malheiros Dias.

Santo Amaro, doado a Pero Lopes de Sousa, como São Tomé, seu outro quinhão, não prosperavam.

Pero Goes da Silveira, a quem coube a Paraíba do Sul, após um quinquênio de lutas com os goiatacases, deixou o seu feudo ao abandono e o ilustre irmão de Damião Goes teve de retirar-se.

Vasco Fernandes Coutinho, não obstante os recursos e a boa vontade de colonizar o Espírito Santo, foi obrigado a pedir ao governador Mem de Sá que aceitasse a renúncia e morreu na mais extrema penúria.

Pero de Campos Tourinho fracassou em Porto Seguro. Sofreu prisão e confisco de bens. Seu filho, Fernão Tourinho, nada pôde fazer, deixando a propriedade à irmã Leonor, que, por seiscentos mil réis, a vendeu a D. João de Lencaster, Duque de Aveiro.

Jorge de Figueiredo Corrêa, nem chegou a Ilhéus. Mais vantagens encontrou no cargo que exercia na corte portuguesa.

Seu mandatário, Francisco Romero, de rispidez irritante, só granjeou antipatias, a ponto de ser remetido preso para Lisboa. Reconduzido ao cargo, foi assassinado, sobrevindo o saque e a destruição.

A Bahia não se elevou sob a direção do velho Francisco Pereira Coutinho, sem pulso de início, e depois, de exagerado rigor. Terminou sendo devorado, em 1548, pelos indígenas.

Ao norte demarcava a Nova Lusitânia com a doação de Pero Lopes de Sousa, grande marinheiro, de quem muito se poderia esperar por haver defendido a localidade quatro anos anteriormente à divisão do Brasil. Nada fez. Preferiu acompanhar Carlos V a Tunis.

Seu preposto, Francisco Braga, deixou a região tornar-se velhacouto de criminosos, para onde fugiam os degredados hostis à severidade exercida pelo governo de Pernambuco.

As dúvidas entre as duas administrações eram inevitáveis e até uma cutilada sofreu o mandatário, do autor de "Diário da Navegação". Isabel Gambôa, viúva de Pero Lopes de Sousa, fez-se representar por João Gonçalves e Pedro Vogado, que se sentiam impotentes para a direção, indo parar o governo em Miguel Alvares de Paiva, mesmo sem mandato. Tinha vida apenas o distrito de Igarassú.

João de Barros, o célebre historiador, Fernão Alvares de Andrade e Aires da Cunha se associaram, e, para desbravar as respectivas capitanias, sob o comando do último, organizaram espetacular expedição que soçobrou, morrendo Aires da Cunha.

Antonio Cardoso de Barros nem ao menos tomou conhecimento prático da doação.

Como se vê, nenhuma se desenvolveu, tirante São Vicente. Mas mesmo esta não fascinou a Martim Afonso de Sousa.

A um pedido do Conde de Castanheira, respondera que poderia tornar, não um lote, mas todas as capitanias.

O braço e o cérebro de |Duarte Coelho enriqueceram Pernambuco. Com a terra fez aliança, diz Gilberto Freyre. A ela se afeiçoou o amor do velho agricultor. Tinha, segundo Malheiros Dias, corpo de governo e alma de rei.

Soube aproveitar os terrenos para pastagens, algodão e cana de açúcar, refrear a indisciplina dos colonos e evitar a continuação de lutas com os indígenas.

Merecidos foram, pois, os encômios que lhe fizeram Antonil, Fernão Cardim, Gabriel Soares, Simão de Vasconcelos, Vicente do Salvador, Varnhagen, Malheiros Dias, Oliveira Lima. Pedro Calmon o considera um dos maiores vultos das armas portuguesas do ultramar.

BIBLIOGRAFIA

ALBUQUERQUE DUARTE DE – *Memórias diárias*

ALBUQUERQUE, JERÔNIMO – *Informações sobre as capitanias*

ALBUQUERQUE, JORGE – *Fala aos governadores*

ALBUQUERQUE, JOSÉ DE SÁ – *Genealogia da família Albuquerque*

ALBUQUERQUE, MATIAS DE – *Informações sobre as capitanias do Brasil*

ANDRADE, ALMIR – *Formação da sociologia brasileira*

AZEVEDO, FERNANDO – *A cultura brasileira*

BANDEIRA, ESMERALDINO – *O criminoso e a penitenciária*

BARBALHO, JOÃO – *Constituição*

BATISTA, PAULA – *Compêndio de hermenêutica jurídica*

BARLEUS, GASPAR – *História dos fatos recentemente praticados*

BEZERRA, ANDRADE – *Direito Internacional operário*

BITTENCOURT, LIBERATO – *Nova história da literatura brasileira*

BORGES DA FONSECA, J. A. V. – *Nobiliarquia pernambucana*

CAMARA, PHAILANTE DA – *Verdades ao sol. Orações cívicas e literárias*

CAMÕES, LUIZ – *Luzíadas*

CAMPELLO, NETO – *Direito Romano*

CAMPELO, SAMUEL – *Obras políticas e literárias*

CASCUDO, CAMARA – *Histórias que o vento leva*

CAPITULINO, HENRIQUE – *Pernambucanos ilustres*

CARREIRO, C. PORTO – *Tradução de Cirano de Bergerac*

CARVALHO, SILVEIRA - *Perfis*

CASAL, AIRES – *Corografia brasileira*

COELHO, A. FERREIRA – *Prontuário do Código Civil*

COSTA, REGUEIRA – *Contos morais*

COUTO, LORETO – *Desagravos do Brasil e glórias de Pernambuco*

DRUMMOND, A. VASCONCELOS – *Política de Direito Internacional*

CUNHA, A. S. CARNEIRO – *Autonomia da célula*

ESTEVÃO DE OLIVEIRA, LUÍS – Discurso

FERRER, VICENTE – *Guerra dos Mascates*

FIORAVANTI, GERVASIO – *Os meses*

FREIRE, ADELINO – *A medicina legal na Faculdade de Direito*

FREIRE, BRAACAMP – *Os brasões na sala de Cintra*

FREYRE, GILBERTO – *Casa Grande e Senzala, Região e Tradição*

GANDAVO, PEDRO DE MAGALHÃES – *Tratado da terra do Brasil*

GUIMARÃES, APRIGIO – *Propriedade literária*

GUIMARÃES, BARROS – *Elementos de Direito Romano*

GUSMÃO, ALEXANDRE – *Manuscrito na Biblioteca Nacional*

MARQUES, VIRGINIO – *Uma lição de Direito Público*

MARANHÃO, METÓDIO – *Os Patriotas*

MARTINS JUNIOR, J. I. – *História do Direito Nacional*

MENDES, SALVADOR – *Origem das dignidades*

MELLO, ANTÔNIO JOAQUIM – *Biografia de D. João de R. Barros*

MELLO, MÁRIO – *Revista do I. A. H. G. Pernambuco*

MILET, HENRIQUE – *Há princípios imutáveis e eternos do justo?*

MOURA, ALEXANDRE – *Roteiro da viagem ao Amazonas*

MOYA, SALVADOR - *Anuário*

MUNIZ, ARTHUR - *Discursos*

URIAS MANUEL – *História da colonização portuguesa*

NABUCO, JOAQUIM – *A minha formação*

NEVES, JOÃO - *Discurso*

ORLANDO, ARTUR – *Ensaios de crítica*

ORICO, OSWALDO – *A saudade brasileira*

PALHARES, VITORIANO – *As noites da virgem*

PEREIRA, BATISTA – *Civilização contra barbaria*

PEREIRA, FRANÇA – *Terra brava e os Vencidos*

PERETTI, JOÃO – *Revista do I. Arqueológico*

PINHO, WANDERLEY – *Um engenho do Recôncavo*
PINTO, BENTO FERREIRA – *A Prosopopeia*
POMBO, ROCHA – *História do Brasil*
RANGEL, ALBERTO – *No rolar do tempo*
RICARDO, CASSIANO – *Marcha para oeste*
RODRIGUES, MARIO – *O meu libelo*
ROMERO, SILVIO – *História da literatura brasileira*
ROSAS, TITO – *Constituição de Pernambuco e o regime federativo*
SOARES, GABRIEL – *Tratado descritivo do Brasil*
SOUSA, HERSILIO – *Nossos direitos e velhos códigos*
TAVARES, JOAQUIM – *Projeto sobre voto cumulativo*
TORRES, AFONSO – *Livro das Famílias de Portugal*
TRAVASSO, SIMÃO – *Diálogos das grandezas*
VARNHAGEM, F. A. – *História do Brasil*
VASCONCELOS, JOSÉ DE – *Datas célebres do Brasil*
VASCONCELOS, SIMÃO – *Crônica da Companhia de Jesus*
VERAS, ALVARO TEIXEIRA – *Origem da nobreza brasileira*
VIANA, HÉLIO – *Matias de Albuquerque*
VIANA, OLIVEIRA – *Evolução do povo brasileiro*
VIEIRA DE ARAUJO, JOÃO – *Anteprojeto do Código Criminal*
VILELA, JERÔNIMO – *Compêndio de Direito Público*
VILELA, J. MARIA CARNEIRO – *Margaridas*
XAVIER, CARLOS – *Feriados do Brasil*
XAVIER, CARLOS – *De Anchieta a Marcelino Duarte*

TÍTULO 2
A ESCRAVIDÃO E A EMANCIPAÇÃO

Capítulo I
OS COLONIZADORES E OS ABORÍGENES DO NORDESTE

— A —
INCULPABILIDADE DOS AGRICULTORES PELA ESCRAVIDÃO VERMELHA

Increpa-se ilogicamente de culpabilidade aos primitivos agricultores pernambucanos pela escravidão vermelha.

Constitui círculo vicioso o argumento de Vicente Ferrer, em "A guerra dos Mascates", de que os índios eram senhores da terra, endossando Story, em relação aos primeiros habitantes dos Estados Unidos, quando declarou *que o seu direito, fosse qual fosse, ou de ocupação ou de uso, firmava-se em princípios primários, que decorriam da lei natural e em justiça não podia ser suprimido e coarctado, sem o seu livre consentimento.*

Já dissemos no "A terra e a gente do Espírito Santo" que a propriedade brasileira foi arrancada dos verdadeiros donos que, por ocupação antiga e tradicional, possuíram a terra que eles defendiam com as armas, que o direito era mais natural e mais justo do que o daqueles que vinham ocupar a capitania, com atribuições militares, administrativas e judiciárias.

Analisando apenas o aspecto moral, sob o critério atual, é lógico o raciocínio de Ferrer. Sociologicamente, outra deve ser a regra de interpretação, não sendo passível de censura os colonizadores pela escravização indígena.

Povo algum se organizou com a restrita observância das boas regras de ética atual. *F. Pizarro*, governador, adelantado e alguacil-mor, cometeu toda a sorte de traições, atrocidades e condenou Ataualpa. O Peru venera-o, considerando os seus defeitos produtos do ambiente.

Não é possível estudar fatos antigos sem revestirmo-nos do espírito da época em que foram praticados.

Ademais, culpa não pode caber pela escravização dos habitantes da terra, senão ao poder público, que a instituiu como elemento colonizador.

Martim Afonso de Sousa deu concessões para a apreensão de silvícolas. *Pero de Goes* teve, em 1530, direito a 17.

Miguel Peres desceu o Amazonas trazendo mil selvagens.

Em 1548 era permitido a *Pascoal Ferreira* ter vários para o tráfico. Já em 1531, *Gonçalo Costa* reclamava pagamento de escravos vendidos a *Sebastião Caboto* e a *Diogo Garcia*.

É certo que do alto do púlpito clamaram os padres, sobretudo *Antônio Vieira*, contra o desumano sistema, que vários foram os atos reais, notadamente os de *D. Sebastião, Felipe II e III e Pedro II*, e frequentes as bulas pontificais entre as quais a de *Urbano III, Júlio IV e Paiulo IV*.

Mas o ameríndio estava, diz José Veríssimo, abaixo dos pretos e acima dos macacos. Foi *Paulo III* quem, a 2 de junho de 1537, considerou-o animal racional.

Depois disso, os caetés tiveram a pena de escravidão perpétua pela morte do bispo *Pedro Fernandes Sardinha*, e, ainda após a bula de Benedito XIV, em 1714, e das severas deliberações do *Marquês de Pombal*. Carta Régia houve mandando aprisionar botocudos em Minas.

O próprio clero, diz *Cassiano Ricardo*, em 1797, possuía nos conventos de S. Bento, Carmo e São Francisco, 683 escravos.

Os espanhóis levaram índios do Brasil.

Vicente Pinzom capturou 30, dos quais, segundo *Afonso Arinos*, chegaram 20 a Europa. O mesmo critério teve *Diogo de Leppe*. Castela, em 1504, achava legítima a escravidão de canibais. Portugal autorizara os donatários a mandar 24 silvícolas para o reino. *Pero de Sousa*, em 1582, carregara 4, Cabral levou um e Vespúcio 3.

— B —
CONFRONTO COM OS BANDEIRANTES PAULISTAS

Culpar a agricultura pernambucana ela escravização vermelha seria o mesmo que discutir a eticidade e o caráter letal das entradas, bandeiras e monções, formas de penetração e expansão de natureza econômico-geográfica, praticadas por agrupamentos com fins comerciais, em que a mercadoria humana ocupava lugar predominante.

As bandeiras paulistas, compostas de numeroso séquito belicoso, com armas guerreiras próprias para a agressão e a violência, visavam a captura de índios com o intuito de vendê-los.

As entradas, com associação mais reduzida, organização pacífica, carregando instrumentos de trabalho, iam em demanda sobretudo do ouro, prata, esmeraldas e minérios, existentes nas entranhas da terra, levando para o árduo serviço os escravos ameríndios.

Ainda as monções, que *Sergio Buarque* prefere não citar, com função colonizadora, possuíam os servos vermelhos que, através dos cursos fluviais, guiavam as canoas conduzindo gente, gado e mantimentos e depois ajudavam na exploração e cultura do solo.

O ilustre professor *Alfredo Gomes*, em tese apresentada ao "IV Congresso Nacional de História" e da qual fomos relator, acha que a escravidão indígena é mais fenômeno localista, interessante ao nordeste e desinteressante ao luso e ao planalto.

Fazemos nossas ressalvas à afirmativa. No nordeste quase não houve escravidão do aborígene que, exatamente, predominou no sul.

Acresce que, segundo *Hélio Viana*, "a prosperidade da indústria açucareira no Nordeste afastava, por inútil, a ambição de procurar riquezas no sertão. Os escravos recebidos da África eram melhores que os indígenas".

Em São Vicente, já os dois genros de Tibiriçá praticavam o tráfico: *João Ramalho*, que mandara escravos para o Tejo na embarcação Bretoa e *Antonio Tavares Raposo*, que tornou-se dono de vinte e cinco mil silvícolas.

Jeronimo Leitão arrasou trezentas aldeias de Anhemni, trazendo três mil escravos; *Fernão Dias Paes Leme* transportou, de Apucanam para Santa Ana de Parnaíba, cinco mil; *Francisco Pedroso Xavier* conduziu quatro mil; e *Bartolomeu Bueno da Silva*, o Anhanguera, "tinha tantas, que se poderia com elas fazer uma vila". Em 1548, diz *Othon Costa*, já havia, em São Vicente, três mil escravos.

Cassiano Ricardo, em cuja obra "Marcha para Oeste" colhemos os dados contidos nos períodos anteriores, combate o sentimentalismo pró indígena de Capistrano de Abreu e que chama de cantiga lírica e se insurge contra os que consideram o bandeirismo página negra de crueldade, porquanto não seriam os congressos de paz que conquistariam o sertão.

Aleixo Garcia, Bartolomeu Bueno Filho, Braz Cubas, Braz Paes, Carlos Pedroso, Cristovão de Abreu, Fernão Paes Leme, Garcia Rodrigues, João Leitão Ortiz, Luís Pedroso, Manoel Borba Gato, Manoel Campos Bicudo, Manoel Corrêa, Manoel Pedroso, Pascoal Moreira Cabral, Salvador Fernandes, Sebastião Martins, Simão Alvares, os do ciclo baiano, citado em a nota 62 da "Marcha para Oeste" em que se encontram *Antonio Dias Adorno, Diogo Cão, Gabriel Soares, Martins Carvalho, Roberto Dias e Sebastião Tourinho*; Belchior Moreira do ciclo sergipano; *Antonio e Domingos de Azevedo do Espírito Santo*, resistindo ao frio e à fome, dormindo em catres, ameaçados a toda hora de trucidamento, trouxeram tamoios, bibreiros, caipós, caiapós, barbebas, miramonis, temiminós, patos, pés largos, tapis e tupiões.

Varnhagem calcula que, de 1614 a 1639, foram aprisionados 300.000 indígenas.

Mas entradistas e bandeirantes não apenas descobriram minas e venderam homens.

Eles povoaram terras e tornaram grande o Brasil, evitando que enorme parte do seu território ficasse sob o domínio de Castela.

Seria injustiça clamorosa e ingratidão inaudita esquecer os altos benefícios trazidos por estradas, bandeiras e monções para, unicamente, procurar o lado ético e de acordo com a moral do momento.

Assim, também, é ilógico o argumento de Vicente Ferrer, culpando os colonizadores pernambucanos pelo cativeiro do brasilíndio que, é preciso notar, não durou muito.

Foi logo substituído pelo negro.

Aliás, de Pernambuco também partiram bandeiras, sob o comando de *Francisco Caldas, Francisco Dias da Silva, Gaspar Dias de Ataide* e outros.

– C –
O VALOR DO ÍNDIO NORDESTINO E SOBRETUDO DO PERNAMBUCANO

O índio brasileiro, tido primitivamente como aberração fabulosa, a ponto de Cabral admirar-se de encontrar homens e não monstros horrendos, de um só olho no meio da testa, de uma só perna, sem línguas nem orelhas, teve, segundo Afonso Arinos, seu prestígio na literatura do século XVI, no "Elogio da loucura", de Erasmo; na "Utopia", de Tomás Norus; no "Pantagruel", de Rabelais; na "Cidade do Sol", de Campanelli e em "Des Canibales" de Montaigne. Não foram estranhos, no século XVII, a Shakespeare, Baudier, Malherbes, Boileau, Grotins, Puffendord e Locke, como não seriam, também, aos escritores do século XVIII, com Renan, Sopitau, Rainal, Montesquieu, Voltaire, *Diderot* e *Rousseau*. Deles se ocuparam no Brasil, Gonçalves Dias, Neto, *Alexandre Rodrigues, Rondon, Teodoro Sampaio, Gilberto Freyre* e muitos outros.

A influência do índio pareceu tão grande a *Afonso Arinos* que lhe serviu de assunto para magnífica obra intitulada "O índio brasileiro e a revolução francesa". Um grupo de silvícolas encantou, em Rouen, a *Henrique II* e a *Catarina de Medicis*. Eles prestaram altos serviços ao sul e ao norte. O *Marquês do Lavradio* rebaixou um capitão de índios por se ter casado com uma negra, assevera Gilberto Freyre.

Os pernambucanos procuraram sempre a harmonia com os aborígenes, deles recebendo poderoso auxílio nos grandes momentos de desdita.

Tornaram-se credores da gratidão póstera e dos contemporâneos receberam honras, recompensas e prerrogativas.

Vermelhos no sangue e na coragem, tiveram no nordeste o mesmo culto que Tibiriçá no sul e Araribóia no centro. O Braço de Peixe, o Itagiba, o Gairapura, o Taboa, o Piragibe, o Jaguari, o Pau Seco, gozaram de prestígio no primeiro século de povoamento.

Tabira foi poderoso auxiliar de Duarte Coelho. Consagrou-lhe Gonçalves Dias os seguintes versos:

"É Tabira guerreiro valente,
Cumpre as partes de chefe e soldado;
É caudilho de tribo potente,
– Tabajaras – o povo senhor.
Ninguém mais observa o tratado,
Ninguém menos de p'rigos se aterra,
Ninguém corre aos acenos da guerra
Mais depressa que o bom lidador

Já dos Lusos o troço apoucado,
Paz firmando com ele traidora,
Dorme ileso na fé do tratado,
Que Tabira é valente e leal.
Sem Tabira dos Lusos que fôra?
Sem Tabira que os guarda e defende,
Que das pazes talvez se arrepende
Já feridas outrora em seu mal!

Tem um olho dum tiro frechado!
Quebra as setas que os passos lh'impedem
É do rosto, em seu sangue lavado,
Frecha e olho arrebata sem dó!
E aos inimigos que o campo não cedem,
Olho e frecha mostrando extorquidos,
Diz, em voz que mais eram rugidos:
– Basta, vis, por vencer-vos um só!"

O berço de *Antonio Felipe Camarão*, o *Poti*, foi disputado pelo Ceará e ainda hoje querem reivindicar a glória do lugar de seu nascimento Pernambuco e Rio Grande do Norte, tendo o primeiro decidido apoio em *Antonio Joaquim de Melo, Mário Mello, Pandiá Calogeras e Pereira da Costa* e o segundo em *Camara Cascudo, Candido Mendes, Loreto Couto, José Domingues Codeceira, Nestor Lima, Porto Seguro e Rocha Pombo*.

Poti, valente lutador na guerra holandesa, desfrutou honras de fidalgo e vestiu o hábito de comendador. Seus ossos foram guardados, com amor e carinho, na Igreja de Guararapes.

Teve, como companheiros, vários bravos da mesma tribo, entre os quais *Antonio Pessôa Arcoverde*. Ajudou-o seu irmão *Francisco Pinheiro Camarão* que transmitiu ao filho – *Diogo Pinheiro Camarão*, pai de *Domingos Pinheiro Camarão* e de *Sebastião Pinheiro Camarão*, este herói, em 1710, a favor dos mascates do Recife e contra a nobreza territorial de Olinda.

Do índio recebemos influxos literários e artísticos de valor que se revelam não apenas no folclore, como nas denominações de adornos, armas, costumes, alimentos, danças e localidades.

Os próprios nomes de Pernambuco, Itamaracá, Amaragi, Catende, Goiana, Igarassú, Ipojuca, Serinhaem, Muribeca e outros provêm dos aborígenes, como os de certos arrabaldes recifenses quais, por exemplo, Apipucos e Jiquiá.

O governo holandês respeitou os silvícolas. *Domingos Carapeba, Antonio Paraipara* e *Pedro* ou *Parapeba Poti* foram nomeados, respectivamente, regedores de Goiana, Rio Grande do Norte e Paraíba.

O último, sobrinho do célebre *Poti*, foi por este exortado a deixar os flamengos, ao que opôs formal recusa. Tinha por companheiro *Jandali* ou *Jenolovi*, segundo *Barleo*. Em 1645 houve em Goiana uma assembleia de índios.

Também a administração portuguesa tomou a deliberação de nomear capitães de índios para os distritos.

Com os selvagens tiveram os brasileiros mais do que relações sociais. Houve união racial. *Gilberto Freyre* salienta os traços indígenas no sertão.

Na parte referente à raça, teremos ocasião de mostrar que as mais importantes famílias pernambucanas possuem nas veias o sangue indígena.

Duas dezenas de filhos de *Jerônimo de Albuquerque* eram mamelucos. Seria mesmo difícil distinguir quem, sendo pernambucano através de várias gerações, não tenha pintas de sangue vermelho.

As primitivas lutas eram naturais e não constituem faltas brasileiras. O mesmo sistema de ocupação deu-se em todo o continente.

O índio foi, porém, reabilitado. "O brasileiro, diz *Graça Aranha*, tem orgulho do índio e vê no selvagem não só o aborígene, o iniciador da raça, como o dono legítimo do solo, o protótipo da liberdade que estava no princípio e que o brasileiro eleva à altura de um ideal a seguir, a imitar, a recuperar e do qual sente ter-se afastado nas contingências da vida coletiva." Assis Chateaubriand (O Jornal de 3 de janeiro de 1959) se supõe oriundo de piratas normandos, ligados a índias do Brasil.

Capítulo II
A ESCRAVIDÃO NEGRA PERNAMBUCANA

— A —
A ESCRAVIDÃO NO MUNDO

Vicente Ferrer critica o colonizador pernambucano pelo estabelecimento da escravidão como se a bárbara instituição não tivesse sido usada entre todos os povos da terra e legitimada até na Bíblia.

O Almirante Habart Pachá considerava-a como exercício de um dever religioso porquanto fôra a divindade que, amaldiçoando Can, filho de Noé, o condenara à escravidão, dando origem ao povo africano. Isto mostra a concepção da época.

Fenício, gregos, romanos foram donos de homens.

Há, mesmo, quem olhe para o nefando instituto como um alto degrau da civilização, desde que, anteriormente a ele, predominava para o vencido, o vazamento dos olhos, a mutilação e até a morte. Os grandes povos mantiveram o sistema. A França de Raynal, Passy, Schoelk, Malleville e Benjamim Constant, supôs tê-lo abolido em 1792, mas viu-o ressurgir em 1802. A Inglaterra, que papel tão relevante teve na história da abolição e que foi a terra de Fox, Pitt, Buztorn, Wilberforce, Elarkson e Stanley, contratou, em 1712, a transportação anual de 4800 homens de Guiné.

A voz de Canning defendeu a monstruosa orientação.

O caso é que o século XIX encontrou a escravidão na Suécia, na Holanda, na França, na Inglaterra, em Portugal e em vários países, sem esquecer os Estados Unidos, pátria de Franklin e Lincoln.

A América, desde 1501, começara a importação.

Em Portugal parece que, conforme referem Gama Rosa, Taunay e Alcantara Bacelar, data de 1442 a primeira captura de escravos da África Ocidental, por Antão Gonçalves.

Dois anos mais tarde, Lancerote de Freitas trazia, do Algarves, 235 peças de máquina humana. Traficaram com escravos negros, entre outros, Nuno Tristão, Afonso Gil e Gil Enes e, em 1479, Afonso V dava o monopólio a Fernão Gonçalves.

— B —
A INSTITUIÇÃO NO BRASIL

Colônia lusitana, é natural que o Brasil seguisse o exemplo do velho reino, que tantas expedições lançara ao mar à cata de homens.

É tradição que Martim Afonso de Sousa fez desembarcar na Bahia os primeiros escravos. D. Catarina permitiu 12 negros para cada engenho. Afirma-se que já na frota de Cabral vieram cativos. Em 1582, segundo os cálculos de Anchieta, havia em Pernambuco, dez mil peças da Índia, como eram eles chamados.

No governo holandês cita-se a existência de 23.163.

Tomou a importação extraordinárias proporções, não obstante ter tido adversários do valor de Antônio Carlos, Borges Barros, Clap, Castro Alves, Eusébio de Queiroz, Góes e Vasconcelos, Gonçalves Dias, Hipólito da Costa, Joaquim Serpa, João Alfredo, João Cordeiro, José Bonifácio, José Mariano, Lopes Trovão, Luís Delfino, Luís Gama, Martins Junior, Matoso, Rocha, M. Barreto, Ottoni, Perdigão Malheiros, Silveira Mota, Sousa Dantas, Tavares Bastos, Torres Homem, Inhomerim Zacarias e, entre muitos outros, Rui Barbosa, José do Patrocínio e Joaquim Nabuco.

Xico Rei, em Minas; o Cosme, nas Balaiadas do Maranhão; os Insurretos Grandes foram as reações da própria raça que, na guerra dos Palmares, organizou uma república. Tiveram os seus heróis como do Queimado, no Espírito Santo, e o Malunguinho, no Quilombo do Recife.

Veio progressivamente a abolição.

A 4 de setembro de 1850 era promulgada a lei robustecendo a de 7 de novembro de 1831, proibitiva do tráfico. A de 27 de setembro de 1871 deu-se a libertação do ventre livre e a 8 de setembro de 1865, a dos sexagenários. A 13 de maio de 1888 era extinta a escravidão no Brasil

— C —
A ESCRAVIDÃO EM PERNAMBUCO E A REAÇÃO DOS ESCRAVOS

I
Atuação dos escravos

Não seria de esperar que Pernambuco recusasse a mercadoria humana como elemento colonizador. Houve senhores tiranos mas, também, existiram ao humanitários, como João Paes Barreto (3), Luís de Sousa, a Marquesa de Recife, João Francisco Paes Barreto, os Barões de Goicana e Santo André e muitos outros.

Descendentes da velha aristocracia rural nordestina, eram os grandes abolicionistas, Ferreira França, José Mariano, João Alfredo, Monsenhor Pinto de Campos, Tavares Bastos e, acima de todos, Joaquim Nabuco.

Pernambuco coloca entre os seus heróis, o Zumbi, que repetiu as cenas de espartacos, Henrique Dias e seus invictos comandados. Dos escravos herdamos orações, manjares, música, vocábulos, amuletos e evoluções coreográficas.

Foram trabalhadores e soldados, diz Castro Barreto.
Sem o negro não haveria a civilização da cana.

II
A República dos Palmares

A primeira guerra civil brasileira foi a revolta dos escravos, fugidos à sanha do capitão do mato, para várias localidades de Alagoas e Pernambuco, formando a célebre república dos Palmares, em quilombos, reunidos em choupanas, cobertas de palmares.

Tornaram-se tão fortes que conseguiram dominar através de três grandes períodos: o holandês, o da restauração e o terminal, quando tiveram de render-se.

Organizaram suas instituições, tendo magistrados, autoridades, chefe efetivo e perpétuo. O Zumbi, escravo de Cristóvão Lins, dirigia onze mil pessoas, segundo Barleus, vinte mil, conforme Rocha Pombo, trinta mil, de acordo com Brito Freire.

Como reminiscência da guerra dos Palmares, recolheu o folclore, de que nos dá notícia Artur Ramos, a seguinte quadra, ainda usada em certas festas populares e que bem mostra o modo como os escravos recebiam os proprietários:

"Folga negro
Branco não vem cá
Se vier
O diabo o há de levar"

Não há dúvida que a guerra representa uma bela página na história do abolicionismo brasileiro.

Mas os fatos devem ser analisados dentro da época em que eles se realizaram.

No século XVII não seria possível a administração ficar impassível ante a rebelião que, durante 64 anos, tantas vidas custara à nação e tantas dificuldades criara.

A futura civilização do povo brasileiro estava ameaçada, diz Nina Rodrigues.

A escravidão foi adotada pelos povos mais civilizados e, no Brasil, antes da divisão em capitanias hereditárias.

Era o sistema de colonização tão arraigado que o não destruíram as outras revoluções posteriores à dos palmares, como a de Micom, a do Quilombo de Mato Grosso, a das Balaiadas do Maranhão; a do Mulunguinho do Recife, as dos Malés da Bahia e a do Queimado do Espírito Santo. Ele resistiu aos brados de Castro Alves, Gonçalves Dias, José do Patrocínio, Joaquim Nabuco, Perdigão Malheiros, Rebouças, Rui Barbosa e Torres Homem.

Vieram por etapas as leis emancipacionistas, notadamente as da proibição do tráfico, no gabinete Euzébio de Queiros, a do ventre livre, na chefia de Rio Branco, a dos sexagenários, sob os auspícios de Dantas e a da libertação incondicional, com João Alfredo a frente do Conselho.

Somente dois séculos e meio após a Guerra dos Palmares é que desapareceu a nefanda instituição que reduzia homens à categoria de coisas.

Não se pode, pois, condenar os que se bateram contra a revolução como João Paes Barreto de Melo, Estevão Paes Barreto (2), João de Sousa, Francisco Barreto de Menezes, Cristóvão Lins e João Maurício Wanderley (1).

Na última fase, 7000 soldados que combatiam a rebelião, estavam distribuídos em três colunas, dirigidas pelo paulista Domingos Jorge Velho, Bernardo Vieira de Melo e Sebastião Dias Manelli. Este ascendente do Dr. Manuel Xavier Paes Barreto (2) comandou a ala esquerda, exatamente a mais perigosa. Era Capitão-mor das Alagoas e, dos três comandantes, foi mais eficiente no momento da vitória, embora de menos repercussão.

Atribui-se-lhe a provocação do suicídio do Zumbi, atirando-se do despenhadeiro, mau grado versões diferentes e até o ato real de 1698, concedendo prêmio a André Furtado de Mendonça por ter cortado a cabeça do chefe negro.

A guerra dos Palmares não mancha a ação dos que combateram contra os escravos.

A respeito, diz Nina Rodrigues: "Mas, acima dessa idolatria incondicional pela liberdade que pode, em sua guerra sectária, confundir cousas distintas e encobrir intuitos liberais onde houve intuitos de salvação para o respeito pela cultura e civilização dos povos".

BIBLIOGRAFIA

ABREU, CAPISTRANO – *Prolegômenos*

ARANHA, GRAÇA – *Joaquim Nabuco*

ARINOS, AFONSO – *O Índio brasileiro e a revolução francesa*

BARRETO, CASTRO – *Povoamento e População*

BUARQUE, SERGIO – *Raízes do Brasil*

CALOGENAS – *Formação histórica do Brasil*

CARDIM, FERNÃO – *A terra e a gente do Brasil*

CASCUDO, CAMARA – *Geografia dos índios brasileiros*

COSTA, OTHON – *A data da fundação do Rio de Janeiro*

CUNHA, ARISTIDES – *A margem da História*

DIAS GONÇALVES – *Poesias*

EDMUNDO LINS – *No tempo dos vice-reis*

FREYRE, GILBERTO – *O mundo que o português criou*

FREYRE, GILBERTO – *O nordeste, região e tradições*

MARTINS, OLIVEIRA – *O Brasil e as colônias*

MARROQUIM, M. – *A linguagem do índio*

PEREIRA, BATISTA – *A civilização contra a Barbárie*

RAMOS, ARTHUR – *O negro brasileiro*

RANGEL, A. – *No solar do tempo*

RICARDO, CASSIANO – *Marcha para o oeste*

RODRIGUES, NINA – *Os africanos no Brasil*

SENA, NELSON – *O índio*

SILVA, PEREIRA – *História do Brasil*

STADEN HANS – *Viagens ao Brasil*

XAVIER, CARLOS – *Feriados do Brasil*

XAVIER, CARLOS – *Limites Espírito Santo Bahia*

XAVIER, CARLOS – *A terra e a gente do Espírito Santo*

TÍTULO 3
ESPÍRITO DE RENÚNCIA E DE FILANTROPIA E SEU ASPECTO NEGATIVO

Capítulo I
ESPÍRITO DE RENÚNCIA

Beneméritos e malditos foram vários ascendentes e descendentes dos povoadores do 1º século.

De um lado, distinguindo-se pelo espírito de renúncia, encontraremos na estirpe *Albuquerque*, por exemplo, vultos que chegaram a ser canonizados como *Santo Estevão, São Fulgêncio, São Florentino, Santa Genova, Santa Godinha, São Geraldo, Santa Senhorinha do Basto*.

Anseghine, Clotário, Clovis e *Arnulfo* tiveram, respectivamente, por esposas, as santas *Bega, Radegunda, Clotildes e Ona*.

Vários portugueses, depois de brilhante vida pública, dedicaram-se aos mosteiros. *Jorge Melo*, pai de *Cristóvão Melo* e, pois, avô de *Felipa Melo*, que se casou com *Jerônimo de Albuquerque*, foi abade do Pombeiro e bispo da Guarda, e sobre *Jerônimo Barreto* disse-se, segundo G. Frutuoso: *OH quae pulcra est casta generalude*.

Apesar do mau exemplo de *Jerônimo de Albuquerque* com sua vida licenciosa, se dedicaram à religião 3 de suas filhas: *Luisa, Cosma* e *Isabel*, e vários de seus netos e bisnetos, entre os quais *Paulo* e *Jerônimo Cavalcanti, João Moura* e *Paulo Moura*, depois *Frei Paulo de Santa Catarina*, ascendente do *Marquês de Pombal*, e *Frei Manuel de Santa Catarina*.

Do outro lado, recebendo o hábito, mas dando estravação aos seus instintos de libertinagem, vemos *Aldonsa Anes Briteiros*, abadessa do Convento, que teve filhos e foi ascendente das mais nobres famílias pernambucanas.

Maria Paes Ribeiro, Aldonsa Rodrigues Telha e *Teresa Lourenço de Almeida* foram barregãs de Dom Sancho, Dom Diniz e *Dom Pedro*, o justiceiro, e genitoras, respectivamente, de *Teresa Sanches, Afonso Sanches* e *Dom João*, mestre de Avis, sendo a 1ª e a 2ª ascendentes de *Jerônimo de Albuquerque*.

Também ex-amante de D. Diniz fora Maria Rodrigues, consorte de Martim Fernandes Barreto.

Rezam as crônicas que *Maria Mendo de Sousa*, esposa de Lourenço Valadares e ascendente dos Albuquerques, Melos, Barretos e Sousas, dormira em leito incestuoso com o irmão – *Conde Gonçalo Mendes de Sousa*.

Jerônimo de Albuquerque, neto de *João Afonso* e de *Teresa Sanches,* cujos atos de santidade se notabilizaram, e descendente de heróis, como *Egas Muniz*, que serviu de garantia no célebre acordo entre *Afonso Henriques* de Portugal e *Afonso VII* de Castela, era também bisneto de João Gonçalves Gomide, assassino da própria esposa, e descendia do adelantado Soares Novelas, que vazou os olhos de 7 condes, inclusive os do seu cunhado.

Vários netos de *João Paes Barreto* 3º procuraram o convento, como *Maria da Trindade* e *Ana Melo*, filhas de *Cristóvão Paes Barreto; Diogo, Ana* e *Helena*, filhos de *Catarina Barreto*.

Entre os bisnetos se encontram *Diogo Paes Barreto* (2º), *Francisco Barreto Corte Real*, filhos de *Estevão Paes Barreto* (1º); João Paes Barreto (6º), *Francisco Barreto Corte Real* e *Estevão Paes Barreto* (3º), filhos de *Fernão Rodrigues de Castro*, e que foram padres.

Dedicaram-se à vida eclesiástica, entre outros, *Domingos dos Anjos* e seu irmão *Pantaleão Costa; Estevão de Melo, Francisco Tavares de Araujo* e seu irmão *João Tavares de Araujo; Gonçalo Lins, João Campelo, João Ribeiro Pessoa* e seu irmão *José; João Santana* e seu irmão *Manoel Natividade* e *Manoel Carvalho*, respectivamente filhos de *Pantaleão Costa, Feliciano Melo e Silva, Braz de Araujo, Cibaldo Lins, João B. Campelo, Nuno Campelo, Tomé Corrêa de Araujo* e *Cosme de Carvalho Araujo*; descendentes todos de *João Paes Barreto*.

Nem sempre procuraram, os filhos dos colonizadores, estrada suave e matizada de flores; encontraram também urzes e espinhos; lutaram e se sacrificaram.

Não eram eruditos, mas não representavam a ignorância proclamada por Vicente Ferrer, aqueles que fizeram de Pernambuco a mais próspera das capitanias.

Não merecem os apodos atirados pelo autor da "Guerra dos Mascates".

Capítulo II
ATOS DE FILANTROPIA

— A —
FILANTROPIA DOS PRIMITIVOS ORGANIZADORES

O tronco da família Paes Barreto em Pernambuco: – *João Paes Barreto* (3), chegado em 1558, era dos maiores filantropos da época, conforme atestam os seus biógrafos.

Benemérito da Santa Casa da Misericórdia de Olinda e tido para muitos como seu próprio fundador, nela fez obras vultuosas e construiu o hospital. Devem-se-lhe ainda as edificações das capelas da Madre Deus e de Santo Antônio do Monte.

Jorge Cardoso, no "Agiológio lusitano", coloca-o entre os varões santos e, para mostrar como era amigo de fazer o bem, cita vários fatos reveladores de bondade, como por exemplo, o praticado quando lhe roubaram o cavalo de estimação.

Apiedou-se tanto do ladrão que, para não vê-lo castigado, declarou à polícia ter feito presente do animal ao indigitado criminoso. O Agiológio é muito anterior aos "Os Miseráveis" de Vitor Hugo, onde há passagem idêntica, acontecida com João Valjean.

Era *João Paes Barreto* genitor de *Catarina Barreto*, esposa de *D. Luís de Sousa*, e doadora de grandes bens ao Hospital Paraíso. Deste último casal provinha *D. João de Sousa*, esposo de Inez de Albuquerque, filha de *Felipe Paes Barreto* (1). Esta, por escrituras de 4 de março de 1661 e 26 de outubro de de 1664, lavradas pelos tabeliães *Luís Francisco de Almeida* e *José Cardoso*, fizera valiosa doação de terras, prédios e títulos ao hospital do pátio do Paraízo, depois7 de setembro e, mais tarde, *Barão de Lucena*.

Em vida não apenas mantivera o estabelecimento e assistira os enfermos. Encarregava-se da própria lavagem e do asseio do prédio. Fundou as igrejas de Nossa Senhora do Paraizo e São João de Deus.

A escritura de 31 de outubro de 1641 transfere o domínio e a posse de propriedade de valor para a benemérita obra.

A fundação foi confirmada por alvará constante da seguinte Carta Régia:

> "Eu, El Rey faço saber aos que este meu alvará de confirmação lerem, que tendo respeito ao que se me representou, por parte de *D. Inês Barreto de Albuquerque*, moradora na capitania de Pernambuco, viúva do Mestre de Campo *D. João de Sousa*, que levada a ela, e o dito seu marido no zelo do serviço de Deus, comovendo-se dos pobres necessitados, e por verem que de entre ambos não havia sucessão, tendo opulência de bens, determinarão fundar um hospital na praça do Recife da invocação Nossa Senhora do Paraizo e S. João de Deus, por ali o não haver para os doentes pobres, acharem nele jazigo e remédio à sua aflição, e não morrerem ao desamparo, erigindo também um templo para no fundamento dele se solidar a duração desta obra tão pia, ao qual vincularão bens suficientes rendas com as cláusulas declaradas nos capítulos da ereção e instituição de que o teor é o seguinte:

78. Continuam vinte capítulos e no fim deles:

> "Pedindo me a dita *D. Inês Barreto de Albuquerque* lhe fizesse graça, e mercê mandar confirmar a dita instituição. E tendo a tudo consideração, e ao que responde o procurador da minha coroa, a que se deu vista, hei por bem de confirmar a fundação e ereção do dito hospital com as condições e cláusulas neste incorporadas com que fizeram o dito *D. João de Sousa* e sua mulher, a dita *D. Inês Barreto de Albuquerque*. Pelo que mando ao governador da Capitania de Pernambuco, mais ministros e pessoas a que tocar, cumpram e guardem este alvará na forma referida, e o façam cumprir e guardar inteiramente como nele se contém sem dúvida alguma, o qual valerá como carta, sem embargo da ordenação do livro 2º, foi 4ª em contrário, e se passou por duas vias.
> Não deve novos direitos por ser esmola esta mercê, e eu assim ordenar, como constou por certidão dos oficiais deles. *Manoel Pinheiro da Fonseca* o fez em Lisboa aos 19 de agosto de 1689, o secretário André Lopes de Lavra, o fez escrever. Registrado nos livros da secretaria do conselho ultramarino, a fls. 7 v.º em Lisboa 5 de outubro de 1689, e na chancelaria mor do reino e corte no 1º ofício e mercês a fl. 308, Lisboa 20 de setembro de 1689".

Henrique Capitulino, em "Pernambucanos ilustres" dá, por equívoco, *Inêz de Albuquerque* como filha de Antônio de Sá Maia.

Gilberto Freyre rende-lhe elogios, bem como a *Catarina Paes*.

A capela de Nossa Senhora de Nazaré onde, em 1648, *André Vidal de Negreiros* fez celebrar missa e sermão, foi construída por *Pedro Dias da Fonseca* e sua esposa, *Maria Pereira Coutinho*, em o outeiro de seu engenho Salgado, no Cabo de Santo Agostinho.

Seus netos *Francisco Cavalcanti* e Mécia Rolim fizeram doação à Nossa Senhora do Monte Carmelo, da igreja e de terrenos na extensão de meia légua.

A legendária capela de Nossa Senhora dos Guararapes deve a sua construção a *Francisco Barreto de Menezes*, em terras cedidas por *Alexandre Moura*, proprietário do engenho Guararapes.

Transmitiu a doação em 1556, à Ordem de São Bento.

Também a capela de Nossa Senhora do Pilar foi obra de *João Barreto Rego*.

São mencionados como exemplo de benemerência: *Cristóvão Paes Barreto* (1), filho de *João Barreto* (3), *João Paes Barreto de Melo* (2), que ofereceu os terrenos para o hospital dos Lázaros, no bairro de Santo Amaro, *João Paes Barreto* (3) que, às suas expensas, edificou a igreja hoje extinta de São Gonçalo e da Purificação, na freguesia de Una.

Na guerra dos Mascates, *Cristóvão Paes Barreto* (5), na impossibilidade de dispor dos capitais, chegou a empenhar as jóias para defender Tamandaré, tida como a garganta dos olindenses.

A fortaleza de Tamandaré foi concertada com a dádiva integral do madeiramento, fornecido gratuitamente pelo Coronel *Francisco Xavier Paes de Melo*, como se vê, da certidão a seguir passada em virtude do despacho do governador Montenegro:

> *Antônio Bernardino Pereira do Lago*, Sargento Mor do Real Corpo de Engenheiros e Diretor das Obras Reais e Fortificações desta Capitania de Pernambuco, substituto da Cadeira de Artilharia e correspondente do Real Arquivo Militar do Rio de Janeiro, tudo por S. A. R.. "Atesto que, dirigindo a obra da casa da pólvora da Fortaleza de Tamandaré, que se fez

em janeiro de 1811, toda a madeira de vigas terças e flexais que se gastarão na referida feitura, foi liberal e gratuitamente dada pelo Senhor Coronel de Milícias em Sirinhaem, *Francisco Xavier Paes de Melo*, serviço este que já em outras vezes tem feito quando naquela Fortaleza tem havido concerto... sempre, em tudo com o seu patriotismo herdado com a nobreza de seus antepassados e por ser verdade passo a presente por mim assinada e selada com o selo das minhas armas. Quartel de Pernambuco, 14 de fevereiro de 1811. *Antônio Bernardino Pereira do Lago*".

— B —
ATOS DE FILANTROPIA NO IMPÉRIO

Mesmo no Império não foram poucos os atos de filantropia.

A *Marquesa do Recife* cedeu da meação que lhe coube em inventário, por instrumento público lavrado pelo tabelião *Luís Barreto de Almeida*, em 4 de março de 1861, o antigo Hospital de São João de Deus, hoje quartel de polícia, à igreja de Nossa Senhora do Paraíso, bem como a biblioteca, onde se reunia a academia revolucionária, a antiga casa dos expostos, as imagens e afáias da igreja; tudo avaliado em inventário por 90:000$000.

BIBLIOGRAFIA

CAPITULINO, HENRIQUE – *Pernambucanos ilustres*

CARDOSO, JORGE – *Agiológio lusitano*

FERRER, VICENTE – *Guerra dos Mascates*

FRUTUOSO, GASPAR – *Saudades da terra*

FREYRE, GILBERTO – *O nordeste*

GAMA, FERNANDES – *Memória histórica*

HUGO, VICTOR – *Os miseráveis*

JABOATÃO, SANTAMARIA – *Catálogo genealógico*

LAVANA, J. BATISTA – *Nobiliário*

LIMA, OLIVEIRA – *D. João VI no Brasil*

SANTOS, MANOEL – *Calamidades de Pernambuco*

SOUSA, CAETANO DE – *H. Genealógica da casa real portuguesa*

TORRES, AFONSO – *Nobiliário*

XAVIER, CARLOS – *Rio Formoso*

VELHO, ERNESTO – *Os velhos de Barbosa*

TÍTULO 4
A FAMÍLIA PERNAMBUCANA NOS MOVIMENTOS BÉLICOS DENTRO DE PERNAMBUCO PELA EXPULSÃO DOS INVASORES ESTRANGEIROS

Capítulo I
EXPULSÃO DOS FRANCESES

Já anteriormente à constituição das capitanias, o território pernambucano e suas adjacências eram vítimas de incursões dos súditos de Francisco I.

O Barão de Saint Blancard, almirante Bertrand D'Omesson, comandante da esquadra no Mediterrâneo, em 1531, transformara em Pelerine a São Tomé, contendo 18 canhões de bronze e ferro. Guarnecera-a com 120 homens, entre soldados e marinheiros, e a entregara à direção de Jean Duperre, que se fixara em Itamaracá, onde fizera um forte, defendido por 70 soldados.

Foi batido por Martim Afonso de Sousa, ao lado de Heitor de Sousa, Lobo Pinheiro, Diogo Leite e, entre outros, Pero Lopes de Sousa que, a respeito, escreveu o "Diário da Navegação".

Demorou o combate para a rendição 18 dias, segundo Handelman, que também atesta que, de acordo com a tradição, 20 vencidos foram enforcados, 2 dados aos selvagens para refeição e os restantes levados para Lisboa, por Pero de Sousa.

Ao tempo de Duarte Coelho voltaram os intrusos a Igarassú, onde se achava o administrador Afonso Gonçalves.

O velho colonizador teve auxílio de Penteado e de Hans Staden, artilheiro de Hessen, na Alemanha, para rechaçar invasores que, ligados aos aborígenes, os instigavam contra os portugueses.

Contribuíram muito para o sucesso, os conhecimentos linguísticos de Vasco Fernandes de Lucena, intermediário junto aos índios, a fim de fazê-los passar do exército francês para o português.

Lucena viveu com uma brasileira de quem teve filhos.

Essa ligação facilitou-lhe os meios de aproximação.

Pernambuco atuou, decisivamente, nas lutas paraibanas contra franceses ligados aos potiguares. Forte contribuição, de 500 brancos, afora índios, foi organizada por Martim Leitão, da qual fizeram parte Francisco Barreto, Simão Paes e João do Rego Barreto.

Rezam as crônicas que cem homens partiram do Recife em defesa do Rio, atacado pelas forças de Nicolau Durand Villegaignon.

Os pernambucanos combateram no mar o senhor de Ravardière.

No capítulo próprio mostramos que a Jerônimo de Albuquerque se deve, sobretudo, a vitória de Guaxenduba, contra Daniel de la Touche.

Também em 1737, houve a intromissão francesa em Fernando de Noronha. A expulsão deve-se aos pernambucanos, à frente de João Lobo de Lacerda. Da guarnição fazia parte Pedro de Moraes Magalhães.

Capítulo II
EXPULSÃO DOS INGLESES

A Inglaterra, várias vezes, desde 1530, com Mister William, tentou explorar o Brasil.

Em 1582, Diogo Flores combatera contra Edward Furton, em Santos, localidade que, 9 anos após, seria procurada por Tomas Cavendish. Já em 1586, na Bahia, estivera Robert Withmington.

Forte investida deu James Lancaster, que partira com 3 naus: Consent, Salmon e Virginia e na Vila de Maio se unira à esquadra francesa de Venner, composta de 4 navios. Ainda recebeu reforços da esquadrilha de Jean Noyer.

A 29 de março de 1595, chegou a Olinda e, após pequena luta, tomou a cidade de assalto e apossou-se de grande presa de mercadorias de que estavam abarrotados os armazéns. Conseguiu construir uma paliçada.

Governava a Capitania D. Felipe de Moura, sobrinho e genro de Jerônimo de Albuquerque. Enfrentou o forte de Bom Jesus, ocupado pelos estrangeiros.

Estes haviam conquistado a solidariedade, mediante compensação, de 3 navios holandeses que se encontravam no porto.

Edmundo Barter, comandando soldados britânicos, tomara a seus ombros a tarefa de fazer desaparecer o reduto. Cometera, contudo, a imprudência de afastar-se para os lados de Olinda, sendo envolvido pelas nossas forças, de modo que facilmente fora desalojado a 30 de março de 1595.

Vicente Ferrer critica a gente da terra que deixou os corsários roubarem, encherem as embarcações e dividirem as presas, achando, ainda, que vencemos não pela tática própria, mas pela imprudência dos contrários.

Não é assim. Moura sustentou a luta durante 30 dias.

Não seria possível impedir a entrada de 3 possantes naus britânicas e 4 da França, unidas a 5 flamengas. Recife tinha apenas um forte. Lançaram, os nossos, brulotes que produziram resultados, se não fora a vigilância dos inimigos, mandando por vezes cortar as amarras.

Mas o cerco que fizeram porventura nada significava?

Não será tática, também saber aproveitar o descuido do adversário? O caso é que obtiveram grandes baixas nos inimigos que, afora os muitos feridos, perderam 35 homens, entre os quais Back, Bruker, Noyer e Rochil.

O próprio Lancaster descreve os embaraços para bater reinóis e índios e atingir a trincheira e as sérias dificuldades com a falta de água, burlotes colocados nos rios e os pranchões construídos para a artilharia.

Capítulo III
GUERRA HOLANDESA

— A —
VALOR DOS INVADIDOS

O 27 de janeiro de 1954, comemorativo da restauração do regime português do Brasil, não relembra, apenas, o término da dominação flamenga, após vinte e quatro anos de lutas memoráveis que determinaram a capitulação com o acordo de Taborda, obrigando a deposição das armas e entrega das fortalezas de Recife, Itamaracá, Paraíba, Rio Grande do Norte e Ceará.

Não recorda, unicamente, a véspera da data em que *Francisco Barreto Meneses*, de cima de seu cavalo de montaria, ao lado de setenta companheiros, nas proximidades de Cinco Pontas, iria receber as setenta e três chaves, das mãos de *Fernandes Vieira*.

Mais do que tudo isso, já o dissemos em "Feriados do Brasil", o magno desfecho histórico representa uma grande pedra colocada para a construção da unidade pátria, movimentada pelo desejo ardente de conquista da liberdade, predomínio da fé católica e defesa da integridade territorial.

Estavam cansados das opressões e tormentos, ofendidos nas suas crenças, arraigadas de tal modo que os faziam ver milagres e deram a *Barbosa Lima Sobrinho* a convicção de que Santo Antônio tomara parte ativa da revolução. Aliás, este santo, mais tarde, fora alistado como praça, para seguir com a tropa na guerra dos Palmares e era tenente na dos Mascates e obteve várias promoções.

Os pernambucanos estavam compenetrados de que, como disse *Pedro Calmon*, é pouco ocupar a terra; vale mais defendê-la.

E foi esse triângulo luminoso que conseguiu fundir em um só pensamento, uma única vontade, elementos os mais heterogêneos que estavam, já, formando os alicerces da unificação brasileira.

E é por isso que a fidalguia alvinitente de *Albuquerque, Barbalho, Bezerra, Barreto, Cavalcanti, Bandeira de Melo, Rego Barros* e de tantas outras estirpes, aristocráticas, também, na pureza dos ideais, dava as mãos ao batalhão dos Henriques de onde refulgiam *Manuel Madeira, Antonio Costa, Antonio Caldeira, Amaro Cardigo, Gonçalo Roberto* e, sobretudo, seu comandante, o preto Henrique Dias, Mestre de Campo, nobre e comendador e que deu exemplo de heroísmo inigualável até quando ferido, pela sexta vez, em Porto Calvo, tendo de amputar uma das mãos, se regozijava de possuir, ainda, cinco dedos para servir aos seus.

A esses grupos etnológicos tão diversos deram integral solidariedade o mulato *Antônio Fagundes* e o fidalgo comendador *Antônio Felipe Camarão*, governador e capitão-geral dos índios da costa do Brasil, que já estivera na Bahia e ajudara *Jerônimo de Albuquerque*, no Maranhão.

Camarão, cuja cabeça fora posta a prêmio, o *Poti*, vermelho na cor e na rubra coragem, dirigia a denodada corte de índios, ao lado de *Clara*, de seu sobrinho *Diogo Pinheiro Camarão*, de *Antonio Pessôa Arcoverde* e do célebre *Jaguararâ*, que oito anos curtiu prisão tétrica, por infundada suspeita.

Essa trilogia bendita não distanciou ricos dos pobres, velhos dos jovens, livres dos escravos e, o que é admirável, reinóis dos aborígenes e, pois, *Fernandes Vieira* de *Vidal de Negreiros*, achando que se tratava de colonizador contra a exploradora.

A majestosa trempe não enxergou fronteiras de sexos. A mesma vibração patriótica dos defensores invictos do Rio Formoso se encontrava nas heroínas de Tejueupapo.

Desafetos rancorosos como eram, por exemplo, *Arnau Barreto de Holanda, Antonio Cavalcanti de Albuquerque* e *Sebastião Carvalho*, de *João Fernandes Vieira*, ligaram-se na comunhão das mesmas aspirações.

O amor à religião e à terra e o desejo de ser livre os aliaram, em plena identificação de sentimentos, levando-os a produzir obra que evitou a substituição da língua, tradições, usos, costumes, a mutilação da capitania e o desmembramento do país.

E, ao contrário da preocupação de excluir entes quando outros já militam no exército, lembra *Gonçalves de Melo*, mandaram 5 filhos alistar-se: o pai de *Gregório Lopes de Abreu, Francisco de Barros Rego, Francisco de Paula Lemos, Francisco Monteiro Beserra*. Cinco eram os irmãos *Vianas* e os *Amorins*.

Manuel Batista comandou sues doze irmãos e *Maria de Sousa*, consorte de *Gonçalo Velho*, ao saber da morte de seu terceiro filho, mandara ainda outros, tendo, afinal, cinco e um genro no campo de guerra.

7 eram os irmãos *Paes Barreto*. Em combate estiveram 5 *Rego Barros: Francisco do Rego Barros, Francisco de Barros Rego, João do Rego Barros, Cristovão do Barros Rego* e *Ignácio do Rego Barros*; dos Lins, *Cristovão, Cibaldo, Bartolomeu e Nataniel Lins*; dos Barbalhos, *Luís, Agostinho e Guilherme*; dos Melos de Trapiche, *João e Francisco Gomes de Melo*; dos Bandeira de Melo, *Felipe Bandeira e Gaspar Bandeira*. Eram descendentes de *Lopo Albuquerque: Antonio Cavalcanti, Antonio Albuquerque Maranhão, Felipe Cavalcanti de Albuquerque, Fernão Melo Albuquerque, Jerônimo Cavalcanti de Albuquerque, Jerônimo de Albuquerque Melo, João Soares de Albuquerque, Leonardo Cavalcanti de Albuquerque, Lourenço Cavalcanti de Albuquerque, Matias de Albuquerque, Matias de Albuquerque Maranhão* e *Pedro de Albuquerque*. Estes e muitos outros, prestaram valioso concurso.

Com a obra deles, diz *Gilberto Osório*; "Viu-se nascer, então, um povo nacional, com a plena consciência de sua própria afirmação".

Capistrano de Abreu, como atualmente *Gonsalves de Melo, Gilberto Freyre, Jordão Emerenciano, Carneiro Leão, Nilo Pereira, Costa Porto*, veem, na derrota batava, a formação libertadora do espírito cívico, motivo pelo qual Etelvino Lins a encara com todas as complicações de ordem política, social, étnica e psicológica numa posição de culminância.

Bastaria, para mostrar a audácia quase louca dos invadidos, lembrar a sublime resistência que, do Rio Formoso, opuseram *Pedro de Albuquerque* e seus vinte destemidos comandados, a quatro consecutivos ataques, dirigidos por Segismundo Van Schkoppe.

Era um pequeno fortim à margem meridional da embocadura do Rio Formoso, fechando-lhe a entrada. Serviria de atalaia, no caso de novas incursões, e de abrigo aos náufragos. A edificação era provisória e em desacordo com os objetivos visados, porém, como o permitia a insuficiência de recursos. Esse fraco reduto, guarnecido por duas peças, calibre 4 e 5, foi visado por *Segismundo Van Schkoppe* que, para tomá-lo, saíra do Recife a 4 de fevereiro de 1633, com seiscentos homens, 10 navios e 15 lanchas. Guiava-os *Domingos Fernandes Calabar*, perfeito conhecedor da topografia local e da imperfeição do forte, porquanto ali estivera um ano antes. Foram divididos os guerreiros em dois esquadrões de trezentos homens; um confiado ao mameluco, para a ação terrestre, enquanto o outro, da esquadrilha, iria por mar.

A investida se realizou inopinadamente na madrugada de 7 de fevereiro e em plena escuridão.

Intimado para entregar-se, *Pedro de Albuquerque* proferiu homérico desafio e respondeu que somente o teriam os invasores, quando por terra todos os seus.

Apesar de rigoroso bloqueio e sítio, os atacantes quatro vezes tiveram de recuar, perdendo oitenta combatentes, e somente penetraram na zona ambicionada quando estendido o penúltimo brasileiro, porquanto o último – *Jerônimo de Albuquerque*, apesar dos quatro ferimentos, atravessou o rio a nado para não render-se. *Van Schkoppe*, pisando sobre os cadáveres e encontrando o chefe adversário, semivivo, com o peito atravessado por uma bala de mosquete, pasmo e atônito, prodigalizou todos os socorros ao herói vencido, que, mais tarde, seria governador do Maranhão.

O glorioso feito mereceu encômios dos contrários. "Jamais houve soldados que cumprissem melhor o seu dever", escreve *Netscher*. [*]

Justa é, pois, a comparação feita por *Porto Seguro* do acontecimento com o do desfiladeiro das Termópilas, consubstanciando *Xerxes* em Segismundo, *Efialtes* em *Calabar* e *Leônidas* em *Pedro de Albuquerque*.

Os clarins que a festejam, celebram, também, alerta *Pedro Calmon*, a alvorada de nossa nacionalidade.

---

[*] RIO FORMOSO – *Carlos Xavier*

— B —
AJUDA GOVERNAMENTAL, POR VEZES TARDIA E INSUFICIENTE

Em "Notícias Históricas", *Augusto de Lima Junior* refere-se à opinião de *Grotius*, externada a *Duarte Ribeiro*, de que a principal das causas determinantes do nosso triunfo teria sido a campanha da própria Companhia das Índias Orientais, contra a das Ocidentais.

Carece de fundamento a assertiva.

Houve rivalidades internas entre as duas empresas.

Barneveldt nem sempre combinara com *Usselinex*.

Não conhecemos, entretanto, ato algum de repercussão na donatária de *Duarte Coelho*.

Talvez maior tivesse sido a contribuição da Inglaterra ao proibir, em 1651, o comércio a qualquer outro país. Imenso foi o prejuízo holandês. *Tromp* e *Reyen* não se aprumavam ante *Blake* e *Ayscough* e terrível foi o enfraquecimento da terra de *Erasmo*. *Barer* afirma que sem a ajuda da esquadra portuguesa não conseguiríamos vitória. Ninguém o nega.

Mas, também, é preciso frisar que sem a coragem dos habitantes do Nordeste, seria muito difícil triunfar.

Quando éramos ameaçados pela esquadra do Stathouder *Frederico Henrique*, de quase uma centena de embarcações e oito mil homens, a coroa dos dois países da Península Ibérica, entregando o governo de Pernambuco a *Matias de Albuquerque*, "por ser o mais capaz de se lhe fiar esta empresa", deu-lhe, apenas, 27 soldados e uma caravela!

Notam, alguns dos biógrafos de *Albuquerque*, o desperdício de tempo com os festejos em honra ao príncipe espanhol *D. Baltazar Carlos*.

Explica-as *Joaquim Manuel de Macedo*, como meio de atrair a população e, com e,a, ficar mais em contato.

O certo é que os folguedos em nada prejudicaram ao filho de *Jorge de Albuquerque* que, chegando a 18 de outubro de 1629, em quatro meses organizou três companhias de linha, cinco de milícias e duas marítimas. Estimulou timoratos, armou índios e conseguiu 5520 pessoas.

Pôs atalaias pelo interior, reparou baterias, cuidou de construção de fortes e esteve em comunicação com Felipéa e com a terra potiguar.

E tudo isto sem o menor incentivo governamental.

Derrotado em Olinda e Recife e levada a notícia à administração lusitana, esta, depois de consultar *Felipe IV*, comunicou que as providências a serem tomadas seriam as preces que iriam fazer ao altíssimo e as promessas de punir os delitos por meio da inquisição.

É preciso notar que, embora tendo como Ministro o Conde *Duque de Olivares*, o rei da Espanha era o fraco *Felipe IV*, tão amante das etiquetas que, tendo diante de si um braseiro que lhe queimava o rosto, refere Themudo, deixou-se arder esperando o oficial assistente, a fim de não transgredir o protocolo.

Até o pequeno reforço solicitado para acudir a *Fernando Noronha*, foi negado.

Mais tarde, por ajuste, a Espanha reconhecia o domínio neerlandês e o privilégio da navegação.

O próprio *Antônio Vieira*, ilustre pelo saber, no célebre *Papel Forte*, julgando o fato consumado, não trepidou em aconselhar a entrega da conquista a troco da paz. "Se Portugal e Castela não puderam resistir à Holanda, como há de resistir, dizia o notável clássico da língua, Portugal só, a Holanda e Castela."

Foi portador da determinação real a D. *Francisco de Sousa Coutinho*, para não consentir na perturbação do armistício.

As mesmas ordens trouxeram da Corte, *Teles, Manuel Costa* e *João Fernandes*.

Mais tarde era o insigne pregador partidário da compra de Pernambuco à Companhia das Índias Ocidentais.

Matias de Albuquerque, administrador local, superintendente de guerra, ex-combatente em Flandres, ao lado de *Spinosa*, na Guerra dos 30 anos, em que haviam estado *Bagnuolo* e *Nassau*, era o grande vulto em que *Rocha Pombo* personificou para o Brasil e para Portugal, "o espírito da pátria neste lado do Atlântico".

A sua atitude representa "o primeiro grito de nacionalidade, gerado no sofrimento, a erguer-se da miséria colonial, fortalecida nas vicissitudes".

Apesar do patriotismo, denodo e bravura, sob o pretexto de querer fazer da sua capitania um Estado independente e de infundados erros em *matéria tática*, viu-se, acintosamente, substituído civil e militarmente, e tinha, *como prêmio*, as grades do Castelo de São Jorge, em Lisboa, de onde sairia quando necessários os seus serviços, tão altos que lhe valeriam o título de conde de Alegrete, o posto de capitão-general e o de governador do Alemtejo.

O governo civil teve de entregar ao seu irmão, 4º donatário; *Duarte de Albuquerque, Marquês de Basto*, conselheiro de Estado de Espanha, onde se educou e cuja língua adotou, para os trabalhos. Viera ao Brasil em 1624, na frota de *D. Fradique de Toledo*. Valentemente combateu na Bahia.

Voltara para a *terra de Felipe IV* e, somente em 1631, na esquadra de *Oquendo*, aportava na ilha de Antonio Vaz, onde permaneceria até 1638.

Publicou as "Memórias diárias de La guerra del Brasil por decurso de nueve anos, empecando desde 1620", que serviu de base para os que, posteriormente, escreveram sobre o assunto, achando Varnhagem que dela muito se aproveitou Brito Freire. Produziu, ainda, obras de valor.

Mas nada conhecia de sua donatária, e nem mesmo da vida lusitana.

Vivera na Corte de Madri. Ficaria, mais tarde, com *Felipe IV,* mesmo depois da restauração.

Vantagem alguma poderia haver, portanto, na direção civil.

Também sob o aspecto beligerante, em nada melhorou a situação, depois de 30 de novembro de 1635, quando o comando foi transferido a *Luis Rojas y Rojas*, imediato de *Antonio Avila y Toledo*.

Grandes foram os erros. Em 1636, no embate de Mata Redonda, que *Vicenzo de San Felice* quis evitar, antevendo o fracasso, recebeu o próprio *Rojas* ferimento mortal.

Também a grande esquadra do Conde de *Bagnuolo* sofreu derrotas em Porto Calvo, na batalha de Comandatuba. Teve falta de previsão porquanto, segundo *Rocha Pombo*, poderia ser dificultada a passagem do outro lado, onde teriam de atravessar 5 léguas de pântano.

Abandonou o campo e os companheiros e não obstante o desacordo de *Dias de Andrade* e do *Marquês de Basto*, seguiu para Penedo, sem ao menos avisar ao seu subordinado – *Miguel Giberton*, oficial francês ao seu serviço, que continuou a defender o forte, sendo elogiado pelo próprio Nassau.

A fuga de *San Felice*, depois da batalha de Comandatuba, a 18 de fevereiro de 1637, impressionou mal e motivou sérios desgostos a *Camarão*.

Não foram, ainda, para nós, galernos os ventos, apesar do heroísmo dos soldados, nas 4 investidas luso-espanholas contra o flamengo, pela poderosa esquadra comandada por *Fernando Montalvão, Conde da Torre*, em desinteligência com o próprio general *Vega Buzan*, em cujo galeão viajara.

Ganhamos com perdas. Assim, pois, com a prisão e abertura de rigoroso inquérito contra *Matias de Albuquerque*, lucraram os invasores.

Em 1640, efetuou *Barbalho* a gloriosa marcha do Rio Grande do Norte à Bahia. Não é sem razão que Varnhagem o chama de Xenofonte Brasileiro e Barleo de astro do ocidente.

O ano de 1645 esteve repleto de insubmissões, levantes, expedição de editais, chamando homens às armas, e distribuição secreta de postos militares. Em agosto, *Fernandes Vieira* tinha sido aclamado governador.

Antonio Gonçalves Foção derrotou invasores de Itamaracá.

É certo que a aliança, ofensiva e defensiva, em 1647, concluída em Haia por *Tristão de Mendonça*, era simulada.

Para obter a promessa de 13 navios e 5 fragatas, em seu favor, Portugal concedia a posse decenal das terras conquistadas. Mas *D. João IV* compreendera os assomos populares e, secretamente, se ia mostrando indiferente, simpático e, afinal, adepto da insurreição. *Antonio Teles* trazia instruções reservadas. Mas *Camarão* e *Henrique Dias* foram considerados maus vassalos e veio a ordem para puni-los com rigor.

Não se conformara o povo com o trabalho de sapa, feito para não prejudicar a ajuda militar prometida. Casos pessoais determinaram denúncia anônima, perante os adversários, mas que se supôs de *Sebastião Carvalho, Antonio de Oliveira* e *Fernandes Vale*. Agitaram-se os independentes, que se apoderaram de Serinhaem, Porto Calvo, Nazaré e atacaram os fortes Penedo e Arraial Novo.

Em Tamandaré, a 9 de setembro de 1645, reproduziam-se as cenas saguntinas. O octogenário comandante *Jerônimo Serrão de Paiva*, com pequenos vasos, resistiu à poderosa esquadra de *Lichtard* e *Jacó Hamel* e, quando derrotado, incendiou quase toda a armada. Muitos de seus denodados companheiros se atiraram ao mar. Os neerlandeses tiveram de suportar perdas em Conceição, Itamaracá, Mingau, Jiquiá, São Lourenço e Tigipió.

Não foram poucos os que sofreram pela repulsão. *Gonçalo Cabral, Tomás Paes* e *Francisco Lopes Estrela*, tidos como implicados, foram executados; *Manuel Viegas* recebeu fuzilamento.

A mulher pernambucana prestou todo seu poderoso concurso.

Clara Camarão bravamente esteve nas trincheiras. As mais nobres senhoras acompanharam a retirada, e dentre elas, *Catarina de Sousa*. Por outro lado, *Jeronima de Almeida*, a célebre matrona, deixara partir o marido, *Rodrigo de Barros Pimentel*, e permanecera com os filhos e escravas, para amparar os que puderam sair, acabando por ser aprisionada.

Quando, em represália à prisão das esposas dos capitães *Blac* e *Rick* foram detidas, com resignação e valor, ficaram como reféns em poder do inimigo, as esposas de *Amaro Lopes, Antonio Bezerra, Francisco Barenguer* e outras.

Vale recordar o feito de Goiana, assaltado por *João Corneliszoan*, sob o comando de *Lichtardt*. A pequena guarnição estava a cargo de *Agostinho Nunes* e *Mateus Fernandes*. Os homens quase todos lutavam fora da localidade. Foram, especialmente as mulheres que, de crucifixo em punho, a pau e machado sustentaram 3 arremetidas e conquistaram a vitória. Deve muito, como se vê, à ação pernambucana, a restauração que, segundo João Neves, se antecipou de séculos à formalidade de nossa independência.

— C —
MOTIVOS DETERMINANTES DA INVASÃO HOLANDESA E DA ESCOLHA DO RECIFE

Questões econômicas, religiosas e políticas, originaram tremenda luta, de 80 anos, entre a Espanha e a opulenta Holanda que *Gonsalves de Melo* considera a mais poderosa potência de então.

Formara uma república que, segundo *Edmundo de Amicis*, citado por *Vicente Tremudo*, "estende o seu domínio a Java; a Sumatra, ao Indostão, a Ceilão, a Nova Holanda, ao Brasil, a Guiana, ao Cabo da Boa Esperança, a Nova York; república que venceu a Inglaterra no mar, que resistiu às armas unidas de *Carlos II* e *Luís XIV*..."

Tinha sido terrível a peleja com Castela e recebera fortes golpes, vibrados por *Fernando de Toledo*, o célebre *duque d'Alba*. Mas *Guilherme de Orange*, à frente da liga dos maltrapilhos, conseguiu o "Pacto de Pacificação de Gand", com a adesão das 17 províncias. Em 1581 era removida a pressão da Espanha, que também não contava com a Inglaterra nem com a França.

Pelejas sangrentas, tremendos sofrimentos, esforços inauditos envolvem a antropogeografia da Holanda que, sempre revoltada e revoltosa, ficara abrangida pelo império romano, sofrera o poder dos germanos, francos e normandos, fora vítima de *Carlos Martel* e tivera religião imposta por *Carlos Magno*. Fragmentada em condados e ducados, passara a casa de Habsburgo e viera a caber a *Carlos V*, legado de *Maximi-*

ano, ficando a pertencer ao domínio de Castela. Empenhava-se em guerras terríveis para conquistar a autonomia. Nos últimos embates contra a Espanha, encontrava nas águas o meio de salvação. Abrindo os diques, fizera fugir os inimigos para não se afogarem. Ficara exausta e paupérrima. A geografia lhe apontava o oceano para cuidar de sua economia.

E lá se foram, mar a dentro, corsários e conquistadores, em busca de riqueza.

Por outro lado, os navios holandeses iam conquistando surpreendente expansão de riqueza. A conquista de Pieter Heyn dos galeões do México e Peru, trouxe forte auxílio. Dentro dessa supremacia monetária e bélica, entendeu a Holanda de, vingando-se dos *Felipes* e procurando auferir lucros incomensuráveis, prolongar os seus domínios em território sob o jugo de Castela. Aceitou o plano de *Guilherme Husseline* e, à semelhança da Companhia das Índias Orientais, organizada para explorar o Oriente; em 1621, fundava a Companhia das Índias Ocidentais, destinada ao comércio com a América e a África, através do México, Peru, Índias e Brasil.

Seriam autônomas, sob a supervisão dos Estados Gerais das Províncias Unidas.

Várias incursões haviam sido tentadas, desde a de 1588, a cargo de *Oliver van Noord*.

Depois de maduro estudo, lançaram as vistas para as duas regiões brasileiras que foram donatárias de *Francisco Pereira Coutinho* e *Duarte Coelho*. *Moerboetk*, citado por *Camara Cascudo*, escrevera mostrando que o Brasil, maior do que toda a Alemanha, França, Inglaterra, Espanha, Escócia, Irlanda e os 17 Países Baixos, tinha apenas dois portos importantes: Bahia e Pernambuco.

Foi um erro, já o disse *Pedro Calmon*, porquanto muito mais difícil seria a resistência se outros fossem os locais escolhidos.

A primeira esquadra, de 23 navios e alguns iates, chegou a Salvador a 9 de maio de 1624, sob o comando de *Jacó Willekens* e *Pieter Heyn*, trazendo 300 peças de artilharia.

Conseguiram prender o governador *Diogo Furtado*, então em rixas internas com *D. Marcos Teixeira* e a dominar no *Pontal de Santo Antonio*.

Não resistiram, porém, à reação oposta pelo bispo, por *Manuel Gonçalves*, por *Padilha* e pela gente de *Matias de Albuquerque*, onde estavam *Vidal de Negreiros*, *Jerônimo de Albuquerque Maranhão* e *Francisco Moura*. *Van Dorth* e *Walter Shonen* tiveram de recuar.

— D —
OS TRÊS PERÍODOS DA GUERRA HOLANDESA

Em "Feriados do Brasil", desmembramos em três fases a guerra flamenga, tendo, como ponto de referência, o *Conde de Orange*. Seriam: a anterior a *Maurício de Nassau*, a da administração deste e a que lhe foi posterior. Também Oliveira Lima dividiu os períodos: o da conquista: da tomada de Recife e Olinda, até 1637, o da administração, até 1642, e o da resistência, da sublevação do Maranhão, até a capitulação de Taborda.

1ª FASE – A INVASÃO

A 14 de fevereiro de 1630, *Hendvick Corneliszoon Lonck*, chegava a Pernambuco, no navio "Amsterdam", tendo como almirante *Pieter Andriaenszon*.

Contava 58 navios, afora iates e volandras, e era acompanhado de *3500 soldados* e *3780 marinheiros* com 1200 bocas de fogo. Intimou *Matias de Albuquerque*, substituto de *André Dias da Franca*, no governo, para que se rendesse.

Embora a falta de recursos contra a formidável frota, a resposta consistiu em uma descarga de mosqueteria.

No dia seguinte, enquanto por terra Olinda era atacada em seus fortes, São Francisco e São Jorge, por mar o general *Diedrich van Waerdenburg*, que estivera na Guerra dos 30 anos, onde fora cognominado o general de ferro, desembarcava, com 3000 homens, no Pau Amarelo, e a 16 se atirava contra o Rio Doce.

Por mais heróica que fosse a reação, em que obraram prodígios *Antonio de Lima, Nuno Melo Albuquerque, Bento Ferraz, Salvador Azevedo, Manuel Pereira Aguiar e Figueiroa*, caíram, Recife e Olinda, em poder dos invasores.

Os vencidos, incendiando armazéns e causando uma série de prejuízos aos vencedores, fundaram, entre Recife e Olinda, em um mês, o célebre Arraial de Bom Jesus, que estava destinado a ser poderoso centro de defesa.

No primeiro ataque, a 14 de março de 1630, Van del Elst e seus 600 soldados foram derrotados pelo futuro conde de Alegrete.

Fracos, mal municiados, parcamente alimentados, curtindo frio e fome, em trincheiras e paliçadas, se tornaram notáveis pela coragem e pela habilidade na organização de companhias de ataque e de emboscadas. Não podendo repelir o intruso, tornaram difícil a sua permanência ante os reveses nas Salinas, no Brum, em Cacimbas, em Asseca, no Buraco de Santiago, em São Jorge, no Arraial do Bom Jesus, em Santo Antonio, em Pierrecal, em Rio Doce, em Beberibe, em Olaria, em Afogados, em Cabedelo e no Forte Felipe.

Desalojados de *Fernando Noronha*, repelidos de Bom Jesus, os usurpadores conseguiram o acordo de Picão, sendo, afinal, obrigados a deixar Olinda, ante a força de Bugnuolo.

Despejado de Cinco Pontas, onde se havia fortificado e tendo dificuldades ao fundar o reduto de *Madame Baum*, o batavo teria fraquejado se *Jansen Peter*, com 1300 homens de reforço, não tivesse vindo ajudar a invadir Itamaracá e a fundar ali o forte de Orange.

A batalha naval de setembro de 1631, foi fatal aos holandeses, cujo comandante se jogou ao mar por considerá-lo o único digno de um almirante batavo.

E, não obstante o incêndio de Olinda e a investida à Paraíba, os intrusos, circunscritos a Recife e Itamaracá, teriam fatalmente de entregar-se, se para as suas fileiras se não tivesse desviado das nossas, a 20 de abril de 1632, o mameluco Domingos Fernandes Calabar, valente e hábil guerreiro, profundo conhecedor do território e dos seus pontos estratégicos. Guiando-os com segurança, levou-os a vencer em Igarassú, Rio Formoso, Afogados e Cabo de Santo Agostinho, e levou reforços a Alexandre Picard. Sempre com o bravo alagoano à frente, tomaram o Rio Grande do Norte e atacaram Nazaré, Reis Magos e vários pontos.

Em março de 1633, *Lourenço van Rembrant* atirou-se contra o último reduto português: o Arraial do Bom Jesus, mas foi morto, com seus 40 companheiros e substituído por *Segismundo van Schkoppe*, perdendo *Matias de Albuquerque* apenas 25 homens.

Valentemente os nossos se bateram, mas ficaram os contrários senhores de 4 capitanias: Pernambuco, Itamaracá, Paraíba e Rio Grande do Norte.

Não era possível mais. Já haviam ultrapassado os deveres cívicos *Francisco de Vasconcelos, Francisco Figueirôs* e *Francisco Gomes de Melo*, em Apicucos; *Henrique Dias e Pedro de Albuquerque* no Arraial do Bom Jesus; *Gaspar André, Henrique Dias, Macedo*, na Bahia; *Amando Silva* e *Francisco Rabelo* na Barra Grande; *João P. Barreto* em Beberibe; *Beserra, Rebelo e H. Dias*, em Cabedelo, onde uma legião de heróis resistiu a 15 combates no Cabo Branco; *João Dias Cardoso* no Cabo de Santo Agostinho; *Camarão, Cosme Viana e Henrique Dias* no Campo Lazaro; *Antonio Francisco Bezerra* e *João Lopes Barbalho* no Capibaribe; *Domingos Dias* e *João Paes de Castro* em Cunháu; *Alvaro Fragoso* e *Pedro Baião* no Colégio dos Jesuítas; *Rui Borges* e *Salvador de Azevedo* no Engenho Velho. Veem-se ainda no Espírito Santo: *Antonio Carvalho, Gaspar Soares, João Dias Guedes* e *Maria Ortiz* no Forte do Recife; *Antonio de Andrade* no Forte de Santo Antonio; *Antonio Ribeiro de Lacerda, Camarão* com seus índios, em Igarassú; Antonio e *André Camarão, Domingos Correia, Estevão Alves, Manuel Dias de Andrade* e *Martim Soares Moreno*, na Igreja da Misericórdia; *Antonio Fernando* em Itamaracá; *Antonio de Figueiredo Vasconcelos* e *Manoel Dias de Andrade* em Muribeca; *Luís Barbalho, Moreno, Rabelo* em Muririti; *Martim Soares Moreno* em Nazaré; *Balilon de Sousa, Antonio Beserra, Camarão, Francisco França, F. Rabelo, Luís Barbalho, Pedro Correia, Pedro Nunes, Pedro Teixeira* em N. S. de Vitória; *Matias de Albuquerque* em Olinda; *Antonio Pereira, João Mendes Flores, João Amorim, Manoel Soares Robles* no Outeiro da Cruz; *Antonio Teixeira de Melo* no Outeiro do Barbosa; *Henrique Dias* na Paraíba; *André Couto, André Rocha, Antonio Cavalcanti, João Fernandes Vieira, João Martins Cardoso, Gregorio Guedes, Jeronimo Pereira, Manuel Dias de Andrade, Manuel Godinho, Manuel Pereira, Manuel da Piedade, Pedro Ferreira de Barros* em Perrechel; *Luís Barbalho* em Periqueira; *Martim Ferreira* em Piratigi; *Francisco Rabelo* e *Martim Ferreira* em Porto Galvo; *Bartolomeu Lins, Francisco Barros Pimentel, Henrique Dias, Rodrigo de Barros Pimentel, Matias de Albuquerque* em Penedo; *Cristovão Lins* em Recife; *Alvaro de Azevedo Barreto, Alvaro Teixeira de Melo, Antonio Ribeiro, Antonio Rodrigues França, Bartolomeu Paula* e *Tomé Dias de Sousa* no Reduto Paes Barreto; *Luís Barbalho* em Reis Magos; *Pedro Mendes de Gouveia* no Rio Doce; *Simão Figueiredo* em Rio Formoso; *Pedro e João Albuquerque* e *Martim Soares Moreno* nas Salinas; *Francisco Monteiro Beserra, Jacinto Barreto, João de Azevedo Barreto* em São Lourenço da Mata; *Afonso de Albuquerque* em Serinhaem; *Estevão Velho, Matias de Albuquerque, Antonio Dias Cardoso* em Tabocas; *Araujo e Mateus Ricardo* em Tacanina; *Estevão Távora* em Terra Nova; *Camarão e Henrique Dias* em Trincheira; *Afonso Fonseca* em Uma; *Francisco Barreto e Francisco Corrêa* em Várzea.

As guerrilhas de *Antonio Beserra, Antonio Nunes, Antonio Sousa, Camarão, Estevão Tavora, Gaspar André, Henrique Dias, Luís Barbalho, Manuel Antonio Correia, Manuel Ribeiro Mais, Camarão, Paulo Parada Vidal, Vieira* e muitos outros, fizeram verdadeiros prodígios e em lutas acérrimas, por vezes, desbarataram os do lado oposto.

A situação era insustentável e não mais possível continuar.

Deliberou o superintendente da guerra a célebre retirada dos oito mil, para o sul, com 70 índios, abrindo picadas na vanguarda e a gente de Camarão protegendo a retaguarda.

Foi um glorioso recuo de 400 léguas, de matas adentro.

Infelizmente não teve ainda o seu *Taunay*.

Famílias inteiras seguiram *Matias*, a começar por seu irmão o Marquês de Basto, donatário de Pernambuco. Todos os filhos de João Paes Barreto, o mais opulento proprietário do Brasil, fizeram parte do êxodo: *João P. Barreto*, antigo governador, levando 150m escravos; *Estevão P. Barreto* com os filhos; Miguel Paes Barreto; *Diogo P. Barreto*; *Felipe P. Barreto*, com seu filho *Antonio P. Barreto* e o sogro, *Antonio de Sá Maia* e *Cristovão Paes Barreto*, com seu filho *João P. Barreto de Melo*.

O grupo ia guerreando pelos caminhos e destruindo os obstáculos que se lhes antepunham, em combates terríveis, como o de Porto Calvo, onde exigiram a entrega de *Calabar* para o devido enforcamento.

Retirada brilhante foi, ainda, em 1640, a de *Barbalho*, a quem *Rio Branco* considera "o mais ilustre comandante brasileiro".

2ª FASE – ADMINISTRAÇÃO DE MAURICIO DE NASSAU

A Companhia das Índias Ocidentais quis dar melhor orientação aos seus negócios, até então entregues ao Conselho local, composto, a princípio, de *João de Brayne, Felipe Serroskerten* e *Horácio Calendrini* e, mais tarde, de *Matias van Caulen, João Gysseling, Servatius Carpenter, Willen Schott, Jacó Stachouwer, Baltazar Wytgens* e *Ippo Eyssens*. Escolheu para governador e capitão da conquista das províncias unidas o príncipe Coronel João Maurício de Nassau, filho de João Nassau, conde de Stazabelesbagan, Vinhant e Breta e fundador da Casa de Nassau Siegen. João Maurício, mestre da ordem teutônica e diplomado pelas universidades de Basileia e Gênova, contava 33 anos, porquanto em Dillamberg nascera, a 10 de junho de 1604. Aos 16 anos já fora destemido combatente, na Guerra dos 30 anos, sob o comando de seu tio Guilherme e no assédio de Bois Le Duc tivera promoção a Coronel. Trazia o mandato por um qüinqüênio e teria três conselheiros que originariamente seriam: *Mateus van Ceulen, João Gysseling* e *Adriano van Bussen*.

A supervisão caberia ao Conselho dos Dezenove.

Depois da luta nas águas da Bahia, desde *1636* a 23 de janeiro de 1637, chegavam ao Recife os holandeses.

Estava Nassau contra as forças de seu antigo adversário, na Europa: o *Conde de Bagnuolo*. Obteve a vitória de Porto Calvo, que *Post* estampou em preciosa tela, mas perdendo, no combate, seu sobrinho *Carlos Nassau*. Invadiu Sergipe. Tomou a Barra Grande e Porto Calvo. Conseguiu o recuo de *Luís Barbalho*. Teve triunfos. Mas seus passos se tornaram difíceis na Bahia de Traição.

Penetrou, em 1641, no Maranhão que, no ano seguinte, se rebelaria à frente de *Antonio Muniz Barreiros*.

Injusto seria negar ao fidalgo a aristocracia moral, o espírito de justiça, a tolerância, a atividade e o gênio progressista.

Foi sábia e modelar a sua administração sob o aspecto econômico cultural.

Trouxe um séquito luminoso onde, ao lado de seu irmão *João Ernesto Nassau*, se encontravam arquitetos da envergadura de *Piter Post*; pintores quais *Franz Post, Alberto Eckouut e Zacarias Wafner*; botânicos do saber de *Jorge Marxgraf*, naturalistas do talento do médico *Guilherme Piso*, geógrafos e matemáticos do quilate de Clalitz, etnógrafo como Rollen, cosmógrafos como Ruyters e poetas clássicos da estatura moral de Gensen e do teólogo Frans Plantel, etnógrafos como Roulof e pastores da altura de Dand Doorenslaer, que João Ribeiro compara ao nosso Anchieta.

Proibiu o saque de Porto Calvo e o jogo de azar, ajudou todas as religiões, deixando que os da igreja romana rezassem missas e fizessem procissões. Restituiu a *Bagnuolo* crianças e mulheres de soldados, dando-lhes condução condigna e recusando o resgate oferecido.

Cuidou do sistema constitucional, convocando a primeira assembléia sul-americana, de 2 de agosto a 4 de setembro de 1640, em que tomaram parte escabinos de Mauricéa, Várzea, Cabo, Ipojuca, São Lourenço, Paraíba, Muribeca, Paratibu, Itamaracá, Goiana e Sirinhaem. Cita Temudo, entre os principais pernambucanos, *Amador de Araujo, Antonio Cavalcanti, Arnau de Holanda, Bartolomeu Lins, Manuel Paes, Fernandes Vieira, Gaspar Dias Ferreira, Pedro* e *Vasco Marinho Falcão*.

Os escabinos da Paraíba foram *Manuel de Azevedo, Francisco Gomes Muniz, Pinto Moreira, Duarte Gomes da Silveira, Manuel de Almeida* e *Queiroz Cerqueira*. Também os aborígenes tiveram o seu Congresso com *Domingos Paraunaba, Pedro Poti* e *Antonio Parampuba*; os dois últimos educados na Europa. Abriu-lhes escolas. Nassau estudou fauna e flora e plantou setecentos coqueiros. Pleiteou liberdade de comércio. Desenvolveu ciência, artes e indústrias. Percorreu a região até o São Francisco. Fundou a Academia de ciências e letras, observatórios astronômicos, bibliotecas, parques, praças, jardins e museus.

Dois anos após a sua chegada, edificava, nos pântanos de *Antonio Vaz*, os dois palácios: o de Friburgo, plano de Post, e de custo de 6000 florins, com suas altas torres, onde está a atual sede do governo, e o da Boa Vista. Ligou Recife ao continente. Abriu canais de 30 metros de largura, conforme menciona *Alfredo de Carvalho*.

Construiu pontes e, como a idéia não era simpática ao Conselho, fê-lo à sua custa e, para aumentar a verba, usou do estratagema de fazer voar o boi de Melchior, entretenimento que rendeu 1800 florins.

Havia na cidade um boi, assaz conhecido, de Melchior Alves. No dia da inauguração da ponte ligando o palácio ao bairro comercial, foi anunciado, diz Mário Mello, em "Aspectos da história", que o animal iria voar. Acorreu gente de toda parte, pagando o devido pedágio. E, de fato, o boi subiu ao paço e, de certa câmara, se elevou aos ares.

É que Nassau com a pele de outro boi, iludiu aos assistentes, já maravilhados por andarem em uma ponte. Procedeu a observações sobre eclipse.

A Pizzo deve o Recife o começo do saneamento.

Fez prosperar Pernambuco e, especialmente o Recife, que bem deveria continuar a ser a Mauricia (Mauritzstada).

E de tal modo tratou o progresso local, que incorreu no desagrado do célebre Conselho dos 19, com o qual a princípio contemporizou, oferecendo até, contra sua vontade, peleja, em 1638, a *Barbalho*, na Bahia.

Queria iniciar uma civilização, ao passo que os seus mandantes lhe determinaram apenas explorar.

A sua galantaria levou-o a fazer salvar as fortalezas em homenagem à aclamação de D. João IV. Organizou torneios e duas quadrilhas de cavalaria, dirigindo uma e entregando outra a *Pedro Marinho Falcão*. O seu idealismo criou sérios aborrecimentos. Um conselho de finanças foi nomeado para controlar-lhe os atos, cuja fiscalização era também feita por *Cristofle de Aristichon Arciszewsky*. Acha *João Ribeiro* que o próprio sentimento nacional ia desaparecendo com a ação de *Nassau*.

Grandes foram seus aborrecimentos. Teve de pedir demissão. Renunciou ao mandato a 6 de maio de 1644, deixando Pernambuco, que ser-lhe-ia de novo oferecido em 1647. A 22 de maio, embarcou para a Paraíba, entre aclamações populares.

Há quem diminua o valor dos trabalhos do mestre de campo das Províncias Unidas dos Países Baixos.

Sob o aspecto etnológico talvez haja, apenas, os olhos azuis notados por *Gilberto Freyre*, em alguns sertanejos. Mas há outros traços raciais.

É certo que não foram grandes as relações matrimoniais entre os dois povos.

Nenhum brasileiro ou português esposou holandesa.

O *Marquês de Basto* calcula em vinte as patrícias que escolheram consortes flamengos.

Acha *Gonsalves de Melo* que é maior o número do que se presume.

Uma das razões mais fortes, para a repulsa, era a de credo. Gozavam de pouca reputação as senhoras que aceitavam maridos calvinistas.

Ana Paes, filha de *Jerônimo Paes* e viúva de *Pedro Correia da Silva*, desceu de consideração ao matrimoniar-se com *Carlos Tourlon*, comandante da guarda de *Nassau*.

O povo estigmatizou os defeitos, com exagero, da bela senhora do engenho Casa Forte que, sendo filha e irmã de nobres se fora amancebar com *um herege desde que casada por praticantes de outra seita,* conforme opinara *Frei Manuel Calado*. E a indignação pública cresceu quando em terceiras núpcias casou-se. Ana Paes com o *Capitão Gilberto With*.

Não era só a ojeriza ao inimigo com o qual viviam harmonizados durante o armistício. Havia o caráter religioso.

Durante quase todo o século XV, a colonização fora restrita aos católicos, como assinalou *Hendelman*.

O frade ia a bordo examinar a consciência, a fé, a religião, diz *Gilberto Freyre*.

Causava verdadeira repugnância as damas que se passavam para os do rito reformado. *Leonor Cabral* decaiu ao casar-se com *Adriano Van Trapper*. Era menos conceituada do que quando, depois de viúva, teve filhos de *João de Souza*.

O descrédito de *Ana Paes* foi igual ao das esposas de *Hus, Goebell Will, Van Brolmd, Van der Hart, Van der Schomemborde*.

Não provocou a mesma antipatia o enlace de *Gaspar van der lei*, capitão de cavalaria, com *Maria Melo*, filha de *Manuel Gomes de Melo* e *Adriana de Almeida*.

Substituíra Matias de Albuquerque no comando de Serinhaem, e se portara com moderação. O principal motivo foi, porém, o de ter-se convertido ao catolicismo.

Não batemos palmas à conduta do nosso ascendente, de velha estirpe, amigo particular de *João Maurício*, a quem escolheu para padrinho de seu primeiro filho. Não foi fiel à sua gente tomando, no cerco de Pontal de Nazaré e nas lutas que se seguiram, o nosso partido.

A grande e influente descendência de *Gaspar* nada teve de flamenga. Seus 4 filhos, *João Maurício, Gaspar, Manuel Gomes* e *Adriana* tiveram educação quando já sua mãe contraíra novas núpcias com o guerreiro *João Batista Accioli*, também nosso ancestral. Casaram-se com brasileiras.

O historiador pernambucano *Oliveira Lima* pensa que "a influência exercida pela ocupação holandesa no Brasil setentrional foi nula, pois que não sobreviveu".

"Seus vestígios de toda espécie desapareceram rapidamente. A arquitetura não guardou, absolutamente, traços dela, nem a economia agrícola e social e a própria recordação desta raça estrangeira se extinguiu inteiramente".

Somos admiradores do autor de "Pernambuco e seu desenvolvimento histórico". Temos, porém, ressalvas ao seu acerto.

Sob o aspecto objetivo, é natural que a ação demolidora do tempo tenha extinguido o trabalho fecundo de Nassau.

Mas o regime batavo, a nosso ver, teve influência decisiva na civilização pernambucana, até mesmo sob o aspecto material.

Das velhas cidades brasileiras não pré-desenhadas é o Recife a única alinhada e nivelada.

A nossa história necessita do subsídio de *Gaspar Barleo*, publicista do "Brasil holandês sob o Conde *Maurício de Nassau*", do arqueólogo *Elias Kerchmann*, governador da antiga Frederica e autor da "Descrição geral da capitania da Paraíba" e "Rerum per oetennium du Brasilien", e do de *Pero Leyden* publicistado "Anexo da História natural do Brasil", título também da obra de *Markgral*.

Não é possível dispensar, para o estudo do Brasil holandês de "Os holandeses no Brasil", de *Netscher*. Os 12 volumes da "Historia Naturalis Brasiliae" de *Piso* e *Markgral* sobre fauna, flora e clima, com gravuras superiores a 500, representam uma contribuição científica magnífica. De valor são as próprias cartas de *Nassau* ao Conselho Supremo.

Morales de Los Rios nota algo holandês nas partes laterais dos prédios.

Organizou mercado de peixe e de carne, cuidou do policiamento, acabou com o monopólio, proibiu derrubada de cajueiros, fundou escolas para negros e corpo de bombeiros, procedeu observações sobre eclipse e contratou companhia francesa de teatro.

A arqueologia muito deve a *Baren* e a *Derckmann*, Os desenhos de *Post* que *Warth Rodrigues* considera espírito observador, profundo e honesto, são, para *Ribeiro Couto*, o primeiro documento da civilização açucareira do Norte. *Wagner e Cornólis Golijarth* trouxeram-nos ao conhecimento vários feitos de armas. A influência de *Nassau* foi grande e ela se reflete na história pernambucana. *Gilberto Freyre, Adelbar Jurema* e *Gonsalves de Melo* encontraram uma sobrevivência do período holandês nos sobrados magros do Recife. Contesta-os *Josué de Castro* em "A influência holandesa na paisagem urbana do Recife".

Todos, entretanto, estão de acordo em que a cidade de Recife é, por sua localização geográfica, um produto da influência holandesa.

Justas foram, pois, as manifestações grandiosas que recebeu o futuro Marechal de Campo holandês a 11 de maio de 1644, depois de sete anos de governo, ao embarcar para Paraíba, de onde, a 12 daquele mês, partiria definitivamente com destino à Europa.

3ª FASE – A RESISTÊNCIA

Pernambuco não recebera com bons olhos a notícia de que Portugal, receoso de Castela, havia feito, a 12 de junho de 1641, acordo de tréguas, por dez anos, com a Holanda. Resignou-se, sobretudo, porque o diretor era a nobre figura do príncipe *João Maurício*. Quebrada a progressista orientação, com a sua retirada e respectiva substituição pelo Conselho Administrativo, composto de *Hamel, Buffestraten* e *Haarlen Bas*, as reações nativistas foram tomando vulto. Rebelaram-se e, em reuniões secretas e públicas, em compromissos solentes, particulares e por escrito, protestaram a favor da expulsão.

O ano de 1645 foi agitado. Os nossos contrários eram, sem piedade, atormentados pelos grandes chefes e por *Antonio Araujo*, em Tabatinga; *Antonio Tição* e *Antonio Borges Uchoa*, em Assombrado; *Cristovão Lins* em Porto Calvo e Manguaba; *Fernão Rodrigues Bulhões* em Cabedelo, onde sofreu o enforcamento; *Domingos Fagundes*, em Apipucos e Assombrados; *Francisco Gomes de Melo*, em Inhohim; *Francisco Rabelo*, na Várzea; *Jerônimo Cadena, Jerônimo Cunha* e *João Barbosa*, em Assombrados; *João Gomes de Melo* em Cabo; *João de Souza* em Sergipe; *Lobo Curado*, na Paraíba; *Paulo Cunha* no Rio Grande do Norte e em Sergipe; *Paulo Veloso* em Assombrados; *Pedro de Albuquerque Melo* e *Sebastião Antonio* na Paraíba; *Valentim Rocha Pitta* em Penedo, além de muitos outros.

O primeiro encontro de forças deu-se a 17 de junho de 1645, em Ipojuca. O destacamento inimigo foi aprisionado pelo capitão *Amador Pereira de Araujo* e por *Domingos Fagundes*.

Assumiu a direção para debelar a revolta o general *Hendrid van Hans*. Mas, batido no Engenho Tabatinga, os nossos reuniram-se em Covas, de onde marcharam para Tabocas a 3 de agosto de 45. Merece menção o tiroteio em que Hans e Blaar foram desbaratados por *Antonio Cavalcanti, Braz Soares, Cosme do Rego Barros, Domingos Fagundes, João Soares de Albuquerque* e *João Fernandes Vieira*, com o auxílio das tabocas.

A 17 de agosto de 1645 deu-se o combate da Casa Forte, ao qual seguiram-se os de Tibiri, Pontal de Nazaré e Jiquiá.

Nos anos subsequentes não deram guarida aos inimigos *André da Rocha Dantas*, em Olinda, ao lado de *Braz Soares*; *Agostinho Nunes*, em Tejucupapo; *Antonio Dias Cardoso*, em Tigipió; *Apolinário Barreto* e *Antonio Pereira Machado* em Beberibe; *Camarão* em Guapé; *Francisco Estrela* em Tigipió; *Francisco Rabelo* em Urubú; *Henrique Dias* em Olinda; *Manuel Aguiar* em Mingau; *Pedro Teixeira* em Afogados; *Sebastião Lucena*, no Pará; *Vieira* e *Vidal* em Barretas, Itamaracá e Frederica.

O povo estava revoltado. A 23 de maio de 45 assinaram a célebre conjura, contra a dominação estrangeira *Álvaro Teixeira de Mesquita, Amaro Lopes Madeira, Antonio Bezerra, Antonio Borges Uchoa, Antonio Carneiro de Mariz, Antonio Carneiro Falcão, Antonio Cavalcanti, Antonio Silva, Sebastião Carvalho, Bernardino de Carvalho, Pe. Diogo R. Silva, Francisco Berenguer de Andrade, Francisco Bezerra Monteiro, João Fernandes Vieira, Luiz da Costa Sepúlveda, Manuel Alves Deusdará, Manuel Pereira Corte Real* e *Pantaleão Cirne*.

A ela aderiram, além de muitos outros, *Antonio Paes Barreto, Arnau de Holanda Barreto, Belchior Alves, Duarte Silveira, Felipe Paes Barreto, João Canaro, João Gomes de Melo, Pedro Cunha* e *Rodrigo de Barros Pimentel*.

A população vibrava, como se pode ver da carta que, aos comerciantes de Recife, escreveu *Vieira*, a 11 de setembro de 1646, transcrita nas "Efemérides brasileiras".

"Alegais que somos vassalos da Companhia: mas quando houve povo conquistado tratado como nós pior que os mais vis escravos? Quebraríamos as nossas cadeias e nenhuma obediência vos devemos mais, se não fora a esperança que tínhamos de que chegaria esta oportunidade, há muito que teríamos implorado o auxílio do rei da Espanha ou de França, e, se eles não quisessem saber de nós, teríamos recorrido aos turcos e mouros".

Em 1647, *Barreto de Menezes* fugira da prisão em que se encontrava há 3 meses e, a 16 de abril de 48, recebeu ordem para comandar.

Travaram-se várias lutas. Mas as vitórias marcantes foram as duas de Guararapes, sob a direção do ilustre general, nascido em Calhao, no Peró, o que, segundo *Pedro Calmon*, valia por si em exército inteiro.

Ao seu lado estavam *Camarão, Henrique Dias, Vidal* e *Vieira*.

Guararapes iria acrescentar para Manuel Murias à unidade espiritual e territorial.

A 1ª batalha feriu-se a 19 de abril de 1648, dia da Páscoa.

O General *Segismundo van Schkoppe*, com 6 coronéis, grande número de oficiais, 3500 infantes, 500 marinheiros, 300 tapuias e 5 peças de bronze, estava, desde 18, no posto das Barretas, onde mandara degolar 4 soldados, ali acampados. *Francisco Barreto*, a 19 de abril, em Guararapes, onde passara a noite, conseguira atravessar, com

2200 homens famintos e cansados, e tomar a ofensiva, deliberada em conselho que reunira. A luta nos outeiros de Guararapes, engenho desmembrado da antiga sesmaria de Santo André, município de Muribeca, foi cruenta. Venceu, matando, depois de cinco horas de combate, 515 neerlandeses em cujo número estavam os coronéis *Hautyn, Mateus van Elz* e *Haus*. Entre os 523 feridos se achava o próprio comandante com seus 74 oficiais e no meio dos prisioneiros o Coronel *Hautyn* e 33 das 60 bandeiras.

No dia seguinte, *Henrique Dias* marchava para Olinda e a 21 investia contra Nazaré e depois contra Asseca. As Salinas se tinham rendido e Olinda fora reconquistada.

Mas a 2ª batalha de Guararapes, a 19 de fevereiro de 1649, foi a decisiva. *Van Schopp* ainda se não curara dos ferimentos. Estava o comando sob *van der Brinck* com 3900 homens e mais 4400 índios, dirigidos por *Pedro Poti*, com 5 peças de artilharia. Tomaram posição na Barreta, na iminência do desfiladeiro. *Segismundo van Schkoppe* fora contrário, mas desde 19 de abril, com 19 batalhões, acampava *Brinck*. *Francisco Barreto* estava também em Guararapes, com 2750 companheiros.

Inesperadamente, atormentados pelo sol abrasador, pela sede que não pudera ser mitigada em razão da falta absoluta de água, pela impaciência da longa espera e, ainda, em obediência ao plano traçado por *Miguel van Gootz*, a força flamenga, abandonando a iminência, veio descendo pelo desfiladeiro.

Antonio Rodrigues França deu o alarme. *Barreto*, embora surpreendido e sem compreender o dislate do adversário, largando a melhor posição, mandou, contudo, tocar o rebate geral. *Vidal* pela frente, no meio da encosta; *Vieira* pela Várzea, *Dias Cardoso* por um dos lados, *Henrique Dias* pelos flancos e mais *Álvaro Alves, Álvaro de Azevedo Barreto, Antonio Borges Uchoa, Antonio Silva, Diogo Camarão, Estevão Fernandes, Francisco Berenguer, Francisco Figueiroa, Felipe Bandeira de Melo, João Lopes, Manuel Araujo, Manuel Carvalho, Manuel Moreira* e gente de toda parte, cercaram os adversários que, reconhecendo o erro, quiseram retroceder, mandando *Claes* retomar a posição. Era tarde. *Tankergén* e *Hauthan* avançaram.

O Boqueirão era o ponto vital. Foi tomado e a derrota flamenga tornou-se completa com a perda de toda a artilharia, 102 oficiais e mil homens. 500 foram feridos e 110 prisioneiros, entre os quais *Pedro Poti*.

Arhoski assim se expressou:

"Há mais de quarenta anos milito na Polônia, Alemanha e Flandres, ocupando sempre postos honrosos, e havia de vir aqui, para abater-me o orgulho e desonrar-me o nome o índio brasileiro".

De nossa parte caiu uma centena, embora nesse número estivessem *Paulo Cunha, Manuel Araujo* e *Cosme Rego*.

A vitória foi retumbante e por terra ficou o comandante *Brinck*, que morreu de arma em punho.

Diz *Van Schkoppe* na sua carta de 1º de março de 1649:

"A cavalaria e a infantaria inimigas se vieram lançar sobre os nossos regimentos e causaram tal desordem que nem os oficiais, quer superiores, quer inferiores, nem soldados se puderam conter e cumprir seu dever, o que provocou tal consternação entre os nossos, que a pena não poderia descrever, de sorte que os nossos não fizeram senão muito pouco ou quase nada de fogo sobre o inimigo, e a maior parte de nossas tropas se pôs a fugir, deixando-se matar sem resistência, como crianças".

O conselheiro *Michiel Van Goch*, no seu tantas vezes citado ofício, informa:

"A consternação e o pânico entre os nossos foi tão grande que, se o inimigo, em vez de eNtregar-se à pilhagem, tivesse preferido continuar a perseguição, é muito possível, ou melhor, indubitavelmente certo, que o resto dos nossos se teria deixado matar e massacrar sem fazer a menor resistência, porque fugiam sem voltar o rosto..."

Continuava o flamengo com as fortalezas de Recife, Itamaracá, Paraíba, Rio Grande do Norte, Ceará, Fernando Noronha. Mas já não tinha forças quando chegou, em companhia de *João Mendes de Vasconcelos*, a armada da Companhia Geral do Comércio, criada por Portugal, em 1649. Mal se sustentavam os invasores, que foram entregando a Barreto, Salinas, Rego, Buraco, Afogada e Emília.

Até abastecimentos lhes faltavam e *Dias Cardoso* ia-lhes ao encontro quando os buscavam.

A 23 de janeiro, *Loo* escreveu ao general *Barreto*, pedindo suspensão de hostilidades.

Estavam perdidos por completo os holandeses, não obstante o valor de seus combatentes.

Aceito o pedido, a 24 começaram os estudos e combinações, na Campina da Taborda, entre *Vidal de Negreiros*, ouvidor *Alves Moreira, Afonso de Albuquerque e Gonçalves Correia*, pelos nossos, e *Gilberto de Wyth, Heryórecht, van de Vall* e *W. van Loo* pelos invasores. No dia seguinte era assinada a capitulação. A 27 deu-se a coroação dessa obra gigantesca com a reivindicação da nossa terra.

— E —
ELEGÂNCIA DOS INVADIDOS

Não pode deixar de ser realçada a elegância moral dos nossos chefes. À proposta do resgate de Olinda, respondeu *Matias*: "Os pernambucanos com as armas na mão não compram, conquistam", do mesmo modo que dizia *Fernandes Vieira*: "Os pernambucanos não compram a liberdade com carga de açúcar, mas de balas".

No mais aceso da luta, em Guararapes, disse *Antonio Silva*: "Fomos desgraçados e desonrados aqui: haveremos de morrer", ao que respondeu *Manuel de Araujo*: "Paciência, morreremos como honrados."

Quando o governador *Teles* mandara ordens para que Pernambuco fosse deixado no momento, aos holandeses, *Vidal* e *Vieira* declararam que desatenderiam e depois iriam receber o castigo, porquanto desobedeciam para melhor servir ao rei.

Simão Siares, ao ser solto da prisão injusta, declarou: "Sangram ainda os sinais de minhas cadeias, mas é a culpa e não o castigo que infama."

Henrique Dias mais vezes foi ferido, mas ao receber o ferimento, tendo de amputar uma das mãos, disse: "Para servir ao meu Deus e ao rei, uma só mão é suficiente. Cada um dos dedos de outra, fornecer-me-á os meios."

O general *Francisco Barreto*, vitorioso, recusa a espada que o comandante vencido quis entregar. Recebido de pé, desmontou. Foi até a residência de *Segismundo van Schkoppe*, apertando-lhe a mão, expede bando ameaçando punir com penas severíssimas qualquer agravo até ao morador ou ao soldado rendido e deixou que na maior harmonia, da capitulação à retirada, ficassem vencidos e vencedores.

— F —
FEIÇÃO GEOGRÁFICA

Na guerra holandesa, a geografia está ligada à história.
Já vimos que a geocinética indicara aos holandeses a vinda para o Brasil.
Van Noord penetrou em nossas águas, sondando o litoral brasileiro, a estudar-lhe as possibilidades. Houve, mesmo, a fundação de núcleos no Amazonas. Mas o ponto a atingir seria a antiga donatária de Pereira Coutinho.
Rechaçados de Salvador e Recôncavo, prepararam-se para novas incursões, não previstas pelos portugueses e, 6 anos mais tarde, visaram Pernambuco, de crescente prosperidade e já conhecido pela sua rica produção de cana e de outros produtos, mais tarde comprovados porquanto, na administração de *Ceulen*, rendeu o açúcar 1.655.700 florins, e o pau Brasil 72.000.
Possuía superioridade estratégica à Bahia, como ponto mais oriental.
Era, além disso, defendido pelas águas através de 26 portos. Desprezada a opulenta Olinda, onde em casas com fechaduras de prata se acastelava a nobreza territorial com seus senhores de engenho, de gibão de damasco e cavalos luxuosamente ajaesados, e damas vestidas de veludos e brocados e cobertas de pérolas.
A velha Marim dos Caetés, com seus 2000 habitantes e 73 ruas, a maior cidade da América para *Giuseppe de Santa Teresa*, não logrou a simpatia dos ocupantes. Distante do porto, mal equilibrada no dorso do monte, segundo o capelão *João Baers*, com grandes elevações que prejudicariam as fortificações, estava condenada. Foi incendiada. Afirma *Barleus* que já *Albuquerque* tivera a idéia da mudança.
Também, não obstante parecer de alguns conselheiros opinarem pelo aproveitamento da ilha de Itamaracá, não foi procurada a antiga capitania de *Pero Lopes*.
Os olhares, cobiçosos e argutos, se alongaram para a modesta ilha Marcos André, ou Antônio Vaz, entre Beberibe e Capiberibe, a terceira cidade em categoria e composta de 200 casas acaçapadas, resididas por marinheiros e pescadores, e onde haviam três fortes: para o recebimento de mercadorias que Olinda importava e exportava: o do mar, o de São Jorge e o de Bom Jesus e 3 armazéns. Era, porém, mais propícia à defesa militar e econômica para base de novas conquistas. Já Brandenburger indica com o seu porto como, na América do Sul, o mais avançado para leste, condição geográfica, lembra Joaquim Ribeiro, que "colocava a colônia conquistada a cavaleiro do Atlântico Sul, excelente base para controlar as rotas para o Pacífico e para o Oceano Índico..."
"O porto do Recife, melhor do que qualquer outro, poderia exercer, como exerceu, esse papel de capital do *mare liberum*".

Possuía mananciais de água potável.

A desvantagem de constituir-se por tremendo pântano, nada importava para o povo que tinha a sua capital sob águas e que construíra Nova York, Amsterdam e Batávia.

Antônio Vaz, ou *Santo Antônio*, é que, transformada em Mauritzstaadt ou Mauricéa, viria a ser a sede do governo que se estenderia do Rio Grande do Norte ao Sergipe, com penetrações no sul até o Espírito Santo e ao norte até o Maranhão.

Ao contrário da Bahia, sustenta ainda Joaquim Ribeiro, Pernambuco era capitania particular e conquistando-a só tinham uma frente terrestre a enfrentar – a fronteira Sul.

Na 1ª fase de ocupação holandesa em Pernambuco, se salientou o auxílio encontrado na geografia. Na investida inicial, Waerdemburgo nada conseguira no Rio Doce, pelo desenvolvimento do horário das marés altas que impediam a passagem. As matas, não conhecidas pelos holandeses, permitiram a fundação do Arraial e deram lugar, ainda, a que fossem perseguidos os flamengos pelas emboscadas de Antônio Araujo, Antônio Bezerra, Antônio B. Uchoa, Antônio Nunes, Estevão Távora, Francisco Gomes de Melo, Francisco Rabelo, Gaspar André, M. Dias, Matias A, Maranhão, Vidal, Vieira e, acima de todos, *Antônio Felipe Camarão*, que nascera na floresta e nela pisava em terra firme. Preciosa ajuda dera aos batavos Calabar, mostrando o valor do conhecimento da geografia local.

A ignorância do terreno, o clima insalubre foram fatores geográficos de ordem negativa para a Holanda que, em matéria de geobélica teve contra, ainda, o fato de serem pesados os materiais de que se serviam, dificultando a locomoção, especialmente para a defesa das emboscadas.

Várias vezes os inimigos se deixaram cair em ardis, como em Porto Calvo, quando em momento indeciso foi proposta a Cristovão Lins a ida de um parlamentar e prometeu o alcaide recebê-lo, desde que de olhos vendados, para que não conhecesse a organização do acampamento. Durante a conferência, usou do estratagema de fazer o pequeno batalhão agitar-se por vários lugares. O emissário, ouvindo o exagerado movimento, em diversas direções, supôs um enorme exército e sugeriu ao chefe a proposta de um armistício, exatamente como desejava *Cristovão Lins*.

Injustos com *Matias de Albuquerque*, deram-lhe substitutos de inferioridade e sem conhecimento geográfico, como Rojas y Borjas e, após, o Conde de Bagnuolo, que fugiu numa situação em que seria fácil obstar a chegada do adversário, que teria de atravessar seis léguas de pântano e entrar pela floresta, onde seriam liquidados pela emboscada de *Camarão*.

No 3º período, alto foi o valor do nordestino contra o próprio rei, contra Antônio Vieira, contra a dissimulação portuguesa a que não estava acostumado o povo que se não submetera à jurisdição de Tomé de Sousa, que expulsara Furtado de Mendonça e que, mais tarde, faria tremer o reino e o império com a guerra dos Mascates, a República de 17, a Confederação do Equador e a guerra praieira. Depois das agitações de 1646 e dos combates que se realizaram até o de Tabocas, a vitória foi devida, em parte, ao conhecimento geográfico dos nossos que se lembraram de ir atraindo os adversários para o terreno onde dominaram as tabocas. Por trás delas se esconderam, afiram e venceram.

Já analisamos as batalhas de Guararapes,

Na primeira foi o Comandante flamengo – Segismundo van Schkoppe – que com grande contingente chegou a Guararapes, a 18 de abril de 1643. No mesmo dia acampava ali Francisco Barreto de Menezes e, consultando aos conhecedores da topografia, ocupou as melhores posições. A 19 travou-se o combate em que tivemos espetacular vitória.

A baralha decisiva foi a 2ª de Guararapes e para o seu triunfo concorreu um erro de ordem geobélica do *General van Brinckle* que, estando no alto, descera o desfiladeiro. Quis inutilmente recuar. Era tarde, Restava-lhe a esperança no Boqueirão, guarnecido por 7 esquadrões e 2 peças de artilharia e emboscados, no alto, por 4 batalhões. Mas tomado o Boqueirão, estavam os flamengos derrotados.

A história mostra o valor dos guerreiros, sendo difícil dizer quem mais mereceu.

Francisco Barreto comandou com coragem e segurança as três batalhas e ganhou-as gloriosamente. Mas Vidal de Negreiros, já na invasão da Bahia, exercera a função de verdadeiro chefe. A Matias de Albuquerque se deve, segundo Rocha Pombo, o primeiro grito de nacionalidade. A Luís Barbalho, chamou Varnhagem, o Xenofonte Pernambucano. João Fernandes Vieira tomou a responsabilidade de ser ostensivamente o comandante da insurreição.

Henrique Dias, herói em Porto Calvo e Tabocas nas sortidas em Salvador e no Rio Grande do Norte, ferido diversas vezes, regozijou-se (quando amputou o braço) de ter ainda cinco dedos para a luta. Camarão, com suas correrias, fez tremer os adversários.

Grande é o número de heróis e de fatos notáveis como o de Tamandaré, em que o octogenário Jerônimo Serrão de Paiva praticara atos semelhantes aos dos Sagontinos, ao serem atacados por Aníbal; o do Rio Formoso por Porto Seguro comparado ao das Termópilas, o das heroínas de Tejucupapo, o do Arraial de Bom Jesus, o do Forte de São Jorge, o do altruísmo de Frei Manual da Piedade e o da abnegação da Maria de Souza.

Vemos, afinal, que a história e a geografia se conjugam para o estudo da guerra holandesa.

Nas vantagens geográficas do Recife, com os seus 26 portos, e na ajuda levada por Calabar, que conhecia todo o território, obtiveram triunfos os holandeses.

A geografia amparou-nos através do Arraial de Bom Jesus, quase dentro das matas, e nas inumeráveis guerrilhas de emboscada. Na primeira e segunda Batalha dos Guararapes tivemos situação invejável, fazendo cair os holandeses no pântano.

E ainda, depois da guerra, Nassau recorreu à geografia brasileira, transportando plantas para os jardins de seu palácio, construído com madeiras brasileiras.

— G —
ASPECTOS SOCIOLÓGICOS

Têm sido ventiladas duas questões de ordem sociológica sobre a infiltração neerlandesa: a) se Domingos Fernandes Calabar foi herói ou traidor; b) se fomos felizes com a expulsão ou lucraríamos se o domínio batavo se perpetuasse?

Varnhagem, Southey, Rafael de Jesus, Manuel Calado não hesitam em colocar o mameluco entre os transfugas, ao contrário de Souto Maior, Alves Nogueira, Vicente Themudo.

É difícil dar opinião decisiva.

Não o consideramos herói. Mas é um transfuga com atenuantes valiosas. Em regra, o traidor visa o lucro e ele ficou prejudicado, porquanto teve confiscados, pelos portugueses, seus três engenhos. Não se deixou levar pela recompensa do antigo adversário, porque a recusou, conforme se verifica no relatório de Wandenburg ao Conselho Supremo.

Teve largos oferecimentos de Matias de Albuquerque para que voltasse. Ser-lhe-iam restituídos os bens. Teria alta recompensa de 5000 cruzados, uma tença, o cargo de mestre de campo e gozaria do título de Dom e do hábito de Cristo. Em sua carta de recusa declara ter sido movido por patriotismo, pois considerava mais liberal e mais progressista para o seu país a civilização holandesa.

Acha Mário Melo que o alagoano não tinha inteligência necessária para apreciar o sistema de colonização, além do que, a época admirável do domínio flamengo foi a de Nassau, posterior à execução do guerreiro que o Marques de Basto considerava o mais prático em toda a costa. Seria um transfuga com atenuantes. Traidor, com agravantes, nos parece ter sido Sebastião Souto, compadre e amigo de Calabar, denunciando-o unicamente com o fim de entregar o velho amigo.

Não esposamos a teoria de Tomás Alves no seu livro "O Príncipe de Nassau, governador do Brasil", de que seríamos mais felizes se não houvesse a restauração. Desenvolveremos a matéria em outra parte.

O holandês nunca foi colonizador. Seria difícil o processo de adaptação.

As possessões continuariam a ser objeto de exploração. Haja vista Java e Jamaica.

A expulsão neerlandesa representa uma áurea e gloriosa vitória!

Bem digamos os nossos heróis, que na frase de João Cleofas, ainda está bem vivo na tradição de nossa gente.*

---

*. Grande parte das idéias aqui expostas faz parte de Conferências que, na "Sociedade Brasileira de Geografia" e na "Federação das Academias de Letras do Brasil", proferimos nas comemorações da restauração pernambucana.

BIBLIOGRAFIA

ABREU, CAPISTRANO – *Prolegômenos à história do Brasil*

ABREU, CAPISTRANO – *Capítulo de H. Colonial*

ALVEES, NOGUEIRA – *O príncipe de Nassau*

BARLEOS, GASPAR – *História dos fatos recentemente praticados*

BAERS, JOÃO – *Olinda conquistada*

BRANCO, RIO - *Efemérides*

CALADO, MANUEL – *O Valeroso lucideno*

CALMON, PEDRO – *História social do Brasil*

CAMÕES, LUIZ – *Os Luzíadas*

CARDIM, FERNÃO – *Tratado da terra e da gente do Brasil*

CARVALHO, ALFREDO – *Estudos pernambucanos*

CASCUDO, CAMARA – *Força tradicional sacudida pela rebelião*

COSTA, PEREIRA DA – *Dicionário de pernambucanos célebres*

COUTO, LORETO – *Desagravo do Brasil e glórias de Pernambuco*

DUSSEN, A VAN - *Relatório*

FERRER, VICENTE – *A guerra dos Mascates*

FREIRE, BRITO – *Nova lusitania*

FREYRE, GILBERTO – *Casa grande e senzala*

FONSECA, J. A. V. BORGES – *Nobiliarquia pernambucana*

GAMA, FERNANDES – *Memórias históricas*

HANDELMAN, H – *História do Brasil*

HIGINO, JOSÉ - *Relatório*

JESUS, RAFAEL – *O Castrioto lusitano*

JORDÃO, EMERENCIANO – *Tentativa de reportagem*

LAET, JEAN DE - *História ou Narrativa*

LEAL, PINHO – *Portugal antigo e moderno*

LEÃO, A. C. CARNEIRO – *Preito de homenagem*

LERY, J. – *História de uma viagem ao Brasil*

LESSA, PEDRO THEMUDO – *M. de Nassau, o brasileiro*

LIMA, OLIVEIRA – *Pernambuco e seu desenvolvimento histórico*

MARTINS, DIAS – *Os mártires pernambucanos*

MELO NELO, GONÇALVES DE – *Tempo dos flamengos*

MELLO, MÁRIO – *Aspectos da história. A guerra dos mascates*

MURIAS, MANUEL – *História breve da Colonização Portuguesa*

NEVES, JOÃO - *Discurso*

NITSCHER – *Os holandeses no Brasil*

PITTA, ROCHA – *História da América portuguesa*

POMBO, ROCHA – *História do Brasil*

PRADO, ALMEIDA – *Pernambucano e as capitanias do Norte*

RIO BRANCO, BARÃO - *Efemérides*

SALVADOR, VICENTE – *História do Brasil*

SANTIAGO, DIOGO LOPES – *H. da Guerra de Pernambuco*

SANTOS, MANUEL – *Monarquia Lusitana*

SOUSA, PERO LOPES – *Diário da Navegação*

SOUTHER, R. – *História do Brasil*

VARNAGEM – *História das lutas dos holandeses no Brasil*

VIANA, HÉLIO – *Matias de Albuquerque*

WATJEN, HERMAN – *A dominação holandesa no Brasil. O domínio holandês no Brasil*

XAVIER, CARLOS – *O Rio Formoso*

XAVIER, CARLOS – *A geografia na restauração pernambucana*

XAVIER, CARLOS – *A geocinética contra a geopolítica*

TÍTULO 5
LUTAS PERNAMBUCANAS PELA INDEPENDÊNCIA

Capítulo I
DEPOSIÇÃO DE JERÔNIMO FURTADO

— A —
PREPOTÊNCIA DO GOVERNADOR

Pernambuco não foi apenas um território ávido do trabalho e expansão que expulsou franceses, ingleses e holandeses, levou bandeiras para colonizar Paraíba e Rio Grande do Norte, defendeu a integridade territorial do Maranhão e a posse portuguesa do Ceará.

Era também região reacionária e ciosa de prerrogativas.

O 1º donatário, enérgico e cheio de brios, não admitiu a absorção pretendida pelo *Conde de Castanheira* e protestou junto ao soberano contra a exorbitância de atribuição por parte do governador geral.

Organizou um plano próprio de legislação fiscal que apresentou à Coroa em 1546 e obteve Carta Régia pondo-o livre da competência administrativa de Tomé de Sousa.

Na invasão francesa os pernambucanos orientaram a campanha e, desobedecendo ao monarca, para melhor servi-lo, conseguiram defender o território.

Vencedores, o posto de comando vinha sendo entregue a grandes vultos identificados com a grandeza coletiva.

Ocupa o primeiro lugar na ordem cronológica, de 1648 a 1657, o antigo morgado de Quarteira, *General Francisco Barreto de Menezes*, chefe valoroso na campanha de Guararapes. Coubera, também, o cargo ao grande patriota *André Vidal de Negreiros* e ao Almirante e Capitão Francisco de Brito Freire. Este, embora tendo estado na luta, não havia, como os dois citados, exposto a vida na arena do combate pela defesa da terra. Impôs-se pela justiça e pela inteligência.

A sua obra "Nova Lusitânia", publicada em 1667, acerca do 1º período da invasão, constitui, ainda hoje, fonte valiosa de consulta. Além disso, estava unido, pelo casamento, à *D. Maria de Menezes*, aparentada dos Albuqueruques.

Consideraram, pois, os brasileiros, que entrava um adventício, quando, a 5 de março de 1664, tomava posse o capitão de cavalos e cavaleiro de Malta *Jerônimo de Mendonça Furtado*, cognominado *Xumbergas*, pela maneira como estufava os bigodes, à semelhança do elegante Duque e Marechal alemão *Friederit van Schomberg* que, em 1690, ganharia a batalha de Boyen, contra *Guilherme III* e *Jacó II*, pretendentes ao trono da Inglaterra.

Não há dúvidas que foi recebido com prevenção.

Mas, ao invés de, por ato de justiça, calma e abnegação, procurar conquistar a estima pública, tornou-se autoritário e cuidou mais dos seus interesses do que dos do governo. Seus filhos eram desalmados, afirma *Fernandes Pinheiro*.

Congregaram-se, então, vários elementos para abatê-lo. As reuniões eram realizadas em residência de João Nobalhas.

A 31 de julho de 1666, quando voltava o potentado de assistir ao viático de um moribundo simulado, foi, ao sair, investido na rua de São Bento, deposto, preso, recolhido à fortaleza de Brun e, depois, entregue ao *Almirantes Vitorio Gagalo*, para que o levasse a Lisboa.

Rodolfo Garcia, na sua nobre preocupação de tornar os "Anais da Biblioteca Nacional" depositária de ensinamentos históricos dos tempos primitivos da vida nacional, publica no nº LXXII, a representação do cavaleiro de Malta ao rei de Portugal, em que dá aos nobres a responsabilidade do levante por motivos pouco recomendáveis.

Os mais alvejados são *João Fernandes Vieira, André de Barros Rego, João de Souza, Estevão Paes Barreto* (2), *João Paes Barreto* e *João Paes de Castro*.

A munição para a revolta viera por intermédio de navios ingleses.

— B —
DEFESA E CRÍTICA DE JERÔNIMO FURTADO

Borda, então, o saudoso acadêmico de Letras, tece interessantes considerações acerca do modo como os pôsteres encararam o movimento

As suas asserções, entretanto, não encontram apoio em *Sebastião da Rocha Pitta*, que olha o administrador em discussão como interesseiro. O autor de "História da América portuguesa desde o ano do seu descobrimento até 1724", acusado, como é, de, com o colorido poético, alterar a verdade, não mereceu ao ex-diretor da Biblioteca Nacional.

Efetivamente, *Varnhagem* mostra o destituído de critério, mais imaginativo do que pensador, mais poeta e admirador do belo do que crítico.

Não desconhecemos que Rocha Pitta é imaginoso.

Mas *Fernandes Pinheiro*, em obra escrita em 1848, dois séculos após os acontecimentos, julga sórdidos os atos de Xumbergas.

Ainda as "Memórias históricas da Província de Pernambuco" são tidas como desvaliosas.

Porto Seguro não as acha fidedignas.

Passamos então a *Domingos Loreto Couto*. Em "Desagravos do Brasil e Glórias de Pernambuco" salienta que "dominado de desejo de abater a nobreza que governava Pernambuco", Jerônimo Furtado, "sem guardar a razão cortesia no recato; nem o menor respeito às leis no receio". "Deleitava-se em executar injustiças e aumentar as vexações, ostentava ardente veemência em castigar culpas leves e entendia que nos abatimentos da fidalguia estabelecia os acrescentamentos de sua grandeza".

É possível que *Loreto Couto* seja acoimado de retórico. Recorremos então à "História Geral do Brasil" do Visconde de *Porto Seguro*, que descreve a rebelião em desapoio do que afirma o potentado decaído.

E, mais Oliveira Lima, sabedor dos maiores da história pernambucana, em "Pernambuco e seu desenvolvimento histórico", asserta que a nobreza da terra na qual entrava a desenhar-se com bastante relevo, sentimentos de nacionalidade, não podia suportar com paciência o jugo de capitães-mores violentos e sórdidos... a hostilidade latente dos moradores pernambucanos contra os satrapas portugueses irrompeu logo em 1666, ano em que foi preso nas ruas de Olinda e embarcado para Lisboa o Capitão General *Jerônimo de Mendonça Furtado*".

Também *Rocha Pombo* pensa que *Furtado de Mendonça* cuidava mais dos seus interesses do que das obrigações, parecendo-lhe lícito todos os meios conducentes à sua conveniência.

Nos escritores modernos posteriores à publicação do volume citado nos "Anais", temos *Afonso Taunay*, que endossando *Varnhagem*, vê em Xumbergas um cobiçoso.

Alfredo de Carvalho em "Frases e Palavras", tratando do governador a quem chama de desabusado e abominável proconsul declara que sua breve administração foi assinalada por arbitrariedades e atentados contra a honra, a liberdade e a fortuna dos seus governados.

Respeitamos muito a opinião de *Rodolfo Garcia*, cuja estima vem dos bancos acadêmicos, mas, no caso em apreço, apenas respeitamos, sem seguir.

Não nos parece justo contrapor a tantos publicistas a representação do próprio interessado que, além de inimigo encarniçado de *Vieira, Souza, Paes de Castro, Rego Barros* e *Paes Barreto*, era suspeito para ajuizar seus próprios atos.

De logo notaremos que a insubmissão tem a favor a idoneidade dos que a provocavam.

Vejamos aqueles que estão incluídos na lista dos amotinados. Comecemos por *João Fernandes Vieira*. Confessamos que a nossa admiração pelo grande guerreiro tem ressalvas.

É inegável, porém, que se trata de vulto que corajosamente se empenhava nas mais terríveis lutas.

André do Rego Barros e *Estevão Paes Barreto* eram juízes ordinários, função para cuja escolha poderia haver filhotismo.

Mas eles a haviam conquistado no campo do sangue. O último fora capitão-mor depois do célebre combate de São Gonçalo de Uma.

Lourenço Cavalcanti, João Ribeiro e *Pedro Mariano* eram vereadores e *Manuel Gonçalves, Medeiros Corrêa* e *Antônio Mendonça* exerciam empregos de secretário e síndico da Câmara.

Domingos Dias Soeiro, Luís do Rego Barros, Coronel Antônio Jacoma, Domingos Gonçalves de Brito, José Bezerra e *João Paes de Melo* gozavam do mais alto prestígio. Os sargentos-mores *João Gomes de Melo* e *João Batista Acioli* haviam sido batalhadores e vieram, mais tarde, a ser o primeiro provedor da Fazenda Real e o segundo, Juiz Ordinário.

João de Sousa, Morgado de Jurissaca, Embaixador do Brasil junto à Coroa portuguesa, lutador que se bateu com bravura em inúmeras pelejas, era um abnegado. Recusou a nomeação do governador antes de *Xumbergas*.

Ele e sua mulher, *Inês de Sousa*, também neta de *João Paes Barreto* (1), foram os grandes obreiros do Hospital Paraíso, a cuja instituição doaram vultuosos bens.

João Paes de Castro, o mais rico de todos, pois além dos engenhos particulares tinha os do morgadio do Cabo, em testamento, aliás considerado irrito, doara aos pobres uma légua de terra, das 11 que possuía.

A própria igreja, quase sempre ao lado do elemento conservador, ficou com os revoltados. Grande foi a atuação dos vigários *Estevão Santos* e *Antônio Silva*. A rebelião não foi um ato isolado da aristocracia.

O clero e o povo se uniram. É possível que a irritação popular tivesse sido aumentada pela versão de que o governo pernambucano queria vender a cidade de Olinda aos franceses. O boato tinha qualquer coisa de impressionante com visos de verdade, porquanto em troca talvez dos refrescos oferecidos, recebera o cavaleiro de Malta, do Marquês comandante francês, gibões de escarlate bordado no valor de duzentas pistolas ou sejam, 2200 francos, duas peças de grau de 52 varas, fazendas diversas e outros panos, além de um par de pistolas, conforme menciona Afonso de Taunay, em "Esquadra francesa em Pernambuco", publicada no Jornal do Comércio de 25 de dezembro de 1943.

É o fidalgo de bigodes a Marechal *Armand Schomberg* quem, depois de alegar serviços prestados, entre os quais o de ter fixado residência em Olinda, haver consertado a porte de Recife e cuidado do Forte de Brun, e de atacar a vida privada de alguns de seus desafetos, passa a dar os motivos de revolta.

Contra *João Fernandes Vieira* sustenta ter agido para obter o pagamento de dívidas contraídas com *Luís de Mendonça Furtado*, a quem comprara fazendas na importância de 30.000 cruzados e que eram avaliados em 60.000.

O mestre de Campo *João de Souza* não pagara dívidas.

João Paes de Castro e *Estevão Paes Barreto* teriam ficado ressentidos pela cobrança de débitos fiscais e *João Paes Barreto* por dúvidas de diferenças sobre partilhas de bens não entregues pelos irmãos de *Margarida Paes de Castro*, com quem vivia *Paes Barreto*.

A arguição de Xumbergas contra *João Fernandes Vieira* é leviana.

Mesmo se verdadeira, andaria mal o arguente, porquanto não seria função nobre do governador, arvorar-se em meirinho para cobrar os créditos do irmão.

Também não seria de sua competência cuidar dos casos de herança partilhada por *Paes de Castro* e nem das desavenças de *João Paes Barreto* com o cunhado *Estevão Paes Barreto*.

Aliás, não se trata de *João Paes Barreto*, que era filho de *Estevão*, mas de *João Paes Barreto de Melo*, que os nossos linhagistas dão como marido de *Margarida Alves de Castro*.

Resta a alegação de que a rebelião foi determinada para que os nobres se furtassem aos deveres fiscais.

O caso é que, de fato, pediram ao rei a isenção de i,postos, alegando que, com seu sangue e dinheiro, haviam conseguido a restauração. Requerer isenção não é furtar-se ao pagamento.

Qieriam eles que hovesse uma espécie de reconvenção.

Haviam despendido grandes somas na Guerra Holandesa, sem contar a cessão de lucros. Supunham-se no uso de um direito e ao rei cumpria decidir.

A respeito diz, em a nota XX da "História da Revolução em Pernambuco", *Oliveira Lima*: "Pernambuco, em rigor, não devia pagar impostos, pois que a restauração alcançada sobre os holandeses pela própria iniciativa e principal esforço da capitania, representava uma doação ou antes uma retrocessão ao rei com exclusão perene de quaisquer contribuições, em recompensa do valor demonstrado. Assim, pensaria a nobreza da terra, mas não a realeza portuguesa".

Não teve amigos o Governador, cujos atos foram também julgados irregulares pela monarquia lusitana. Sentença de 30 de janeiro de 1680, condenou-o a morrer degolado.

Apesar da representação dos serviços anteriores, dos padrinhos e do pedido da própria princesa, foi *Mendonça Furtado* metido a tratos, condenado a prisão perpétua da qual se livrou fugindo, em outubro de 1667, para Castela e em 1674 para Portugal, onde tornou a ser perseguido por se haver metido em rebelião contra *Afonso VI*.

E nessa conspiração, conforme se vê no próprio *Rodolfo Garcia*, a entrega do Brasil e das Índias entrava em linha de conta para negociações.

Morreu infamado e esquecido, diz *Loreto Couto*.

Também seu irmão *Francisco Mendonça*, alcaide-mor de Mourão, sofreu degolação em estátua.

Demonstração do quanto era malquisto o governador, tivemos na tradição e no folclore.

Em 1668, 6 anos após a deposição, foi a Capitania acometida de terrível peste.

Várias causas lhe foram atribuídas, entre as quais, a de influxos celestes para punição de pecados.

O motivo mais consentâneo com a razão deveria ter sido o recebimento de carne estragada vinda de São Tomé.

E, a respeito, diz em "Desenganos dos pecadores", Alexandre Perrier, que em 1686, "veio, da África a Pernambuco, carne tão estragada que quem abrisse o barril cairia morto".

Mas o caso é que no espírito público, dominou a idéia de confronto do mal com outro mal anterior e foi dado à peste o nome de Xumbergas.

E, como a tradição emprestara a *Jerônimo de Mendonça* o vício de embriagar-se, ficou também na gíria o termo xumbegar, como sinônimo de beber. Está hoje nos dicionários.

O folclore pernambucano, além de várias quadras sobre o administrador de 1666, escolheu a seguinte:

*"A peste já se acabou
Alvíssaras oh gente boa
O Xumbergas embarcou
Ei-lo, vai para Lisboa".*[*]

---

[*]. Artigo escrito pelo autor da revista do Instituto Arqueológico Pernambucano

Capítulo II
A GUERRA DOS MASCATES

— A —
RAZÕES DO MOVIMENTO

A guerra dos mascates não foi um movimento repentino. Teve antecedentes com raiz longínqua, vindos ainda das lutas durante o domínio flamengo.

É sintomática a repercussão que teve a rivalidade entre o oficial português e o do batalhão de *Henrique Dias*.

Mais tarde, os acontecimentos que determinaram as deposições de *Jerônimo de Mendonça, Pedro de Almeida* e *Souto Maior*, afrouxaram os laços de fidelidade ao rei.

Representa a luta de 1710, para Mário Melo, a afirmação nacionalista.

Pernambuco jamais consentiu que o Governador Geral mandasse na Capitania.

O seu próprio administrador sentia-se por vezes coacto.

O *Conde de Óbidos*, sucessor de *Barreto*, queixou-se de querer o território ser república livre.

O garbo que a velha cidade tinha de seus méritos, vê-se da seguinte quadra que o folclore brasileiro recolheu:

*"Quem não ama Olinda
Não a viu ainda",*

como que a parodiar os lisbonenses, na afirmação de que

*"Quem não viu Lisboa
Não viu cousa boa."*

Sede da Capitania desde os seus primórdios, já tendo mesmo sido interinamente do governo geral, bispado desde 1688, Olinda não permitira fosse executado, na administração Fernando Lencaster, o desígnio de levar o pelourinho, que significava a ereção da vila, para a cidade que fora a capital do Brasil holandês.

Esse o estado de cousas quando, a 2 de junho de 1707, assumiu o governo o Comendador de Santa Maria de Covilhan, Capitão *Sebastião de Castro Caldas*, que partidário se tornou da elevação do Recife à dignidade municipal.

A 5 de fevereiro de 1709, chegava a Carta Régia de 19 de novembro do ano anterior, de *D. João V*, autorizando a independência administrativa pretendida. De 14 para 15 de fevereiro, à noite e às escondidas, foi erguido o pelourinho.

Seguiu-se a eleição de vereadores, tendo a escolha recaído em dois lusitanos: o opulento comerciante *Joaquim de Almeida* e o Capitão *Simão Ribeiro*; e em dois brasileiros: *Manuel de Araujo Bezerra* e *Luís Valadares*.

Houve protestos e chamamento às armas. Já, a pretexto da febre que assolava a velha cidade de *Duarte Coelho*, havia sido privada do dique do Varadouro.

Dois grandes grupos tomaram atitude bélica: o do arraial fundado pelo primeiro donatário e o da antiga propriedade de *Antônio Vaz*.

A importância crescente desta última localidade justificaria o ato da metrópole. Era preciso, porém, observa *Oliveira Lima*, em "Pernambuco e o seu desenvolvimento histórico, mais do que a consagração da supremacia geográfica da aristocrática Marim, cuja Câmara era de *nobres para nobres*.

A terra de *Agostinho Bezerra, Antônio Albuquerque Maranhão, Antônio Carvalho Albuquerque, F. Bandeira de Melo, Frei Santa Catarina, Jerônimo Fragoso, João Velho Barreto, Jerônimo de Albuquerque Maranhão, João Barros Rego, João do Rego Barros, Jorge Albuquerque, Matias de Albuquerque Maranhão, Rita de Sousa*, a legendária *Marim*, com o seu foral desde 1537, e sede da diocese em 1676, a Nova Luzitana estava acostumada a dominar.

As casas onde veraneavam os senhores de engenho se distinguiram das dos comerciantes pela prata das fechaduras, chaves e pregos, no que foram admoestados por *Frei Antônio Rosado*.

Os doestos, diz *Maria Melo*, não atingiram somente aos homens.

Olinda, no começo do século XVIII, atirava às filhas do Recife, os apodos seguintes:

Todo mascate é patife,
Labrego, cara de Judas,
E as mulheres do Recife
Têm as pernas cabeludas.

Não se fez esperar o troco:

Escorridas como o fuso
As damas de Olinda são.
Por fora aquele esparrame,
Por dentro só armação,
De pano, de osso e de arame".

A cidade do primeiro donatário conseguira sempre o apoio de metrópole que, em 1677, severamente repreendera o governador *Pedro de Almeida*.

Obtivera que o Cabido não permitisse a procissão de cinzas em Recife.

Estava disposta a não consentir no desenvolvimento desse distrito.

Acresce que a demarcação feita desanexava dela 3 importantes freguesias: Cabo de Santo Agostinho, Ipojuca e Murileca. Reagiu, partindo de Santo Antão as hostilidades.

Pedro Ribeiro prendera a própria autoridade, capitão João Mota, transmissor da ordem de sua detenção. Ao procurador régio não foi permitido tocar em um livro sequer.

O governador sofrera agressão, e ao passar com 25 companheiros, levara um tiro, na rua das Águas Verdes.

Deposto, teve de fugir para a Bahia, sendo substituído pelo Bispo *D. Manuel Álvares da Costa*.

Fizeram, então, os conjurados a sua entrada triunfal no Recife e obrigaram os vereadores a se despirem das insígnias e a "serem castigados com suas próprias bengalas e cabeleiras".

Já a 10 de novembro de 1710, no Senado de Olinda houvera a célebre sessão em que o capitão-mor *Bernardo Vieira de Mello* daria o primeiro grito de república, conforme *Pereira da Costa, Dias Martins, Luna Freire, Oliveira Lima*, embora contestada a versão por Vicente Ferrer e outros.

Os nobres, além dos vultos citados, contavam do *Antônio Jorge Guerra, Carlos Ferreira, Francisco Gil Ribeiro, Jerônimo Cezar de Menezes, João de Barros Rego, Leonardo Bezerra, Nicolau Sarmento, Pedro Corrêa Barreto, Pedro Ribeiro da Silva* e muitos outros

Uma série de lutas se desenrolou tomando a história o nome de guerra dos mascates, porque com essa denominação a de forasteiros, galegos, marinheiros e pés raspados, eram chamados os portugueses.

O exagero de nativismo chegou ao ponto de ir para o folclore a seguinte quadra:

Marinheiro pé de chumbo
Calcanhar de frigideira
Quem te deu a liberdade
De casar com brasileira.

— B —
CISÃO NAS PRÓPRIAS FAMÍLIAS

Houve cisão em grupos e, o que é mais, dentro de cada família.

Tomemos para exemplo a de *João Maurício Wanderley* 1º, que teve, ao lado da causa de *Bernardo Vieira de Melo*, seus filhos *Cristovão da Rocha Wanderley* 1º e *João Mauricio Wanderley* 2º; seu genro Cristovão de Barros Rego, esposo de *Ana Wanderley*, seu cunhado *Felipe Moura Acioli*, consorte de *Margarida Acioli*, seu neto *José Mauricio Wanderley*, filho de *Cristovão da Rocha Wanderley*, e seus sobrinhos *João de Barros Rego*, filho de *Adriana Wanderley* (!), *Rodrigo de Barros Pimentel* (4) e *Zenóbio Acioli* (3), filhos de *Maria Acioli* (3).

Combatendo pelos mascates se achavam os dois genros de *João Maurício Wanderley* (1º): *Cristovão Paes Barreto* (5) e *José de Barros Pimentel* (2), casados, respectivamente, com *Rosa Maurício Wanderley* e *Isabel de Almeida Wanderley*, seu cunhado *Paulo de Amorim Salgado*, consorte de *Francisca Acioli*, e seus sobrinhos *José Gomes de Melo* (1) e *João Lins*, filhos de *João Gomes de Melo* (3) e de *Rodrigo de Barros Pimentel* (4).

Na família Cavalcanti houve tantos conjurados, que alguém chamou a rebelião de irmandade dos *Cavalcanti*. Estavam com Olinda: *Antônio Cavalcanti de Albuquerque, Felipe Cavalcanti de Albuquerque, Lourenço Cavalcanti de Albuquerque, Lourenço Cavalcanti Uchoa* e os irmãos *Domingos, Leonardo, Manuel* e *Pedro Cavalcanti*, ao passo que os mascates contavam com *Domingos de Sá Cavalcanti, Francisco de Sá Cavalcanti* e *Jerônimo de Albuquerque Melo*.

A família de *Cosme Bezerra Monteiro* estava quase toda com os nobres, tomando atitude tenaz e decisiva com *Leandro, Cosme Manuel* e, sobretudo *Leonardo*, que teve a coragem de subir a palácio e intimar o governador a que contivesse os partidários senão a sua espada tomaria as providências.

Também os filhos deste último, *Cosme* e *Manuel*, combateram e sofreram valentemente.

Do lado contrário estavam *Manuel de Araujo Bezerra* e *Luiz Barbalho Bezerra*.

Manuel de Melo Falcão (1º) teve seu tio *Vasco Marinho Falcão* (2º) com Olinda e o seu sogro *Sebastião Maneli*, com Recife.

João Paes Barreto (5º), morgado do Cabo, diz *Vicente Ferrer* em "A guerra dos Mascates", apesar de grande fidalgo, não era infenso a gente do Recife. "Esteve com dedicação ao lado de seu primo *Cristovão Paes Barreto* (5º).

O seu nome consta da relação dirigida ao rei de Portugal por *Castro Caldas*: "das pessoas fiéis e confidentes na ocasião do levante de Pernambuco", transcritas por *Mário Melo*, na "A guerra dos mascates como afirmação nacionalista".

Ele e seus irmãos *Miguel Paes Barreto* (2º), *Antônio Paes Barreto* (2º) e durante a vida dele, *Felipe Paes Barreto* (3º) deram valioso concurso à causa.

Antônio Paes Barreto (2º) e seu sogro *Padre Afonso Brôa* sofreram tormentos.

Una foi poderoso centro de resistência. As forças do governador *Sebastião de Castro Caldas* estavam ali divididas em dois batalhões: um sob o comando de *Paulo de Amorim Salgado* (1º), auxiliado por *Antônio* e *Miguel Paes Barreto* (2º) e o outro pelo valoroso chefe de índios *Antônio Felipe Camarão* e pelo Capitão-mor e Sargento-mor *Cristovão Paes Barreto* (5º), cognominado o *façanhudo*, pelo destemor revelado na guerra.

Os elementos contrários, os do bispo *D. Manuel Alves da Costa*, estavam entregues ao Capitão *Cristovão da Rocha Wanderley* (1º) e ao seu filho, o padre *José Maurício Wanderley* (2º), este sobrinho e aquele cunhado de *Paes Barreto*.

Parentes e amigos, desprezando os estreitos laços consangüíneos, insensíveis às súplicas das mulheres, filhos e irmãos, encarando apenas a felicidade da pátria, cada um de acordo com as suas convicções, empreenderam lutas encarniçadas.

Barros Rego, dentro do engenho Trapiche, de *José Gomes de Melo* (1º), fora aprisionar seu cunhado *Paulo de Amorim Salgado* (1º), que não ficara com vida mais do que 8 dias após o choque.

Cristovão da Rocha Wanderley e o padre *José Maurício* puseram a prêmio a cabeça de *Cristovão Paes Barreto*, que lhes movia forte guerra.

No grupo mencionado, eram descendentes do autor: *Cristovão Paes Barreto, Paulo de Amorim Salgado, Cristovão da Rocha Wanderley, Sebastião Dias Manelli, José de Barros Pimentel* (2º), *José Gomes de Melo* (5º) e *João Paes Barreto* (2º).

Foram vencedores os mascates, após a batalha de Sibiró.

Camarão e *Paes Barreto* receberam as maiores manifestações populares e da Coroa.

Afirma *Ferrer* não ter sido devido a *Camarão* nem a *Cristovão Paes Barreto*, que considera medíocre, "como todos os nobres", a vitória dos mascates, mas à imperícia de *Mendonça Arrais*.

Não procede o argumento. Quem sabe aproveitar-se da falta de técnica do adversário revela tática.

Para o cárcere do Limoeiro seguiram *Bernardo Vieira de Melo* e seus dois filhos, *André e Antônio; Leandro Bezerra Cavalcanti* e seus filhos *Cosme e Manuel; André Dias Figueiredo, Manuel Bezerra, João Tavares de Holanda* e *Cosme Bezerra Cavalcanti*.

— C —
A CONDUTA DO CAPITÃO-MOR DO CABO DE SANTO AGOSTINHO

Conduta que se presta a estudo é a de D. Felipe Paes Barreto (3º), que do seu engenho Garapú levou batalhadores a outras localidades, grandemente auxiliando aos chefes mascates *Cristovão Paes Barreto* e *Camarão*.

Mais tarde passou-se para os contrários, dando lugar a que o chamassem de *Jano*.

O autor das "Calamidades de Pernambuco" e *Vicente Ferrer* em "Guerra dos Mascates", censuravam-no acremente por se haver ligado aos *de sua classe*, não obstante o assassinato do irmão por *André Vieira de Melo*, filho do chefe da revolução.

É verdade que no primeiro levante levou *Felipe Paes Barreto* e sua gente ao Cabo Ipojuca, Una e Muribeca, a juntar-se a *Cristovão Paes* e ao chefe dos índios recebendo, por isso, elogios do governador.

É também certo, conforme descrevemos em "Homicídios na família Albuquerque", que *João Paes Barreto*, de emboscada, foi assassinado quando vinha de um para outro de seus engenhos, por capangas de *André Vieira*, que suspeitava falsamente de amores do morgado com *Ana Maria Faria*.

Dizem as "Calamidades de Pernambuco" que era tão benquisto, que toda a população chorou a seu assassinato e, como sinal de reprovação, de armas em punho, não consentiu que *Pedro Tavares* o substituísse, sendo obrigado o bispo governador a designar para o cargo o próprio *Felipe Paes Barreto* (3º), irmão do substituído.

É ainda exato que no 2º levante, já Capitão-Mor, tomou outro rumo *Felipe Paes Barreto* (3º), que era avô do Marquês do Recife, 4º avô de *Joaquim Nabuco* e irmão do nosso ascendente *João Paes Barreto* 5º.

Merece censuras pela mudança repentina de idéias, mas não pela razão apontada em "Guerra dos Mascates".

O homicídio, bárbaro e traiçoeiro do morgado, não nos parece deva ser tomado em linha de conta para a análise da conduta daquele que mais tarde teria o título de Dom pelos seus serviços à legalidade.

Fraquejou, levado pelas insinuações do bispo *D. Manuel Alves da Costa*, que o induziu *a abandonar a plebe e seguir a fidalguia*. Além de fraco, não foi franco aos comandados.

O rancor, entretanto, a *André Vieira* não poderia constituir fundamento para negar solidariedade ao partido, se, de fato, viesse a considerá-lo o mais apto para resolver problemas de felicidade coletiva.

Dias Martins, nos "Os Mártires Pernambucanos", reconhece-lhe sinceridade e acha que a bravura com que se bateu em Ipojuca, faz desaparecer qualquer sombra no quadro de sua vida.

Parece-me que não deixou bem definida a razão porque abandonou, ex-abrupto, os companheiros e seguiu os adversários da véspera.

Capítulo III
A REPÚBLICA PERNAMBUCANA DE 17

— A —
ELABORAÇÃO DO MOVIMENTO

I
Antecedentes remotos

O movimento revolucionário que teve somo consequência a efêmera república de 6 de março de 1817, deve muito à colaboração da agricultura e do clero pernambucano.

A revolução, segundo *Oliveira Lima*, obedeceu a causas próximas e remotas.

As últimas encontram fundamento no antagonismo entre brasileiros e portugueses, que vinha desde a guerra holandesa e se robusteceu na dos mascates e no ambiente nativista do século XIX.

Já mostramos que as duas grandes campanhas – a de 1630 e a de 1710 – foram orientadas pela fidalguia territorial pernambucana, sempre hostil aos governos. Descendentes dos heróis d 1654 se inflamaram em 1710.

Esses anseios de liberdade encontraram ambiente propício na concepção espiritual que agitava o mundo e nos princípios filosóficos da época, dominantes na Europa e na América.

Em 1800, representantes da velha nobreza rural, *Luís de Paula de Holanda Cavalcanti Albuquerque* e *Francisco de Paula de Holanda Cavalcanti de Albuquerque, o "Suassuma"* tiveram a platônica idéia de uma conspiração, com o auxílio de *Napoleão Bonaparte*, cuja fuga de Santa Helena, promoveriam.

Tiveram adesão de *Arruda Câmara, Felipe Cardoso, João Ribeiro*. Agentes diplomáticos como *José Francisco de Paula* e *Albuquerque Montenegro* seguiriam para Lisboa e Nova Iorque. Fracassada a revolta, após a devassa em que oitenta testemunhas depuseram, a semente, entretanto, não morreu.

O pensamento republicano começava a ser demoradamente elaborado nos aerópagos.

Eles são no Brasil, pode-se dizer, sem receio de incorrer-se em inexatidão, o resultado direto, afirma *Oliveira Lima*, das sociedades secretas, algumas delas disfarçadas com o nome de Academia.

Ali se iniciavam nos segredos da liberdade e nos grandes e delicados mistérios da democracia.

Arruda Câmara doutrinara no Aerópago de Itambé, seguindo-se o de Suassuna, à frente de *Francisco de Paula* e, mais tarde, o de Paraíso, para cuja biblioteca fora transferida, da de Olinda, a sala de desenho.

Servia de sede um salão do Hospital Paraíso, de que era administrador *Francisco Paes Barreto*.

Nessas agremiações eram professadas as idéias expendidas por sábios, como Arruda Câmara, cientistas qual o Padre João Ribeiro e vultos viajados pela Europa, como Domingos Martins.

Nelas era traçado, com meditação e estudo, o plano de independência e se faria a propagação mental das idéias. Por outro lado, o Bispo *Azevedo Coutinho* fundava o seminário de Olinda e a maçonaria tinha as duas lojas: "Pernambuco no Oriente" e "Pernambuco no Ocidente".

Os princípios democráticos viviam, pois, em estado de latência quando veio assumir o governo de Pernambuco o futuro Marquês da Praia Grande, a quem a tradição pejorativa chamava Caetano no nome, pinto na coragem, monte nas alturas e negro nas ações: *Caetano Pinto de Miranda Montenegro*.

II
Antecedentes próximos

Estava a rebelião marcada para 6 de abril de 1817. Precipitou-a fato, talvez ocasional: o espancamento de um soldado brasileiro do batalhão dos Henriques. A ordem de 4 de março acelerou os acontecimentos, pelo ilhéu Carvalho de Medeiros, denunciados ao ouvidor.

Condenados à prisão *Domingos Tenório, José de Barros Lima, Pedroso, Sousa Teixeira, José Mariano, Padre João Ribeiro, Antônio Cruz, Domingos Martins* e outros; o *Marechal José Roberto* prendeu alguns, inclusive *Domingos José Martins*.

Quando, porém, ia o Brigadeiro *Manuel Joaquim Barbosa* efetuar a prisão dos militares, a começar por *Domingos Tenório*, o Leão Coroado *José de Barros Lima* cravou-lhe a espada, matando-o.

A 6 de março, no auge do entusiasmo, *Pedroso* proclama a república, a cujo lado se achavam os nordestinos *Ângelo de Barros Falcão, Antônio Caminha Amorim, Antônio Gomes Cerqueira, Padre Antônio Jiacomo Bezerra, Antônio Joaquim de Sousa Bandeira, Antônio José Cavalcanti Lins, Antônio José V. Borges da Fonseca, Antônio Soto Maior, Deão Bernardo Portugal, Estevão José Carneiro da Cunha, Felipe Neri da Fonseca, Francisco Antônio Sá Barreto, Francisco Carvalho Paes de Andrade, Francisco de Paula Albuquerque Maranhão, Francisco de Paula Cavalcanti de Albuquerque, Francisco de Paula Cavalcanti de Lacerda, Francisco Paes Barreto, Francisco da Rocha Paes Barreto Lins, Gervásio Pires Ferreira, Jerônimo Vilela, Padre João Barbosa Cordeiro, Padre Jerônimo Serpa, João Nepomuceno Carneiro da Cunha, João do Rego Monteiro, João Soto Maior, Frei Joaquim do Amor do Divino Caneca, Joaquim de Sousa Bandeira, José de Barros Lima, José de Barros Falcão de Lacerda, José Camelo Pessoa, José Francisco de Paula Ca-*

valcanti de Albuquerque, José Inácio Borges, José Luís de Mendonça, José Maria Barreto, José Luís Francisco de Paula Cavalcanti de Albuquerque, Luís Inácio de Abreu e Lima, Manuel Caetano de Albuquerque, Manuel Lopes Teixeira, Nicolau Paes Sarmento, Pedro da Silva Pedroso, Tomás Lins Caldas, Padre Venâncio Rezende e Padre Virgínio Rodrigues Campelo.

— B —
A DEBELAÇÃO DA REPÚBLICA

A 6 de março foi eleito o governo, cabendo o ministério eclesiástico ao Padre *João Ribeiro*, o da agricultura a *Correia de Araujo*, o da magistratura a *José Luís de Mendonça*, o do Comércio a *Domingos José Martins*, e o da guerra a *Teotônio Jorge*, que fora aclamado Presidente.

Intimado por *José Luís de Mendonça*, capitulou o governador *Caetano Pinto* e a 23 de março, no Campo do Erário, foi solenemente benta a bandeira tricolor ceruleobranca, sem insígnias reais.

Durou setenta e quatro dias a república em que magníficas providências foram tomadas e que se alastrou até o Ceará.

A contra revolução das Alagoas tomou incremento e, vítima das forças terrestres de *Cogominho* e das marítimas de *Rodrigo Lobo*, caiu sendo a mais cruenta a perseguição movida contra os patriotas.

Governava a Bahia o *Conde de Arcos*, que foi um tirano.

Mais despótico ainda se tornou *Luís do Rego*, Presidente da Comissão Julgadora. Não se contentou em sumariamente deportar e enforcar. Fez guerra aos mortos, decepou, ligou corpos a caudas de cavalo, levou cabeças ao pelourinho, desenterrou pedaços de carne para expor e deu incremento a célebre alçada, *lugubremente soando a grilhões*.

— C —
GRANDES VULTOS DA REVOLUÇÃO

A revolução, segundo Otávio Tarquínio, representou a oposição entre os senhores de engenho e os monopolizadores do comércio.

A nobreza territorial de Pernambuco, valiosa e desinteressadamente a ela dedicou-se. Concentrava o principal elemento social e contava com 52 padres.

Entre três centenas de implicados, somente na família *Cavalcanti de Albuquerque*, figuraram: *Padre Antônio Cavalcanti de Albuquerque, Carlos Leitão de Albuquerque, Francisco de Paula C. de Albuquerque, Francisco de Paula Cavalcanti de Albuquerque Filho, João Sousa, José Maria C. de Albuquerque, José Maria Ildefonso de*

Albuquerque, Padre João C. de Albuquerque, João de Albuquerque Maranhão Filho, Padre José de Sá Cavalcanti, José Francisco de Paula C. de Albuquerque, José Maurício de Albuquerque, Jerônimo Inácio Leopoldo C. de Albuquerque, Inácio Cavalcanti de Albuquerque, Padre Luís José Cavalcanti, Luís Lins, Francisco de Paula Cavalcanti de Albuquerque; e da Paraíba: *Padre Antônio Pereira de Albuquerque, Francisco Xavier de Albuquerque, João Nepomuceno de Albuquerque, João de Albuquerque Maranhão, José de Sá Cavalcanti, José de Holanda Cavalcanti, José Feliciano de Albuquerque Maranhão, Manuel Cardoso Cavalcanti, Manuel Clemente Cavalcanti*; e do Rio Grande do Norte: *Coronel André Cavalcanti de Albuquerque Maranhão, André de Albuquerque Maranhão, Padre Antônio de Albuquerque Maranhão, Antônio Ferreira Cavalcanti, Antônio Guerreiro Cavalcanti de Albuquerque, José Inácio de Albuquerque Maranhão, Luís Manuel de Albuquerque Maranhão* e muitos outros.

— D —
ATUAÇÃO DO MARQUÊS DO RECIFE

Paes Barreto contribuiu, com denodo, para o movimento que depôs o Marquês da Praia Grande.

Não foi apenas um teórico.

Reuniu suas tropas, ligou-as as de Suassuna e tomou parte em grandes lutas, sobretudo nas empreendidas para a rendição da fortaleza do Brum.

"Uma luzidia multidão", diria do morgado e do seu séquito, o Major *Antônio Augusto de Vasconcelos*, "assistia a entrada triunfal dos senhores de engenho e de sua escravatura no Recife, por entre vivas e aplausos", na expressão de *Gilberto Freyre*, em "O Nordeste".

Não figurou o nome de Paes Barreto entre os escolhidos para o governo provisório, na eleição procedida no Campo da Honra, hoje das Princesas.

Mas, afirma o *Padre Dias Martins*, somente ele seria capaz de fazer e conduzir uma grande revolução.

Sufocada a rebelião e extinta a república, *Luís do Rego*, o futuro Marquês de Ferraz do Lima, tomou medidas severíssimas.

Francisco Paes Barreto e *Holanda Cavalcanti* não sofreram o martírio de *Miguelinho, Padre Roma, José Luís de Mendonça, Domingos Martins, José de Barros Lima, Domingos Teotônio* e de vários outros.

Mas foram mandados para os cárceres de Lisboa, onde sorte terrível os aguardaria se a situação política não houvesse mudado mais depressa do que se esperava.

Foi das primeiras vítimas aprisionadas e remetidas, a 23 de maio de 1817, para Portugal, a bordo do vapor Carrasco, entre escravos e malfeitores, antes mesmo do despacho de pronúncia, somente decretada a 13 de setembro.

Esteve na prisão até 1821, tendo sido ardorosamente defendido nas cortes gerais de Lisboa, pelo notável revoltoso *Muniz Tavares*, que viria a ser o historiador do movimento.

A revolução portuguesa alterou o prisma com que na Lusitânia eram olhados os revoltosos do norte do Brasil.

Ainda assim, *Paes Barreto*, além da grande soma de dinheiro despendido, de tormentos passados, gemeu três anos na prisão.

Também no cárcere estiveram seus parentes *Manuel Paes Barreto*, filho do Capitão-Mor *João Paes Barreto, Antonio Lins Caldas e Francisco Antônio de Sá Barreto*.[*]

---

[*]. Feriados do Brasil 3º volume.

Capítulo IV
MOVIMENTO REVOLUCIONÁRIO DE GOIANA

— A —
O GOVERNO DE GOIANA

Já em trabalho referente ao *Marquês do Recife*, mostramos a sua atuação no movimento revolucionário de Goiana, para apoiar o governador *Luís do Rego*.

Os sofrimentos na prisão, o desassossego em que viveu, separado da família, que também foi vítima de inquietações, o monstruoso castigo infringido a seus companheiros, alguns dos quais tiveram guerra feita ao próprio cadáver, desenterrado para ser profanado, nada disso conseguiu sufocar os seus sentimentos cívicos contra as violências do poder.

Voltando à pátria, após a aprovação, pelas Cortes Gerais, do projeto *Muniz Tavares*, insurgiu-se contra *Luís do Rego* e, unindo-se aos correligionários, conseguiu depor o administrador que faltara ao compromisso assumido na convenção de Beberibe, no sentido de ser elaborada a Constituição.

O governo popular foi proclamado em Goiana. *Paes Barreto* tornou-se dos principais dirigentes à frente da luta, justamente com *Francisco de Paula, José de Paula e Luís de Paula C. de Albuquerque, José Carlos Mayrink, Francisco de Barros Falcão, José Luís Caldas, Afonso de Albuquerque Maranhão, Cristovão de Holanda Cavalcanti* e *José Mariano A. Cavalcanti*.

Instalada a Junta Governativa que se chamou a dos matutos, a 29 de agosto de 1821, fez dela parte. Presidi-a, prestigiou-a com seu nome e fortaleceu-a com exército que organizou contra o célebre *Marquês Ferraz de Lima*, no Cabo de Santo Agostinho.

Houve vitórias. De uma delas recolheu o folclore a seguinte quadra:

"Luís do Rego foi guerreiro
Sete batalhas venceu
Mas na oitava, de Goiana,
Deu de gambias e correu."

Luís do Rego, o tirano contra os revolucionários de 1817, continuou com poderes discricionários.

Tiremos, ao acaso, da relação, uma das punições disciplinares: a aplicada ao alferes *Henrique Francisco de Melo*, de calças abaixo, amarrado pelos pulsos, com quinhentos açoites de bacalhau, feitos com quatro tiras de couro retorcido e mergulhado em água e areia para maior sofrimento. Eram vibradas as chicotadas sobre a nádega nua. No dia seguinte, recebeu mais duzentos açoites; no dia 7 outros duzentos e a 11 ainda duzentos.

— B —
APRECIAÇÃO SOBRE LUÍS DO REGO E A ATUAÇÃO DE PAES BARRETO

Apesar de déspota, arbitrário e cruel, Luís do Rego teve adeptos e, entre eles, está o *Vigário Ferreira Barreto*, ilustre orador sacro, autor do soneto a seguir, transcrito do "Mosaico pernambucano", organizado por Pereira da Costa.

"A coragem teu mérito gradua
E aos heróis lusitanos te incorpora
Teu braço, ó grande Rego! a pátria escora
És tu de Albuquerque a imagem nua.

O valor que o seu nome perpetua,
É, também, o que teu nome condecora
O louro que cingiu, te cinge agora
E a glória que foi dele, há de ser tua.

Majestoso porvir te acena e aclama
Sobre o jaspe teus feitos tens escrito
Dá-te Olinda um altar, um templo, a fama.

És clemente, fiel, prestante, invicto
O valor te dirige, o bem te inflama...
Ou tu és Marco Aurélio, ou Nuno, ou Tito."

Em posição diametralmente oposta, se encontram os versos de Joaquim Manuel Carneiro da Cunha:

"A fereza teu mérito gradua
E aos tigres da Hircânia te incorpora
Teu braço, o ímpio Rego, o crime escora
E tu és do vil Nero a imagem nua.

O horror que o seu nome perpetua
É também o que teu nome condecora
O sangue que o tingiu, tinge-te agora
A infâmia que foi dele há de ser tua.

Tenebroso porvir te acena e chama
Sobre o ferro teus crimes tens escrito
Dá-te Olinda uma forca, o ódio, a fama.

*No erro e despotismo és sempre invicto
Baco é quem te dirige: ele te inflama
Avesso a Marco Aurélio, a Nuno, a Tito."*

O governo debelou afinal a revolta. Indigitado, *Paes Barreto*, como chefe conspirador, foi novamente preso e remetido para Lisboa, ao lado de quarenta e nove companheiros, no brigue "Intriga", com destino ao Castelo.

Entre os parentes, estiveram ao seu lado, além de *José Francisco*, *Luís Francisco* e *Francisco de Paula Cavalcanti de Albuquerque*, seu sogro e cunhado *Luís José de Caldas Lins*, delegado do Cabo de Santo Agostinho e o seu genro *Bento Lamenha Lins*.

Não era, entretanto, republicano convicto. O *Marquês do Recife* queria, acima de tudo, a independência no Brasil e aderira à república como um meio de atingir a finalidade.

Agora, novamente não quis colaborar com o que lhe parecia tirania imperial.

Felipe Mem Calado da Fonseca cita como principais na revolução de Goiana: *Amaro Francisco de Moura, Aleixo José de Oliveira, Alexandre Modesto de Sousa, Antônio José Andrade C. Cunha, Antônio Xavier C. Cunha, Antônio Máximo de Sousa, Antônio Bernardo da Cunha, Bernardo Pereira Coelho, Clemente de Albuquerque, Cristovão de Holanda Cavalcanti, Conrado Jacó Neymer, Padre Domingos Vieira, Francisco Carneiro Dias, Francisco Figueiredo, Francisco de Paula Gomes dos Santos, João N. Caraúna, João Batista Rego, Joaquim Martins Souto Maior, João de Albuquerque Maranhão, José de Barros Falcão, José Joaquim Rabelo, José Vitorino Borba, José Antônio Gomes, João Bandeira de Assunção, José Joaquim de Albuquerque, José Maria Melo, José de Carvalho Pessoa, José Mário Ildefonso, José Higino de Miranda, Laurentino Lins, José Joaquim Coelho, Luís Pereira da Silva, Manuel Joaquim Tavares de Melo, Manuel Machado de Barros, Manuel Inácio Bezerra de Melo, Manuel Clemente de Albuquerque, Manuel Miranda, Padre Manuel Silveira de Araujo, Francisco Faustino de Figueiredo, Manuel Aranha Soares, Manuel Paulino de Gouveia, Raimundo João Ferreira, Serafim Velo* e *Vitoriano Pereira Palhares*.

Capítulo V
A CONFEDERAÇÃO DO EQUADOR

— A —
A REAÇÃO CONTRA O GOVERNO

A Confederação do Equador representa um grande movimento cívico em favor dos princípios constitucionais.

O ato de Pedro I dissolvendo a Constituinte, provocou a mais séria repulsa do povo pernambucano.

Os panfletos de *Frei Caneca*, em resposta a Fernando Gama, constituíam fortes marteladas contra o trono. Veementes foram os protestos dos deputados pernambucanos. O imperador, receando a reação, quis penitenciar-se e convocou nova Constituição.

Pernambuco protestou contra a eleição de deputados, achando que os primitivos não haviam perdido o mandato.

Proclamada a Carta Política, ela não teve forças de apagar a fogueira.

A Junta Governativa, presidida pelo *Marquês do Recife*, foi obrigada a demitir-se ante a repulsa do povo que elegera *Manuel de Carvalho Paes de Andrade*.

O império designou o próprio *Paes Barreto* para Presidente da Província, mas Taylor não conseguiu dar-lhe posse. Três proclamações foram dirigidas a 1 de julho de 1824 e no dia seguinte, aos pernambucanos e aos habitantes das Províncias do Norte pelos insurretos. O movimento ramificou-se por outras circunscrições, sendo, afinal, debelado pelas forças de *Lima e Silva*. Dezessete foram as execuções. *Paes Barreto* foi legalista.

— B —
A CONDUTA DO MARQUÊS DO RECIFE

Depois da Independência, ficara o *Marquês* com o império lutando pela causa monárquica, tendo ao seu lado o genro, *Coronel Bento Lamenha*, que foi quem prendeu *Paes de Andrade, Francisco de Paula de Holanda Cavalcanti de Lacerda* e *José Correia Seara*.

Debelada a revolta, nenhum proveito público desejou e foi liberal quanto à indenização das despesas que fizera.

Ulisses Brandão, em seu interessante livro sobre a "Confederação do Equador", proclama a fraqueza do morgado, quando se quedou no engenho Guerra, em Cabo de

Santo Agostinho, do mesmo modo que afirma ter o Presidente *A. Maranhão* conservado a calma de sua indolência.

A asserção não tinha sido estranha a *Alfredo de Carvalho* que, contudo, considerava o *Marquês* elemento moderado.

Não é possível emitir juízo sem meditar em uma série de circunstâncias.

Paes Barreto tinha parentes do outro lado, entre os quais *José de Barros Falcão de Lacerda*, herói do Pirajá, que foi quem libertou *Paes de Andrade*. Estava agindo contra dedicados companheiros de 1817 e 1821, alguns dos quais haviam frequentado as academias de Suassuna e Paraíso e que se mantiveram republicanos intransigentes e na mais completa demagogia, ao passo que ele se batera pela independência, aderindo ao movimento republicano, como meio.

Não era demagogo.

Sucede, também, que o ambiente de 1824 e a exaltação popular então reinante em Pernambuco, não comportavam soluções radicais sem grandes sacrifícios de vida e o morgado, de temperamento enérgico, mas prudente, quis sempre evitar derramamento inútil de sangue.

Acresce que, dentro do próprio partido, lavrava, desde a revolução de Goiana, a maior desinteligência, sobretudo contra ele, tão desinteressado que, mais tarde, recusaria a senatoria para indicar *José Carlos Mayrink*.

Francisco de Paula Ramos, ávido de mando, informa *Alfredo de Carvalho*, em "Estudos Pernambucanos", soubera explorar *Pedro Pedroso*, desprovido de juízo prudencial, na frase de *Muniz Tavares*. Fora o mesmo que em processo de estelionato, inquirido pelo juiz sobre o modo de vida, respondera: "vivo de ser réu". Era, ainda, visível, a incompatibilidade de gênios entre o Capitão-Mor do Cabo, de notória calma, e o comandante militar *Pedroso*, impulsivo, atrabiliário e violento nas suas atitudes.

Mesmo sem autorização, praticava toda sorte de arbitrariedades.

As ordens do chefe seriam por *Pedroso* cumpridas com desígnio premeditado de causar mazorcas.

Nem *Taylor*, com o prestígio de seu nome e de delegado do imperador, conseguiu dominar a situação. Mas *Paes Barreto* deu mostra de bravura e desinteresse quando marchou com seu exército para a luta, sustentando por seis meses a revolução, com prejuízo extraordinário e dispêndio superior a trinta contos de réis.

Não reconhecemos, porém, ao contrário do que pensa *Brandão*, coragem cívica para encarar os últimos acontecimentos em *Manuel de Carvalho Paes de Andrade*.

No movimento de 1817, conseguira fugir para os Estados Unidos da América, onde esperaria a anistia de 1821.

A respeito, diz *Pereira da Costa*, em "Dicionário Biográfico": "Vós pernambucanos viram-se sós, completamente sós, no momento supremo de sacrifício."

Manuel de Carvalho, como muitos outros patriotas, procurou, em 1817, escapar-se e refugiou-se nas matas do engenho Santana, na freguesia de Jaboatão, até que lhe foi possível seguir furtivamente para a Norte América.

Em 1824, arranjou meio de embarcar na fragata inglesa Tweed, enquanto os companheiros marchavam para a morte.

Não temos, porém, aqui o intuito de confronto entre os dois chefes e nem o de diminuir os méritos de *Paes de Andrade*.

Contrabalançando defeitos e virtudes de ambos, prepondera nos dois, a nosso ver, a concha contendo o mérito.

A Confederação do Equador foi um grande movimento de reação da Capitania.

As três proclamações de *Paes de Andrade* refletem os ímpetos autonômicos da província.

Pensava de modo contrário *Paes Barreto*.

Capítulo VI
A GUERRA PRAIEIRA

A guerra chamada praieira, em virtude de ficar situada à rua da Praia a redação do "Diário Novo", órgão do partido liberal, chefiado pelo General Abreu e Lima, foi uma rebelião empregada como arma política. Representa a luta dos liberais, chimangos, luzias, e, afinal, praieiros, contra os conservadores, guabirus ou saquaremas.

A administração de Pernambuco estivera por dilatados anos entregue a *Suassuna*, a *Rego Barros* e a *Camaragibe*. Somente à testa da província, como seu Presidente, *Rego Barros*, com pequenas interrupções, permaneceu de 1837 a 1844.

Seu irmão, *Sebastião do Rego Barros*, foi Ministro da Guerra no Gabinete da Regência Provisória de *Araujo Lima*, a 19 de setembro de 1837, juntamente com Maciel Monteiro.

Para a própria Regência, a 22 de abril de 1838, tivera *Francisco de Paula* 1981 votos, contra 4308 de *Araujo Lima*.

No gabinete de 24 de julho de 1840, chamado da maioridade, o Senador *Antônio Francisco* ocupou a pasta da Marinha e *Francisco de Paula* a da Guerra.

Foram, então, demitidos, por influência de *Antônio Carlos*, os Presidentes da Província. Entre as poucas exceções dos que se salvaram, conta-se em Pernambuco, o *Conde da Boa Vista*.

A ascendência da família durara quarenta anos.

Embora fosse fecunda a administração Rego Barros, via-se nesse predomínio, oligarquia de família, à qual eram atribuídos os males da Província.

No próprio parlamento houve quem dissesse que no Leão do Norte, quem não era Cavalcanti era Cavalgado.

Célebres foram os versos atribuídos a *Castro Vilela*:

"Quem viver em Pernambuco
Deve estar desenganado;
Ou há de ser Cavalcanti,
Ou há de ser Cavalgado!"

O partido liberal queixava-se de ganhar nas urnas e não ter prestígio na Corte.

A 29 de setembro de 1848, subiu o Gabinete Conservador, tendo à frente o *Marquês de Olinda*. Exaltaram-se os liberais, em oposição ao que chamavam de baronismo.

Manuel Vieira Tosta no governo pernambucano, viera substituir *Tomás Xavier* e, como este, como *Marcelino de Brito*, como *Herculano Pena*, não agradava aos praieiros, que empreenderam luta, visando tirar qualquer prestígio, ao português e ao senhor de engenho.

Após estéreis combates em Água Preta, Bonito, Escada. Flores, Goiana, Igarassú, Ipojuca, Muribeca, Pau Amarelo, Nazaré, Recife e Rio Formoso, terminou a luta com prejuízo de vidas preciosas, entre as quais as de *Rego Monteiro, Pedro Ivo* e *Nunes Machado* de um lado e do outro a do Coronel *Francisco de Paula Cavalcanti de Lacerda*.

A família *Paes Barreto* teve atuação em defesa da legalidade.

Lamenha Lins, genro do *Marquês do Recife*, foi o comandante das armas.

Em Uma, ficou à frente das tropas o *Coronel Paulo de Amorim Salgado*, tendo o auxílio do seu genro e cunhado, o *Coronel Manuel Xavier Paes Barreto*.

Do outro lado, a favor do movimento, esteve o Major *Caetano de Barros Wanderley*. No seu engenho, Cachoeira Velha, deram-se combates sanguinolentos.

A guerra praieira não se pode dizer tivesse sido uma revolução com finalidade igual as de 1817 e 1824.

Mostra o espírito de reação dominante que teve à frente vultos como *Nunes Machado, Rego Monteiro, Jerônimo Vilela Tavares*.

Contra uma parte da aristocracia territorial com o poder há muitos anos, atirou-se outra parte de senhores de engenho.

BIBLIOGRAFIA

ABREU, CAPISTRANO DE – *Prolegômenos*

AZEVEDO, FERNANDO – *A Cultura Brasileira*

BARLEU, GASPAR – *História dos Fatos Recentemente Praticados*

BRANDÃO, ULISSES – *A Confederação do Equador*

CALADO, FELIPE MEM – *Revista do Instituto Histórico, Arqueológico e Geográfico Pernambucano*

CALADO, MANUEL – *O Valeroso Lucideno*

CALMON, MIGUEL – *Refutação a Labatut*

CALMON, PEDRO – *História Social do Brasil*

CALÓGERAS, PANDIÁ – *Formação Histórica do Brasil*

LAET, JEAN DE – *História ou Narrativa*

LIMA, OLIVEIRA – *História da Revolução Pernambucana de 1817*

CARVALHO, ALFREDO DE – *Estudos Pernambucanos*

CODECEIRA, J. DOMINGUES – *As Idéias Republicanas no Brasil*

COSTA, PEREIRA DA – *Anais*

COUTO, LORETO – *Desagravo do Brasil e Glória de Pernambuco*

HOLANDA, SÉRGIO BUARQUE DE – *Raízes do Brasil*

MAGALHÃES, BASÍLIO DE – *Lições de História*

MARTINS, DIAS – *Os Mártires Pernambucanos*

MELO, MÁRIO – *A Confederação do Equador*

MELO NETO, GONÇALVES – *No Tempo dos Flamengos*

MENEZES, AGRÁRIO - *Poesias*

NABUCO, JOAQUIM – *Um Estadista do Império*

PINTO, ROQUETE – *Aborígenes e Etnógrafos*

PITA, ROCHA – *História da América Portuguesa*

POMBO, ROCHA – *História do Brasil*

RIO BRANCO, Barão do – *Efemérides*

RAMOS, ARTUR - *Discurso*

ROCHA, JOAQUIM DIAS – *História da Colonização do Brasil*

RODRIGUES, NINA – *Os Africanos no Brasil*

SALVADOR, VICENTE – História do Brasil

SOUSA, PERO LOPES DE – *Diário da Navegação*

SOUTHEY, R. – *História do Brasil*

STADEN, HANS – *Duas Viagens ao Brasil*

TAUNAY, AFONSO – *A Esquadra Francesa no Brasil*

TAVARES, MUNIZ – *História da Revolução de Pernambuco*

TARQUÍNIO, OCTÁVIO – *A vida de D. Quixote*

VASCONCELOS, SIMÃO DE – *Crônica da Companhia de Jesus*

VARNHAGEM, L. A. – *História Geral*

XAVIER P. BARRETO, CARLOS – *Feriados do Brasil* – 3º volume

VIANA, HELIO – *As Fronteiras do Brasil*

XAVIER P. BARRETO, CARLOS – *Discursos e Conferências*

TÍTULO 6
LUTAS FORA DE PERNAMBUCO

Capítulo I
LUTAS DENTRO DO BRASIL

— A —
OCUPAÇÃO DE SANTA CATARINA

A família agrícola pernambucana não tomou parte, apenas, nos combates que ensanguentavam o solo da terra, dentro da província, mas também naquelas que se desenrolaram em outras circunscrições territoriais brasileiras, ou mesmo fora do país. Vejamos as primeiras.

Quando, em 1776, tropas espanholas ocuparam a ilha de Santa Catarina, comandados por Pedro Cebalos Cortes Y Calderon, o Brasil esteve envolvido em sérias lutas.

A esquadra inimiga de dez mil homens, se compunha das naus valorosas: Poderos, Monarca, São José, São Damásio, Setentrião e América; das fragatas Chaveque, Santa Margarida, Santa Clara, Nunes, Santa Rosa, Arnidas; e das corvetas Júpiter, Mater, Canizo, Jopps. Santa Cecília, Santa Eulália e Santana, e mais de 96 navios de transporte, conforme descrição feita na "Revista da Sociedade de Geografia", pelo General *José Vieira da Rosa*, que afirma ter sido a intenção de Castela o reforçamento dos espanhóis no Prata.

Resolveu, porém, conquistar Santa Catarina.

O governo civil brasileiro, a cargo do Cel. *Gama Freitas*, estava em lutas por questões de competência com o militar, sob o comando do Marechal de Campo *Antônio Carlos Furtado de Mendonça*.

Quando o brigadeiro Waugham, com seus dois mil homens, se apoderou da praça, houve completo pânico e, abandonando o posto, fugiu *Furtado de Mendonça*, contra a expectativa e o desejo dos companheiros que não queriam aceitar a rendição.

Vários batalhões de defesa haviam sido organizados.

Os de Pernambuco estavam sob o comando Geral do Cel. *Pedro de Moraes Magalhães* e de um deles tinha a direção o Cel. *Francisco Antônio de Sá Barreto*, ascendente de Joaquim Nabuco.

Era porta-bandeira do Regimento de Infantaria do Recife o célebre alferes *José Corrêa da Silva*, filho do Capitão *Francisco da Silva Corrêa* e padrasto do *Padre Roma*.

Indignado contra a atitude dos superiores, não entregou o pavilhão. Enrolou-o e, atravessando vastos sertões e arrastando todos os perigos da caminhada, veio por São

Paulo e Minas, até Pernambuco, a fim de entregar ao presidente de sua província o estandarte que levara ao sair e com o qual combatera.

Obteve a investidura de autoridade policial em Recife, distinguindo-se pela bravura e severidade.

Ainda hoje costuma-se, em Pernambuco, quando quer alguém salientar o vigor policial, dizer: *isso só no tempo do Onça*. Onça era a alcunha com que se tornara conhecido. Narra o fato Mário Mello.

— B —
EXPULSÃO DE MADEIRA

A proclamação da independência não teve repercussão integral no território brasileiro.

A Bahia, somente no 2 de julho de 1823, e após feitos memoráveis, conseguiu expulsar o general português *Inácio Madeira de Melo* e levar a sua solidariedade à autonomia nacional.

Vários foram os membros da aristocracia territorial que deram o seu concurso à gloriosa marinha que tinha, então, como piloto o futuro *Marquês de Tamandaré*, e ao exército, onde já refulgiam os dedicados estrangeiros *Labatut, Taylor* e os bravos baianos, fidalgos ou pescadores.

De Pernambuco não foram poucos os guerreiros que acorreram ao local da luta, entre os quais *Antônio Fernandes Padilha, Antonino José de Miranda Falcão, Antônio Corrêa* e *Felix Peixoto de Melo*.

Vários representantes da família pernambucana estiveram ao lado do Cel. *José de Barros Falcão de Lacerda,* Comandante da Brigada da direita, que dirigiu o combate de Itapoan ao Cabrito, por dentro da cidade.

Sobre a atuação deste, diz *Agrário de Menezes*, tratando do combate de Pirajá:

Falcão a valente espada
Jamais empunhou assim,
Lopes, nunca a retirada
Soube tocar no clarim
Labatut, com o gládio fala,
Ferrão sorri-se da bala
Falta o Tiago a bater,
Siqueira, Jacome os ousados,
Queriam, que eram soldados,
Como soldados morrer!

Ainda *Bento Lamenha Lins* empunhou ali a sua espada tendo, segundo *Pereira da Costa*, a atuação de um bravo.

"Marchando depois para a província da Bahia, na divisão do General Labatut, a fim de assegurar a sua independência, tenazmente guerreado pelos portugueses, *Bento José Lamenha Luis* notavelmente distinguiu-se como um dos bravos do combate de Pirajá. Foi condecorado e teve um posto de acesso..."

Valorosamente comandou uma brigada no próprio 2 de julho.

Labatut, na "Declaração franca" que produziu, ao ser submetido a conselho de guerra, faz questão de mencionar as tropas da 1ª linha, generosamente recebidas, a seu pedido, da junta provisória de Pernambuco e salienta a grande cooperação recebida do morgado do Cabo, *Francisco Paes Barreto*.

É refutado por *Miguel Calmon do Pin Almeida,* que não contesta a ajuda fornecida, sustentando apenas, não ter ela sido devida ao guerreiro francês, mas ao pedido do governo baiano.

Capítulo II
LUTAS NA AMÉRICA

— A —
CISPLATINA

A Banda Oriental, mais tarde independente, para formar a República do Uruguai, esteve, desde 1821, provisoriamente incorporada ao território brasileiro.

Sérias foram as lutas que tivemos de enfrentar com a República Argentina.

Notáveis se tornaram, de 1825 a 1827, combates como o de Cevales, Colônia do Sacramento, Yogoany, Plata, Hande e Juncai.

Entre os brasileiros que heroicamente expuseram no Rio da Plata, a vida, em defesa do Brasil, esteve *Bento Lamenha Lins*, esposo de *Maria Isidora Paes Barreto*, filha dos *Marqueses do Recife*.

Acompanhou-o o Cel. *Antônio Pedro de Sá Barreto* (tio avô de *Joaquim Nabuco*), revolucionário de 1817 e legalista de 1824.

Salvou o exército, diz *Pereira da Costa*, em "Dicionário biográfico de pernambucanos célebres", no combate de Santa Maria.

Mas, especialmente, notabilizou-se nos campos de Ituzaingo, a 20 de fevereiro de 1827, quando tivemos de bater em retirada, ante as forças de *Alvear*, que, apesar dos esforços empregados, não conseguiu embaraçar o recuo.

A respeito disse, na Câmara Geral, o deputado *Aragão Meneses*:

"Entre os feitos brilhantes que a nossa história militar registra até então, nenhum havia superior ao que praticara o então *Tenente-Coronel Lamenha*, a 20 de fevereiro de 1827, nos campos de Ituzaingo. Nesta batalha, a sorte das armas nos foi adversa e o nosso exército teve que retirar-se, acossado pelo general *Alvear*. O inimigo que, com todo o peso e prestígio de um exército vitorioso, contava aniquilar-nos, viu quebradas as suas fúrias ante um punhado de bravos que, cobrindo a retaguarda de nosso exército, lhe garantia a retirada.

Esses bravos, que por muitas horas embargavam o passo do exército inimigo, eram *Lamenha* e o seu batalhão. Gravemente ferido, nunca abandonou o posto. Vendo rarearem as fileiras do seu batalhão a cada carga inimiga, continuou sempre impassível a sua gloriosa tarefa. E quando, já pela tarde, cortados pelo fumo e extenuados pela fadiga, esses bravos mal se sustinham, descobrem uma divisão inimiga que manobrava para cortar-lhes a retirada; era *Lavaleja* que surgia com tropas frescas. *Lamenha* julgou-se perdido, porém, impávido continuou a marchar como dantes.

Lamenha mereceu demonstração de respeito do seu próprio adversário, o General *Lavaleja* e *Antônio Pedro de Sá Barreto* do Comandante *Guilherme George Brown*.

— B —
GUERRA DO PARAGUAI

Vários foram os batalhões enviados pelos engenhos pernambucanos, para formar o contingente com que concorreu a província, nas lutas contra o Paraguai.

Alguns dos combatentes escreveram páginas de ouro nos anais da campanha, como por exemplo, o guarda-marinha *Antônio Augusto de Araujo Torreão*, heroicamente morto na batalha de Riachuelo; o Te.-Cel. *Apolônio Peres Campelo Jacome de Araujo*, valoroso comandante do 2º Batalhão de Voluntários; *Augusto Neto de Mendonça*, comandante da esquadra de reconhecimento, perdendo a vida gloriosamente; Capitão *Hermilo Peregrino Madeira*, também tombado em combate; General *Manoel da Cunha Wanderley* e *José Paulino de Câmara*, filhos dos Barões de Palmares.

José Carneiro Monteiro, Barão de São Borja, voltando da campanha, não regressou à sua província, preferindo permanecer no Rio Grande do Sul, onde pereceu.

O *General Azevedo Pimentel*, nos "Episódios Militares", cita atos de heroísmo de certos pernambucanos, com os irmãos *Manoel* e *João Gonçalves Pereira Lira*, rompendo, a golpes de baionetas, o campo inimigo na batalha de Tuiuti; *Antônio Mendo Ricardo, Francisco Cavalcante, José Francisco Corrêa de Araujo* e *Maria Curupaiti*.

Salienta o batalhão organizado no Rio Formoso pelo Cel. *José Antônio Lopes*, Barão de Una, e do qual fazia parte o citado escritor como sargento.

Vários foram os descendentes dos nossos colonizadores, que nos vastos sertões do Paraguai, se sacrificaram em defesa da pátria.

Entre outros, citaremos *Paulino Paes Barreto*, que se reformou no posto de Major, indo ocupar o cargo de professor de esgrima e ginástica da Escola Militar.

Era tio do *Dr. Francisco de Novais Paes Barreto*, juiz aposentado em Minas Gerais.

Morreu mutilados em combate *Tomás Francisco Paes Barreto*, filho de *Francisco de Paula Paes Barreto*. *Luís Inácio de Albuquerque Maranhão* sucumbiu em Lomas Valentinas.

Capítulo III
LUTAS PELO REINO

Não foram poucos os que, juntamente com os altos serviços prestados ao progresso do Brasil, batalhavam pela velha pátria, a começar pelos descendentes dos donatários.

Os dois filhos de *Duarte Coelho, Duarte* e *Jorge de Albuquerque Coelho*, se tornaram notáveis nas lutas da África.

O primeiro pereceu no campo de batalha, defendendo a bandeira lusitana. *Jorge de Albuquerque*, de quem se conta a célebre versão de ter cedido ao rei o cavalo em que, gravemente ferido, vinha fugindo do adversário, para que se salvasse o monarca, ficou por terra com ferimentos que mais tarde ocasionariam a extração de 20 ossos, precisando de muletas para a locomoção. Estão os seus feitos, nas lutas de Montijo, assinalados na "Prosopopeia", de *Bento Teixeira Pinto*.

Matias de Albuquerque, filho de *Jorge* e herói da guerra holandesa, injustamente preso, saíra do castelo de São Jorge para comandar as armas no Alentejo e fortificar Elvas, Olivença e Campo Maior. Foi novamente preso por ter parentes envolvidos em certa conspiração.

Seu próprio irmão, *Duarte*, Marquês de Basto e Conde de Pernambuco, se tornara partidário de Espanha. Mas *Matias de Albuquerque* voltara a defender o reino, comandante no Alentejo, e ganhara a batalha de Montijo, como chefe supremo contra o *Marquês de Torreana* e 1500 soldados do Barão de *Mellinger*.

Os *Albuquerques* prestaram serviços de alta valia, revelando coragem cívica e desinteresse. Três filhos de *Jerônimo de Albuquerque* (1) estiveram na Índia: *Francisco, Jerônimo e Tomé*.

Entre os descendentes de *Jerônimo de Albuquerque* (1) que, depois de serviços em guerras no Brasil, foram combater no reino, encontram-se *Jerônimo Cavalcante de Albuquerque, Lourenço Cavalcante de Albuquerque*, mortos na batalha de Montijo; *Antônio de Albuquerque*, ferido no mesmo combate; *Francisco de Albuquerque Moura, Antônio A. Moura* e *Jerônimo A. Moura*, batalhadores em Flandres; *Francisco Moura Rolim*, lutador na Ásia; *Diego de Albuquerque*, antigo administrador no Ceará; *Antônio de Albuquerque, Lourenço de Albuquerque, Gregório Fragoso de Albuquerque*, governador do Maranhão e *Antônio de Albuquerque*; todos governadores de Angola.

Albuquerque de Albuquerque foi vice-rei da Índia e *Alexandre Moura de Albuquerque* administrador de Madeira.

Na estirpe dos Barretos achavam-se *João Paes Barreto* (4) que, depois de lutar contra os holandeses, foi trabalhar em Flandres; *João Velho Barreto*, combatente em Alentejo; *Cristovão do Rego Barros*, governador de São Tomé; *Desor João Velho Barreto*, famoso advogado, chanceler do reino e conselheiro. Em Montijo sucumbiram *Bernardino* e *Antônio de Carvalho* e ali, valorosamente bateu-se *João de Sousa*, neto de *João Paes Barreto* (3).

Lutaram ainda: em Olivença – *João Lopes Barbalho*; em Elvas – *Cosme Dias Maciel*; em Alentejo – *Pedro de Almeida*, o herói de Itamaracá, e *Luís Nunes Corrêa*; em Flandres – *Felipe Bandeira de Melo e Dionísio Vieira de Melo*. Bateram-se em Angola, *Constantino Caldeira* e em Montijo, *Antônio Rocha Águas e Francisco Velho Coutinho*. Almeida foi governada por *Felipe Bandeira de Melo, Francisco Vaz Aranha, Lourenço de Freitas Noronha, Gaspar Acioli de Vasconcelos e Luiz Cunha*, os 3 últimos governadores da Paraíba; a Índia por *Manoel Inojosa e Antônio de Sousa*; Faro por *Gaspar André* e Madeira por *Antônio Fernandes*, governador de Paiva.

BIBLIOGRAFIA

ALBUQUERQUE, DURVAL – *Revista do H. I. G. Paraibano*

AMARAL, BRAZ – *História de independência do Brasil*

ANDRADE, ALMIR – *Formação da Sociologia Brasileira*

ANDRADE, GENERAL DELMIRO – *S. Paraíba*

BOITEUX, ALMIRANTE – *Ministros da Marinha*

B. DA FONSECA, J. A. V. – *Nobiliarquia Pernambucana*

CALMON, MIGUEL – *Refutação a Labatut*

CHAGAS, PINHEIRO – *História de Portugal*

COSTA, PEREIRA DA – *Dicionário de Pernambucanos Célebres*

COUTO, LORETO – *Desagravo do Brasil e Glórias de Pernambuco*

FRANCO, CARVALHO – *Nobiliário Colonial*

FREYRE, GILBERTO – *Sobrados e Mocambos*

GUIMARÃES, IVAN – *Revista do H. I. G. Paraibano*

HERCULANO, ALEXANDRE – *História de Portugal*

JABOATÃO, SANTA MARIA – *Catálogo Genealógico*

LABATIT, PEDRO – *Declaração Franca*

LIMA, OLIVEIRA – *D. João VI*

MARTINS, DIAS – *Os Mártires Pernambucanos*

MELI, ARAGÃO – *Discursos*

MELO, MÁRIO – *Aspectos da História*

MENEZRS, AGRÁRIO – *Poesias*

PIGAFETTA – *Primo viaggio*

PIMENTEL, AZEVEDO – *Episódios Militares*

PINTO, BENTO TEIXEIRA - *Prosopopeia*

POMBO, ROCHA – *História do Brasil*

RIBEIRO, JOÃO – *História do Brasil*

RIO BRANCO, BARÃO - *Efemérides*

ROSA, JOSÉ VIEIRA - Discursos

VARNHAGEM, L. A. – *História do Brasil*

VIANA, HÉLIO – *Matias de Albuquerque*

VIANA, OLIVEIRA – *Evolução do Povo Brasileiro*

XAVIER, CARLOS – *Feriados do Brasil*

TÍTULO 7
LUTAS PELA COLONIZAÇÃO AO NORTE E NORDESTE

Capítulo I
COLONIZAÇÃO DO MARANHÃO

A colonização de Pernambuco não se estendeu grandemente em seu território, em virtude de ter ido, também, em benefício das capitanias do Norte.

A ajuda para o povoamento do Maranhão e a sua reconquista aos holandeses e franceses, foi extraordinária.

João de Barros, Fernão Álvares e Aires da Cunha não conseguiram sequer tomar posse da capitania. Foi infeliz a expedição do último.

Os franceses ocuparam o território com feitorias que Arthur Reis data de 1594.

Fracassaram, porém, com Jaques Riffault, misteriosamente desaparecido, e Charles des Vaux.

Este fez sentir, a Henrique IV, a necessidade da França tomar aos seus ombros a empresa.

Daniel de la Touche, senhor de la Ravardière, teve a incumbência de verificar as possibilidades da conquista e, com sete naus e 50 canoas, a 6 de agosto de 1612, desembarcou na ilha de Itaperomini.

Acompanharam-no o Almirante Francisco Rassaly, Nicolau de Harley, senhores de Rassil y de Janey e seus sócios, e mais De Plizient de Cabannes, de la Roche, De Goneville, de Saint Giles, de la Huye. De Saint Vincent, quinhentos colonos e quatro capuchinhos: Frei Ivo Evreux, Cláudio Abbville, Ambrosio de Amicus e C. Arsênio de Paris. Unindo-se aos índios que lhe trouxeram 1500 ou 2000 pessoas, conseguiram fixar-se e fundar o forte São Luís, em homenagem a Luís XIII.

Aos governadores de Pernambuco e Paraíba, Manuel Mascarenhas e Feliciano Coelho, foi dada a incumbência de organizar outra expedição.

Já descrevemos a atuação dos pernambucanos até a batalha decisiva, que foi a de Guaxenduba.

Aí, na baía de São José, havíamos construído o forte de Santa Maria de Guaxenduba. Foi essa fortificação que, em 1614, Jerônimo de Albuquerque, desatendendo as ordens de Gaspar de Sousa e contra a opinião de Diogo de Campos Moreno, atacou e venceu a França equatorial, embora desprovido de recursos e dispondo, unicamente, de trezentos brancos e duzentos indígenas famintos, que se davam por felizes quando contavam com *alguma posta de cobra*.

Nesta *jornada milagrosa*, em que perdemos onze companheiros, entre os quais o próprio Antônio de Albuquerque, foram mortos cento e quinze adversários. No meio destes estava De Pizieux, de Cabannes, de Rochefor, de Logeville, de Saint Gilles, de la Huye, de Saint Vincent, de Ambreville e de la Roche Dupuis.

Grande foi a contribuição nordestina.

Constituído o Estado do Maranhão, o seu governador, pela recusa de Diogo Carcomi, foi Francisco de Albuquerque Coelho de Carvalho, que tomou posse a 13 de junho de 1916.

Na guerra holandesa houve forte atuação de Antônio Muniz Barreiros e do provedor Inácio do Rego Barreto (filho de Antonio Velho Barreto) e de Antônio Pinheiro Feio.

Esteve o Maranhão sob as vistas de Matias de Albuquerque, visitador e fortificador das capitanias do norte, que ali pacificou índios.

Teve como governadores, além de Jerônimo de Albuquerque, Antônio de Albuquerque, Francisco Coelho de Carvalho, Jerônimo Fragoso de Albuquerque, André de Negreiros e ainda outros da família Albuquerque.

O Padre Manuel da Piedade, filho de João Tavares, perfeito conhecedor da língua dos aborígenes, concorrei poderosamente para o congraçamento deles com os brasileiros.

Constituído o Estado do Maranhão, incluindo o Pará e o Ceará, teve como seu 1º governador, Francisco Moura, bisneto do velho Jerônimo de Albuquerque.

Capítulo II
COLONIZAÇÃO DO AMAZONAS

Os colonizadores da donatária de Duarte Coelho tiveram atuação, não apenas no nordeste, como também no Norte do Brasil.

Alexandre Moura, várias vezes administrador de Pernambuco e ascendente de descendentes de Jerônimo de Albuquerque, foi quem, em 1615 determinou a eficiente exploração do Amazonas e a confecção do seu primeiro mapa.

Administrou a região, em 1634, Francisco Coelho de Carvalho, esposo de Brites de Albuquerque. A mesma função viria a exercer, em 1667, seu filho Antônio de Albuquerque Coelho de Carvalho, que descendia do Adão pernambucano e de Felipa Cavalcanti.

A Francisco Xavier de Mendonça Furtado, irmão do Marquês de Pombal e, como ele, 5º neto de João Cavalcanti e de Jerônimo, e a Antônio Rolim de Moura com os mesmos ascendentes, deu o monarca português o encargo de fiscalizar as fronteiras.

O ministro de D. José sugeriu a Carta Régia de 3 de maio de 1735, que autorizava seu irmão a instalar a capitania de São José do Rio Negro.

Os pernambucanos Pedro Favela e Jerônimo Fragoso de Albuquerque, este neto do irmão da capitoa Brites de Albuquerque, deram forte auxílio a Bento Maciel e a Pedro Teixeira.

Capítulo III
COLONIZAÇÃO DO PARÁ

Foi Alexandre Moura quem determinou a primeira exploração do Pará a Francisco Caldeira Castelo Branco, a Jerônimo de Albuquerque e a Martim Soares Moreno.

Deve-se-lhe também a construção, a 12 de janeiro de 1616, do fortim Presepe, a cuja sombra, diz Artur Reis, nasceu o povoado de Nossa Senhora. de Belém.

Governaram o Grão Pará: Francisco Coelho de Carvalho, durante 13 anos, Pedro de Albuquerque, Feliciano Coelho de Carvalho, Antão Cavalcanti de Albuquerque e Luís do Rego Barreto.

Em 1618, Jerônimo Fragoso de Albuquerque administrou a região, passando o cargo a Matias de Albuquerque.

Ao ser desanexado do Maranhão, foi seu primeiro presidente Inácio do Rego Barreto.

Deve-se a Antônio Albuquerque Coelho de Carvalho o forte de Óbidos.

Capítulo IV
COLONIZAÇÃO DO PIAUI

O Piauí recebeu trabalhos de valia para o seu povoamento, de Martim Soares Moreno e de Jerônimo de Albuquerque.

Esteve ligado a Pernambuco no primeiro século do posse portuguesa.

Foi sob a jurisdição que, em 1674, obteve Domingos Afonso Sertão, o Mafrense, concessão de uma sesmaria de terras. A respeito, diz Barbosa Lima Sobrinho: "era de uma fazenda estabelecida em território pernambucano que saía para a conquista do Piauí, um corajoso sertanista português, *Domingos Afonso Sertão*".

Em 1618, *Francisco Dias* conseguiu também uma doação.

O Piauí somente em 1715 é que se desmembrou da Nova Lusitânia, tendo a sua ouvidoria sujeita à Relação da Bahia até 1825, quando passou para o Maranhão.

Capítulo V
COLONIZAÇÃO DO CEARÁ

O Ceará nunca foi ocupado pelo primeiro donatário: *Antônio Cardoso de Barros*.

Da Nova Lusitânia, desde 20 de janeiro de 1607, partiram os jesuítas *Francisco Pinto* e *Luís Figueiras*, chegando a Ipispaba, onde o primeiro foi morto pelos amerabas,

Vacilante a sua dependência do Maranhão ou de Pernambuco foi, em 1663, a este definitivamente anexado e sob esta jurisdição teve, em 1680, determinada a criação, efetuada 20 anos após, da comarca de Fortaleza.

Em 1687 Pernambuco concorreu para a debelação da luta dos índios.

Da terra de Jerônimo de Albuquerque Maranhão é que recebeu os primeiros colonos e a ela estava ligada, diz Carlos Studart, pela própria situação geográfica.

A verdadeira colonização deve-se à penetração pernambucana, em 1695, auxiliada pela potiguar e pela paraibana.

Não dera o resultado desejado o contrato feito pelo governador geral *Diogo Botelho*, com *Pero Coelho*, cunhado de *Frutuoso Barbosa*.

Partira o contratante por mar, levando por terra, *Diogo de Campos* e o seu sobrinho *Martim Soares Moreno*.

Este foi o primeiro governador. Prudente e hábil, tingindo-se de vermelho, pôde ir a bordo de navio holandês, sendo, pelo inimigo, confundido com um aborígene.

Teve ao seu lado *Jazauna*. O pacificador de índios foi *Jerônimo de Albuquerque*. Ele fez prosperar Jeniocora, fundou Camocim, em 1613, e o forte de Nossa Senhora do Amparo.

Serviços relevantes prestou o governador *Francisco Coelho de Carvalho*. O Ceará, em 1680, voltou à sujeição de Pernambuco, do qual se desligou a 17 de janeiro de 1799.

Coube a Pernambuco, durante o século XVI, diz *Barbosa Lima Sobrinho*, exercer intensíssimo papel do desdobramento dos sertões e conquista do litoral excedente em atividade e na amplitude do raio das entradas, a todos os demais núcleos recém formados. A Paraíba, o Rio Grande do Norte e o Ceará foram assegurados aos seus donatários pelo esforço guerreiro da capitania de *Duarte Coelho*.

Goiana povoou o Rancho dos porcos.

O Vale do Cariri prende-se à emigração pernambucana.

Capítulo VI
COLONIZAÇÃO POTIGUAR

A terra dos potengis deve muito à ação pernambucana para o progresso de sua colonização.

O governador de Pernambuco e o da Paraíba, respectivamente *Manoel Mascarenhas* e *Feliciano Coelho de Carvalho*, a mandado do governador geral *Francisco de Sousa*, foram os povoadores primeiros em 1597.

Saíra a expedição a 17 de dezembro. *Francisco do Rego Barros, Antônio de Rego Barros* e o *Almirante Antônio da Costa Valente*, guiaram seus navios e quinze caravelas, enquanto *Mascarenhas* seguia por terra, acompanhado por três companhias em que tinham posição distinta: *Antônio Leitão, Jorge de Albuquerque* e *Antônio de Albuquerque*. *Martim Leitão* ia na retaguarda.

Forte atuação tiveram *João Paes Barreto* (3), sogro de *Luiz de Sousa*, filho de *Francisco de Sousa*; *João Velho do Rego*, descendente de *João Paes Barreto* (2); *Felipe Cavalcanti*, genro de *Jerônimo de Albuquerque*; *Manuel da Costa Calheiros*, mestre e campo e juiz em Olinda e pai de Clara, esposa de Cristovão de Holanda Vasconcelos; *Matias de Albuquerque, Simão Falcão*, sobro de *Cristovão de Albuquerque* e *Álvaro Barreto*.

Dos filhos de *João Tavares*, o sacerdote, *Frei Bernardo das Neves*, contribuiu grandemente para o sucesso.

Fundado o forte dos Reis Magos, *Mascarenhas* entregou-o, a 24 de junho de 1598, a *Jerônimo de Albuquerque* que, a 25 de dezembro de 1599, ergueu a cidade que, em homenagem ao dia, se chamou Natal. Construiu o engenho Camocim. Foi o primeiro administrador do Rio Grande do Norte, função que também esteve a cargo dos seus parentes *Pedro de Albuquerque, André de Albuquerque, Antonio Vilela Cid, Feliciano Coelho de Carvalho* e *Valentim Tavares Cavalcanti*.

A região potiguar recebeu ainda contribuição fortíssima, para o seu povoamento, de *Martim Soares Moreno*.

Capítulo VII
COLONIZAÇÃO DA PARAÍBA

Formou-se a Paraíba, diz *Celso Mariz*, debaixo dos auspícios dos ouvidores de Pernambuco. Esteve sob a administração de *Duarte Coelho*, com a decadência do donatário de Itamaracá, *Pero Lopes de Sousa*, encravada como se achava, entre esta capitania e a de Pernambuco.

Os ingleses percorreram a região. Os aborígenes ofereceram sérios reveses aos pernambucanos, sobretudo depois que um mameluco raptara a filha do chefe de Capioca. Forte desforra tomaram em 1574, com o massacre de seiscentas pessoas aproximadamente, em Tracunhaem.

Fernão Silva, mandatário de D. Sebastião e encarregado de tomar as medidas necessárias, teve de fugir Também não foi feliz a atuação de Fernão Pimentel.

Nova tentativa de povoar o antigo São Domingos houve com a nomeação de *Frutuoso Barbosa* para capitão-mor. Mas a ação decisiva pertence a *Martim Leitão*, ouvidor de Pernambuco, que muito serviu à Paraíba, em 1585.

Jerônimo de Albuquerque organizou uma expedição de seis naus e cinco caravelas sob o comando de *Felipe Moura* e composta, segundo *Handelmann*, de 1500 índios, cem cavaleiros, duzentos infantes e cem escravos.

Em "Apanhados Históricos da Paraíba", refere *Mariz* o contingente de mil homens levado por *Martim Leitão*.

Entre os capitães estava *João Paes Barreto* (3), que *Vicente Salvador* elogia grandemente, afirmando ter feito a jornada por cima de todos, com valor e heroísmo. Levou 3 dias com seus trezentos companheiros na luta da Baía da Traição.

Equivocam-se *Borges da Fonseca* e vários outros escritores, atribuindo o feito a *João Paes Barreto* (4).

Acompanharam-no *Simão Falcão*, avô de *Brites de Albuquerque* (4), esposa de *Felipe Paes Barreto, Manoel da Costa Calheiros, Cristóvão Lins, Jorge Camelo, João Velho do Rego* e *Pero Lopes Lobo*.

Vinha como mestre de campo *Francisco Barreto*, cunhado de *Martim Leitão*.

Sério combate travou-se em Tibiri, onde em 1585, venceram, a 11 de novembro, as forças pernambucanas, sendo fundada a capitania de Felipés, em homenagem ao rei de Espanha.

Frutuoso Barbosa, a quem fora entregue a direção, desistiu de continuar, sendo substituído por *Pero Lopes Lobo*.

O domínio consolidou-se a 15 de agosto, quando *João Tavares*, em obediência à ordens de Leitão, firmou o acordo da paz com *Piragibe*, então em divergência com muitos de seus companheiros.

O comando, afirma *Ivan Guimarães*, foi entregue a *Cristóvão Lins*.

Entre os que prestaram altos serviços à colonização paraibana, não podem ser esquecidos *Alexandre Moura, André Rocha, Antônio Cavalcanti, Baltazar Barros, Braz*

Batista, Cristóvão Altero, Domingos Fagundes, Duarte Felipe Moura, Fernão Soares, Francisco de Sousa, Gaspar de Abreu, Manoel Mascarenhas e *Simão Cardoso*.

Governaram a capitania *Frutuoso Tavares* (sempre em rivalidade com Castejan), *João Tavares*, que *Guimarães* afirma ter sido o primeiro, e *Feliciano Coelho de Carvalho*.

São os três primeiros governadores da Paraíba, que também foi administrada por gente pernambucana da família *Albuquerque*, como *André de Albuquerque Maranhão*, em 1607; *Francisco Coelho de Carvalho*, em 1608; *Antonio de Albuquerque Maranhão*, em 1622; *Matias de S. Maranhão, João do Rego Barros* e *Inácio Coelho de Carvalho*.

Na primeira fila, não há dúvida, devem ficar *João Tavares* e *Martim Leitão*.

Celso Mariz, em "Apontamentos Históricos da Paraíba", dá *Martim Leitão* como o cérebro da conquista, *João Tavares* o braço direito e *Duarte da Silveira* o mais arrojado bandeirante.

João Tavares teve ao seu lado os dois filhos sacerdotes, Frei *Bernardino das Neves* e *Manuel da Piedade* e *Duarte Gomes da Silveira*, esposo de *Joana Tavares*.

Capítulo VIII
COLONIZAÇÃO ALAGOANA

Alagoas não comportaria menção especial, porquanto até 16 de setembro de 1817, quando Carta Régia de D. João VI deu-lhe os foros de independência, esteve sempre sujeita à dominação pernambucana, ligada aos ideais da antiga capitania de Duarte Coelho, nos movimentos autonômicos, na guerra holandesa, na dos Mascates e em todas as agitações anteriores à revolução de 1817.

Em 3 distritos, segundo o relatório de Dussen, se desmembrava: Porto Calvo, Alagoas de Cima e Alagoas de Baixo, o primeiro com dez engenhos, e cada um dos outros com 3.

Os desbravadores iniciais do solo, onde tantos feitos memoráveis vieram ajudar a expulsão batava, foram os três genros de *Arnau de Holanda*, ascendentes das principais famílias pernambucanas: *Cristóvão Lins, João Gomes de Mello* e *Antonio de Barros Pimentel*, respectivamente esposos de *Adriana, Ana* e *Maria de Holanda*.

Cristóvão Lins teve a alcaiadaria-mor de Porto Calvo, a título perpétuo pelos seus serviços e transmissível aos descendentes. Era senhor de 7 engenhos. Prestou trabalhos de valia em Pernambuco, Paraíba e Rio Grande do Norte. Seu filho *Bartolomeu Lins* consta da lista de agricultores de Porto Calvo, ao lado de *Cristóvão Botelho* e *Zenóbio Acioli de Vasconcelos*. A família de *João Gomes de Melo* dominou. *João Gomes de Melo* (3º) foi capitão-mor e juiz ordinário da Vila de Santa Maria Madalena de Alagoa do Sul.

Antonio de Barros Pimentel fundou em Porto Calvo os engenhos Morro e Escurial. Seu filho *Rodrigo de Barros Pimentel* combateu na guerra holandesa, ao lado da esposa *Jeronima de Almeida*, conhecida por matrona e neta de *Cristóvão Lins*.

Na dominação holandesa, altos serviços ao Brasil prestaram em Alagoas, *Antonio de Albuquerque, Fernão Melo Albuquerque, Cristóvão Lins* (3º), *Leonardo Albuquerque, Gaspar André, Pedro de Almeida* e vários outros do tronco oriundo dos colonizadores pernambucanos.

Um dos agricultores de realce foi o capitão *Tomé Dias de Sousa*, do engenho Nossa Senhora da Ajuda, esposo de *Isabel Manelli*, trisneta de *Arnau de Holanda*.

Sebastião Dias Manelli, filho do casal, foi um dos grandes chefes da guerra dos Palmares.

Capítulo IX
COLONIZAÇÃO SERGIPANA E DO SÃO FRANCISCO

Coube também a Pernambuco, diz *Manoel dos Passos de Oliveira Teles*, em "Limites de Sergipe", *a glória de ter colonizado o Sergipe de El rei* que, pelo armistício assinado em Haia, a 12 de janeiro de 1641, era a divisa meridional de Nova Holanda Brasileira. A emigração aumentou durante a guerra flamenga.

Desde 1578, duas expedições partiram de Pernambuco, para a exploração do rio de São Francisco: a de *Francisco Barbosa da Silva* e a de *Cristóvão Rocha*.

Barbosa Lima Sobrinho, em magnífico escrito para a Revista do I. A. G. H. pernambucano, mostra que Pernambuco *"não se circunscreveu a essa direção para o Norte. As entradas correram também para o sul, chegando muito cedo às margens do São Francisco, passando adiante da região das cachoeiras".*

E do mesmo acadêmico de letras são as seguintes palavras:

"Mal terminou o período da guerra contra os quilombos e já as suas forças se empenhavam na redução do gentio de Aracobá conquistando o alto sertão do São Francisco".

Jorge e *Duarte de Albuquerque Coelho* percorreram o rio em 1560 e mais tarde, o *Visconde de Albuquerque* propunha fosse mudada para o São Francisco a capital do Brasil.

A colonização do São Francisco caminhou paralelamente a de Olinda.

BIBLIOGRAFIA

AMÉRICO, JOSÉ – *A Paraíba*

ANDRADE, GENERAL DELMIRO DE – *História da Paraíba*

BARBOSA LIMA SOBRINHO – *Revista do Instituto Arqueológico Pernambucano*

BARBOSA, RUY – *Limites entre o Ceará e o Rio Grande do Norte*

BORGES DA FONSECA, J. A. V. – *Nobiliarquia Pernambucana*

CALADO, MANUEL – *O Valeroso Lusideno*

CARVALHO, ALFREDO DE – *Frases e palavras*

COSTA, PEREIRA DA – *Mosaico pernambucano*

COUTO, LORETO – *Desagravo do Brasil e glórias de Pernambuco*

FERRER, VICENTE – *Guerra dos Mascates*

FRANCO, CARVALHO – *Nobiliarquia Colonial*

FREIRE, FELISBERTO – *H. do Sergipe*

FREYRE, GILBERTO – *Casa Grande e Senzala*

GAMA, FERNANDES DA – *Memórias históricas da P. de Pernambuco*

HANDELMANN, H – *H. do Brasil*

HANS, STADEN – *Duas viagens ao Brasil*

JOFFILY, IRIDEU – *Datas e notas para a história da Paraíba*

LIMA JUNIOR, F. P. C. – *H. dos limites entre Sergipe e Bahia*

LIMA, OLIVEIRA – *H. da Revolução Pernambucana de 1817*

MARIZ, CELSO – *Apanhados históricos da Paraíba*

MARROQUIM, MARIO – *A língua do Nordeste*

MELLO, MARIO – *Aspectos da História*

MORENO, DIOGO CAMPOS – *Jornada do Maranhão*

PINTO, IRINEU – *H. da Paraíba*

POMBO, ROCHA – *História do Brasil*

PRADO, ALMEIDA – *Pernambuco e as capitanias do norte*

SALVADOR, VICENTE – *H. do Brasil*

SOUTHEY, R. – *H. do Brasil*

TELLES, MANOEL DOS PASSOS – *Limites do Sergipe*

VARNHAGEM – *H. do Brasil*

VIANA, HELIO – *Matias de Albuquerque – Histórias dos problemas do Brasil*

XAVIER, CARLOS – *Questões de Limites* (2 volumes)

XAVIER, CARLOS – *Prefácio à História da Paraíba do General Belmiro de Andrade*

TÍTULO 8
O SENHOR DE ENGENHO
NA COLONIZAÇÃO PERNAMBUCANA

Capítulo I
A NOBREZA TERRITORIAL

O senhor de engenho, senhoriagem de conteúdo nobiliárquico, para *Pedro Calmon*; pequeno reino para *Watzen*, representava, segundo *Simonsen*, uma verdadeira povoação obrigando a atribuição não só de muitos braços, como de terras necessárias, de canaviais, de matas, de pastos e de instrumentos.

A fidalguia estava presa ao solo.

Os donatários de Pernambuco preferiam ficar contra todos a contrariarem a aristocracia rural. Seus bens, tirando a safra, não poderiam ser penhorados. O agricultor estava acima do guerreiro e do clero, que constituía o terceiro grau de superioridade.

Se os lavradores não tinham, como em Roma, seus nomes inscritos das placas marmóreas dos anfiteatros, possuíam todas as prerrogativas da nobreza.

A propriedade do engenho não trazia apenas riqueza. Os comerciantes, no início da colonização, não gozavam do foro de fidalgos.

Era, aliás, herança portuguesa.

D. Diniz negava prerrogativa de nobreza a quem vivesse de ofícios industriais.

Já, entre romanos, vemos *Catão*, na "Re Rustica" e *Virgilio* nas "Bucólicas", decantarem a agricultura que *Cincinato* e *Serrano* cultivaram.

Na Ática somente os que lavraram a terra eram cidadãos.

O Egito e a Grécia concediam privilégios a Portugal, aos tempos de *D. Sancho*, e *D. Diniz* dedicou-lhe cuidados especiais.

Em Pernambuco, da agricultura é que saíram os vultos de direção; políticos, estadistas, guerreiros, administradores e, enfim, *os líderes da sociedade*, na frase de *Fernando de Azevedo*. Na dominação holandesa houve diminuição no seu poder político. Ainda assim, as principais figuras do governo civil e militar saíram da aristocracia agrária.

No senado da Câmara de Olinda eram ordinariamente excluídos os recifenses, sob o pretexto de que não deveriam as eleições recaírem em mercadores.

Uma das razões invocadas para a guerra dos Mascates era a entrada de comerciantes na edilidade olindense.

Os senhores de engenho dominaram no período da guerra holandesa, na deposição de *Jerônimo Fortunato*, na demissão de *Pedro de Almeida* e em todos os movimentos de rebeldia ao poder.

Capítulo II
O AÇÚCAR SOB O ASPECTO ECONÔMICO

O açúcar constituiu o fator predominante na economia pública, sustenta Pedro Calmon. A indústria foi levada para o sertão. A cana de açúcar no Brasil é, para *Gilberto Freyre*, a base natural do tipo ecológico da sociedade patriarcal latifundiária.

Paranhos Antunes, dividindo em 5 ciclos a formação econômica do país, estuda a cana como constituindo o segundo. *Arinos de Melo Franco*, na "Síntese da Evolução do Brasil", sustenta que a luta flamenga *era, afinal, a guerra do açúcar*.

Que a cobiça holandesa foi excitada pelo açúcar, afirmam *Gonsalves Neto, Joaquim Ribeiro, Oliveira Lima, Watjen*.

É que, realmente, a ele deveu a Pernambuco o seu progresso. A própria geografia física indicava a plantação de cana, cuja vantagem Barleos exagera, quando afirma que bastaria plantar-se o canavial pondo-se na terra pedaços de cana, para ter-se o açúcar durante a vida de um homem.

Vicente Ferrer procura ridicularizar o sistema rotineiro, como se fosse possível no século XVI a lavoura pernambucana representar uma arte sistematizada, dispondo de largos recursos e processos adiantados.

Os engenhos eram de almanzarra, movidos por água, bois e bestas, e o transporte feito através de carros e canoas.

Somente no século XIX vieram as máquinas.

Mas o sistema, hoje atrasadíssimo, representava progresso na época.

Cada engenho, pronto para a moagem, diz Oliveira Lima, contava mais de mil cruzados, ou sejam, Cr$ $ 4000,00.

O 1º donatário procurara alicerçar na lavoura a riqueza da capitania, refere *Mário Melo*, na "A guerra dos mascates como afirmação nacionalista". Os engenhos fizeram de Pernambuco uma grande capitania.

Não foi sem razão que *Maurício de Nassau* deu por escudo a Pernambuco uma donzela com o pé de cana na mão direita e à Paraíba, 5 pães de açúcar.

"Para o homem do Norte, o engenho de açúcar", diz *Franklin Távora*, "é o representante de imemoriais e gloriosas tradições. *É o solar do norte e a nobreza do país não conhece outro solar. Sua importância é lendária, histórica e santa*".

A abastança era demonstrada, bem como o bom gosto, no cavalo e na casa grande. Era incompleta, diz *Gilberto Freyre*, a figura do senhor de engenho sem a mulher e o cavalo.

O cavalo, animal cuja cabeça representou Cartago, e que, com Búfalo e Incitatus, teve o afeto de poderosos como *Alexandre* e *Calígula*, possuiu sempre o maior carinho dos agricultores de Pernambuco. Antes da via férrea, era o meio de locomoção.

No animal de montaria dirigia o agricultor as suas terras.

Era, pois, melhor tratado do que o escravo.

Vista de um engenho pernambucano por Eckhout,
no Theatrum Naturalium Rerum Brasiliae.
De "Pernambuco e as capitanias do norte do Brasil", de Almeida Prado

Capítulo III
O ORGULHO DO SENHOR DE ENGENHO

— A —
ARROGÂNCIA REGIONAL

Não se pode negar a arrogância dos senhores de engenho.

E, com orgulho, veio o sentimento de regionalismo que chegou, por vezes, a tomar a forma de bairrismo de aldeia. Olinda supunha-se superior ao Recife, então habitada na sua maior parte, por mercadores, e criava sérios embaraços ao progresso da atual capital de Pernambuco, sobre a qual diria *Gonçalves Dias*:

Veneza americana transportada
Boiando sobre as águas

Pernambuco quis várias vezes governar-se por si.

Corrêa da Silva, governador do Brasil, não pôde desembarcar no Recife pela certeza de que não seria obedecido, em virtude do alvará do reino, em 1600, obtido por *Duarte de Albuquerque*, excluindo Pernambuco, para todos os efeitos, do governo geral.

Ainda *Bernardo de Miranda Henriques*, capitão general de Pernambuco, em 1670, fora advertido, em Carta Régia, pelo desentendimento que teve com o Presidente da Câmara de Iguarassú, velho senhor de engenho.

Gilberto Freyre, em "Casa Grade e Senzala", remonta a 1532 o exclusivo domínio familiar, considerando-a, e não o indivíduo ou o Estado, como fator colonizador do Brasil e olha para a família através do açúcar que abafou a indústria do pau Brasil e os esforços da policultura e da pecuária.

— B —
O ORGULHO CONTRA O COMERCIANTE

O agricultor chegava a olhar com ar de superioridade para o comerciante.

Já mostramos que um dos pretextos para a guerra dos mascates foi o fato de pretender negociante ser vereador da Câmara municipal, equiparando-se assim à *gente limpa* de Olinda, que representava a fidalguia agrícola.

O comércio é tão nobre quanto a agricultura.

Ele, facilitando a lei da divisão do trabalho e da expansão social, abrindo novos horizontes à ciência, auxiliando o direito internacional, provocando a aproximação de povos, zonas e religiões diferentes, equilibrando mundos separados pelos mares, quebrando barreiras, desenvolvendo a permuta de serviços, tem cooperado, de modo inequívoco, para a solidariedade humana.

Não é apenas o intermediário entre produtor e consumidor. Tem função própria e nobre. Entretanto, não foi invenção portuguesa a distinção. Já na Índia era o negociante considerado casta inferior, embora fosse de origem divina. Roma, tendo como sagradas as cousas do comércio, proibia, contudo, que dentre ele saíssem os patrícios e os militares. A China considerou já ocupação servil o comércio.

A civilização veio mostrar o erro e *Luiz XIII* julgou-o de profissão nobre, fazendo de *Colbert* o respectivo ministro. Tiveram estátuas *Crawens* e *Gresham*.

Estavam, pois, errados os agricultores pernambucanos.

Mas teriam a culpa? A hostilidade constituía uma tradição.

Analisando-se isoladamente tal conduta sem perquirir a série de motivos que a determinaram, só merece grave censura da posteridade. Descendentes de fidalgos portugueses eram ciosos de seus foros, não compreendendo o nivelamento das classes.

Mas um motivo houve. Eles conquistaram títulos pela luta com a terra bruta, expondo-se a perigos inenarráveis, ao passo que os mercantes ganhavam mais facilmente. Começavam, em regra, mascateando, sol a sol, e isso naquela época lhes dava inferioridade.

Havia, ainda, uma razão que não justifica, mas explica a atitude da lavoura, numa época de lusofobia que empolgou Pernambuco; os comerciantes, na sua maior parte, vinham da Lusitânia e saltavam de gibão e tamancos. Diligentes, econômicos, sem gastos inúteis, enriquecendo, enquanto o agricultor rico, mas sem poupança, pródigo, ostentando luxo, empobrecia e tinha de recorrer ao mascate que emprestava mediante juros e hipoteca.

Não há justificação, mas há explicação para a atitude dos agricultores que devem ser analisados dentro da época.

Não seria possível estudar homens dos séculos XVI e XVII dentro do ambiente do século XX.

Já o disse Farias Brito que as idéias e as doutrinas são tão filhas do tempo; isto é das condições gerais da vida em cada época, como são filhos do tempo a política, os costumes e a evolução.

Igreja do engenho Mamucabas, construída em 1777,
pelo mestre de campo José Luiz Pais de Mello

Capítulo IV
OS VELHOS ENGENHOS

Acha Gilberto Freyre que Barbados recebeu influxos do Brasil para a plantação de cana.

A primeira fabricação de açúcar brasileiro teve lugar, tudo faz crer, no atual território pernambucano. Consta do livro de pagamentos à "Casa da Índia" os direitos de entrada de tal produto em Pernambuco e Itamaracá. O autor de "Casa Grande e Senzala" acha que se trata desta última localidade.

Não havia, é certo, a construção disso que, mais tarde, viria a chamar-se 'engenho'.

Uma das preocupações mais fortes de Duarte Coelho, que tinha pela terra o amor de velho agricultor e constituía, na opinião do autor de "O mundo que Portugal criou", a primeira voz de proteção na América, à mata e à árvore, foi a do aparelhamento para a moagem.

É o que se verifica da carta que, a 27 de abril de 1542, escreveu ao rei de Portugal e em que declarava: *"tenho grandes somas de canas plantadas e cedo acabaremos um engenho mui grande e perfeito e se começarão a levantar outros."*

O governo lusitano estava interessado no cultivo da gramínea. *Pigafetta*, citado por *Gil Metódio Maranhão*, refere um alvará de D. Manuel, de 1516, ordenando a administradores da "Casa da Índia" que *"procurassem e elegessem um homem prático e capaz de ir ao Brasil dar princípio a um engenho de açúcar"*, devendo ser fornecido todo o cobre, ferro e mais objetos necessários ao levantamento da fábrica.

Em 1546 mandava o donatário da Nova Lusitânia amostras de açúcar para o reino.

Há quem acerte que a prioridade cronológica dos engenhos cabe ao chamado "Diogo Gonçalves", "Jerônimo Paes", "Ana Paes", "Tourlon", "Nassau", "Witt" ou, afinal, "Casa Forte", arena de notáveis combates na guerra holandesa. *Ana Paes* era filha de *Jerônimo Paes* e *Isabel Gonçalves*, e neta de *Diogo Gonçalves*, fundador do engenho. Casou-se com *Pedro Correia da Silva, Carlos Tourlon* e *Guilherme Witt*.

Outros afirmam que o mais antigo engenho foi o *Velho*, ou Nossa Senhora da Ajuda, depois denominado "Forno de Cal", sob a invocação de Nossa Senhora da Ajuda, fundado, segundo *Mario Melo*, em 1542, por *Jerônimo de Albuquerque*. A ele se refere, em seu testamento, o velho colonizador, pedindo para na sua capela ser enterrado. Nela batizou-se o mameluco *Domingos Fernandes Calabar*.

Gilberto Freyre apresenta Nossa Senhora da Ajuda como o primeiro engenho regular.

É possível que fossem duas as fábricas, mesmo porque *Vicente Salvador*, na sua "História do Brasil", refere-se ao engenho de *Duarte Coelho*, a uma légua da vila, *além de outro de seu cunhado*. O jesuíta Rui Pereira menciona o de *Beatriz de Albuquerque*, viúva do donatário.

Há referências ao de *José Peres Campelo*, companheiro de *Duarte Coelho*.

Parece que o engenho de maior capacidade do século XVI foi o *Velho*, sede do morgadio de *Paes*, instituído em 28 de outubro de 1580, no Cabo de Santo Agostinho, por João Paes Barreto (3), em favor de João Paes Barreto (4).

Safrejava, segundo *Dussen*, onze mil arrobas, suportando 120 tarefas.

Do morgadio faziam parte o *Guerra*, de 6000 arrobas, o *Ilha* e o *Santo Estevão*, em 1637, confiscados e vendidos por 70.000 florins na dominação holandesa.

O outro morgadio, também por ato de João Paes Barreto, em benefício de sua filha Catarina Barreto, esposa de D. Luís de Sousa, foi o de *"Jurissaca"*.

Havia Paes Barreto, nas terras que lhe foram doadas, fundado dez engenhos, constituídos pelos citados e mais *Algodoais, Garapú* e *Trapiche*, no Cabo; *Bemfica* e *Ilhetas*, na freguesia de Una e adquiriu depois *Pirapama* de Cristovão Lins. *Buenos Aires*, onde foi edificada a cidade de *Barreiros* e o *Caraçu*, atualmente usina importante, eram de Estevão e estavam fora do morgadio.

Felipe Paes Barreto ficara com o *Garapú*. *Cristovão* possuía o *Una* e ainda o *Ilha*, sob a invocação de Nossa Senhora de Guadalupe, vendido a *José Stathourt* por 27.000 florins e o Nossa Senhora da Guia, todos na freguesia de Una.

Estevão, Felipe e *Cristovão* Paes Barreto foram os mais progressistas agricultores de seu tempo e os de maiores iniciativas.

Guararapes pertenceu a *Alexandre Moura* que, mais tarde, em 1609, viria a ser o governador de Pernambuco, e *Santo André*, o primeiro *em Muribéca*, era de *Arnáu de Holanda*.

Engenhos dos mais antigos são, além dos citados, o *São Paulo da Várzea*, de *Francisco Carvalho de Andrade*; o *Rosário*, de *Diogo Martins Pessoa*; o *São João*, de *Arnáu de Holanda*; o *Cunhaú*, no *Rio Grande do Norte*, de *Jerônimo de Albuquerque Maranhão* que tomou parte em toda a revolução potiguar; o Massaranduba, de *Fernão de Carvalho Sá*; o *Sibiró*, de *F. Novalhas* e o *Velho*, em *Santo Amaro*, de *Bernardino de Carvalho*.

Esses engenhos faziam parte dos 66 que, conforme Oliveira Lima, existiam em Pernambuco em 1584 e dos 120 que havia no Brasil.

No século XVII grande foi o número dos construídos. Constam do relatório de *A. Dussen*, traduzido por *Gonsalves de Melo Neto*.

Pereira da Costa registrou, em 1760, 276 engenhos, dos quais 63 em Olinda.

Capítulo V
ENGENHOS DANDO NOMES A LOCALIDADES E IDENTIFICANDO PROPRIETÁRIOS

Não pequeno é o número de povoados que mantiveram as denominações dos engenhos de que se formaram, como acontece com o *Camela*, em *Serinhaém* e o *Jiquiá*, respectivamente de *Catarina Camelo* e *Antônio Fernandes Pessôa*.

Guararapes era o nome do engenho de *Alexandre Moura*, *Casa Forte* o de *Ana Paes*; *Apipucos* o de *Pedro Cavalcanti*; *Monteiro* o de *Pantaleão Monteiro* e *Torres* o de *Cristovão de Holanda*.

Municípios existem com as denominações dos antigos engenhos, como *Pau d'Alho*, *Paulista* e *Rio Formoso*, de *Joaquim Domingues Teles*, *Carvalho de Andrade* e *Rodrigo de Barros Pimentel*.

Tão grande importância tinham os engenhos, que muitas vezes eles é que identificavam os proprietários. Assim é que eram chamados Chico de Coelhas, Chico de Pacavira, Chico de Saué, Chico da Serra d'Água, Cibaldo do Maranhão, Felipe de Simão Doce, Gim de Pererecas, Janjão de Capiama, Maneco de Serrada, Neco de Taipú, Pedro de Bom Tom, Pedro de Bujari, Tão de Fornicosa, Tão de Rosário, Tão de Ubaquinha, Tomás do Brejo, Tatá de Gindai, Xavier de Mamucabas; a Francisco da Rocha Wanderley, Francisco de Gouveia e Sousa, Francisco de Barros Rego, Francisco Santiago Ramos, Cibaldo Lins, Felipe Paes Barreto, Tomás Caldas Lins, João Batista Acioli, Manoel Vicente de Holanda Cavalcanti, Manoel Cavalcanti de Albuquerque, Pedro da Rocha Wanderley, Pedro Cavalcanti, Sebastião Maurício Wanderley, Sebastião Lins Wanderley Chaves, Sebastião A. Lins Wanderley, Tomás Lins Caldas, Otaviano Lins Chaves e Manoel Xavier Paes Barreto, respectivamente senhores de Coelhas, Pacavira, Limão Doce, Saué, Maranhão, Pererecas, Capiana, Serrada, Taipu. Bom Tom, Bujarí, Fornicosa, Rosário, Ubaquinha. Brejo, Gindaí e Mamucabas.

Os Melos de Pantorra, derivados de Antônio Vieira de Melo, não eram os mesmos de Trapiche, oriundos de João Gomes de Melo, marido de Ana de Holanda que, em dote, recebera o Trapiche de seu genitor, Arnáu de Holanda.

O engenho Dois Irmãos, de Clodoaldo e Antônio Lins, é hoje arrabalde do Recife, como também Madalena, Torres e Beberibe, de Pedro Afonso Duro, Marcos André e Diogo Gonçalves.

Várias famílias de idêntico apelido se distinguiram pelos nomes dos engenhos. Haviam os Carvalhos de Megão, antigo engenho de Simão Falcão e os de Santana; o João Cavalcanti de Apoá, o de Pantorra, o de Camoré e o da Torre, que fora primitivamente de Cristovão de Holanda.

Catarina Camelo, viúva de Jerônimo de Ataíde, do engenho Camela, não era a mesma Catarina Camelo, viúva de Pedro Albuquerque e conhecida por Catarina de Jassirú, engenho onde morava.

Por exceção é que existiram os engenhos André Vieira e Bartolomeu Lins, no Cabo de Santo Agostinho; Antônio Bulhões, em Jaboatão; João Salgado, em Ipojuca; Cristovão Botelho e Manoel Ramalho, em Porto Calvo.

Nomes de santos eram frequentemente escolhidos.

Rosário era denominação de engenhos em Ipojuca, Sirinhaem e Várzea; Conceição no Cabo e Jaboatão. Vários são os chamados Santo Antônio, São Braz, São Francisco, São João, São José, São Manuel, São Paulo e São Pedro.

Capítulo VI
NOTORIEDADE DE ENGENHOS

Vários são os engenhos que se tornaram célebres. Alguns se distinguiram por terem servido de berço a vultos de valor, como o Antas, o Quilebra e o Rosário onde, respectivamente, nasceram o Marquês de Olinda, *Bento Lamenha Lins* e *Afonso de Albuquerque, o Columin*.

Certos se sobressaíram por serem sede de morgadios, como o Caiará, de *João de Barros Correia* e onde formou-se o morgadio dos Marinhos; Jurissaca, do morgadio de *João de Sousa*, e o Velho, no Cabo, morgadio dos *Paes* e arena de lutas memoráveis na guerra holandesa, na dos mascates e nas revoluções de 1817, 1822 e 1824.

Propriedades há que deram o nome aos próprios combates que nelas tiveram lugar, como o Guararapes, de *Alexandre Moura*, onde se travou a mais importante luta na guerra holandesa e o Casa Forte, de *Ana Paes*, também local de notável combate.

Engenhos outros se tornaram conhecidos por terem sido local de preparação de movimentos como o Camaragibe, de *Isabel Cavalcanti*, célebre pela reunião de judeus na época da inquisição; o Morro, em Alagoas, de *Rodrigo de Barros Pimentel*, escolhido para os acordos entre *Paulo Cunha* e *Von Woorde*, conforme refere *Gonsalves de Melo Neto*, e o Suassuna, célebre por ter sido sede da academia onde foi discutido o movimento de 1817.

Notabilizaram-se na história pernambucana o Carnijó, transformado em Macujé por *Inácio de Barros*; o Coelhas, dos *Wanderley*; o Cocal de Paulo de Amorim Salgado, célebre na guerra praieira; o Itapicussú, de *Álvaro Fragoso*; o Jaquecipitanga, de *Antonio de Holanda*; o Jardim, de *Francisco Antonio de Sá Barreto*; o Mamucabas, dos *Paes Barreto*, citado por *Barleo*; o Maranhão, de Cibaldo Lins; o Morim, dos *Castelo Branco*; o Novo, de *André Vidal de Negreiros*; o Palma, onde deu-se, segundo *Rio Branco*, o combate de 1685; o Rio Formoso, hoje cidade sob a invocação de Nossa Senhora da Conceição e propriedade de *Roland Carpenter*; o Santana, de *Manoel de Carvalho Paes de Andrade*, proclamador da Confederação do Equador; o Santarém, de *Soares Brandão* e o Tabatinga de *Amador de Araujo*.

Vários são os engenhos pernambucanos a merecerem um trabalho igual ao que teve o Freguesia, Motorim ou Novo Caboto, sob a invocação de Nossa Senhora da Conceição, da Bahia, tão magnificamente historiado em 361 páginas por *Wanderley de Pinho*, em "História de um engenho no Recôncavo". No velho engenho de Sebastião Faria, possuído por *Antonio, Francisco* e *Cristovão da Rocha Pitta* e pelo *Conde de Passe*, veio a falecer o *Barão de Cotegipe*.

Capítulo VII
AGRICULTORES TITULARES

São acusados os agricultores pela soma de títulos que conquistaram.

De fato eles os tiveram. A família mais alvejada foi a Cavalcanti de Albuquerque. O capitão-mor *Francisco de Paula de Holanda Cavalcanti de Albuquerque*, do engenho Suassuna, era genitor de: a) *Antonio Francisco de Paula de H. Cavalcanti de Albuquerque*, Visconde de Albuquerque, do engenho Pandorra, Senador, sócio do Club de Maioridade, ministro de Marinha, três vezes presidente de Pernambuco e que concorreu com Feijó na eleição para a regência; b) Cel. *Francisco de Paula*, Visconde de Suassuna, agricultor, professor, jornalista, 11 vezes ministro; c) *Pedro Francisco de Paula*, Barão de Camaragibe, deputado, senador, Presidente da Assembléia e do Conselho de Ministros, Diretor da Faculdade de Direito do Recife e senhor de engenho; d) *Manoel Francisco de Paula*, Barão de Muribeca, agricultor e deputado federal. Era ainda *Francisco de Paula* avô de *Francisco do Rego Barros*, Conde da Boa Vista, *João do Rego Barros*, Barão de Ipojuca (filhos de *Francisco do Rego Barros* e *Maria Ana Francisco*) e de *Manuel Arthur Cavalcanti de Albuquerque*, Barão de Albuquerque, filho do *Visconde de Albuquerque*.

Cavalcanti de Albuquerque eram o Barão de Atalaia, *Coronel Lourenço Cavalcanti de Albuquerque* I, neto de *Lourenço Beserra Cavalcanti* e de *Lourenço C. Paes Barreto* e cunhado do *Visconde de Sinimbu*; os barões de *Buique, Gindai, Marepá, Pirapama* e *Trucunhaem*; os viscondes de *Timbauba, Feliciano Cavalcanti do Rego*; de Cavalcanti, *Diogo Velho Cavalcanti*; de *Guararapes, Lourenço de Sá Albuquerque*; e o *Marquês de Olinda, Pedro de Araujo Lima, Cavalcanti* por via materna. Em Espanha, mereceu o título de *Marquês de Cavalcanti*, - *D. José Cavalcanti de Albuquerque y Padierna*, neto de *José Cavalcanti de Albuquerque*, que fora ministro do Brasil em Madri e que, além de *José Cavalcanti de Albuquerque*, genitor do *Marquês de Cavalcanti*, teve mais *Isabel Cavalcanti*, esposa do *Conde de Villeneuve* e sogra do *Conde de Guertz* e do príncipe *Guido Donemanck*.

Ainda Cavalcanti, por intermédio de Lins, eram: a) o *Barão de Goicana, Sebastião A. Acioli*, irmão de *Prisciano B. Acioli Lins*; b) o *Visconde do Rio Formoso*; c) o *Visconde de Utinga*, pai do *Barão da Escada*, do *Barão de Utinga* e de *Panfila Cavalcanti Lins*, esposa de Antonio Marques de Holanda Cavalcanti e genitora de *Henrique Marques de H. Cavalcanti, Barão de Suassuna*. Também *Cavalcanti* era D. *Teudolinda, Viscondessa do Rio Formoso*.

Nabuco cita 5 na primeira, 6 na segunda e vários na terceira legislatura, de vultos de estirpe Cavalcanti.

Mas essa família não se distinguia apenas pelos títulos e engenhos possuídos; seus descendentes deram tudo quanto lhes exigiram em benefício coletivo. Laboriosos, souberam aproveitar as terras, e enriqueceram, mas, no momento preciso, prestaram com dedicação os seus serviços. *Felipe Cavalcanti, Arnau de Holanda* e *Jerônimo de Albuquerque*, velhos troncos, partiam de seus engenhos para as maiores e mais arriscadas

Ruínas da capela do engenho Mamucabas

empresas, como o fizeram os Melos, Lins, Barros e *Paes Barreto*, com os quais se cruzaram várias vezes. (pelos casamentos)

"O domínio dirigente por muito tempo," diz *Gilberto Freyre* em "Região e Tradição", "era de famílias entrelaçadas pelo parentesco entre *Albuquerque, Cavalcanti, Paes Barreto e Wanderley*."

Na Constituinte portuguesa, Cavalcanti mostrou o seu prestígio, fora de Pernambuco. *José Cavalcanti de Albuquerque* veio como delegado do Rio Negro; *Afonso de Albuquerque Maranhão* e Pedro Antonio de Albuquerque Maranhão pela Paraíba. Na Constituinte brasileira dissolvida, tomaram parte *José Mariano de Albuquerque Cavalcanti, Manoel Ribeiro de Holanda Cavalcanti, Manoel Caetano de Albuquerque* e *Manoel Maria A. Cavalcanti da Cunha*.

Mas na Constituinte portuguesa os Cavalcanti concorreram para que outros representassem Pernambuco, que mandou 2 padres: *Muniz Tavares* e *Inácio Pinto*; e cinco agricultores: *Domingos Malaquias, Felix José Tavares, Manoel Felix Veras, Manoel Zeferino dos Santos* e *João Teixeira*.

Os trabalhos da estirpe foram reconhecidos. O *Conde de Boa Vista*, pela brilhante atuação como presidente de Pernambuco de 1837 a 44, mereceu dos pósteros estátua na praça pública de Recife. Já havia recebido do Imperador a espada com punho bordado de ouro e pedras preciosas.

O *Marquês do Recife, Francisco Paes Barreto*, ligado a *Cavalcanti*, esteve preso várias vezes, expôs a sua vida e a vida da esposa, gastou fortuna em diversas revoluções e, vitorioso, foi um abnegado. Recusou a senatoria e nada quis do que dispendera.

Estirpe que sofreu ataques pelo mesmo motivo foi a de Souza Leão, a que pertenciam os Barões da Caiará, Gurjaú, Jaboatão, Morenos, *Souza Leão* e *Vila Bela* e os Viscondes de Campo Alegre e *Tabatinga*; todos agricultores. Mas prestaram altos serviços ao país, ao mesmo tempo em que lavravam suas terras, sobretudo o Conselheiro Senador Luiz Felipe, do engenho Tapera, e *Domingos de S. Leão*, Barão de Vila Bela, do engenho Genipapo, ambos chefes do Partido Liberal de Pernambuco.

"A independência do Brasil se realizou sobre a aristocracia quase feudal do senhor de engenho, da terra de massapé dos Paes Barreto e Cavalcanti", afirma no "Nordeste", *Gilberto Freyre*.

Capítulo VIII
O FOLCLORE

Os engenhos não foram estranhos ao folclore pernambucano. Silvio Romero, entre outros versos, recolheu os seguintes:

Deus lhe dê mui boa noite
    ó engenho
Boa noite Deus lhe dê
    ó engenho
Que eu não sou mal ensinado
    ó engenho
Ensino meu pai me deu,
    ó engenho
A falta de um caldeireiro
    ó engenho
Que está mal com a mulher
    ó engenho.

E mais estes:

Meu engenho de vapor
Há três dias que não mói
Mas de correr a cavar
Desta banda é que de dói.

Ou ainda:

O lé lé viva moenda!
O lé lé moenda virou!
O engenho de Massangana
Há 3 anos que não mói

O engenho de Massangana
Há 3 anos que não mói
Ainda ontem plantei cana
Há 3 anos que não mói.

BIBLIOGRAFIA

ANTUNES, PARANHOS – *Noções de Economia da Guerra*

AZEVEDO, FERNANDO – *Canaviais e engenhos na vida política do Brasil*

BARLEO, GASPAR – *H. dos fatos recentemente praticados*

BUARQUE, SERGIO – *H. da Civilização Brasileira*

CALÓGERAS, PANDIÁ – *Formação Histórica do Brasil*

CALMON, PEDRO – *H. Social do Brasil*

CARVALHO, ALFREDO DE – *Estudos pernambucanos*

COSTA, PEREIRA DA – *Dicionário biográfico de pernambucanos célebres*

COUTO, LORETO – *Desagravos do Brasil e glórias de Pernambuco*

DIAS, GONÇALVES - *Poesias*

DUSSEN, ADRIASEN - *Relatório*

FERRER, VICENTE – *Guerra dos Mascates*

FRANCO, A. ARINOS MELLO – *O índio brasileiro e a revolução francesa*

FREYRE, GILBERTO – *Região e Tradição*

FREYRE, GILBERTO – *Olinda*

FREYRE, GILBERTO – *O Nordeste*

FREYRE, GILBERTO – *Mocambos do Nordeste*

HAMALMANN, HENRIQUE – *História do Brasil*

LIMA, OLIVEIRA – *Pernambuco e seu desenvolvimento histórico*

MARANHÃO, GIL – *Revista do I. A. H. G. P.*

MELLO, MARIO – *Aspectos da história*

MELLO NETO, GONSALVES DE – *No tempo do flamengo*

PINHO, WANDERLEY DO – *H. de um engenho no Recôncavo*

PINHO, WANDERLEY – *Cotegipe e seu tempo*

PRADO, ALMEIDA – *Pernambuco e as capitanias do Norte*

RIBEIRO, JOAQUIM – *Civilização holandesa no Brasil*

RICARDO, CASSIANO – *Marcha para Oeste*

ROCHA, JOAQUIM DIAS DA – *H. da colonização do Brasil*

ROMERO, SILVIO – *H. da literatura brasileira*

SALVADOR, VICENTE – *H. do Brasil*

SIMONSEN – *A história econômica do Brasil*

SUDRÉ, NELSON W. – *Oeste*

WATZEN, HERMANN – *A dominação holandesa no Brasil*

TOVAR, JAIR – *No país dos Incas*

XAVIER, CARLOS – *Discursos e Conferências*

TÍTULO 9
ATUAÇÃO NA SOCIEDADE DOS DESCENDENTES DOS PRIMITIVOS COLONIZADORES

Capítulo I
ATUAÇÃO POLÍTICA

— A —
PREDOMINÂNCIA NA COLÔNIA

Influência de ordem política teve, no Brasil, a estirpe dos morgados de Quarteiras e Bilheiras, em Portugal, e do Cabo de Santo Agostinho no Brasil

João Paes Barreto (3) foi, muitos anos, Provedor da Santa Casa, função outrora de alta responsabilidade, Capitão-Mor do Cabo de Santo Agostinho e chefe de companhias organizadas para várias guerras, entre as quais as relativas à conquista da Paraíba.

Seu filho, o Tenente General João Paes Barreto (4), governador de Pernambuco e guerreiro, teve o encargo de embaixador do Conde de Bagnulo junto a *Felipe de Espanha*.

Perante o monarca, foi delegado da política pernambucana em companhia de *Manoel Dias de Andrade*.

Cristovão Paes Barreto (1) foi ilustre batalhador e seu filho *João Paes Barreto de Melo* é citado por *Loreto Couto*, pelo heroísmo e desinteresse na luta travada em 1658, na Bahia.

Recusaram a paga oferecida pela Câmara, ele e Antônio de Sá Maia, sogro de *Felipe Paes Barreto*.

Estevão Paes Barreto, Antonio Paes Barreto, Arnau de Holanda Barreto, juntamente com *Cristovão Lins* e *Rodrigo de Barros Pimentel*, sofreram processo formado por *Roim*, como conjurados contra a Holanda, conforme cita *Barleos*.

João de Sousa, neto de *João Paes Barreto* (3), além de administrador e guerreiro, foi em 1672, com seu primo *André do Rego Barros*, um hábil diplomata, perante o rei de Portugal. Seu irmão *Luís* faleceu em um galeão, combatendo contra a armada do Parlamento.

Cristovão Lins, além da coragem bélica, era tido como um dos grandes sabedores, no seu meio. Deve-se-lhe a planta da Paraíba.

Entre os filhos de *Luís do Rego Barros*, bisnetos de *João Paes Barreto* (2), acham-se *João Velho Barreto do Rego*, desembargador, Conselheiro, chanceler-mor e advogado na ação de nulidade de casamento de *D. João*, o farrapo humano, na frase de Fonseca de Benevides, e *Francisco do Rego Barros*, governador e vulto de alto prestígio.

A Provedoria de Fazenda Real coube sucessivamente a *João do Rego Barros, Francisco do Rego Barros, João do Rego Barros* (1), *João do Rego Barros* (2), *Francisco do Rego Barros* (2).

Arnau de Holanda foi deputado à Assembléia de 1640.

Grande número de Mestres de Campo, Capitães-Mores e Juízes ordinários se encontram desde o século XVI.

— B —
PREDOMINÂNCIA NO IMPÉRIO

A estirpe dos morgados dos Paes exerceu no império predominância, através dos Holanda, Cavalcanti de Albuquerque, Rego Barros, Paes Barreto e Albuquerque Melo, dando administradores, parlamentares, juízes, diplomatas, juristas e homens de letras.

Na transição da colônia para a monarquia, salientou-se *Francisco Paes Barreto, Marquês do Recife*.

No segundo império, somente *Francisco de Paula Cavalcanti de Albuquerque* foi genitor de quatro grandes estadistas e de um notável magistrado.

Os *Rego Barros*, sobretudo o *Conde da Boa Vista* e o seu irmão *Sebastião*, deixaram traços luminosos na história do Brasil, como políticos e administradores.

O Conselheiro *Francisco Xavier Paes Barreto* foi magistrado, órgão do ministério público, Chefe de Polícia, Presidente de Província, Deputado, Inspetor da Alfândega e Ministro.

Um Ministério houve, a 10 de agosto de 1889, em que entraram três membros da família: *Cansanção de Sinimbu, Camaragibe* e *Rego Barros*.

Capítulo II
OS ADMINISTRADORES

Não tem conta os grandes administradores descendentes dos velhos colonizadores.

Jerônimo de Albuquerque sete vezes governou Pernambuco.

Seus filhos: *André, Jerônimo, Afonso* e *Cristovão* administraram, respectivamente, Paraíba, Paraíba, Rio Grande do Norte, Rio de Janeiro e Paraíba.

Os netos: *Antônio de Albuquerque Maranhão, Matias de Albuquerque Maranhão, Pedro de Albuquerque* e *Felipe Moura* foram governadores do Pará, Maranhão, Pará, Maranhão e Pernambuco.

Francisco do Rego Barros (1) governou a Paraíba, que também foi administrada por *João do Rego Barros*, ambos netos de *João Paes Barreto* (3).

Nos Barbalhos bastaria citar *Luís Barbalho Bezerra* que, segundo *Pedro Calmon*, está na linha dos maiores governadores do Brasil colonial.

Os Carvalhos poder-se-iam representar por *Feliciano Coelho de Carvalho*, Governador da Paraíba e genitor de *Francisco Coelho de Carvalho*, Governador da Paraíba, Maranhão e Pará, avô de *Antônio Coelho de Albuquerque Carvalho* e bisavô de *Antônio Coelho de Albuquerque Carvalho*, Governador do Maranhão e Pará.

O primeiro Sá em Pernambuco, *Duarte de Sá Maia*, Vereador mais antigo de Olinda, assumiu, por vezes, o governo, substituindo Manuel Mascarenhas.

Na primeira geração dos *Paes Barretos* brasileiros, coube o governo ao Tenente Coronel e *Comissário-mor João Paes Barreto* (4).

Também seu sobrinho, *João de Sousa*, filho de *Catarina Barreto*, substituiu *Vidal de Negreiros* no Terço da Infantaria do Recife e fez parte do triunvirato de 30 de julho de 1668, após a deposição de *Jerônimo Furtado*.

No primeiro império, *Francisco Paes Barreto*, Marquês do Recife, exerceu o cargo de Presidente da Junta Governativa e foi o Presidente da Província designado pelo Imperador.

Francisco do Rego Barros teve estátuas pela sua administração em Pernambuco.

No segundo império *Adolfo Lamenha Lins* presidiu Piauí e Paraíba, *Salvador Correia de Sá*, Sergipe e o *Conselheiro Francisco Xavier Paes Barreto* quatro províncias.

Capítulo III
O ELEMENTO FEMININO

— A —
A MULHER NO TEMPO DA COLÔNIA

O elemento feminino distinguiu-se não poucas vezes por atos de filantropia, benemerência, abnegação, fidalguia e coragem.

Não quer isso dizer que exceção várias não se venham opor à regra.

Já citamos em outra parte fatos de ordem negativa.

Na ascendência luso-castelhana encontramos, de um lado *Leonor Teles*, Rainha de Portugal, desregrada em costumes, e do outro *Minaia*, esposa de *Cesar Muniz*, a quem a tradição chama espelho de fidelidade.

Não vamos tratar aqui apenas das que se salientaram pela posição social como *Brites de Albuquerque*, esposa do donatário e que também fora administradora, e Brites de Vasconcelos, consorte de Arnau de Holanda; ambas damas do paço da Rainha de Portugal.

Ocupamo-nos, em outro capítulo, de grande número de santas e das que, vestindo o hábito, se notabilizaram por virtudes peregrinas.

Por sinal que descendiam das santas *Genoveva, Senhorinha* Radegunda.

As três filhas de *Jerônimo de Albuquerque*, as duas de *Cristovão Paes Barreto*, a de *Estevão Paes Barreto* e várias netas de *João Paes Barreto* distinguiram-se por atos de piedade.

Gilberto Freyre, no "Nordeste", chama de quase santa *Inez de Sousa*, filha de *Catarina Barreto de Sousa*.

Objeto também de menção nesta obra é a de benemerência de senhoras pernambucanas. *Catarina Barreto de Sousa* e sua filha *Inez* são, nesse particular, citadas com respeito, em "Desagravos do Brasil e glórias de Pernambuco".

Inez foi a grande colaboradora das obras do Hospital de São João da Madre de Deus e da Igreja do Paraíso.

Catarina é lembrada por *Pereira da Silva, Henrique Capitulino* e *Loreto Couto*, como uma das heroínas pernambucanas.

Concorrem, não somente com as suas iniciativas, como também com grande soma de bens.

No cerco de Igarassú em 1547, contra índios e franceses, notável foi a contribuição das mulheres que, de armas em punho, recebiam os agressores.

Na guerra holandesa ficou expresso o valor da mulher pernambucana.

Bastaria mostrar as heroínas de Tejocupapo e *Maria de Sousa*, figura legendária, tipo romano que, ao receber a comunicação de mais um filho morto em combate, onde já estavam outros, assim fala, conforme conta *Pereira da Costa*, aos dois que restavam: "a Estevão tiraram hoje a vida os holandeses, e posto que filhos meus perdi já três e um genro, antes vos quero persuadir que desviar da obrigação precisa aos homens numa guerra que tanto servem a Deus como a El Rei e não menos à pátria pelo que cingi logo a espada e a triste memória do dia em que a pondes no cinto esquecendo-vos para a dar, só vos lembre para a vingança, matando ou sendo mortos tão esforçadamente que não degenereis desta mãe e daqueles irmãos".

Na célebre retirada para Alagoas, após sacrifícios e lutas, algumas das quais vitoriosas, como a de Porto Calvo, em que obtivemos o enforcamento de Calabar, foi *Catarina de Sousa*, mulher cheia de heroísmo, energia e coragem.

Barleus menciona como exemplo de abnegação as esposas de *Luís Barbalho Bezerra* e *João Velho Barreto*.

"Os desagravos do Brasil e glórias de Pernambuco" contém longa lista, que seria ocioso transcrever.

Em posição contrária aos emigrantes, mas tão ou ainda mais nobre, está *Jerônima de Almeida*, conhecida por matrona. Não acompanhou os retirantes, entre os quais o seu marido *Rodrigo de Barros Pimentel*, preferindo permanecer no seu engenho com filhos e escravos.

Tratamos já dos tormentos mil porque passou, sendo até condenada à morte pela assistência dada aos brasileiros. Livrou-a o pedido das senhoras pernambucanas à Maurício de Nassau. Sancha Coutinho, Catarina Camelo, Felipa de Albuquerque Melo, Isabel Moura, Salustiana Albuquerque e Maria Cesar, merecem gratidão póstuma.

— B —
A MULHER PERNAMBUCANA DEPOIS DA INDEPENDÊNCIA

Nos tempos imperiais, entre as que mostraram patriotismo e resignação, está, sem dúvida, a *Marquesa do Recife*, que teve muitas vezes de deixar o conforto de sua residência, para ocultar-se nas matas, durante os tempos de perseguição ao seu marido. E tão estimada era que, quando voltou, restabelecida de grave incômodo, do Recife, encontrou, conta *Padre Lino Carmelo*, a estrada armada de grinaldas e arcos de triunfo.

Já tivemos oportunidade de ver, em outro capítulo, vários atos de generosidade, inclusive a doação que fez de bens, quase no valor de cem contos de réis para as obras pias, apesar de ganhar a causa, em última instância, contra a Santa Casa de Misericórdia.

Dama que brilhou na sociedade carioca, sabendo dar o cunho de distinção e fidalguia ao seu lar, foi *Ana Benigna de Sá Barreto*, esposa do Conselheiro *José Tomás Nabuco de Araujo*. Foi a primeira esposa de Presidente que, em São Paulo, segundo afirma seu filho JOAQUIM NABUCO, reuniu em palácio luzias e saquaremas, dois grandes partidos que se degladiavam no Brasil, quando o Conselheiro *José Tomás* presidiu o grande Estado bandeirante.

Teresa Barreto Lamenha Lins, filha de *Bento Lamenha* e *Maria Isidora Paes Barreto*, foi a dama de honra escolhida pela *Imperatriz Maria Cristina*.

Tradição de brilho, graça e virtude deixou *Maria Ana Paes Barreto*, casada com o Conselheiro *Francisco de Carvalho Soares Brandão*, ilustre magistrado, parlamentar e administrador.

Diz, a seu respeito, *LEÃO TEIXEIRA*: "moça de fidalga origem, virtuosa e inteligente, caprichosa formosura de prendas mil".

OLIVEIRA LIMA acha que pelos seus predicados intelectuais e morais, ela era uma das 'damas de tempos idos de que o Brasil pode ter tido de mais legítimo orgulho'. E acrescenta: 'a senhora Dona *Maria Ana Paes Barreto*, neta o *Marquês do Recife* e sobrinha do *Conde da Boa Vista*, era personalidade de quem *Tomás Ribeiro*, em Lisboa, quando era o vate da 'Judia' e 'D. Jaime', prestou público tributo no seu verso, celebrando o encanto que não provinha apenas da sua formosura, mas da agudeza de seu espírito'. Engana-se apenas o escritor, fazendo-a neta de *Francisco Paes Barreto*.

FREI JOAQUIM DO ESPÍRITO SANTO dedicou-lhe várias produções no seu livro "O Bem e o Mal".

Vão transcritos, a seguir, os versos que fazem parte "Dos Sonhos que Passam", de *TOMÁS RIBEIRO*.

NO ALBUM DA EXMA.
Senhora Maria Ana Paes Barreto
(de Pernambuco)

Ave estrangeira, soltas
o vôo altivo ao largo!
É-me tão triste e amargo
Pensar que já não voltas!...

Vi-te um momento, e após,
fantástica visão,
levas contigo a luz!
e nesta cerração
fica a pesada cruz
d'uma saudade algoz!
Não crês? teu alto espírito,
que nesse olhar transluz,
abona-te os protestos
que solta a minha voz.

Vai! Vai-te! e lembra sempre
est'hora em que te vi!
que não te esqueça o culto
que ficou tendo aqui

Ave estrangeira, soltas
o voo altivo e largo!
oh! como é triste e amargo
pensar que já não voltas"

Lisboa, 9 d'abril de 1865.

Paranapiacaba foi um dos mais fervorosos admiradores. Ainda *Oliveira Lima*, num artigo no Estado de São Paulo, assim se expressa: 'Procuro, todavia, uma expressão para qualificar a senhora que há poucos dias faleceu no Rio de Janeiro, e não encontro senão a de "*Grande Dama*". É que as há ou houve na nossa terra. Essa senhora chamava-se *D. Maria Ana Soares Brandão*."

Dotada de peregrina inteligência, tão inteligente quanto formosa, tendo recebido esmerada educação, completada por uma residência na Europa, onde, logo ao limiar, recebeu o tributo poético de Tomás Ribeiro, a senhora *D. Maria Ana* foi uma das elegantes do Recife de 1865, um Recife em que havia elegância e vida de sociedade. '...Desse marido admirável foi a senhora *D. Maria Ana* esposa admirável, de dedicação e tato, ajudando na vida pública dentro de sua esfera mundana e não descurando, por isso, seu lar, centro de carinhosa hospitalidade.'

Dama que resplandeceu na Paraíba, foi a *Viscondessa de Albuquerque, D. Amélia Machado e Castro*, casada com *Diogo Velho Cavalcanti Albuquerque* e filho de *Constante Machado Correia de Castro*. Mereceu versos de Luiz Guimarães.

Brilhou na Norte América *D. Maria Flora Cavalcanti de Albuquerque Melo Oliveira Lima*, esposa do Embaixador *Oliveira Lima*. Poetisa ilustre foi Edwiges de Sá Pereira. Se quiséssemos apanhar a época atual, não nos faltariam elementos como *Carolina Nabuco*, que honra as letras pátrias; *Lili Lage*, notoriedade medida na Capital Federal, *Conceição Barreto, Ana Nabuco, Terezinha Caldas* e tantas outras.

BIBLIOGRAFIA

AMÉRICO, JOSÉ – *A Paraíba e seus problemas*

CAVALCANTI, TAVARES – *História da Paraíba*

CAMÕES, LUIZ – *Os Lusíadas*

COUTO, LORETO – *Desagravos do Brasil e glórias de Pernambuco*

ESPÍRITO SANTO, FREI JOAQUIM DO – *O Bem e o Mal*

FERRER, VICENTE – *A Guerra dos Mascate*

FREIRE, BRITO – *Nova Lusitânia*

FREYRE, GILBERTO – *Casa Grande e Senzala*

JOFFRE, IRINEU – *Notas sobre a Paraíba*

LEAL, PINHO – *Portugal Antigo e Moderno*

LIMA, OLIVEIRA – *Pernambuco e seu desenvolvimento econômico*

MAGALHÃES, BASÍLIO – *Boletim de Estudos Históricos*

MARIZ, CELSO – *Apanhados Históricos da Paraíba*

NABUCO, JOAQUIM – *Um Estadista do Império*

OTÁVIO, RODRIGO – *As Memórias dos Outros*

REGO, JOSÉ LUIZ DO – *No Recesso da História*

RIBEIRO, JOÃO – *História do Brasil*

RIBERIO, TOMÁS – *Sonhos que Passam*

PINTO, IRINEU – *Datas e Notas da Paraíba*

POMBO, ROCHA – *História do Brasil*

SANTOS, MANUEL – *Calamidades de Pernambuco*

SIMONSEN, ROBERTO – *História Econômica do Brasil*

SOUSA, ANTÔNIO CAETANO DE – *História Genealógica da Casa Real Portuguesa*

WANDERLEY, MÁRIO DOS – *Domingos Jorge Velho*

SOUTHEY – *História do Brasil*

SALVADOR, VICENTE – *História do Brasil*

WANDERLEY PINHO, JOSÉ – *Salões e Damas*

TÍTULO 10
A RAÇA

Capítulo I
O SANGUE VINDO PARA PORTUGAL POR INTERMÉDIO DA ESPANHA

Parte integrante do território romano, a Península Ibérica dele recebeu os remanescentes dos jaspigos, pelasgos, italiotes, ulcanos, lígures, fenícios, gregos e cartagineses, acrescidos dos bárbaros, mongóis, alanos, vândalos e árabes, e, ainda, de mouros, semitas, egípcios, judeus, frígios e das gentes da Dalmácia, Tíbia e Germânia, que, segundo Durand, formaram o grupo étnico do cosmopolitismo do país dos césares.

Entroncaram-se com reis godos, através dos *Leovigidos*, *Recaredos* e *Pedro de Cantábria*, misturados com monarcas andaluzos, ostrogodos, franceses e australianos.

Vieram os asturianos, depois transformados em aragoneses, navarrenses e castelhanos, com os *Pelágios*, *Afonsos*, *Fruelas* e *Ramiros*.

Alboazer Ramires transmitiu o sangue godo paterno e o mouro de *Ortega* às mais importantes famílias da Espanha, que receberam ainda influxos etnológicos dos condes de Barcelona com os *Ramires de Berenguer*; os reis de *Aragão* com os *Sanches* e dos senhores de Biscaia, com os *Lopes Sarracinez*.

Grande é a descendência de *Faião Soares*, do conde do *Lago*, de *Mendo Raufona*, de *Nuno Belquiades*. A raça portuguesa se deriva de Espanha, mas, como se vê, muito mesclada.

A família brasileira nordestina provém, pois, mediatamente de Castela.

Espanhóis são os ttroncos de *Abreu*. *Afonso* vem de Afonso Henriques, pai de Teresa Afonso e neto de Afonso de Castela.

Aguiar se deriva do espanhol *João Fernandes*, do *Castelo de Aguiar*.

Albuquerque tem origem no conde de Barcelos; Almeida em Paio Guterres; *Andrade* em Nuno Freire de Andrade; *Araujo* em Vasco Rodrigues, do *solar Arauza*; *Azevedo* em Gomes de Azevedo; *Barbalho* em Nuno Barvais; *Bezerra* em Fernão Bezerra; *Briteiros* em Fernão Gomes, todos castelhanos.

Cardoso provém de *Ramires II*; *Castro*, de *Rui Fernandes*; *Coelho*, de *Moninho Viegas*; *Corrêa*, de *Paio Pires Correa*; *Cunha* de *Paio Guterres*; *Gonçalves* de *Gusteas Gonçalves* e *Lacerda* de *Fernando Lacerda*, filho de *Afonso XI de Castela*.

Lopes se deriva dos *Lopos* senhores de *Biscais*; *Maia* de *Nuno Razura*, juiz de Castela; *Marinho* de *D. Frois*; *Melo* de *Pedro Formariz*; *Menezes* de *D. Ordonho*; *Moura* de *Pedro Rodrigues*; *Muniz* de *Moninho Viegas*; *Noronha* de *Afonso de Castela*; *Nuno* de *Nunes Belquiades*; *Paes* de *Paio Guterres*; *Pereira* do *Conde Belozo*; *Silva* de *Guterres Alderete da Silva*; *Soares* de Faião *Soares*; *Vasconcelos* de *Ramiro II* e *Viegas* de *Ega Gozendo*.

Várias famílias oriundas de Castela vieram para o Brasil através da ilha da Madeira, quais, as descendentes do *Conde de Favela* e de *João Rodrigues Mondragão*.

Diretamente de Espanha diversos elementos permaneceram em Pernambuco, como sejam *Gonçalo B. Valcasser, João Nabalhas, João Ramires, Lopo Rodrigues Camelo, Manoel Tenório, Manoel Urréa* e *Miguel Maldonado*.

Domingos de Santiago e sua mulher *Luisa de Aguiar* chegaram em 1634. *Domingos Santiago*, filho do casal, ligou-se a *Brites de Albuquerque*, filha de *Francisco Leitão* e *Luzia de Albuquerque*.

Em 1648, partiu da ilha de Inojosa para a Bahia, *Jerônimo Inojosa Velasco Sadilac*, esposo de *Maria Tenório*, filha de *Luís Tenório*. Este, em 1613, viera de Sevilha para Pernambuco e se casara com uma filha de *Vasco Pereira de Lucena*.

Capítulo II
O SANGUE PORTUGUÊS

— A —
OS COLONIZADORES PORTUGUESES ASCENDENTES DOS BARRETOS

Quarenta e dois foram os colonizadores antepassados dos Paes Barreto, dos quais seis estrangeiros: Arnáu de Holanda, bávaro; Gaspar Wanderley, holandês; Gaspar Acioli, Felipe Cavalcanti e Nicolau Maneli, florentinos e Cibaldo Lins, alemão, respectivamente casados com Brites Mendes de Vasconcelos, Maria Melo, Ana Cavalcanti, Catarina de Albuquerque, Adriana de Holanda e Francisca Jacome.

Dos trinta e seis portugueses, vinte e cinco vieram casados e onze se matrimoniaram em Pernambuco.

Vários outros colonos tinham aproximação consanguínea.

Luís do Rego era primo de João Paes Barreto, Cibaldo Lins, primo de Cristovão, tornou-se genro de Jerônimo, casando-se com Brites de Albuquerque; Felipe Moura, sobrinho de Jerônimo, esposou sucessivamente Maria de Albuquerque e Genebra Cavalcanti, esta filha de Felipe; Gonçalo Leitão, irmão do bispo Pedro Leitão, ligou-se a Antônia de Albuquerque; Antônio Pinheiro Feio consorciou-se com Leonor Guardes, filha de Francisco Carvalho de Andrade e João de Barros Espineli casou sua filha Margarida, com Antônio Paes Barreto.

Tomamos como ponto de referência, para avançar sobre os pósteros ou recuar aos antepassados, a João Paes Barreto, o terceiro.

Foi opulento proprietário, guerreiro, bandeirante na conquista do norte e um benemérito em obras pias, conforme temos dado notícias em outros capítulos.

— B —
OS MINHOTOS

I
Influência do Minho na colonização nordestina

A colonização do nordeste não pode ser estudada com omissão de referência ao Minho, de onde, lembra *Varnhagem*, vieram os habitantes mais nobres de Pernambuco, no século XVII.

A antiga Fórum Lusitanorum, depois freguesia da Ponte do Lima, ao tornar-se sede, em 1258, obteve todos os direitos de governo, inclusive, nota Gama Barros, o de poder estabelecer feiras semanais.

Era a terra dos cavaleiros para cuja investidura mister se fazia a investigação de nobreza até o bisavô e a de possuir castelos e torres, tão poetizadas pelas lendas.

Havia, porém, outras exigências. Era também preciso o alicerce econômico, a bravura e os meio bélicos, sem esquecer o cavalo que, não sendo mais a condição precípua do cavaleiro, como o escudo não o era do escudeiro, nem a riqueza a do rico homem, constituía poderoso auxiliar para a defesa da terra.

Vieram para o nordeste vultos de várias regiões portuguesas, a começar de Lisboa, de onde eram Álvaro Fragoso, Diogo Martins Pessoa, Afonso Lopes Bulhões e vários outros.

Mas o grande contingente foi de Viana.

Além dos vultos já citados e ascendentes dos Barretos, eram do Minho: Amador de Araujo Pereira, Antônio de Andrade, Antônio Bezerra, Antônio da Costa Calheiros, Antônio Ferreira Barbosa, Antônio Gomes Bezerra, Antônio Rodrigues Campelo, Belchior Camelo, Domingos da Silveira, Francisco de Barros Rego, Francisco de Brito Meireles, Francisco Casado, Francisco Rabelo, Francisco Soares da Cunha, Fernão Velho de Araujo, Gaspar Calheiros, Gaspar Ribeiro, Gonçalo de Andrade, Gonçalo Calheiros, Inácio de Barros, Jacome Esteves, Joana Casado, João Carneiro Mariz, João Fernandes Pessoa, José Casado Maciel, Lourenço Gomes Ferras, Luís do Rego Barros, Manoel Fernandes Caldas, Manoel Gomes Bezerra, Manoel Jacome Bezerra, Manoel Véras e Pedro Rodrigues Coelho.

Séria consideração dispensavam os donatários da Nova Lusitânia aos colonos oriundos dessa região, banhada pelo rio onde, na expressão romântica de D. Antônio da Costa, os antigos esqueciam as outras delícias do mundo e as impressões da alma.

Quando Duarte de Albuquerque Coelho instituiu as bandeiras em demanda do interior, teve a preocupação de organizar a companhia dos vianenses, sob o comando de João Paes Barreto (3º).

É por tudo isso que disse Oliveira Lima, ao tratar da velha cidade:

'Para um pernambucano que se tenha ocupado da história de sua terra natal, Viana do Castelo oferece um particular atrativo: das cidade minhotas, é a que mais íntimas ligações teve com o feudo de Duarte Coelho, desde os seus inícios. Ao que escrevia o jesuíta Fernão Cardim, na segunda metade do século XVI: "os habitantes mais nobres de Pernambuco, os que mais luxavam em Olinda, eram oriundos de Viana; por ele se distribuíra o melhor das sesmarias outorgadas pelo donatário". De Viana era o instituidor dos primeiros morgados de Pernambuco, esse Paes Barreto, de filantrópicos sentimentos, que fundou o nosso primeiro hospital de caridade e quis morrer entre os seus pobres'.

II
A família Barreto no Minho

Os celebrados rios Minho e Lima banhavam as terras mais habitadas pelos Velhos e Barretos, segundo assevera o Marquês de Montebelo, em suas notas ao "Nobiliário" de Manoel Faria.

O tronco dos Paes Barretos, de Pernambuco, pode partir de João Paes Barreto (2º), morgado de Bilbeiras e de Violante Nunes.

Cinco de seus netos vieram para a Nova Lusitânia. Foram eles: João Paes Barreto (3º), filho de Antônio Velho Barreto; Luís do Rego Barreto, Francisco de Barros Rego, Bento do Rego Barros, filhos de Afonso de Barros Rego e Maria Nunes Paes Barreto, e Maria Paes Barreto, esposa de Paulo Bezerra.

Dessa região era João Paes Barreto (2º), morgado de Bilheiras. Três de seus netos figuram na história da colonização nordestina.

Os antepassados Mem Nunes Velho, Gomes Mendo Barreto, Fernão Gomes Barreto, Martim Gomes Barreto, Nuno Martins Barreto, Gonçalo Nunes Barreto, Diogo Nunes Barreto, Nuno Rodrigues Barreto e Florentino Barreto, tiveram o berço em Viana do Castelo.

Minhotos ascendentes dos Barretos eram, dentre os primitivos colonizadores: André da Rocha Dantas, Antônio de Barros Pimentel, Antônio Bezerra, Antônio Bezerra Felpa Barbudo, Baltazar Leitão Cabral, Clemente da Rocha Barbosa, Feliciano de Melo e Silva, Fernão Pereira do Rego, Francisco de Barros Rego, João Paes Barreto, Manoel de Barros Maduro, Paulo Bezerra, Paulo de Amorim Salgado e Vasco Marinho Falcão.

Também o General Francisco Barreto de Menezes, o herói da batalha dos Guararapes, provinha da família Barreto da província do Minho, na foz do Rio Lima.[*]

No Minho foram edificados os solares dos Barretos.

O primeiro, junto às barras de Viana, veio a desaparecer em um forte temporal, como se vê das anotações do Marquês de Monte Belo.

---

[*]. Ghio, Eloi Angelos (Enviado para Noemia Paes Barreto Brandão, filha do autor, emjulhode2010): "Os novos estudos com as sofisticações da informática, dos arquivos que dia a dia são abertos, com as comunicações fáceis que hoje temos, além do maior número de interessados, um genealogista criterioso descobriu que o local de onde veio João Paes Velho Barreto era a cidade de Caminha, e está no livro recém lançado em Portugal, 2007, do Barreto, e, desta maneira, discorda de ter vindo do Minho a ascendência dos Paes Barreto. A princípio, pelas razões apresentadas, também entendi assim mas como sou, também, historiador, esmiucei sobre a dúvida e descobri que a naturalidade de João Paes Velho Barreto, reforçou a história de que os Paes Barreto são nativos do Minho, de Viana do Castelo concluindo o quanto vosso pai estava certo. Trata-se de uma vila portuguesa no Distrito de Vianna do Castelo, região Norte e subregião do Minho-Lima, com cerca de 2.500 habitantes, de um município com 129,66 km2 de área e 16.839 habitantes (2006), subdividido em 20 freguesias. O município é limitado ao nordeste pelo município de Vila Nova de Cerveira, a oeste por Ponte de Lima, a sul por Vianna do Castelo, a norte pela Espanha e a oeste pelo Oceano Atlântico". O referido genealogista não percebeu isto, portanto, a tese do Des. Carlos Xavier permanece totalmente inalterada.

As agitadas ondas do mar e os fortes ventos na parte do meio dia, arrojavam areias à distância de léguas.

Certa vez, tão violenta foi a tempestade, que destruiu o castelo.

Esse fato explica a seguinte estrofe das "Quintilhas dos Solares deste Reino de Portugal", publicadas por Alberto Lamego, no "Jornal do Comércio", de 25 de dezembro de 1933:

"Na barra do claro Lima
Dos Barretos o solar
Esteve junto do mar
Que botando areia em cima
O veio enfim sepultar."

— C —
O SANGUE MADEIRENSE

Depois do Minho, foi a ilha da Madeira a região portuguesa que maior contingente ofereceu para a formação da família pernambucana. Algumas estirpes perderam o nome de origem, como Alardo Favela, que ligou-se a Vasconcelos, Saavedra, que juntou-se a Ornelas, Heredia que continuou com Lucena, Cunha que misturou-se com Gonçalves e Delgado que foi continuada em Vasco Martins Barreto.

De Madeira é o tronco de Aguiar, em que figura Francisco de Aguiar Coutinho, donatário do Espírito Santo.

Descendente de João Afonso de Aguiar e Maria Esteves, era pai de Diogo Afonso de Aguiar e Isabel Gonçalves.

Andrade se deriva de Agostinho Cesar de Andrade e de Fernão Dias de Andrade. Francisco Berenguer, sogro de João Fernandes Vieira, provinha dos Berengueres de Lusignano.

Camara procede de João Gonçalves Zarco, descobridor da Ilha da Madeira e Carvalho de Paio Rodrigues de Carvalho, filho de Rodrigo Alves de Carvalho, e também de Antão Álvares de Carvalho, chamado de São Gil, e ainda, de Gonçalo Ferreira de Carvalho e Branca Afonso, pais de Maria Pimentel, casada com Simão Acioli. A estirpe Carneiro da Cunha começa de Manoel Carneiro de Mariz.

Os Freitas provêm de João Rodrigues Freitas; os Ferreiras de Antônio Fernandes Ferreira; os Liras de Gonçalo Novo de Lira e os Ornelas de Bartolomeu Ornelas. João Rodrigues de Freitas, de Madeira, era trisavô de Jacinto de Freitas Silva, casado com Sebastiana de Albuquerque, neta de Jerônimo.

Da ilha eram Agostinho Cesar de Andrade, Antônio Carvalho de Vasconcelos, Antônio da Costa Gadelha, Antônio Toledo Machado, Antônio Santiago, Antônio Teixeira de Melo, Baltazar de Sinelas Valderezzo, Diogo de Aragão, Domingos Gonçalves Faria, Elesbão Barreto Freire, Francisco Andrade, Francisco Mendes de Bulhões, Francisco Val Aranha, Gaspar Acioli, Gaspar Lopes, Gaspar de Mendonça e Vasconcelos,

Gonçalo Novo Lira, João Mendes de Vasconcelos, Luís Gonçalves Bulhões, Manoel Gonçalves Bulhões, Manoel Martins, Pedro Fernandes da Silva, Pedro Paiva Barreto, Pedro Teive e Sebastião Nunes, alguns dos quais militares em Pernambuco.

    Madeirenses eram João Fernandes Vieira, Francisco de Figueira e Antônio Fernandes Ferreira, ascendente dos Pessôas.

Capítulo III
SANGUE ESTRANGEIRO
DO POVOAMENTO NORDESTINO

— A —
SANGUE BÁVARO

Arnau de Holanda, que acompanhou *Duarte Coelho*, donatário da capitania se Pernambuco, tinha nas veias o sangue bávaro. Era filho de D. *Henrique de Holanda*, bavarita de Rhoeneburgo e neto paterno de D. *Leão de Eça* e da princesa *Antonia de Rhoeneburgo*. Descendia dos antigos condes suseranos de Holanda. Por linha materna, provinha de *Margarida Florente*, filha de *Florentz Von Utreck* e irmã do Papa Adriano VI.

Dentre os filhos de *Arnau de Holanda* e *Brites Mendes de Vasconcelos* encontra-se *Adriana de Holanda*, esposa de *Critovão Lins*, português descendente de *Lambert Linz* e *Barbara Gingert*, neta de *Conrado Linz*, bisneto de *João Linz* e trineto de *Albert Linz*, que nascera na cidade de Elme, na Baviera.

— B —
SANGUE BRITÂNICO

O sangue inglês que pulsava em *Afonso Henriques*, descendente de *Ricardo e Judith da Bretanha*, engrossou em Portugal após o enlace de D. *João*, mestre de Aviz, com *Felipa de Lancaster*. Acompanharam-na vários fidalgos seus compatriotas e alguns permaneceram no reino. Citam os nobiliários, John Falcon, cujos descendentes transformaram o nome em Falcão. Para Pernambuco veio *Vasco Marinho Falcão*, casando-se com *Inez Lins*, filha de *Cristovão Lins*.

Os Mouras, que tanta relevância tiveram na colonização, estão ligados aos Rolins, oriundos de *Childe Rolim*, neto do *Duque* da Bretanha.

Entrou fortemente em Pernambuco o elemento Drummond, trazido da Madeira por *Gaspar Accioli*, neto de *Simão Accioli* (2º) e *Maria Pimentel Drummond*, esta descendente de Maurice Drummond[*]. Misturou-se com Monterax, Sinclair e Escóssia. O Brasil teve na sua bibliografia colonial influência inglesa com *Mansfield, Waterson, Burker* e, no século XIX, com Mme. *Graham* e *Henrique de Koster*.

Gilberto Freyre cita, entre outros, Perdsey, Cocherau, Haukins, Renigar e Whithall.

---

[*]. Segundo Eloi Angelos Ghio, seria descendente de Sir John Drummond VI.

— C —
O SANGUE FRANCÊS

O sangue francês de vários monarcas introduziu-se em Portugal, território doado ao Duque de Borgonha, cavaleiro francês descendente de *Hugo Capeto, Adalberto* e *Roberto o Forte*, reis de França. *Afonso Henriques*, ascendente de *Albuquerque, Barreto, Cunha, Melo, Menezes, Sousa*, etc., era descendente, como se vê, dos Condes de Paris, Condes de Orleans e *Duques de Borgonha*.

S. Luís, rei da França, era o ancestral de *João Lacerda*. Há quem veja em Falcon, duque de Anjou, a origem de *Falcon*. Mons. de Bouillon deu derivação à família Bulhões. Rocha provém de *Mons. Foucard de la Roche*, conde de Guisol e *duque de la Roche*.

Família que se ensaiou na ilha da Madeira, passando ao Brasil, foi a de Bettencourt. Iniciaram a estirpe, em Portugal, *Meciot Bettencourt* e *Henrique Bettencourt*; filhos de *Raynaldo Bettencourt* e *Felippota de Froyes*, netos de *João Bettencourt*, bisnetos de *João Bettencourt* e *Maria Braquemont*, de *Raynaldo* e *Isabel de S. Marinho* e quadrinetos de Felipe Bettencourt - todos fidalgos franceses de alta linhagem. De Meciot era filha de *Maria Bettencourt*, casada com *Rui Gonçalves Camara*, filho de *João Gonçalves Zarco*. Foi esposa do tio *Henrique* de quem teve *Meciot Bettencourt*, casado com *Lerida de Guardateme*.

— D —
O SANGUE ITALIANO

Se quisermos ir aos velhos tempos de Roma, a procurar a origem dos Coelhos em *Marcus Coelius*, discípulo de *Cícero*, poderíamos encontrar o sangue italiano na 1ª rainha de Portugal – *D. Mafalda de Sabóia*, esposa de *Afonso Henriques*.

Também *Arnaldo Baião*, troco de tantas famílias portuguesas, vindas para o Brasil, era filho de *Guido*, imperador da Itália.

Mas no início da colonização nordestina, três grandes famílias, por sinal que entrelaçadas, vieram de Florença: Accioli, Cavalcanti e Manelli.

Felipe Cavalcanti, filho de *João Cavalcanti* e *Genebra Manelli*, uniu-se a *Catarina de Albuquerque*, meio sangue português e meio sangue indígena.

Os Cavalcanti não se haviam distinguido apenas como guerreiros e fidalgos, grãos duques de Toscana, ligados aos Medicis e Uberti. Foram administradores com *Aldobrando Cavalcanti*, e tiveram historiadores do quilate de *João Cavalcanti*, artista qual *Andrea Cavalcanti*, políticos como *Fortunato degli Uberti* e poetas de nível de *Guido Cavalcanti*.

Manelli teve em Pernambuco representantes em *Genebra Manelli*, genitora de *Felipe Cavalcanti*, e em *Nicolau Manelli*, casado com *Ana de Holanda*. O seu descendente *Sebastião Dias Manelli* foi herói na guerra dos Palmares.

Outra grande estirpe é a de Accioli, oriunda de *Acciaiolo*, filho de *Ricomano* e neto de *Guigliarato*. A família cheia de príncipes, senescais, reis e imperadores, estava unida a Cavalcanti, Ricarole, Delfini, Guarini, Bertolini, Martelli, Strozzi, Neroni, Medicis, Uberti e Manelli. Na Madeira misturou-se com o sangue britânico de Drummond, por intermédio de *Simão Accioli e Maria Drummond*. Deriva-se em Pernambuco de *Gaspar Accioli*, esposo de *Ana Cavalcanti*, filha de *João Gomes de Mello e Margarida Cavalcanti*.

O Dr. Manuel Xavier Paes Barreto foi casado com Maria Ridolfi, filha do engenheiro Giacomo Ridolfi e Antonio Gamelli.

Na guerra holandesa esteve no norte *Paulo Barnosa*.

Por intermédio da ilha da Madeira, vieram de Gênova os Espinolas, descendentes de *Chirio e Rafael Catanho*, este esposo de *Maria Cabral* e genitor de *Violante Cabral*, casada com *Chirio Spinola*, também genovês. *Leone Spinola*, filho do casal, esposou *Joana Gomes*. Um de seus descendentes, *Manoel Catanho*, constituiu família em Pernambuco. *Chirio Catanho* esposou *Maria Correia* e *Lazaro Catanho*, tabelião na Paraíba no século XVII, casou-se com *Custódia Coutinho*. São ascendentes dos Desembargadores *Silva Rego* e *Gaspar Guimarães*.

Também *Antonio Spinola*, filho de *Messer Eliani* e *Preta Spinola*, teve grande descendência.

Ainda outro *Chirio Spinola*, esposo de *Violante Catanho*, foi genitor de *Leonardo* e *Antonio Spinola*, da ladeira.

Genoveses eram *Urbano Lomelino, Lucas Salvago*, cuja filha, *Catarina Salvago*, matrimoniou-se com *João Martini*, e *Giovani Cesar*, marido de *Vitória Fernandes*, filha de *Fernão Dias de Andrade* e *Brites Dias*, cujo filho *Agostinho Cesar* casou-se no Brasil, com *Isabel de Abreu*, filha de *Beatriz de Abreu* e do florentino *Pedro Girardi*.

Ainda florentino era *João Salvati*, casado com *Isabel Álvares de Abreu*.

— E —
RAÇA ISRAELITA

O número de judeus aumentou em Pernambuco no domínio holandês, embora protestos de alguns flamengos.

Calcula-se em cinco mil os do período da guerra. Difícil seria distingui-los pelas denominações, diz *Gonsalves de Melo Neto*, porque costumavam mudá-las. Alguns vieram como soldados ou empregados da Companhia.

Tiveram sinagogas em 1636 e, no domínio das letras, vultos como *Rafael Aguiar, Abrahão Fonseca* e *Samuel Tarrazão*, o primeiro literato da América entre os israelitas, conforme *Neto*, que a *Israel Abrab* dá prioridade nos poemas e criações.

Chegaram a possuir engenhos: *Baltazar Fonseca, Duarte Saraiva, Fernão Vale, Gaspar Francisco da Costa, Jacó Déssiner, Miguel Rodrigues, Moysés Navarro, Vasco Fernandes* e *Gaspar Dias de Ataíde*, Conselheiro de *Nassau*.

Foram, mais tarde, levados ao Tribunal do Santo Ofício, sob os mais fúteis pretextos, como o de comer carne em certos dias, vestir cetim, usar mesas de tripeça, não trabalhar nos sábados, não comer toucinho.

Entre muitas vítimas de denúncias, receberam castigos: *Antonio Dias, Bento Dias Santiago, Bento Teixeira Pinto, Branca Dias**, *Diogo Fernandes, Diogo Nunes, Francisco Lopes Homem, João Mendes de Oliveira, João Nunes, Paulo de Abreu* e outros. Quase todos eram solteiros.

Os mais alvejados foram *João Nunes*, usurário com grandes antipatias, e *Diogo Fernandes*. Este, judeu dos mais antigos, viera com o próprio donatário. Era casado com a célebre *Branca Dias*, sobre quem é vasta a bibliografia, havendo quem ora a julgue pernambucana, ora paraibana. É a vítima mais notável, embora tenha merecido o fato contestação.

O casal teve 8 filhos: *Brites*, que sofreu a fogueira da Inquisição em Lisboa, *Felipa Paz, Isabel Fernandes, Ana Paes*, esposa de *Diogo Fernandes* (2º), *Inez Andréa Jorge, Jorge Dias da Paz* e *Violante Fernandes*. Interessa-nos especialmente *Inês Fernandes Goes*, esposa de *Baltazar Leitão* e genitora de *Maria de Paiva*, casada com *Agostinho de Holanda Vasconcelos*, filho de *Arnau de Holanda*. Larga é a descendência deste casal.

Lista a menos incompleta é a organizada por *Gonsalves de Mello Neto* e da qual extraímos os dados para o arrolamento. De preferência se chamavam Abrahão, David, Isaac, Jacó, José, Moysés e Salomão.

10 israelitas tinham o nome de Abrahão com os apelidos seguintes: Aboal, Abenado. Azevedo, Cavo, Costa, Jacó, Martins, Mercado, Redondo e Rolan.

Os 12 denominados David eram: Aleas, Ateas, Brandão, Galvão, Israel, Jesseron, Paleba, Rodrigues, Coronel, Torres, Mesquita e Saraiva.

Os 11 de nome Isaac tinham os apelidos de: Abenaba, Aguiar, Coutinho, Costa, Drago, Franco, Grasil, Kusson, Navarro, Pacheco e Serrah e 21 tiveram o nome de Jacó: Aboab, Benich, Carricho, Cohen, Drago, Franco, Fundão, Gabay, Henriques, Jacinto, Jaques, Lemos, Levi, Mocaba, Moser, Navarro, Nunes, Rosel, Lemor, Serrano e Valverde.

A denominação de José estava ligada a 4 pessoas: Abenada, Alvares, Alheiros e Francês.

Moysés era o nome de 10: Aaron, Abendano, Aboaba, Aguiar, Nehemias, Nelo, Nunes, Oliveira e Zaneto. Os chamados Salomão eram: Abinam, Dormindo, Mosapá, Rodrigues e Taragão.

Eram ainda israelitas: *Antonio Mendes Dias, Aran Navarro, Aron Pina, Baltazar Fonseca, Benjamin Pina, Bento Henriques, Daniel Gadelho, Efraim Sueiro, Elias, Burges, E, Machado, Emanuel Abondana, Fernando Martins, Fernando Valle, Francisco Faria, Gabriel Castanha, Gaspar Costa, Gil Conceição, Jehosan Velosimo, João Fonseca, João Torres, Luiz do Mercado, Luiz Guimarães, Mandochai Abendano, Manoel Martins, Manoel Motta, Michael Cardoso, Michael Mendes* e *Simão Pinto*.

---

*. Tem sido contestada a versão de Branca Dias na inquisição.

– F –
SANGUE HOLANDÊS

I
As uniões brasileo-flamengas

Poucas foram as ligações entre holandeses e brasileiras. Parece não haver exemplo de holandesas com esposos brasileiros, apesar de interpretação dada a certa carta de *Maurício de Nassau*. O *Marquês de Basto* avalia em 20 os casos de patrícias nossas que escolheram maridos entre os adversários. Essas, mesmo no período do armistício, não continuaram a gozar do mesmo prestígio. Haja vista *Ana Paes*, filha de *Jerônimo Paes* e esposa do fidalgo *Pedro Corrêa da Silva*. Morto este, casou-se com o capitão *Carlos Tourlon*, que comandava a guarda do *Conde Maurício de Nassau*.[*]

O povo, escandalizado, exagerava os defeitos da bela pernambucana.

Entre os holandeses do tempo de Nassau, achava-se o capitão de cavalaria *Ritmeester Gaspar Nieuhotf Van de Ley*, fidalgo de Brandenburgo, conforme atestado do *Conde João Maurício*, o senhor dos engenhos Algodoais, Utinga de Baixo e Utinga de Cima.

O van indica prefixo usado por nobres da Holanda. Em Pernambuco, entre outros, estiveram *Van Bremont, van der Brande, van Broech, van Cels, van Ceulen, van Dockum, van Goch, van Ghliessen, van der Hart, van Schomembork, van der Schkoppe, van der Venne, van der Hart, van der Ney, van der Koc*.

O casamento brasileiro-flamengo que não provocou as antipatias causadas pelos *Hus, Traper, With* e outros, foi o de *Gaspar Wanderley* com *D. Maria de Melo* filha de *Manoel Gomes de Melo* e *Adriana de Almeida*, neta de *João Gomes de Melo, Ana Holanda, Baltazar de Almeida Botelho* e *Brites Lins*.

Grande descendência deixou o casal.

---

[*]. Guio, Eloi Angelos (para a filha do autor): "No que se refere ao Ritmeester Kaspar Wan der Ley sua origem foi detectada como alemão pelo próprio Carlos Xavier, origem de Kaspar van der Ley.

Noemia responde:

Sobre essa dúvida de ser holandês ou alemão, Carlos Xavier escreveu em seu livro "Paes Barreto e seus Entroncamentos", inédito, que, assim como Gilberto Freyre, Borges da Fonseca, e outros mais que ele, a princípio, também entendeu assim por ter ele vindo para o Brasil com as tropas holandesas mas, depois, investigando melhor os documentos, pareceu-lhe que a sua origem era alemã. Ressalta que a própria certidão fornecida pelo Conde de Nassau, João Mauricio de Nassau, sob a firma e o selo de John Maritz, ao primeiro filho de Gaspar, João Mauricio, datado de Siegen aos 20 de dezembro de 1668, diz terem sido ele e seus descendentes fidalgos de sangue e linhagem nobre, que foram honrados com os primeiros cargos, ofícios e dignidades de sua pátria, servindo com louvor e honra "eleitor de Brandenburg, cidade localizada na parte oriental da Alemanha que na época era principado de Cleves, onde Nassau, também alemão, foi governador e eleitor, nascido em 1604, no Castelo de Dillenberg, em Siegen, antigo Hessen" ("Paes Barreto e Seus Entroncamentos – Título: Wanderley, pág. 75, inédito).

Entretanto, apenas 4 filhos teve o velho holandês: *Gaspar Wanderley* (2º), *Manoel Gomes Wanderley, Adriana Wanderley*, esposa de *André de Barros Rego*, e *João Maurício Wanderley*. O primeiro deu-lhe 3 netos, o segundo 2 e o terceiro apenas um.

Uma grande descendência, entretanto, provém de *João Maurício Wanderley*, que teve 15 filhos, entre os quais *Sebastião Maurício Wanderley* com 12 e *Gonçalo R. Wanderley* com 23 filhos. Os da estirpe Wanderley se misturaram com as de Barros, Pimentel, Rocha, Lins, Paes Barreto. Estes são descendentes de 2 filhos de *Gaspar: João Maurício* e *Manoel G. Wanderley*; e de 4 filhos de *João Maurício: Rosa Maurício*, esposa de *Cristóvão Paes Barreto, Cristovão da Rocha Wanderley, Isabel Wanderley,* casada com *José de Barros Pimentel* e *Adriana Wanderley*, consorte de *Manoel Coelho Nigromonte*.

Família flamenga, também, a Esmeraldo, iniciada na Madeira em 1480, por *João Esmeraldo*, é a oriunda de *Jacques der nês c.c. Genebra Correia*.

II
Aspecto político

Sobre a infiltração holandesa, uma questão de ordem sociológica poderia ser aqui estudada.

Fomos felizes com a expulsão flamenga ou lucraríamos se sua dominação se perpetuasse no país, como prega Tomás Alves Nogueira, no seu livro "O príncipe Nassau, Governador do Brasil"?

Já tivemos simpatia por essa corrente. Pensamos hoje de modo contrário.

Politicamente, teríamos sido prejudicados e talvez ainda não tivéssemos conseguido a autonomia.

As possessões holandesas continuaram a ser colônias de exploração, como aconteceu com Java e Sumatra.

Não podemos tomar a política holandesa pela atuação pessoal do nobre *Conde de Nassau* que, exatamente em virtude do seu grande espírito civilizador, foi mal interpretado pelo célebre conselho dos 19, da Companhia das Índias Ocidentais.

Ainda sob o aspecto racial, pensamos com *Alfredo de Carvalho*, apoiado em Bifckevorsel, notável neerlandês, que o flamengo não suportaria o clima até a segunda geração. A Holanda não se aclimataria no Brasil, dizem Gilberto Freyre e Gonsalves de Mello Neto.

O exemplo da família Wanderley é um dos raros da história, um dos limitados cruzamentos que nos ficaram da dominação flamenga.

Poucos são os Van der Koc, Van der Ney, Hoogastraten, Bra Wansel, Smith, Hendiskz.

Estudos de ordem sociologia têm sido feitos sobre a família Wanderley, em cuja estirpe houve, segundo *Gilberto Freyre*, homens ilustres, embora nenhum de gênio, com exceção de Cotegipe.

Raras famílias no Brasil se mantiveram brancas.

Mas talvez seja suscetível de estudo, diz o autor de "Casa Grande e Senzala", *os Wanderley de Serinhaem e Rio Formoso, família fundada do século XVII, radicada no extremo sul de Pernambuco e com sua pigmentação cor de ouro, olhos azuis claros, cabelos louros ou ruivos.*

E no 'Nordeste', cita como exemplo, Sebastião Wanderley, do Rosário, um dos mais opulentos agricultores do seu tempo.

Júlio Belo, nas "Memórias de um senhor de engenho" lembra, como Wanderley bem caracterizado, Pedro da Rocha Wanderley, conhecido por *Pero do Bom Tom*, engenho situado no Município de Barreiros.

Não pensamos que *Sebastião Lins Wanderley Chaves* seja quem melhor possa representar os Wanderley de Serinhaem.

Mais caldeado estaria *Sebastião Wanderley*, também do Rosário, conhecido por Baixa, tio e sogro de *Sebastião Chaves* e a respeito de quem diz seu sobrinho, Dr. *Messias Chaves*, suplente de Senador pelo Espírito Santo: "Era *Sebastião Lins Wanderley, o Baixa*, senhor do rico e belo engenho Rosário, cuja casa grande foi levantada por ele em 1877 e inaugurada com uma lindíssima festa cujos ecos chegaram até a minha infância no relato dos remanescentes de sua escravatura."

Esse potentado foi esposo de *D. Maria Wanderley*, natural de Porto Calvo. É tradição que, quando se casou, trouxe para seu lar uma vultosa riqueza, com pesadas e custosas jóias de família.

Em condições de etnologicamente corporificá-las, melhor estaria o *Cel. Sebastião Lins Wanderley*, do engenho Camaragibe, casado com *Gertrudes Lins Wanderley*, e cujas festas de aniversário, em dias de Reis, ficaram tradicionais.

Ele, o Barão de Granito, ou qualquer de seus irmãos, e bem assim o Baixa do Rosário, eram Wanderley através de várias gerações.

Pedro Wanderley distinguiu-se apenas pela sua boemia e espírito de contradição.

Não era unicamente um boêmio a Chanfort, considerando o mais perdido de todos os dias, aquele em que não rimos.

Tinha mordácia, ironia, maldade, desejos de ferir. Espírito de contradição, era um vulto digno de ser estudado por Poggi Florentini, autor em 1470, da facécia sobre a obstinada mulher do piolho.

Não tinha de Wanderley senão o sangue.

Em *Sebastião Chaves* encontravam-se qualidades de Wanderley.

Ostentava, porém, a sua generosidade, perdulária, por vezes.

Na mesa do jogo, recolhia o fogo para o cigarro na moeda papel e em banquetes, após a saudação de honra, ocasiões houve em que a toalha era violentamente puxada, a fim de que a louça e, sobretudo, as taças, não servissem para outro brinde.

O *Cel. Otaviano Lins Wanderley Chaves*, irmão de Sebastião, observava melhor o critério bíblico. A mão esquerda não sabia o que a direita dava.

Sebastião Chaves, com quem mantivemos relações e em cujas magníficas festas tomamos parte, tinha sangue de Wanderley apenas pela via materna.

Sua mãe, *Feliciana Acioli Lins Wanderley*, do engenho Castor, distrito de Ubiratinga, antigo Pau Branco, era irmã de *Sebastião Wanderley*, o Baixa.

Pelo lado paterno, *Sebastião Chaves* e seu irmão Cel. *Otaviano Lins Wanderley Chaves*, eram filhos de *Francisco Gonçalves Chaves*, português de Trás os Montes, natural da cidade de Chaves.

Mas, voltando a tratar da influência holandesa na vida brasileira, temos ressalvas a fazer às afirmações de que a guerra flamenga é que nos trouxe o espírito de independência de que fala Arthur Orlando, a liberdade de consciência, na frase de Joaquim Nabuco.

Tem razão *Gilberto Freyre*, falando-nos na *consciência da espécie*.

Mas o espírito de autonomia existia já na época de *Duarte Coelho*, como mais tarde na do *Governador Jerônimo Furtado* e na própria guerra flamenga, à qual *Francisco Martins e Paulo Gomes Lemos* mandaram 5 filhos e *Gonçalo Velho* 4, e onde batalhavam os 4 Abreus e os 19 irmãos de Manoel Batista.

Capítulo IV
O SANGUE INDÍGENA

O sangue vermelho atuou fortemente na família pernambucana.

O maior povoador nordestino foi *Jerônimo de Albuquerque* e grande parte de seus descendentes provém do cruzamento com Muyra Ubi, a princesa dos Tabajaras, depois batizada com o nome de *Maria do Espírito Santo Arcoverde*, de quem teve 8 filhos o Adão pernambucano: *Manuel de Albuquerque, André de Albuquerque, Jerônimo de Albuquerque Maranhão, Catarina Albuquerque, Isabel Albuquerque, Antonia Albuquerque, Joana Albuquerque e Brites de Albuquerque.*

50 foram os netos de *Maria Arcoverde*: *Jerônimo de Albuquerque Mello, Salvador de Albuquerque Mello; Maria Albuquerque* (1ª) e *André de Albuquerque Mello*, filhos de *Manuel de Albuquerque e Maria Mello; Manuel de Albuquerque* (3º), *Isabel Albuquerque, Joana de Albuquerque, Catarina de Albuquerque, Luiza Albuquerque, Jerônimo de A, Mello, Antonio Albuquerque, André Albuquerque* (2º), *Gonçalo Albuquerque, Afonso de Albuquerque* (4º) e *Maria de Albuquerque* (9ª), filhos de *André de Albuquerque* (1º) e *F. Gaspar; Antonio de Albuquerque Maranhão, Matias de Albuquerque Maranhão* e *Jerônimo de Albuquerque Maranhão*, filhos de *Jerônimo de A. Maranhão e Joana C. Branco; João C. de Albuquerque* (1º), *Lourenço C. de Albuquerque* (1º), *Jerônimo Cavalcanti de Albuquerque* (1º), *Felipe C. Albuquerque* (1º), *Genebra C. de Albuquerque*, esposa de *Felipe Moura, Joana C. de Albuquerque, Margarida Cavalcanti*, esposa de *João Gomes de Mello* (2º), *Catarina de Albuquerque* (9ª), consorte de *Antonio de Holanda, Brites, Felipe e Antonio C. de Albuquerque* (1º), casado com Isabel de Goes, filhos de *Catarina de Albuquerque e Felipe Cavalcanti; Leonardo Moura e João Moura*, filhos de *Isabel de Albuquerque e Felipe Moura; Gonçalo Mendes Leitão* (2º), *Jerônimo Leitão de Albuquerque e Jorge Leitão de Albuquerque*, filhos de *Antonia de Albuquerque e Gonçalo Mendes Leitão; Pedro, Gregório, Brites, Gaspar, Ana, Jerônimo, Maria e Álvaro Fragoso; Gaspar, Domingos e Francisco Dias de Ataíde*, filhos de *Brites de Albuquerque* (3ª) e *Gaspar Dias de Ataíde; Conrado, Bartolomeu, Suzana, Maria e Nataniel*, filhos do segundo casamento de *Brites de Albuquerque* com *Cibaldo Lins* (2º). Dessa meia centena de netos da filha do cacique, provém larga e ilustre descendência. Somente sua filha Catarina teve 37 netos.

Período houve em que o prurido de fidalguia exigia que os Albuquerques, oriundos do casamento legítimo de Jerônimo com Felipa Mello, acrescentassem sempre o Mello ao Albuquerque.

Deu-se depois o reverso da medalha, com a preocupação de salientar o nome indígena.

O cardeal *D. Joaquim Arcoverde Cavalcanti de Albuquerque* e seus irmãos reproduziram o apelido Arco Verde, que não era o de seus genitores Cel. *Antonio Francisco de Albuquerque Cavalcanti* e *Marcolina Dorotéa de Albuquerque Cavalcanti*.

O Dr. Antonio *Francisco de Albuquerque* Arco Verde, rebento do casal, transmitiu o nome da primeira indígena aos filhos: Antonio, Francisco, Gilberto, Alice e Leonardo.

Este, esposo de *Carolina Lins*, deu o apelido de Arcoverde aos filhos: Maria, Leonardo, Mário, Belmiro, Antonio e Carolina.

Mas *Jerônimo de Albuquerque* não teve ligação indígena apenas com a filha do chefe tabajara.

Mamelucos eram também os seus filhos *Tomé de Albuquerque, Francisco de Albuquerque, Gaspar de Albuquerque, Lopo de Albuquerque, Pedro de Albuquerque, Felipe de Albuquerque, Antonio de Albuquerque, Salvador de Albuquerque, Jorge de Albuquerque, José de Albuquerque, Ana de Albuquerque*, casada com *Jerônimo de Vasconcelos* e *Maria de Albuquerque*.

Jerônimo de Albuquerque possuía escravos vermelhos, mas deles não se esqueceu. São do seu testamento as seguintes palavras: "Declaro que tenho vários escravos do gentio desta terra e alguns, por ora, eu estou em dúvida se tenho mal resgatados e porque até o presente, não tenho feito diligência sobre a certeza desse negócio, quero e mando que não fazendo eu em minha vida que os meus testamenteiros o façam e saibam muito inteiramente e achando algum que seja mal resgatado o tenham e tratem como forros, lhe declarem que o é, para de si fazer o que lhe aprouver, como se costuma". Também *Pedro de Albuquerque*, filho de *Jerônimo*, esposou Catarina, mameluca, filha de *Francisco Caldas*.

Família das mais importantes, a de Pessoa, a que pertencem os Rego Barros, Barreto, Holanda Barreto e vários outros, é oriunda de *Antonio Fernandes Pessoa* e *Maria Barrozo*, filha de *Diogo Gonçalves* e de índia, "ao que se supõe".

Filhos mamelucos tiveram *Antonio Cavalcanti, Diogo Fernandes, Diogo Gonçalves, Gaspar Fragoso, Felipe Bandeira de Mello, Felipe Moura, Francisco Caldas, Miguel Fernandes Távora, Pedro de Albuquerque, Pedro de Albuquerque Silva* e muitos outros que vêm citados em *Almeida Prado*.

Extraordinários foram os entrelaçamemtos entre o branco e o vermelho no norte e no nordeste. Um dos exemplos está no Barão de Cotegipe.

BIBLIOGRAFIA

ABREU, CAPISTRANO – *Capítulos de história colonial*

AGUSTIN, ANTONIO – *Dialogo de las armas y linages de la noblesa*

ANDRADE, ALMIR – *Formação de Sociologia Brasileira*

APUNTE, PENTE – *Luzeiro de la noblesa*

AZEVEDO, LUCIO – *História dos cristãos novos portugueses*

BARRETO, CASTRO – *Povoamento e população*

BARROS, GAMA – *História da administração de Portugal*

BASTOS, MARQUÊS DE – *Memórias diárias*

BELO, JULIO – *Memórias de um senhor de engenho*

BORGES DA FONSECA, J. A. V. – *Nobiliarquia pernambucana*

CALADO, MANOEL – *Valeroso lucideno*

CARVALHO, ALFREDO DE – *Estudos pernambucanos*

COSTA, PEREIRA DA – *Dicionário de pernambucanos célebres*

COUTO, LORETO – *Desagravo do Brasil e Glórias de Pernambuco*

CUNHA, ANTONIO – *Obelisco português*

DORNELAS, ANTONIO – *Tombo genealógico*

FLORENCIO, LUNGO – *Uomini e cose del quattrocente*

FREYRE, GILBERTO – *O Nordeste*

FREYRE, GILBERTO - *Olinda*

FREYRE, GILBERTO – *Um engenheiro francês*

FREYRE, GILBERTO - *Sociologia*

FREYRE, GILBERTO – *Guia prático histórico e sentimental da cidade do Recife*

FREYRE, GILBERTO – *Casa Grande e Senzala*

FRUTUOSO, GASPAR – *Saudades da terra*

GIO, PIETRO – *Istoria delle corone delle nobilitá de Italia*

GODIEL, JERONIMO - *Compêndio*

HOLANDA, SERGIO – *H. da Civilização brasileira*

JABOATÃO, SANTA MARIA – *Catálogo genealógico*

LEVY, JOÃO – *H. de uma viagem à Terra do Brasil*

LIMA, OLIVEIRA – *Pernambuco e seu desenvolvimento histórico*

MACHADO, LACERDA – *A família Acciaioule*

MELLO, MARIO – *Aspectos de história*

MELLO NETO, GONSALVES DE – *No tempo dos Flamengos*

MOLINA, ARGOTE – *Historia de la noblesa de Andaluzia*

MOREIRA, MANOEL – *Teatro histórico e genealógico*

NABUCO, JOAQUIM – *Um estadista do Império*

SALGADO, JUAN – *Sumário da ilustríssima família Vasconcelos*

SEGURO, PORTO – *História do Brasil*

SERAFIM, MANOEL – *Notícia de Portugal*

SOUTHEY, R. – *H. do Brasil*

SOUSA, A. CAETANO – *H. genealógica da Casa Real Portuguesa*

TORRES, AFONSO - *Nobiliário*

XAVIER, CARLOS – *Feriados do Brasil* – 3º volume

XAVIER, CARLOS – *Rio Branco, o geógrafo*

TÍTULO 11
GENEALOGIA* DA GRANDE FAMÍLIA COLONIZADORA HOLANDA CAVALCANTI DE ALGUQUERQUE MELO BARRETO

Capítulo I
ALBUQUERQUE

— A —
PRÉ ALBUQUERQUE

As pesquisas do embrião dos Albuquerque demanda longa viagem espiritual, retrospectiva, através das idades. Tornar-se-ia preciso ir além dos reis da Espanha.

Ao tratarmos das estirpes Afonso e Ramirez, começamos pelo rei Teodoreto, falecido em 451, e passamos por monarcas de Astúrias, Leão, Oviedo e Espanha; soberanos de Aragão e Navarra, senhores de Biscais e condes de Barcelona e Castela, para chegarmos a Afonso Henriques, 1º rei de Portugal.

Os antecessores imediatos de Albuquerque foram, porém, os Menezes de berço quase lendário.

O Nobiliário, de Afonso Torres, reporta-se a Afonso Teles (I), chamado por Borges da Fonseca, Afonso Senior e, por outros, Afonso Peres, proprietário de Menezes. Pai de:

F I – Tel Peres (1) ou Tel Sanches, célebre caçador, casado com a fugitiva Ximena, que a "Nobiliarquia Pernambucana" apresenta, de acordo com Antônio Caetano, como filha de Fruela II, rei de Leão e de Maria Ximena. Antônio Brandão supões filha de Bermudo. Mais acertada nos parece a opinião dps qie fazem-na oriunda do terceiro rei de Leão: Ordonho II e de Munia Elvira, esta filha do conde Mendo Gutiérres e Ermesenda Ordonho II, autor intelectual do assassinato dos condes de Castela, era filho

---

*. Adotamos aqui o sistema usado em Genealogia:
  + quer dizer falecido
  c.c. casado com
  F, N, B, T, Q, P, S, são abreviaturas de filho, neto, bisneto, trisneto, quatrisneto, pentaneto, e neto em 6º grau, do mesmo modo que:
  7, 8, 9, 10, devem ser entendidos como sendo netos em 7º, 8º, 9º, 10º grais, e assim por diante. Por outro lado, os algarismos que se seguem, representam a quantidade de pessoas em idêntica linha de parentesco. Assim, por exemplo: Luiz de Albuquerque 21/19 significa: que se trata de neto de Tel Peres, por quem é iniciada a estirpe, em 21º grau e constitui a 19ª entidade da mesma linha.

de Afonso III, o Magno, 1º rei de Leão e também monarca de Astúrias e Galisa, casado com Ximena de Navarro e que será descrita em trabalho sobre Menezes. Pais de:

N 1 – Tel Peres (3) batalhador em Toledo.
N 2 – Afonso Peres (2). Afonso Teles, ou Afonso Ordenhos, casado co Justa. Salvador de Moya, em "Anuário Genealógico" (ano VII 1955), dá a seguinte sucessão. Pais de:
B 1 – Orlando Pais. Pai de;
T 1 – Pedro Bernardo de São Fagundo, casado com Maria Soares Amaia, filha de Mem Gonçalves Maia e Leovigilda Soares.

Salvador de Moya em "Anuário Genealógico Latino", ano VII, 1955, apresenta Pedro Bernardes como filho de Bernardo Dias, n.p. de Rodrigo, duque de Astúrias e conde de Oviedo e Ximena e b.p. de Afonso e Gonnia. Rodrigo Afonso era filho de Afonso Ordonho e Justa.

Seguindo a indicação torreana, teremos:

T 2 – Rodrigo I, duque de Astúrias e conde de Oviedo, c.c. Ximena, filha de Afonso V de Leão. Pais de:
Bernardo Dias, casado com F, filha de Afonso Teles (3). Pais de:
T 3 – Pedro Bernardes de S. Fagundo, c.c. Maria Soares Amaia, filha de Mem Gonçalves Maia e Leovigilda Soares, com descendência descrita nos capítulos Maia e Soares. Pais de:
Q 1 – Tel Peres de Menezes (1), conde de Barcelos, rico homem de Carion c.c. Urraca Garcia ou Controda Garcia. Pais de:
P I – Afonso Teles de Menezes, conde de Barcelos, casado com Teresa Sanches, filha bastarda de Sancho, rei de Portugal e Maria Paes Ribeiro. Pais de:
S I – João Afonso Teles de Menezes (2) casado com Leonor Gonçalves Girôa, filha de Gonçalo Rui Girão.

Autores há que chamam-na de Elvira e outros de Berenguela.

Deixaremos aqui a relação de Salvador de Moya. Pais de:
9 . I – Rodrigueanes Teles de Menezes, c.c. Tereza Anes Martins (1), filha de Martim Gonçalves Soverosa e Inez Fernandes de Castro. Pais de:
8 . I – João Afonso Teles de Menezes (3), conde de Barcelos e autor do Nobiliário; em Maria Gomes: Afonso e Maria, Maria Menezes, viúva de João Garcia. Pais de:
9 . I – Tereza Martins (2), e não Severa (como está no Nobiliário, p. 152. V), casada com Afonso Sanches, mordomo-mor do reino, senhor de Vila do Conde, onde fundou o mosteiro de Santa Clara. Era filho do sábio e amoroso monarca D. Diniz, que, além de Afonso IV e Constância, de sua esposa Santa Isabel de Aragão, teve, fora do leito nupcial: em Maria Peres, João Afonso, o Degolado; em Maria Garcia, D, Pedro, Conde de Barcelos e autor do Nobiliário; em Maria Gomes, Afonso e Maria, casada

com Juan de La Cerda, e em Aldonça Rodrigues Telha, filha do fidalgo Rui Gomes Telha e Tereza Gil: Pedro Afonso (2), Maria Afonso Sanches e Afonso Sanches.

Há quem afirme que D. Diniz esposara às ocultas com Aldonsa Telha.

Afonso Sanches, pela estima paterna, incorreu no desagrado do irmão que, mais tarde seria Afonso IV, o autor intelectual da morte de Inez de Castro e que se rebelaria contra D. Diniz, seu genitor.

— B —
ALBUQUERQUE PORTUGUÊS

I
Tradições e armas

Na velha Lusitânia, grande foi o prestígio dos Albuquerques. O nome tinha, segundo *Francisco Mascarenhas*, a fortuna de Cesar e o favor de Deus. Frei *Antonio Gouveia*, citado no "Tombo Genealógico" – sob a direção de *Gusmão Navarro*, chegara a dizer, em sermão, que, assim como o sol obedecera a *Josué*, assim também o mouro e o gentio se subordinavam aos Albuquerques.

D João lhes deu armas constituídas por um leão pardo em campo de ouro, passavante de púrpura junto a uma cruz de cor preta, sobre pé verde e contendo um chefe de prata com cinco estrelas vermelhas de orla azul e cinco estrelas de prata lavradas de preto. Formava o timbre um leão de asas com uma estrela de prata na espádua.

O brasão sob nº 14 da sala de Cintra, consistia em escudo esquartejado – 1º e 4º, de prata, com 5 escudetes de azul, em cruz, carregado, cada um, de 5 besantes no campo e um filete de negro sobreposto em banda; o 2º e o 3º em vermelho, com 5 flores de lis de ouro. Servia-lhe de timbre uma asa vermelha.

Os Albuquerques poderiam inscrevê-la em suas armas. Não eram apenas Marqueses de Ferreira e Angela e Condes de Vila Verde. Figuraram em casa reais.

Sobre a nobreza da família, versejava *D. João Ribeiro Gaio*:

"Do limpo sangue dos godos
do filho del rei Diniz
e de Tereza Martins,
vêm os Albuquerques todos,
Com as quinas e a flor de lis."

São de *João Rodrigues* os versos seguintes:

"As cinco flores de lis,
com quinas em quarteirão,
os Albuquerque trarão
os que D'El Rei D. Diniz
Trazem sua geração.
E por tocar tal estado
Sangue que tem tal mistura
Por tão honrada natura
Digno de ser nomeado."

II
A estirpe em Portugal

Afonso Sanches e sua esposa tiveram fama de santidade. Vários milagres lhes são atribuídos.

Eram senhores do castelo de Albuquerque, denominação que veio a constituir apelido de família.

Para Sommier, significa casa grande. Parece mais procedente a origem latina – carvalho branco. Albus quercum ficava entre o Tejo e Gualdeuver. Viveu em lutas com seu irmão Afonso IV, sogro de Inez de Castro.

De Afonso Sanches e Tereza Martins, provêm:

10 . I – Alferes João Afonso de Albuquerque, o bom, também conhecido por Ataude, e a quem, em 1517, D. Pedro mandara matar. Era senhor de Albuquerque e Medelen. Ao Ataude não deu filhos sua esposa Isabel Menezes, filha de Telo Afonso e Maria Portugal.

Houve de Maria Rodrigues Barba, filha de Rui Mendes Barba e Ana Martins Alardo, os constantes da menção abaixo:

11 n 1 – Brites de Albuquerque (1ª) c.c. Afonso Teles de Menezes 5. Pais de:
12. 1 – João Teles, c.c. princesa Isabel, filha de D. Fernando.
11. 2 – Martim Gil, adelantado de Portugal.
11. 3 – Maria Afonso Albuquerque, esposa de Gonçalo Teles de Menezes, conde de Neiva, e irmão da rainha Leonor Teles.
11. 4 – Fernão Afonso de Albuquerque (I), mestre de Santiago, alcaide-mor e guarda, embaixador na Inglaterra, senhor de Vila Nova e Madeleine, alferes de D. Pedro I. Borges da Fonseca apresenta-o c.c. a inglesa Laura. Dão-no outros c.c. Laura Telo, filha de João Afonso Telo e Maria Telo, neta de D. Afonso de Molina, Constância de Aragão, Afonso Porto Alegre e Violante Manoel. Laura Teles casou-se, depois, com D. Fernando de Lara. Pai de:
12. 2 – Joana de Albuquerque 2, casada com Marechal Gonçalo Vaz Coutinho. Pais de:

13. 1 – Bispo Álvaro Coutinho
13. 2 – Isabel Coutinho c.c. Gomes Freire. Pais de:
!4. 1 – Marechal Vasco Fernandes Coutinho 3.
12. 3 – Tereza de Albuquerque c.c. Vasco Martins da Cunha. Pais de:
13. 3 – F...
13. 4 – Bispo Gonçalo Vaz da Cunha
13. 5 – Pedro Vaz da Cunha, c.c. Tereza de Ataíde
13. 6 – Martim V. da Cunha
13. 7 – Lopo Vaz da Cunha
13. 8 – Soeiro Vaz da Cunha
13. 9 – Gil Vaz da Cunha
13. 10 – Afonso Vaz da Cunha
13. 11 – Isabel de Albuquerque I c.c. Gonçalo Vaz Melo. Este, como se vê a fls. II da Nobiliarquia Pernambucana, provém de Gonçalo Vaz Melo (2), alcaide-mor de Évora e Moura, senhor de Castanheiro, morgado de Táboa, filho de Gonçalo Vaz Melo (1) e Constância Martins e neto de Vasco Martins de Melo, alcaide de Cuora, e Tereza Correia.

O casamento de Gonçalo Vaz Melo (2) com Isabel de Albuquerque, renovou o parentesco de três grandes famílias: Albuquerque, Cunha e Melo. Pais de:
14. 2 – Pedro Vaz Melo, 1º conde de Atalaia, c.c. Isabel Noronha. Pais de:
15. 1 – Leonor Noronha
15. 2 – Isabel, casada com João Lopes de Mendonça
14. 3 – Leonor Vaz de Albuquerque, c.c. João Gonçalves Gomide, ou João Álvaro Gomide, senhor de Vila Verde, alcaide-mor de Óbidos, Torre Vedras, Lisboa e Alencar, escrivão da puridade de D. João 1º, posto em que o confirmou D. Duarte, a 16 de novembro de 1455, e dono dos maiores privilégios.

Era filho de Gonçalo Lourenço Gomide, em 1360 alcaide-mor de Óbidos, e de Inês Leitão, n.p. de Nuno Vaz Gomide e materno de Vasco Leitão, este filho de Estevão Leitão ou Gonçalo Lourenço.

Gomide significa faca do mato. É o nome de certa freguesia do Minho, Conselho de Regalados.

Lourenço Gonçalves Gomide gozou do mais alto prestígio como escrivão da puridade del-rei. Era senhor de Vila Verde e possuidor do senhorio de várias quintas e casas. Foi cavaleiro em 1416.

Há quem afirme ter sido Gil Esteves o pai de João Gomide.

Sanches Baena e Antônio Baião mostram que o equívoco deriva de ter Gil Esteves deixado a herança a João Gomide.

Este, em acesso de cólera, matou injustamente a mulher.

Revoltou-se o povo que, a 24 de maio de 1437, o degolou em praça pública.

Seus filhos, executando ordens da sentença, tomaram o nome materno.

Está omissa a lista de fls. 353 vol. II da Nobiliarquia Pernambucana.

15. 3 – Fernão A. de Albuquerque 2º

15. 4 – Afonso de Albuquerque, guarda-mor e estribeiro do rei, mais notável de todos os filhos de João Gomide, governador da Índia, senhor de Alhandra, Conselheiro Real e capitão-mor da Pérsia, Ormuz e Malaca.

Tornou-se célebre por feitos assombrosos em Poro, Aczera, Cochim, Mozart e Ormuz. De todos os portugueses que, na Ásia e na África se dilataram e deram prestígio à bandeira das quinas, foi o mais distinto e memorável, afirma Cândido de Figueiredo, nos "Episódios célebres de Portugal".

Faleceu em 1315.

Não tendo prole legítima, deu, em testamento, a Quinta de Vila Verde ao bastardo Braz, depois chamado Afonso 2º, por determinação de D. Manuel, que o casou com D. Maria Noronha (15), filha do primeiro conde de Linhares, segundo relatam as "Notas genealógicas" de João Mendes de Almeida. Afonso também é dado como filho de Gonçalo de Albuquerque e Leonor Menezes.

15. – Gonçalo de Albuquerque, folho de João Gomide, foi o esposo de Leonor Menezes. Pais de:

16. 1 – Fernão de Albuquerque (3) c.c. Catarina Silva

16. 2 – Afonso de Albuquerque (3) c.c. Maria Menezes. Pais de:

17. 1 – Afonso de Albuquerque (4), governador da Índia

16. 3 – Isabel de Albuquerque (3) c.c. Fernando de Sousa

16. 4 – Constância de Castro, c.c. Fernando Noronha

15. 6 – Pedro de Albuquerque (1) c.c. Leonor Sampaio. Pais de:

16. 5 – Lopo de Albuquerque (1)

16. 6 – Jorge de Albuquerque Albuquerque (1)

15. 7 – Joana de Albuquerque (3ª), filha de Gomide e que Salazar e Afonso Torres mencionam como de Fernão, c.c. o Comendador e Alcaide-mor de Faro, Jorge Barreto Castro.

Este, apesar dos estreitos laços de afinidade com Afonso de Albuquerque (1) e de seu companheiro de batalha, viveu com ele em franca desinteligência, conforme refere Antônio Baião em "Afonso de Albuquerque". A sua atitude provocou discórdias sérias entre os dois grandes conquistadores: Afonso de Albuquerque e Francisco de Almeida.

15. 8 – Isabel de Albuquerque (2)

15. 9 – João de Albuquerque (1), o Azeite, filho de João Gomide e de Leonor Albuquerque, c.c. Leonor Lopes, filha do Henrique Leão, tn. p. de Nuno e pn. p. de Pedro Soares Leão. Pais de:

16. 7 – Matias de Albuquerque (1), vice-rei da Índia, valente batalhador. Morreu solteiro, deixando os haveres a Manoel de Albuquerque (1), seu sobrinho, filho de Lopo de Albuquerque.

16. 8 – Jorge de Albuquerque (2), o grande capitão de Malaca, onde teve por companheiro Duarte Coelho, foi o genitor de Maria de Albuquerque (4) em 1542, dama de honra de D. Catarina.

16. 9 – Francisco Albuquerque (1)

16. 10 – Maria L. Albuquerque (1)

16. 11 – Lopo de Albuquerque (2º), alcunhado o bode, filho de João de Albuquerque, c.c. Joana Bulhão, viúva de João Melo (8) e filha de Afonso Lopes Bulhão, cidadão de Lisboa (parente de Santo Antonio) e de Isabel Gramacho, filha de Pedro Nunes Gramacho. Pais de:

17. 2 – Manoel Albuquerque (1) c.c. Margarida Sousa ou Catarina Noronha.

17. 3 – Frei Afonso de Albuquerque (5)

17. 4 – Antônio de Albuquerque (1)

17. 5 – Isabel de Albuquerque (4) c.c. Manoel Moura, cuja descendência se encontrará em Moura.

17. 6 – Jerônimo de Albuquerque (1), o último, que será tratado mais adiante.

17. 7 – Maria de Albuquerque 2ª, c.c. Tristão de Mendonça

17. 8 – Brites de Albuquerque (2), c.c. Duarte Coelho, donatário de Pernambuco e que será apreciado em outro estudo.

17. 9 – Ana de Albuquerque, citada por Afonso Torres.

17. 10 – Francisca de Albuquerque (2), também mencionada pelo linhagista acima.

17. 11 – Joana de Albuquerque (3) c.c. Aires Saldanha.

— C —
ALBUQUERQUE EM PERNAMBUCO

I
Armas e tradições

Quando vieram os Albuquerque para Pernambuco, traziam as armas que mais tarde foram reconhecidas em favor de *João Coelho Albuquerque*. Consistiam em um escudo partido em 3 palas. Na 1ª, vermelha, via-se uma torre de prata por baixo de uma asa negra. A 2ª, de ouro, achava-se em cruzeiro. A 3ª era cortada em faixa, tendo de um lado 5 gralas de ouro em santor e na outra 2 palas de ouro com faixa de vermelho. Os brasões estavam sob o nº 14 na sala de Cintra.

Grandes eram as tradições da família a cujo respeito dizia Camões:

"Esta luz é de fogo e das luzentes
Armas com que Albuquerque irá amansando
De Ormuz os Párseos..."

Os Albuquerque em Pernambuco tiveram também os seus vates, entre os quais *Bento Teixeira Pinto*, que escreveu na "Prosopopeia", poemeto laudatório em homenagem a *Jorge de Albuquerque*:

*"Que eu canto um Albuquerque soberano
Da fé cara pátria firme rumo.
Cujo valor e ser, que o céu lhe imprime,
Pode estancar a lácia e grega – lira."*

II
A estirpe em Pernambuco

Dois filhos de Lopo vieram para Pernambuco: *Brites de Albuquerque* (3), c.c. *Duarte Coelho* e que terá seu estudo especial, e *Jerônimo de Albuquerque* (1).

Interessa-nos aqui o último, guerreiro, colonizador e tronco da grande família brasileira.

Acompanhou o seu cunhado, *Duarte Coelho*. Em Pernambuco viveu 50 anos. Governou 10. Empenhou-se em sérias lutas contra os indígenas. Faleceu a 22 de fevereiro de 1584, em Olinda.

Chamavam-no o torto por ter perdido uma das vistas nas primeiras lutas contra os aborígenes.

A
DÚVIDAS SOBRE A DESCENDÊNCIA
DE JERÔNIMO DE ALBUQUERQUE

Afonso Torres atribui ao ilustre colonizador trinta e três filhos legítimos, ilegítimos e legitimados.

Há a tradição de 35 que analisaremos a seguir.

Tem sido discutido o estado civil de *Jerônimo de Albuquerque* (I). Sustenta *Fernando Fragoso* que ele não teve senão filhos naturais e que a tradição do casamento foi pura fantasia do abade *Jerônimo de Albuquerque*, neto do irmão de *Brites de Albuquerque*, a fim de ter direito à entrada na casa de Albuquerque. Frei *Ludovico da Purificação* contestou, vantajosamente, o manifesto a respeito. Sua contradita se acha transcrita à página 283 do Vol. I e 354 do II da N. P. Todos os demais linhagistas se referem ao casamento de *Jerônimo*, por determinação da rainha D. Catarina, com a filha de *Cristovão Melo* (2). Tinha, então, segundo se refere *Afonso Torres*, 13 filhos perfilhados. Basta, para a prova do consórcio, a leitura do testamento, feito no engenho Nossa Senhora da Ajuda, em Olinda, a 13 de novembro de 1584, e que continha a designação, para testamenteiros de *Jorge de Albuquerque, Felipe Cavalcanti, Álvaro Fragoso, Jorge Teixeira* e *Felipe Moura*. Constam dele nove filhos legítimos: João, Afonso, Cristovão, Duarte, Jerônimo, Cosma, Felipa, Isabel e Maria. Fernão Sá refere-se a Luzia e a Jorge que Borges da Fonseca supõe falecido na data do testamento. Aos ilegítimos solteiros deixou 500.000 réis.

Vários autores têm estudado apressadamente a descendência de Jerônimo de Albuquerque.

Jaboatão, Loreto Couto, Roque Leme, são deficientíssimos. Borges da Fonseca tem alguns enganos.

A "Revista Genealógica Brasileira", no nº 10, ano V, anunciou o Catálogo Genealógico de Jaboatão, refundido e atualizado, da lavra do ilustre escritor Afonso Costa e traz a 1ª parte do trabalho que se refere à família Albuquerque.

Para mostrar os enganos contidos, transcreveremos tópicos da primeira carta que, sob o assunto, endereçamos ao ilustre diretor daquele periódico e que foi publicada.

Ilustre confrade *Coronel Salvador de Moya*:

Li, no nº 10, Ano V, da "Revista" sob sua digna orientação, a primeira parte do "Catálogo Genealógico de Jaboatão Refundido e Atualizado", da lavra do ilustre homem de letras *Dr. Afonso Costa*.

A reedição, devidamente anotada da citada obra, constituiria serviço de alta valia à genealogia nordestina.

A tarefa é difícil e somente pode ser levada a efeito por quem, além de especializado na matéria, conheça porficientemente a história do Brasil e, sobretudo, a da colonização nordestina.

Acredito que *Afonso Costa* consiga, nos capítulos a seguir, trazer-nos esclarecimentos na altura da moderna genealogia que não mais pode resumir-se em registros de nascimentos, casamentos e óbitos.

Infelizmente, porém, a parte inicial está eivada de sérios enganos. São repetidos e, pois, avalizados, ou, ao menos endossados, todos os erros cometidos pelo antigo membro da "Academia dos Esquecidos".

Vários desses defeitos eram justificáveis na época em que viveu Antonio de *Santa Maria Jaboatão* sem as achegas que hoje possuímos. Atualmente nem sequer seriam explicáveis.

Parece-nos que o acadêmico de letras carioca não quis fazer o confronto entre o trabalho do notável frade pernambucano e as fontes em que ele se inspirou.

Poderíamos aguardar a publicação integral do livro para emitir opiniões. Não visamos, porém, corrigir e sim colaborar. É possível que não estejamos com a razão e se assim for, daremos oportunidade para que o atualizador do "Catálogo Genealógico" venha ratificar as suas afirmações. Em caso contrário, estamos certos, será o primeiro a retificá-las.

Logo na primeira página, correspondente à de nº 275 da "Revista Genealógica Brasileira" vê-se: "*Jorge de Albuquerque*, regressando da Índia a Lisboa em 1527, promoveu e realizou o casamento do primeiro donatário de Pernambuco, com a sua sobrinha *Brites de Albuquerque* e, por isso, em 1530, ao vir *Duarte Coelho Pereira* tomar posse e administrar a sua capitania, veio com ele o seu cunhado *Jerônimo de Albuquerque*".

Há aqui anacronismo. Em 1527 não havia donatário cuja posse jamais poderia ser em 1530, porquanto em 1534 é que *D. João III* resolveu dividir o Brasil em Capitanias Hereditárias. *Duarte Coelho* que, erradamente, alguns chamam de *Duarte Coelho Pereira*, engano que também já cometemos, somente em 1535 tomou posse da capitania, doada por ato de 10 de março de 1534, ratificado a 25 do mesmo mês.

No período imediato declara: "De tal maneira este se houve em empresas e conquistas, com esforços e lealdade que andam escritas, quais a de vencer os índios do monte de Olinda e de aí fundar a povoação que transformara em aldeia, do mesmo modo estabelecer pazes permanentes com os índios e a muitos converter à fé e à amizade dos portugueses, que lhe fora dada para mulher a índia Arco-Verde, considerada princesa entre os da sua tribo. Batizada, depois, passou esta a ser *Maria do Espírito Santo Arco-Verde*."

A expressão "dada para mulher" parece indicar casamento e não amancebia. O erro, porém, consiste na asserção de que a princesa indígena fora dada em recompensa de serviços ao Adão pernambucano, quando é sabido que este, no combate de 2 de janeiro de 1547, ao aproximar-se da ocara indígena, recebeu uma flechada, ficando prisioneiro. Condenado à morte, salvou-o a muyra-ubi, que o levou ao acampamento dos brancos. A ela uniu-se. Não é também certo que houvesse paz permanente com os índios. Solidarizaram-se os da tribo de *Maria do Espírito Santo Arco-verde*, nome como foi conhecida depois de batizada, a companheira do grande colonizador.

A seguir vê-se: "Com Arco-Verde teve Jerônimo de Albuquerque vários filhos bastardos: 1 – *Catarina de Albuquerque* c.c. D. Felipe Cavalcanti. 2 – *Brites de Albuquerque*, c.c. *Cibaldo Lins*. 3 – *Jerônimo de Albuquerque*, c.c. Catarina Pinheiro Feio. 4 – *Simôa de Albuquerque*, c.c. Jorge Teixeira e depois com *Damião Gonçalves Carvalhosa*". Em nota acrescenta os três filhos e descreve Jerônimo de Albuquerque Maranhão.

Temos a objetar, em primeiro lugar, que o termo *bastardo* está mal empregado, desde que houve perfilhação pelo rei de Portugal. As ordenações do reino, equiparando, para todos os efeitos, os perfilhados aos legítimos, não autorizavam tal denominação. 13 foram os perfilhados.

De Brites de Albuquerque cita o 2º marido com pleno esquecimento do primeiro: *Gaspar Dias de Ataíde*, de quem teve vários filhos. Não há razão para começar a descrição por Jerônimo de Albuquerque Maranhão, 3º filho, deixando de lado Manoel e André que, além de filhos, eram concunhados de *Jerônimo de Albuquerque*. Simôa não era filha de Maria Arcoverde.

Não é, ainda, exato que o rei tivesse legitimado todos os 9 filhos que cita, de *Jerônimo de Albuquerque* com outras mulheres. A lista, aliás, está incompleta. Além dos 11 filhos de D. *Felipa Melo*, teve mais *Jerônimo de Albuquerque* 24; ao todo 35 conhecidos que lhe deram 83 netos e 187 bisnetos. Em 1561 foram legitimados os 8 filhos de *Maria Arcoverde* e mais 5. A enumeração dos descendentes de Jerônimo de Albuquerque está arbitrariamente organizada. *Damião Gonçalves Carvalhosa*, genro de *Jerônimo de Albuquerque*, por ter se casado com Simôa de Albuquerque, aparece entre *Pedro de Albuquerque Camara* e *Luiz de Sousa Furna*, pertencentes a outro ramo; isto é, ao de Maranhão. Do mesmo modo, Afonso de Albuquerque Melo, filho de *José de Sá e Albu-*

querque e *Catarina de Albuquerque*, não deveria estar incluído na classificação dos descendentes de *Jerônimo de Albuquerque Maranhão*.

Outras observações teremos a fazer de menor importância."

Também, a respeito de um trabalho da ilustre Dra. Adalgira Bittencourt, inserto na Revista Genealógica, sob o título "Genealogia e linhagem dos Albuquerques", tivemos oportunidade de fazer as considerações que se seguem.

A ilustre Dra. Adalgira Bittencourt, na "Revista Genealógica Latina", anos de 1957/1958, escreveu interessante artigo sob o título supra.

Em carta dirigida à apreciada consócia, tivemos oportunidade de fazer as considerações que se seguem:

I – Teresa Martins de Menezes, esposa de Afonso Sanches, não procedia de Berencara e Afonso Teles de Menezes (filho de Rodrigueanes de Menezes e Berenguela Valadares).

II – Os genitores de Teresa Meneses foram: João Afonso Teles de Menezes, Conde de Barcelos, e Teresa Sanches, oriunda de Sancho IV de Castela e Maria Menezes de Molina.

III – Berenguela Valadares, vinda de Lourenço Soares Valadares e Sancha Martins Chacim, casou-se com Afonso Teles de Menezes, grão mestre de Afonso IV de Castela e que provinha das justas núpcias de Gonçaleanes Teles de Menezes com Urraca Fernandes Lima. Era a mãe de Martim Afonso Teles de Menezes e, pois, avó de D. Leonor, rainha de Portugal.

IV – Fernão Afonso de Albuquerque não se originou do casamento de João Afonso com Teresa de Molina, mas era produto de sua união com Maria Rodrigues Barba, derivada de Rui Mendes Barba e Ana Martins Alardo.

V – Não se chamava Isabel, mas Teresa, a consorte de Vasco Martins da Cunha.

VI – Isabel de Albuquerque, filha de Vasco Martins da Cunha, não tivera por marido João Gomes de Melo, mas Gonçalo Vaz Melo, gerado de Gonçalo Vaz Melo e Constância Martins. Eram senhores de Castanheira e Povoas, e pertencentes aos ramos dos castelhões de Évora.

VII – Lopo de Albuquerque não nascera de João Gomide, mas de João de Albuquerque, o azeite, e de Leonor Lopes.

VIII – Este casal teve: Lopo, Fernão, Afonso, Gonçalo, Joana, Isabel e João.

IX – Jorge de Albuquerque, o amigo e companheiro de Duarte Coelho, também não era filho de Gomide, mas de João de Albuquerque.

X – Os irmãos de Lopo eram, além dos três citados, Matias, Francisco e Maria de Albuquerque.

XI – Dez eram os rebentos de Lopo de Albuquerque.

XII – Jerônimo de Albuquerque era o oitavo e não o sétimo, neto de D. Diniz.

XIII – O "Adão Pernambucano" não manteve ligações apenas com índias e com Felipa Melo. Tivera Simôa de Albuquerque, provinda de mulher branca.

XIV – Procurou ainda liames, também, com escravas pretas, que deram nascimento a Joana, Felipa e Jerônima; a primeira e a última deserdadas em testamento.

XV – Jerônimo de Albuquerque gerou 35 pessoas. Não perfilhou 34.

XVI – Catarina de Albuquerque, mulher de Felipe Cavalcanti, não foi a 8ª filha de Maria Arcoverde, mas a 1ª das mulheres e logo após o 3º filho. Era conhecida por "Catarina Velha".

No nº de 1959, da acima citada revista, a douta escritora continuou o seu trabalho.

Permitimo-nos ainda aqui salientar, data vênia, equívocos que necessitam ser retificados.

XVII – É assim que no último escrito permanece Teresa de Molina como genitora de Fernão Afonso, ao invés de Maria Rodrigues Barba, amante de João Afonso de Albuquerque, o Ataude, assassinado por ordem real.

XVIII – Por outro lado, Fernão Afonso não foi marido de Isabel Molina, mas de Laura, que Borges da Fonseca supõe inglesa.

XIX – Deste último casal procede não Isabel, mas Teresa, mulher de Vasco Martins da Cunha. Isabel era filha deste e uniu-se matrimonialmente não a João Gomes de Melo, mas a Gonçalo Vaz de Melo. São os pais de Leonor de Albuquerque, morta pelo próprio marido, João Gonçalves Gomide, que alguns linhagistas nomeiam João Álvares Gomide.

Preferimos o primeiro apelido, porquanto era usado, no tempo, o sistema patronímico e trata-se de filho de Gonçalo Lourenço Gomide.

XX – Gonçalo não era o genitor de Lopo de Albuquerque, mas de Fernão, de Gonçalo, de Isabel, do notável guerreiro Afonso de Albuquerque, e de João de Albuquerque, conhecido por Azeite. Este e Leonor Lopes é que foram os pais de Matias, Jorge, Francisco, Maria e Lopo, casado com Joana Bulhões.

XXI – Há, ainda, engano em colocar-se Teresa de Albuquerque, ora como irmã e ora na qualidade de esposa de Francisco Xavier Cavalcanti de Albuquerque.

XXII – Não está certa a afirmação de que Damião Gonçalves de Carvalho e Simôa de Albuquerque fossem genitores de Francisco Xavier Cavalcanti de Albuquerque, que era filho de Francisco Xavier Bernardes e Ana Cavalcanti. Dúvida poderia haver se o nome era Francisco Xavier Bernardes, como sustentamos, ou Luis Xavier Bernardes, conforme entende Orlando Cavalcanti.

Francisco Xavier e Felipa Cavalcanti de Albuquerque eram pais do célebre Cel. Francisco de Paula de Holanda Cavalcanti de Albuquerque, consorte de Maria Rita de Albuquerque. Do casal se derivaram os Viscondes de Albuquerque, Suassuna e Camaragibe e o Barão de Muribeca.

XXIII – Outro engano é o de fazer os titulares citados descendentes de Braz Teles de Menezes e oriundos do tronco de Jerônimo de Albuquerque Maranhão. Eles provinham do ramo de Catarina de Albuquerque e Felipe Cavalcanti.

XXIV – Pensamos, igualmente, que o Holanda da família não se origina de casamento com holandês e de possuir olhos azuis. A estirpe era Holanda Cavalcanti de Albuquerque.

Felipe Cavalcanti, o primeiro Cavalcanti no Brasil, era, como vimos, casado com Catarina de Albuquerque. Vem daí a haste Cavalcanti de Albuquerque.

Três filhos de Felipe Cavalcanti e Catarina de Albuquerque, Catarina, Felipe e Antônio casaram-se com três filhos de Arnau de Holanda e Brites Mendes de Vasconcelos: Cristovão, Antônio e Isabel.

Formou-se, então, a família Holanda Cavalcanti de Albuquerque, que tanto prestígio desfrutou no Brasil e que teve por ancestrais Jerônimo de Albuquerque, Felipe Cavalcanti e Arnáu de Holanda.

Antônio de Holanda Cavalcanti de Albuquerque, embora aparentado com alguns membros da família Wanderley, não teve ascendente algum holandês.

As observações aqui feitas, de modo algum desmerecem o belo estudo da ilustrada Dra. Adalgira Bittencourt.

Ainda em comentário à "História da Casa de Cunhaú", fizemos as considerações abaixo.

I – O ilustre João Maranhão apresenta à fls. 24, Afonso de Albuquerque como nosso ascendente. Não é certo. O famoso combatente da Índia e Ormuz, era filho de João Gonçalves Gomide e de Isabel de Albuquerque, assassinada pelo próprio marido, a quem o povo degolou, motivo pelo qual os filhos, em virtude de decisão judiciária, lhe não tomaram o apelido. Não se casou o notável soldado. Seu filho natural, Braz, depois mudado para Afonso, esposou Maria Noronha. Não é dele que descendemos, mas de João de Albuquerque, *o Azeite*, também filho de João Gomide. Era pai de Lopo e avô de Jerônimo. O grande soldado que Camões supunha capaz de em suas armas amansar os fariseus de Ormuz, era colateral.

II – Não se chamava Teresa Liz, mas Teresa Martins (fls. 49) a esposa de Afonso Sanches, proprietário de Albuquerque, conforme se vê dos próprios versos de João Ribeiro Gaio, transcritos a fls. 6.

III – Jerônimo de Albuquerque não era progenitor (fls 21), mas genitor do fundador de Natal.

IV – A fls. 84, afirma ter sido Álvaro Fragoso, cunhado de Jerônimo Maranhão, o construtor, em 1634, da trincheira do Cunhaú, para segurança contra os flamengos. Há anacronismo. O genro de Jerônimo de Albuquerque e marido de Joana, já não existia. Trata-se de seu filho Álvaro Fragoso de Albuquerque, casado com Maria de Albuquerque, filha de Damião Carvalhosa e Simôa de Albuquerque. Se dúvida houvesse a respeito, seria o caso de consultar as "Efemérides" de Rio Branco, no comentário e data de 23 de outubro de 1634.

O velho Álvaro Fragoso já, em 1614, fora constituído 3º testamenteiro de seu sogro.

V – À fls. 50 cita 11 filhos de Felipa Melo e menciona 9. Faltaram Jerônimo de Albuquerque Melo, esposo de Catarina Abreu e Luzia de Albuquerque, referida na genealogia de seu sobrinho José de Sá Albuquerque.

VI – Reduz o autor, a fls. 50, a 24 os filhos de Jerônimo: 8 de Maria Arcoverde, 11 de Felipa Melo e mais cinco de índias: José, Felipa, Maria, Luzia e Antonia. Há engano: Antonia era, exatamente, a filha de Maria Arcoverde, mulher de Gonçalo Leitão, irmão do bispo Pedro Leitão. Declara o autor que alguns escritores nordestinos elevam, de cinco para doze, o número de rebentos de Jerônimo com outras mulheres índias e brancas, mas pecam por não mencionar o nome dessas criaturas. Ora, já Afonso Torres mencionava 33 filhos. Fomos dos que em números da Revista das Academias de Letras do Brasil, sustentamos que o nosso ascendente tivera, não apenas mais cinco, porém mais 16 filhos, afora os citados; ao todo, 35. Por isso é que foi chamado o Adão de Pernambuco. 24 filhos seriam caso normal e não fora do comum. O próprio Antonio de Sá Maia, casado com Catarina Albuquerque, neta de Jerônimo teve 23 filhos desta e um da 1ª esposa.

Jerônimo de Albuquerque, além dos rebentos de sua união com a ameraba e das justas núpcias com Felipa Melo, filha do Governador Cristovão Melo, teve, de mulher branca: Simôa de Albuquerque, consorte de Jorge Teixeira e depois de Damião Carvalhosa. Era bisavô de Maria Cezar, mulher de João Fernandes Vieira.

Das relações de aborígenes com o colonizador, provieram Tomé, Francisco (mortos na Índia), Gaspar, Lopo, Pedro, esposo de Catarina Camelo e pai de Pedro de Albuquerque, herói do reduto do Rio Formoso (mau grado a opinião de Rio Branco), e que depois seria governador do Maranhão; Felipe de Albuquerque, que se casando com Madalena Pinheiro, tornou-se cunhado de seu irmão Jerônimo de Albuquerque, Antonio e Jorge, tendo sido os dois último seus companheiros em Santa Maria de Guaxenduba.

Mas o velho colonizador procurou ligações ainda com escravas e delas nasceram: Joana, erradamente dada na "Nobiliarquia Pernambucana" como filha de Maria Arcoverde, Felipa, filha de Maria e que apesar de legitimada foi deserdada, e Jerônima que também incorreu na deserdação pelas desordens notórias.

VII – O autor somente analisa Jerônimo povoador de 1561, quando para casar-se com Felipa Melo, obteve da rainha Carta Régia, legitimando seus 13 filhos. Daí é que vem a dúvida. Mas ao fazer seu testamento no Engenho Nossa Senhora da Ajuda, em 13 de novembro de 1584, 23 anos depois, a prole havia aumentado. Ele não era um Xenócrates insensível às seduções femininas.

VIII – Esquivou-se o autor de mencionar o bastardio de alguns vultos da família, citados na obra, como por exemplo:

Teresa Martins (casada com Afonso Sanches, tronco dos Albuquerque, e filha do Conde de Barcelona e Teresa Sanches, que provinha de Sancho IV da Espanha), e Joana Castelo Branco, esposa de Antonio de Albuquerque Maranhão e filha de D. João Castelo e da andaluza Catarina.

IX – Há equívoco ao citar Domingos Martins como pernambucano, a fls. 45. O ministro do comércio do governo republicano nasceu no Espírito Santo.

Matias de Albuquerque Maranhão não poderia ter concorrido com cerca de vinte contos para o apresto da esquadra de Salvador Benevides, como está dito a fls. 55.

Representaria uma grande fortuna no século XVII. Não é ocioso recordar que um século após, em 1720, o Espírito Santo fora comprado e vendido por 16 contos. Ora, Matias não era rico. Via-se em dificuldades pecuniárias até para movimentar a sua fábrica de Cunhaú, como consta na carta transportada para fls. 61 e dirigida a seu irmão, procurador e meeiro Antonio de Albuquerque Maranhão.

Parece-me que contribuiu apenas com Cr$ 160,00 e não Cr$ 20.000,00. Equivale a quatrocentos cruzados.

X – Não há razão para impugnar Tavares de Lira, quanto ao nascimento de André de Albuquerque em 1775, pela razão de ter sido agraciado em 1781 e não ser possível a fidalguia aos 11 anos.

Acontece, porém, que nenhum impedimento havia nas ordenações portuguesas, quando foro e moradia eram dados, como no caso, não como privilégio pessoal, mas por pertencerem ao genitor.

Poderíamos citar, na nossa ascendência, vários casos de concessões de tal natureza.

Há inúmeros equívocos de ordem genealógica.

Eles não diminuem o valor da magnífica obra que é vibrante ensaio, sugestivo estudo, conforme a opinião autorizada do sociólogo brasileiro Gilberto Freyre, especialmente sob o aspecto psicológico e social.

B
FILHOS CONECIDOS DE JERÔNIMO DE ALBUQUERQUE E SUA DESCENDÊNCIA

I – Filhos de Maria do Espírito Santo Arco Verde

É versão, recolhida pela história, que Jerônimo de Albuquerque, em um combate, a 2 de janeiro de 1547, ao aproximar-se da cara inimiga, recebeu uma flechada que o tornou defeituoso, vazando-lhe um dos olhos.

No "Cartapacio de papéis" da Biblioteca Nacional, há engano quanto à vítima dessa flechada. Quem a recebeu, não foi Duarte Coelho. O fato realmente se deu com Jerônimo de Albuquerque, que esteve amarrado com cipós, conforme refere Mário Melo nos "Aspectos da História". Levado à presença de Ubira Ubi ou Muyra Ubi, morubixaba dos Tabajaras, foi condenado à morte. Planejou-se o festim para a lua próxima, conforme tradição da tribo e decisão co conselho.

Salvou-o a princesa Muira Ubi, filha do valoroso Morubixaba, depois batizada com o nome de Maria do Espírito Santo Arco Verde, levando-o, sorrateiramente, ao acampamento dos caraíbas ou, segundo Borges da Fonseca, intercedendo junto ao pai, e protestando também morrer se executassem o prisioneiro, em 1594.

Viveu Jerônimo de Albuquerque maritalmente com ela, tendo tido 8 filhos. Vai seguir a descrição.

- 1 -
Manuel Albuquerque 2

18. 1 – Manuel de Albuquerque (2) c.c. Maria Melo (4), filha de Cristovão Melo 2, e irmã de sua madrasta Felipa Melo 4.

Embora Jaboatão e a própria "Nobiliarquia"[*] à página 39, volume II, considerem Jerônimo de Albuquerque Maranhão o primogênito, não há dúvida de que cabe a Manoel de Albuquerque a prioridade cronológica.

O próprio Borges da Fonseca, à fls. 382, chama Manoel de filho maior e em outra parte afirma ser Jerônimo o 3º e último filho varão.

Ainda o autor de "Nobiliarquia Pernambucana", quanto à filiação de Manoel de Albuquerque, é contraditório.

A fls. 42 do volume II, atribui a André de Albuquerque (1) a descendência de André de Albuquerque (2), filho de Manuel de Albuquerque (2). É restabelecida a verdade histórica a fls. 382.

Manuel de Albuquerque 2 e Maria Melo 2 são pais de:

19. 1 – Capitão André de Albuquerque Melo ou Melo Albuquerque (2) c.c. F. Peres, filha de Jaques Peres e uma escrava de Brites de Albuquerque. Borges da Fonseca se equivoca dando-o como André de Albuquerque 1. Pais de:

20. 1 – Roque de Albuquerque Melo c.c. Isabel Custodia. Pais de:
21. 1 – Jerônimo Albuquerque (Melo) 6 c.c. Brites de Vasconcelos. Pais de:
22. 1 – Isabel de Albuquerque (8) ou Isabel Jesus de Vasconcelos
22. 2 – Jerônimo de A. Melo (7)
22.3/4 – Joana de Albuquerque (9), João
21. 2 – Manuel de A. Melo (4)
21. 3 – João Soares de Albuquerque
21. 4 – Diogo A. Melo c.c. Catarina Cunha
21. 5 – Francisco Albuquerque
21. 6 – Roque de Albuquerque21. 7 – Isabel de Albuquerque
21. 8 – Pedro Albuquerque (8) c.c. Maria Caldas
21. 9 – Maria Albuquerque (11)
21.10 – Jerônimo Albuquerque (5) c.c. Brites de Vasconcelos
20. 2 – Salvador de Albuquerque (3)
20. 3 – Cristovão de Albuquerque (6) c.c. Margarida Azevedo. Pais de:
21.11 – Manuel de Albuquerque (5) c.c. Joana Silva (4)
22. 5 – Cristovão de Albuquerque (8) c.c. Luisa de Melo Albuquerque (9)
23. 1 – Manuel de M. Albuquerque (11) Pai de:
23. 2 – Margarida M. de Albuquerque (3) c.c. Antonio Ferreira de Melo
23. 3 – Isabel de Albuquerque (7)
21.12 – Luisa M. Albuquerque (3) c.c. Felipe Vaz Cunha. Pais de:
22.6/7 – Luís de M. Albuquerque (2) c.c. Micaela Pacheco e Maria
22. 8 – Manuel M. Albuquerque (7)

---

[*]. N. T. Significa Nobiliarquia Pernambucana

22. 9 – Padre Cristovão M. Albuquerque (7)
22.10 – Luisa M. Albuquerque (10) c.c. Cristovão de M. Albuquerque (6)
22.11/12 – Margarida M. Albuquerque e Ana de Albuquerque
22.13 – Jerônima de M. Albuquerque (4) c.c. Diogo da Silveira
22.14 – Antônia de M. Albuquerque c.c. Antonio Rodrigues Vasconcelos
23. 4 – Antônio R. Vasconcelos
23. 5 – Leonor Melo Albuquerque c.c. Cristovão Paes Barreto, filho de Cristovão e Maria Costa
22.15 – Rosa Albuquerque Melo c.c. Manuel da Cunha Pedrosa
22.16 – Luís de A. Melo (2) c.c. Micaela Pacheco c.s.
20. 4 – André de Albuquerque (3)
20. 5 – Jerônimo Albuquerque Melo (2)
20. 6 – Manuel Albuquerque (3)
20. 7 – Luisa Albuquerque (5)
20. 8 – Jerônima M. Albuquerque (2) c.c. Diogo Silveira. Pais de:
21.13 – Maria Silveira c.c. Marcos Bittencourt
19. 2 – Jerônimo A. Melo (3)
19. 3 – Salvador de Albuquerque (2) c.c. Maria Eça, e não Maria Sá, como está à página 14 da N.P. Pais de:
20. 9 – Luisa de Albuquerque (4) c.c. José de Melo. Pais de:
21.14 – José de Melo (2) c.c. Suzana Alves. Pais de:
22.17 – José de Santa Clara Melo
22.18 – Padre Samuel de S. Clara Melo
22.19 – Salvador de Albuquerque
20.10 – Brites de Albuquerque (8) c.c. Manuel Pereira Soares
21.15 – Luís Soares (1) c.c. Ana C. Barbosa, filha de Pedro Marinho Falcão. Pais de:
22.20 – Manuel Pereira Soares
22.21 – Luís Soares (2)
22.22 – Inez Lins Vasconcelos c.c. José Correia Araujo
22.23 – Joana Albuquerque (12) c.c. Alberto Soares e João Castelo
22.24 – Pedro Marinho Falcão (10) c.c. Ana Carneiro. Pais de:
23.6/7 – Antônio e Luís Soares
22.25 – José Marinho Falcão (11) c.c. Teresa de Jesus. Pais de:
23.8/11 – Luís, Manuel, Ana Maria e Ana Eça
23.12 – Gonçalo Marinho Falcão
23.13 – José Marinho Falcão c.c. Teresa de Jesus
21.16 – Salvador Albuquerque (4) c.c. Clara Vieira e Margarida Freitas
21.17 – Joana Albuquerque (24) c.c. Gonçalo Monteiro
19. 4 – Maria de Albuquerque (8) c.c. André Gomes Pitta
20.11 – T. Albuquerque c.c. Francisco Alves. Pais de:
21.18 – Luís Albuquerque (10) c.c. Ana Castro

- 2 -
André de Albuquerque 1

18. 2 – André de Albuquerque (1) filho de Jerônimo de Albuquerque (1), alcaide-mor de Igarassú em 1607, governador da Paraíba, 1ª vez c.c. Catarina Melo (2), cunhada de seu pai e filha de Cristovão Melo (2). Pais de:

19. 5 – Manuel de Albuquerque (8)
19. 6 – Isabel de Albuquerque (5) c.c. André Pereira da Cunha. Pais de:
20.12 – Pascoal Pereira Melo Albuquerque
20.13 – Bento Pereira Melo Albuquerque
20.14 – Catarina de Melo Albuquerque (10) c.c. Simão Pitta Porto Carneiro. Pais de:
21.19 – Simão Pitta P. Carreiro c.c. Maria Silva. Pais de:
22.26 – Antônio Pitta P. Carreiro c.c. Madalena Barbosa. Pais de:
23.14 – Simão P. P. Carneiro c.c. Antonia Fonseca. Pais de:
24.1/4 – Diogo, Antonio, Francisca e Joana
23.15 – Luís de Melo Albuquerque (4) c.c. Maria Assunção. Pais de:
24. 5 – Luís A. Melo (5)
24. 6 – Francisco Sá Albuquerque
24. 7 – Manuel de M. Albuquerque (12), depois padre, casado com Maria Correia Sá e Teresa de Almeida Catanho
24. 8 – Antônio C. Pimenta
24. 9 – José Nicolau A. Pimenta
24.10 – João Pitta P. Carreiro c.c. Maria Costa Araujo. Pais de:
25.1/4 – Maria, João, Antonio e Luís
24.11/12 – Manuel e Maria
24.13/14 – Joaquim e Inez Albuquerque
23.16 – Luiza Barboza de Albuquerque
23.17 – Luiza Melo de Albuquerque (11)
23.18/22 – Gertrudes, Leonor, Mariana, Maria, Antônio
22.27 – João Pitta P. Carreiro c.c. Leonor Albuquerque
22.28 – Mariana Pitta
21.20 – Catarina Melo Albuquerque (9) c.c. Antônio Feijó de Melo. Pais de:
22.29 – Simão Pitta Melo de Albuquerque c.c. Joana de Melo Albuquerque ou Maria Silva.
22.30 – Sebastião G. Melo Albuquerque c.c. Luísa Melo Albuquerque
21.21 – Antônio P. Melo Albuquerque
20.15 – Isabel de Albuquerque (11) c.c. Simão Pitta. Pais de:
21.22/24 – Antônio, Isabel e Maria
20.16 – Luisa de Melo Albuquerque (7) c.c. Sebastião Guimarães. Pais de:
21.25 – Antônio Feijó de Melo, 1ª vez c.c. Catarina M. Albuquerque. Pais de:
22.31/33 – Simão, Jerônimo e Antônio
21.25 – Antônio Feijó de Melo, 2ª vez c.c. Laura Cavalcanti. Pais de:
22.34 – João Soares Cavalcanti c.c. Antônia de Albuquerque

22.35 – Manuel C. de Melo (9)
22.36/39 – Antônia, Cipriana, Ana e Maria
21.26 – Maria Silva (7) c.c. Simão Pitta Carreiro
21.27 – Isabel de Melo Albuquerque (12) c.c. Antônio T. Bittencourt. Pais de:
22.40 – Marcos Bittencourt c.c. Maria Silveira de Melo
22.41 – Antônio F. Bittencourt (2) c.c. Antônia Cavalcanti. Pais de:
23.23 – Manuel C. Albuquerque (10)
23.23 – João Albuquerque (12)
25.28 – Miguel, Tomé, Rosa e Sebastiana
23.29 – Luisa Albuquerque (32)
23.30 – Joana Albuquerque (25)
23.31 – Joana M. Albuquerque (25) c.c. Sebastião Pitta Melo Albuquerque
22.42 – Luisa Albuquerque (4) c.c. Sebastiçao Guimarães de Melo
19. 07 – Joana Albuquerque (7) c.c. Mateus Pereira da Cunha. Pais de:
20.17 – Fernão Melo Albuquerque
20.18 – Cristovão A. Melo c.c. Violante Camelo. Pais de:
21.28 – Sebastião Pedrosa de Melo c.c. Maria Conceição Tavares
22.43 – Manuel de Albuquerque (14) c.c. Ana Clara. Pais de:
23.32/35 – Ana, Antônio, Manuel, Maria, Mariana
19. 8 – Catarina de Albuquerque (7) c.c. Antônio Leitão Vasconcelos
19. 9 – Luiza Melo Albuquerque (5)
19.10 – Luisa M. Albuquerque (1)
18. 2 – André de Albuquerque (1) 2ª vez c.c. Isabel de Vasconcelos, filha de Diogo Leitão e Simão de Vasconcelos. Pais de:
19.11 – Jerônimo Albuquerque Melo (1)
19.12 – Antônio A. Melo
19.13 – André A. Melo (6) e não Alberto, como está nas fls. 42 V. I da N. P.
19.14 – Gonçalo de Albuquerque
19.15 – Afonso de Albuquerque (3)
19.16 – Maria de Albuquerque (6)
19.17 – Manuel de Albuquerque (8)
19.18 – Antônio de Albuquerque (2)

- 3 -
Jerônimo de Albuquerque Maranhão

18. 3 – Jerônimo de Albuquerque 2º, que depois adicionou o apelido de Maranhão, filho da princesa ameraba, Maria Arcoverde, e não de Felipa Melo, como, por equívoco, afirmava Rocha Pita, não foi o primogênito, conforme supõem Jaboatão, José de Sá e Albuquerque e Borges da Fonseca (pág. 30 do II volume da N. P.). Este último autor, em outro capítulo da "Nobiliarquia Pernambucana", restabelece a verdade histórica, colocando-o como 3º filho. Nasceu em Olinda em 1548.

1º capitão-mor do Rio Grande do Norte e Maranhão, fundador de Natal e do engenho Cunhaú, foi o mais notável dos irmãos e um dos heróis brasileiros. Venceu Arciszewsky.

Acrescentou ao seu nome, por determinação de Felipe II de Castela, o de Maranhão, após o célebre combate de Guaxenduba, em 1614, e da restauração do Maranhão, então sob dominação francesa. Faleceu em 1624. C.C Catarina Pinheiro Feio, filha de Antônio Pinheiro Feio e Leonor Guardês Carvalho de Andrade, tratados em trabalhos sobre Andrade, Carvalho, Guardês e Feio. Pais de:

19.19 – Capitão Antônio A. Maranhão I, também de Olinda, comandatário de Santo André, mestre de campo, fidalgo cavaleiro da Ordem de Mazagão, governador da Paraíba, em 1635, e do Maranhão e guerreiro ilustre na guerra holandesa, † 1671, c.c. Joana Paes Barreto Castelo Branco, bastarda de João Castelo Branco, conde de Redondo e Sabugal e da andaluza Catarina. Pais de:

20.19 – Afonso de Albuquerque Maranhão (2), falecido a bordo em 1671.

20.20 – Antonia Margarida de Albuquerque n. em 1652 c.c. Braz Teles de Menezes, que será estudada em Menezes e que depois de vida desregrada, recolheu-se ao convento de Santo Eloy. Pais de:

21.29 – Braz Teles de Menezes c.c. Antonia C. Branco

22.44 – Ana Menezes c.c. Balduino Paes de A. Feio. Pais de:

19.20 – Matias de Albuquerque Maranhão (1), fidalgo da Casa Real, comendador de São Vicente da Figueira, juiz de órfãos, governador do Pará e lutador contra a Holanda, † em 1685, c.c. Isabel da Camara, filha de Pedro Gaio da Camara e Isabel Oliveira. Pais de:

20.21 – Antonio de Albuquerque Maranhão (2), paraibano, Comendador e mestre de campo, que Carvalho Franco supôs bastardo. Pai de:

20.22 – Padre Jerônimo de Albuquerque Maranhão (4)

20.23 – Lopo de Albuquerque Camara que, por equívoco, a fls. do volume I da "Nobiliarquia Pernambucana", é apresentado como filho de Afonso A. Maranhão c.c. Francisca de Sande. Afonso Costa em "Baianos de Antanho", dá Lopo c.c. Francisca Xavier Aranha, filha de Nicolau Pacheco e Francisca de Sande. Esta filha de F, Fernandes e Clara de Sande. Pais de:

21.29a – Nicolau Aranha c.c. Madalena Clara. Pais de:

22.44a – Pedro A. Melo c.c. Inácia A. Pereira

22.45 – Pe. Matias de A. Maranhão (3)

22.46/47 – Francisco e Maria

21.30 – Soror Maria

21.31 – Matias A. Maranhão (8)

20.24 – Pedro A. Câmara

20.25 – Afonso de A. Maranhão (1) e não Alfredo, como está nas fls. 18 L 33 v. 1 da N. P. Capitão-mor de Goianinha, senhor de Engenho de Cunhaú, c.c. Joana Lacerda e 1ª v.c.c. Isabel de Barros Pacheco. Pais de:

21.32 – Luiz de Albuquerque Maranhão c.c. Úrsula Vieira Sá.

21.33 – André de Albuquerque Maranhão c.c. Joana Barros

21.34 – Gaspar de Albuquerque Maranhão c.c. Luisa Vieira de Sá. Pais de:

22.48 – João Francisco Regis de Albuquerque c.c. Mariana de Albuquerque, filha de Pero de Albuquerque e Maria de Paiva. Pais de:
    23.37/39 – Manuel, João e Francisco de Albuquerque Maranhão
    23.40 – José de Albuquerque Maranhão
    22.49 – Lusia de Albuquerque (2)
    22.50 – Afonso de Albuquerque Maranhão (5)
    22.51 – Luís de Albuquerque Maranhão c.c. Joana Bezerra
    22.52 – José Felipe de Albuquerque Maranhão c.c. Francisca Figueira. Pais de:
    23.41/42 – Antônio de Albuquerque (5)
    23.42 – André de Albuquerque (8)
    23.43 – Afonso de Albuquerque Maranhão (4)
    23.44 – Josefa de Albuquerque c.c. Pedro Cardoso
    21.35 – Isabel de Albuquerque (15) c.c. João Peixoto de Albuquerque
    21.36 – Matias (e não Marcos como está a fls. 192 v. I da N. P.) de Albuquerque Maranhão c.c. Mariana M. da Penha. Pais de:
    22.53 – Matias
    21.37 – Isabel de Albuquerque Câmara c.c. Jacinto Freitas Acioli.
    21.38 – Afonso de Albuquerque Maranhão (3) Mestre de Campo de Itamaracá, c.c. Adriana Vieira de Sá. Pais de:
    22.53 – Matias de Albuquerque Maranhão (5) c.c. Maria de Albuquerque (10), filha de Antônio Paes Barreto e Maria da Fonseca Barbosa. Pais de:
    23.45 – Antônio Paes Barreto de Albuquerque Maranhão c.c. Luisa de Albuquerque Maranhão
    22.54 – Jerônimo de Albuquerque Maranhão, 1ª vez c.c. Luisa Margarida. Pais de:
    23.46 – José Jerônimo de Albuquerque Maranhão c.c. Luzia do Sacramento, filha de João Acioli Maranhão.
    23.47 – Francisco J. Maranhão
    22.55 – Jerônimo de Albuquerque Maranhão, 2ª vez c.c. Ana Martins Barbosa. Pais de:
    23.48 – João A. Maranhão
    23.49 – Francisco A. Maranhão
    22.56 – Francisco de Albuquerque Maranhão
    22.57 – João de Albuquerque Camara c.c. Joana Figueira. Pais de:
    23.50 – Adriana Isabel Maria de Albuquerque c.c. Lourenço Gomes Ferraz
    20.26 – Catarina Simoa de Albuquerque c.c. Luis Fernandes Furna, filho de Antônio Fernandes Furna e Beatriz de Albuquerque. Pais de:
    21.39 – Catarina de Albuquerque (17) (não incluído a fls. 153. V. I da N. P.)
    21.40 – Brites de Albuquerque
    21.41 – Matias de Albuquerque Maranhão (6) c.c. Margarida Muniz de Melo, filha de Dionísio Vieira de Melo. Pais de:
    22.58 – Antônio de A. Maranhão c.c. Joana Vieira de Sá
    22.59 – Francisco Melo c.c. Ana Maria Vidal
    22.60 – Maria de Albuquerque (21)

22.61 – Luisa de Albuquerque (8)
22.62/63 – Isabel de A. Maranhão e Luisa de Albuquerque (8)
20.27 – Barbara C. Albuquerque c.c. Salvador Quaresma. Pais de:
21.42 – Joana Quaresma c.c. Domingos Monteiro
21.43 – Josefa Quaresma
21.44 – Isabel Quaresma c.c. Feliciano Vidal
22. 64/67 – Maria, Rosa, Salvador e Joana
20.28 – Mariana de Albuquerque c.c. Afonso de Melo, filho de José de Sá Albuquerque
20.29 – Ana Maria c.c. Francisco de Albuquerque Maranhão
20.30 – Afonso A. Maranhão
20.31 – Apolônia da Camara Albuquerque c.c. André Gaio e Manuel Pimenta Telo. Pais de:
21.45 – André Gaio
19.21 – Jerônimo de A. Maranhão (2), † em combate na guerra holandesa. Não é citado em Jaboatão.

- 4 -
18. 4 – *Catarina de Albuquerque*

Catarina de Albuquerque (1) que, por equívoco, Rocha Pita supõe filha de Felipa de Albuquerque c.c. Felipe Cavalcanti. Pais de:
19.22 – João C. de Albuquerque (1)
19.23 – Antonio C. de Albuquerque (1) c.c. Isabel de Goes
19.24 – Lourenço C. de Albuquerque (1)
19.25 – Jerônimo C. de Albuquerque (1)
19.26 – Felipe C. de Albuquerque c.c. Ana Sueiro
19 27 – Genebra C. de Albuquerque c.c. Felipe Moura
19.28 – Joana C. de Albuquerque (1)
19.29 – Margarida C. de Albuquerque (1) c.c. João Gomes de Melo e Cosma Silveira
19.30 – Catarina C. Albuquerque (1) c.c. Cristovão de Holanda Vasconcelos
19.31 – Felipa C. Albuquerque (1) c.c. Antonio H. Vasconcelos
19.32 – Brites C. Albuquerque (1)

A descendência de Catarina C. de Albuquerque será devidamente estudada no capítulo Cavalcanti.

- 5 -
Isabel de Albuquerque

18.5 – Isabel de Albuquerque (5), 1ª esposa de Felipe Moura, filho de Manioel Moura e Isabel de Albuquerque (4). Pais de:
19.33 – Francisco Moura (3), governador da Bahia
19.34 – Antônio Moura, governador de Cabo Verde
19.35 – Jerônimo Moura
19.36 – Catarina Moura c.c. Lourenço de Sousa
19.37 – Isabel Moura c.c. Antonio Ribeiro de Lacerda
19.38 – Maria Moura c.c. Cosme Dias Fonseca
19.39 – Paulo Moura ou Frei de Santa Catarina. O trabalho sobre Moura desenvolverá o assunto.

- 6 -
Antonio de Albuquerque

18. 6 – Antonia de Albuquerque e não Brites de Albuquerque (como por engano se vê a fls. 57 e 405 da N. P.), c.c. Gonçalo Lemdes Leitão, irmão do bispo Pedro Leitão. Pais de:
19.40 – Gonçalo Leitão c.c. Brites de Albuquerque
19.41 – Jerônimo Leitão
19.42 – Joana de Albuquerque (15)
19.43 – Catarina de Albuquerque (13) c.c. Fernão Soares de Carvalho
19.44 – Maria de Albuquerque (14), não mencionada a fls. 35 V. I da N. P.
19.45 – Jorge Leitão c.c. Madalena Barbosa. Pais de:
20.32/33 – Paulo e Bartolomeu
20.34/35 – Frei Pedro, Frei Gonçalo de Albuquerque
19.46 – Manuel R. de Castro
19.47 – Antonio Leitão Arnoso
19.48 – José Leitão Arnoso

A descendência de Antonio de Albuquerque (8) está contida no capítulo Leitão.

- 7 -
Joana de Albuquerque

18. 7 – Joana de Albuquerque (4) esposa não de Brites (fls. 44) nem de Gaspar Fragoso, como se acha a fls. 289 V. I de N. P., mas de Álvaro Fragoso, alcaide-mor de Serinhaém, e filho do Desembargador Braz e Maria Melo. Pais de:

19.49 – Álvaro Fragoso de Albuquerque, do Engenho Ubaca, em Serinhaém, c.c. Maria de Albuquerque (5), filha de Damião Carvalhosa e Simôa de Albuquerque. Pais de:
    20.36 – Pedro Fragoso de Albuquerque (2) c.c. Catarina Gomes. Pais de:
    21.46 – Álvaro Fragoso de Albuquerque (3) c.c. Isabel Bulhões. Pais de:
    22.68 – Álvaro Fragoso de Albuquerque (4) c.c. Feliciana Vidal.
    22.69 – Leonor Bulhões c.c. Francisco Tavares
    21.47 – João Fragoso de Albuquerque c.c. Simôa de Albuquerque, filha de Álvaro Fragoso e Ana Carneiro.
    21.48 – Pedro Fragoso de Albuquerque (3)
    21.49 – Catarina Fragoso de Albuquerque II, c.c. Duarte de Albuquerque Cavalcante. Pais de:
    22.70 – Álvaro Fragoso
    21.50 – João Cavalcante de Albuquerque (12) c.c. Maria Anes
    21.51 – Gregorio F. de Albuquerque (2)
    22.71 – Simiana (3) casada com Antônio C. de Albuquerque
    21.52 – Gregório F. de Albuquerque
    20.37 – Álvaro Fragoso de Albuquerque (2) c.c. Ana Cavalcante Calheiros. Pais de:
    21.53 – Jerônimo F. de Albuquerque c.c. Isabel Cavalcante
    22.72 – Jerônimo F. de Albuquerque c.c. Florência de Albuquerque
    22.73 – Felipe F. de Albuquerque
    22.74 – Teodosia F. de Albuquerque
    21.54 – Duarte F. de Albuquerque c.c. Catarina de Albuquerque
    22.75/76 – Ana e Antonia Albuquerque
    21.55 – Antonio F. de Albuquerque
    20.38 – Gregório de Albuquerque c.c. Margarida Castro. Pais de:
    21.56 – Romualdo Fragoso. Pai de:
    22.77 – Carlos F. de Albuquerque c.c. Ana Silveira
    20.39 – Simiana de Albuquerque c.c. João Fragoso
    20.40 – Jerônimo F. de Albuquerque c.c. Inez Marques
    20.41 – Gaspar F. de Albuquerque
    20.42 – João F. de Albuquerque c.c. Simiana de Albuquerque
    20.43 – Simôa Albuquerque c.c. João de Albuquerque, o bom.
    20.44 – Maria F. de Albuquerque c.c. João Barbosa Espinela
    19.50 – Maria Albuquerque
    19.51 – Joana Albuquerque (10) c.c. Manuel R. Coelho, governador do Ceará. Pais de:
    20.45 – Diogo R. Coelho, capitão-mor do Ceará e Angola.
    20.46 – Brites de Albuquerque (20) c.c. Tomé F. Ribeiro
    21.57 – João Ribeiro de Albuquerque
    21.58 – Ouvidor João Albuquerque Cabral c.c. Margarida Paxeco
    22 78 – João A. Cabral c.c. Maria Assunção
    23.51 – Maria de Albuquerque (30) c.c. João de Sousa

23.52 – Joana de Albuquerque (19) c.c. Antonio Carvalho Vasconcelos
22.79 – Abel Paxeco c.c. Cosma de Freitas
22.80 – Felipe de Albuquerque
22.81 – Susana de Albuquerque
21.59 – Antonio Ribeiro Albuquerque
21.60 – Lusia de Albuquerque (15) c.c. Antonio Dias Cardoso. Pais de:
22.82 – Joana de Albuquerque (21) c.c. Antonio Carvalho de Vasconcelos.
Pais de:
23.53 – Maria da Conceição c.c. Manuel Barbosa
23.54 – Coronel Antonio Carvalho de Albuquerque c.c. Teresa Leitão
23.55 – Manuel Barbosa de Albuquerque c.c. Inácia
23.56 – Jerônima de Albuquerque (32) c.c. Domingos da Cunha
22.83 – Ana Coelho de Albuquerque c.c. Pasqual Ribeiro de Lacerda. Pais de:
23.57 – Manoel Ribeiro de Lacerda c.c. Leonor Gomes. Pais de:
24.15 – Antonio Valcaser
22.84 – Maria F. de Albuquerque c.c. Antonio de Silveira Aranha. Pais de:
23.58 – Ursulo Figueiredo Albuquerque c.c. Maria Margarida. Pais de:
24.16 – José de Albuquerque
24.17 – Frutuoso F. de Albuquerque c.c. Francisca Pereira de Carvalho
21. 6 – Luzia de Albuquerque (5) c.c. Francisco Dias Leite. Pais de:
22.85 – Antonio Ribeiro de Albuquerque c.c. Maria Soares Vieira. Pais de:
23.59 - Francisco Dias de Albuquerque c.c. Maria Figueiras de Freitas
23.60 – Sebastiano F. Pereira c.c. Ana Bacelar
22.86 – Brites de Albuquerque (22) c.c. Domingos Santiago Montenegro
20.47/52 – Ana, Inácio, Francisco, João, Manoel e Maria
20.53 – Tomé de Albuquerque
21.62 – Joana Albuquerque c.c. Antonio Carvalho de Albuquerque
21.63/66 – Ana, Antonio, Maria e Pasqual
21.67 – Maria c.c. Antonio da Silveira Aranha. Pais de:
22.87/89 – Maria, Mariana e Paulo
19.52 – Joana de Albuquerque c.c. Manoel R. Coelho
20.54 – Diogo D. Albuquerque. Capitã-mor do Ceará
19.53 – Pedro Fragoso de Albuquerque (1)
19.54 – Gaspar Fragoso de Albuquerque
19.55 – Gregório Fragoso de Albuquerque
19.56 – Jerônimo de Albuquerque (3) c.c. Inez Menezes. Pais de:
20.55 – Zenobio de Albuquerque
20.56 – Maria F. de Albuquerque Freire
20.57 – Sebastiana c.c. José Leite
19.57 – Brites de Albuquerque (13) c.c. Desembargador Paulo Lemos. Pais de:
20.58 – Matias Fragoso de Albuquerque
20.59 – Paulo de Lemos
20.60 – Isabel Fragoso

- 8 -
Brites de Albuquerque (3)

18. 8 – Brites de Albuquerque (1) c.c. Gaspar Dias de Ataíde, e não Gonçalo Leitão, como está a fls. 55 V. I da N. P. Pais de:

19.58 – Gaspar Dias de Ataíde c.c. Joana Vasconcelos

19.59 – Jerônimo Dias de Ataíde c.c. Catarina Carvalho. Pais de:

20.61 – Antonio Dias de Ataíde c.c. Maria Josefa Albuquerque

20.62 – Gaspar Dias de Ataíde c.c. Joana de Albuquerque Lins, filha de Arnaldo de Vasconcelos. Pais de:

21.68 – Gaspar Ataíde Lins c.c. Maria de Albuquerque

21.69 – Nataniel Lins, que por engano Carvalho Franco apresenta como filho de Cibaldo Lins

21.70 – Antonio Ataíde Lins c.c. Isabel Cadena

19.60 – Francisco Ataíde Leite, Juiz ordinário de Serinhaém

18. 8 – Brites de Albuquerque (3), segunda vez casada com Cibaldo Lins (2). Pais de:

19.61 – Conrado Lins c.c. Feliciana Vidal. Pais de:

20.63 – Antonio Luiz c.c. Antonia Mello Muniz

19.62 – Bartolomeu Lins (4)

19.63 – Nataniel Lins

19.64 – Susana Lins

19.65 – Maria Lins c.c. Arnau Vasconcelos e a fls. 24 do V. I da N. P. mencionada como filha única.

II – Filhas de Felipa Melo (4)

A rainha Catarina, tutora do rei D. Sebastião, e que governou Portugal até 1562, quando entregou o trono ao seu cunhado D. Henrique, sugeriu que Jerônimo de Albuquerque se casasse com D. Felipa Melo (4), filha de Cristóvão Melo (2) e Joana Silva (8).

Diz a carta real:

> "Porquanto nos consta estares vivendo nesta conquista nova a lei de Moysés, com trezentas concubinas, mau exemplo para um povo novo, vos ordeno casais com uma filha de D. Cristóvão Melo, que vai a meu serviço à Bahia."

Rezam as tradições que por estar velho, lhe foi exigido o dote de dez mil cruzados. Onze foram os filhos de Felipa Melo. Vão a seguir.

- 9 -
João de Albuquerque

18. 9 – João de Albuquerque (2), o primogênito, em favor de quem foi instituído o morgadio, c.c. Felipa Sá, filha de Duarte Sá e Felipa Tavares. Pais de:
19.66 – Maria de Albuquerque (5) c.c. Francisco Moura, filho de Alexandra Moura. Pais de:
20.64 – Luís de Albuquerque (6), † em França.
20.65 – João de Albuquerque (12)
20.66 – Alexandre Moura (4), governador da Madeira.
20.67 – Francisco Moura (5)
20.68 – Sóror Felipa de Albuquerque
20.69 – Maria de Albuquerque (5)

- 10 -
Afonso Albuquerque I

18.10 – Afonso de Albuquerque Melo, que a N. P. a fls. 225 dá como o 1º filho, teve honrarias excepcionais. Governador do Rio de Janeiro, gozou, entretanto, da prerrogativa de apresentar-se como governador em qualquer capitania onde se encontrasse. C.c. Isabel Tavares, filha de João Pires e Felipa Tavares. Pais de:
19.67 – Jerônimo Albuquerque Melo (5), alcaide de Olinda, conhecido por Jerônimo Carreiro, c.c. Isabel Lopes Marreiros. Pais de:
20.70 – Luís A. Melo c.c. Felipa Melo (9). Pais de:
20.71 – Isabel A. Melo (20)
20.72 – Luiz A. Melo (12) c.c. Felipa Melo
20.71 – Isabel A. Melo (1ª)
20.72 – Afonso A. Melo (5), citado por José de Sá Albuquerque, c.c. Brites Albuquerque (4).

- 11 -
Cristóvão de Albuquerque (2)

18.11 – Cristóvão de Albuquerque (2), alcaide-mor, capitão-mor e de cavalos, governador da Paraíba. † 1622, c.c. Inez Falcão, folha de Simão Falcão e Catarina Paes. Pais de:
19.68 – Cristóvão de A. Melo (3) c.c. Brites de Albuquerque (17), filha de Antonio H. Vasconcelos (1)
19.69 – Simão A. Melo c.c. Ana Matos. Pais de:
20.73 – Maria de Melo
20.74 – Felipa, c.c. João da Rocha Lima
20.75 – João de Albuquerque Melo (4)

19.70 – Frei Afonso
19.71 – Catarina de Albuquerque (2) c.c. Antonio de Sá Maia. Pais de:
20.76 – Brites de Albuquerque (4) c.c. Felipe Paes Barreto (1). Pais de:
21.72 – Maria B. de Albuquerque c.c. Estevão Paes Barreto (2). Pais de:
22.90 – João Paes Barreto (5) c.c. Maria M. de Albuquerque. Pais de:
23.61 – Inez Brites Xavier Barreto c.c. João Paes Barreto de Melo (2). Pais de:
24.18 – José Luiz Paes de Melo (1) c.c. Ana Florência da Conceição Wanderley (1). Pais de:
25. 5 – Francisco Xavier Paes de Melo (2) c.c. Maria Rita Wanderley (1). Pais de:
26. 1 – Manoel Xavier Paes Barreto c.c. Margarida F. Paes de Melo. Pais de:
27. 1 – Manoel Xavier Paes Barreto c.c. Maria Ridolfi
20.77 – José de Sá Albuquerque c.c. sua sobrinha Catarina Albuquerque (4). Pais de:
21.73 – Maria Maior de Albuquerque c.c. João Paes Barreto de Mello (2). Pais de:
22.91 – Inez Brito Xavier Barreto c.c. João Paes Barreto de Melo, cuja descendência está acima descrita.

- 12 -
18.12 – Duarte de Albuquerque

Provedor Real Duarte de Albuquerque (2), 1ª vez c.c. Ana Falcão e 2ª vez com Helena de Azevedo Coutinho. Pais de:
19.72 – Felipa Melo (10) c.c. Desembargador João Leitão Arnoso.

- 13 -
18.13 – Jerônimo de Albuquerque (2)

Jerônimo de Borges da Fonseca dá como solteiro e ora apresenta c.c. Catarina Abreu.

- 14 -
18.14 – Cosma de Albuquerque

18.14 – Cosma de Albuquerque. Professou na ordem da Penitência. † no recolhimento de nº Naga da Conceição de Olinda.

18.15 – Felipa Melo (6)

Felipa Melo (6) † 1649, 2ª vez c.c. Pedro Lopes Veras, de quem não teve filhos. Foi pela 1ª vez c.c. Diogo Martins Pessoa, filho de Fernão M. Pessoa e Isabel Gonçalves Raposo, nº p. de João Fernandes Pessoa e Guiomar Raposo, e nº m. de Antão Gonçalves Raposo e Maria de Araujo. O 2º esposo foi Pedro (e não João Veras, como se refere a fls. 463, v. 1 da N. P.).

19.73 – João de Albuquerque (3), almoxarife e feitor da Armada Real. † 1612, c.c. Maria Veras. Pais de:

20.78 – Luiz de Albuquerque Melo (7), primeira vez c.c. Simôa de Albuquerque, filha de Antonio Rosa. Pais de:

21.74 – Jerônimo de Albuquerque (7)
21.75 – Afonso de Albuquerque Melo
21.76 – Maria Josefa de Albuquerque c.c. Antonio de Ataíde

20.79 – Luiz de Albuquerque (7) segunda vez casado com Antonia Camelo. Pais de:

21.77 – José de Albuquerque Melo c.c. Francisca Batista
22.91 – Ângelo de Melo Albuquerque
21.80 – Duarte A. de Melo (2)
21.81 – Simôa A. Melo
21.82 – Diogo (citado a fls. 332 N. P.)
21.83 – Luiza A. Melo
20.80 – João A. Melo
20.81 – Felipe A. Melo (6) c.c. Luiza A. Melo (6)
21.84 – Luís A. Melo (8) c.c. Catarina Gomes

19.74 – Fernão N. Pessoa ou Fernão A. Pessoa (como se acha a fls. 326 do V. 1 da N. P.)

19.75 – General espanhol Nuno M. Pessoa
19.76 – Diogo A. Melo c.c. Felipa Melo Albuquerque
20.82 – Jerônimo A. Melo (3), guarda de navios. Pai de:
20.83 – Jerônimo de Albuquerque (11) c.c. Mariana Barros
20.84 – Jerônimo A. Melo (7)
20.85 – Lourenço C. Albuquerque (19)

19.77 – Afonso A. Melo (2), o columin, notável guerreiro, c.c. Inez Albuquerque

19.78 – Sebastiana A. M. Albuquerque c.c. Jacinto Freitas Silva, filho de João R. Freitas e Maria Geramilo Branco. Pais de:

20.86 – Nuno de Freitas Albuquerque
20.87 – Duarte de Albuquerque c.c. Mecia Azevedo Moura, filha de Zenobio Acioli. Pais de:

21.85 – Jacinto de Freitas Albuquerque, juiz ordinário, c.c. Isabel Corrêa e Rosa Melo.

21.86 – João de Freitas Correia c.c. Luisa Andrade Cesar Berenguer

21.87 – Luis de Albuquerque
21.88 – Catarina A. Silva c.c. João de Freitas Silva
21.89 – Catarina de Albuquerque (16)
20.88/92 – Antonio, Jacinto, Jerônimo, Catarina e Cosma.

- 16 -
18.16 – *Isabel de Albuquerque (5)*

Isabel de Albuquerque dedicou-se ao serviço religioso, professando na ordem da Penitência. Deixou os bens ao mosteiro de Olinda.

- 17 -
18.17 – *Maria de Albuquerque (3)*

Maria de Albuquerque (3) foi a 1ª esposa de Antonio Sá Maia (120< filho de Duarte Sá. Atribui-se 11 filhos. Borges da Fonseca menciona apenas
19.79 – Lourença de Albuquerque c.c. Gaspar Barros

- 18 -
18.18 – *Jorge de Albuquerque (4)*

Jorge de Albuquerque (4) c.c. Catarina de Almeida. É citada por José de Sá Albuquerque. Não há notícias sobre a descendência.

- 19 -
18.19 – *Luisa de Albuquerque (1)*

Luisa de Albuquerque vem referida nas memórias de José de Sá Albuquerque. Não temos outros informes.

III – Filha de mulher branca

- 20 -
18.20 – *Simôa de Albuquerque*

Simôa de Albuquerque, filha de mulher branca e não de Maria Arcoverde, como mencionam Loreto Couto, Pereira da Costa e B. da Fonseca (fls.39, vol.I), não foi c.c. Conrado Lins, qual se acha em Loreto Couto, mas primeira vez, c.c. Jorge Teixeira. Pais de:

    19.81 – Rafael Teixeira de Albuquerque
    19.82 – Simôa Albuquerque (2) c.c. Antonio Rosa
    20.93 – Joana de Albuquerque (8) c.c. Francisco Berenguer. Pais de:
    21.89 – Cristóvão Berenguer
    21.90 – Maria Cesar c.c. João Fernandes Vieira
    20.94 – Simôa c.c. Luiz Albuquerque
    19.83 – Jorge Teixeira de Albuquerque c.c. F. Rosa. Pais de:
    20.95 – Bernarda de Albuquerque c.c. João Albuquerque (2)
    20.96 – Maria C. de Albuquerque (25) c.c. Antonio C. Albuquerque
    20.97 – Inez Francisca c.c. Manuel C. Albuquerque
    18.20 – Simôa de Albuquerque, 2ª vez c.c. Damião Carvalhosa. Pais de:
    19.84 – Joana de Albuquerque (6) c.c. Francisco Berenguer
    19.85 – Leonardo G. Carvalhosa
    19.86 – Maria de Albuquerque (15) c.c. Álvaro Fragoso de Albuquerque, filho de Álvaro Fragoso de Albuquerque e Joana de Albuquerque (5)
    19.87 – Simôa Albuquerque c.c. Luís Albuquerque. Pais de:
    20.98 – Jorge Teixeira Albuquerque
    18.20 – Simôa de Albuquerque, 2ª vez c.c. Damião Carvalhosa
    19.87 – Leonarda A. Carvalhosa
    19.88 – Maria de Albuquerque (25) c.c. Álvaro Fragoso, folho de Álvaro Fragoso e Joana de Albuquerque

IV – Jerônimo de Albuquerque em união com indígenas

- 21 -
Tomé de Albuquerque

18.21 – Tomé de Albuquerque morreu na Índia.

- 22 -
Francisco de Albuquerque

18.22 – Francisco de Albuquerque morreu na Índia.

- 23 -
Gaspar de Albuquerque

18.23 – Gaspar de Albuquerque

- 24 -
Lopo de Albuquerque

18.24 – Lopo de Albuquerque

- 25 -
Pedro de Albuquerque

18.25 – Pedro de Albuquerque (2) citado por Porto Seguro e Rio Branco, e por equívoco dado como filho de Afonso de Albuquerque (1).

Parece-nos que a razão está com Pereira da Costa, Henrique Capitulino e Borges da Fonseca. Era filho de Jerônimo de Albuquerque e Luzia e foi c.c. Catarina Camelo, filha de Pedro de Almeida Catanho e Maria Camelo. São pais de:

19.90 – Maria de Albuquerque (19) c.c. Felipe de Albuquerque (2)
19.91 – Pedro de Albuquerque (3), governador do Maranhão, foi o notável guerreiro que, a (7) de fevereiro de 1638, no reduto do Rio Formoso, praticou feito d'armas dos maiores da história do Brasil.
19.92 – Catarina de Albuquerque (8) c.c. João Soares Cavalcanti
19.93 – Ângela de Albuquerque (2)

- 26 -
Felipe de Albuquerque

18.26 – Felipe de Albuquerque, 1º filho de Apolônia Pequena, c.c. Madalena Pinheiro Feio, filha de Antônio Pinheiro Feio e Leonor Guardês. Pais de:
19.94 – Manoel de Albuquerque (13)
19.95 – Francisco Albuquerque
19.96 – Felipe de Albuquerque (2) c.c. Maria de Albuquerque Camara, filha de Pedro de Albuquerque (2). Pais de:
20.99 – Manuel de Albuquerque (15)
20.100 – Pedro de Albuquerque (7)
19.97 – Lopo de Albuquerque (4) c.c. Isabel Fragoso. Pais de:
20.101 – Felipe de Albuquerque (5)
20.102 – Lopo de Albuquerque (5)
21.85 – Felipe Albuquerque (6)
19.98 – Antonio de Albuquerque (3), c.c. F. Lemos. Pais de:
20.103 – Maria M. Castro c.c. Antonio Castro. Pais de:
21.92/98 – Agostinho, Francisco, Isabel, João, Joana, Lourenço e Maria.
20.104 – Felipe de Albuquerque (7)
20.105 – Francisca Lemos de Albuquerque c.c. João Souto Maior e João Lopes Vidal
21.99 – João Lopes Vidal Filho

- 27 -
Antônio de Albuquerque

18.27 – Antonio de Albuquerque (4) (não citado a fls. 39 V. I da N. P.) c.c. Jeronima de Vasconcelos. Pais de:
19.98 – João Castro Albuquerque
20. 106 – Lourenço C. Albuquerque c.c. Maria Micaela Albuquerque
20.107 – Felipe C. de Albuquerque
20.108 – Francisco de Albuquerque (9)
20.109 – Isabel de Albuquerque (13)
20.110 – Joana de Albuquerque (22) c.c. Manuel C. Albuquerque
20.111 – Filho de Antonio Feijó de Melo, Maria de Albuquerque (33)
20.112 – Antonia Albuquerque (6) c.c. João R. Carvalho
19.100 – Francisca de Albuquerque c.c. Rodrigo A. Correia

- 28 -
Salvador de Albuquerque

18. 28 – Salvador de Albuquerque (1) filho da índia Maria c.c. Antonio de Almeida. Pais de:
19.101 – Jeronima de Albuquerque (3) morto na Bahia
19.102 – Felipe de Albuquerque (3)
19.103 – Joana de Albuquerque (15)

- 29 -
Jorge de Albuquerque

18.29 – Jorge de Albuquerque (4) c.c. Catarina de Almeida

- 30 -

18. 30 – José de Albuquerque

- 31 -

18.31 – Ana de Albuquerque c.c. Jerônimo Vasconcelos

- 32 -

18.32 – Maria de Albuquerque (3) dada, por equívoco a fls.39 V. I da N. P., como filha de Maria Arco Verde.

V – União de Jerônimo de Albuquerque com escravas

- 33 -
Joana de Albuquerque

18.33 – Joana de Albuquerque (4) dada por engano como filha de Maria Arco Verde.

- 34 -
Felipa de Albuquerque

18.34 – Felipa de Albuquerque foi reconhecida por Jerônimo de Albuquerque. Obteve até a legitimação real. Em seu testamento declarou, entretanto, Jerônimo de Albuquerque ter sido mal informado, e deserdou-a por tal motivo e pela má conduta. (Não era filha de índia, como está a fls. 39 V. I da N. P., mas da escrava mameluca Maria).

Diz, a respeito, o testador: "Declaro que uma mameluca ou índia, por nome Felipa, filha de minha escrava por nome Maria, a qual mameluca, eu, mal informado, alguma hora cuidei ser minha filha e como tal lhe fiz cousas de filha e houve legitimação de EL REI N. S., mas depois, estando melhor informado da verdade, soube decerto não ser e assim declaro em minha consciência. E dado que fosse, o que não é, eu a deserdo totalmente por suas desordens notórias."

- 35 -
Jerônima de Albuquerque

18.35 – Jerônima de Albuquerque (I) a respeito de quem, diz Jerônimo de Albuquerque em seu testamento: "Quanto a Jerônima, mameluca que se criou em minha casa e foi tida por minha filha, o qual Deus Sabe a Verdade: em caso que o seja, eu a deserdo totalmente por suas desordens notórias[*].

---

[*]. Citamos aqui da descendência de Tel Peres, um filho, 2 netos, um bisneto, 3 trinetos, um quatrineto, um pentaneto, um sexto neto, um neto em 7º grau, um em 8º, um em 9º, um em 10º, um em 11º, 2 em 12º, 11 em 13º, 3 em 14º, 9 em 15º, 11 em 16º, 11 em 17º, incluindo Jerônimo de Albuquerque, 35 em 18º, 100 em 19º, 16 em 20º, 99 em 21º, 91 em 22º, 61 em 23º, 18 em 24º, em 25º um em 26º e um em 27º.

BIBLIOGRAFIA

ALBUQUERQUE, AFONSO DE – *Comentários sobre Afonso Albuquerque*

ALMEIDA, JOÃO MENDE DE – *Algumas notas genealógicas*

APONTE, PEDRO JERÔNIMO – *Diálogos de las armas y linages de la nobleza de España*

BAENA, V. S. DE – *Arquivo heráldico genealógico. Resumo genealógico da família de Afonso de Albuquerque*

BAIÃO, ANTONIO - *Afonso de Albuquerque*

BARBOSA, D. JOSÉ – *Tábuas genealógicas...*

BARLEU, GASPAR – *Histórias dos fatos recentemente praticados*

BORGES DA FONSECA – *Nobiliarquia Pernambucana*

BRANDÃO, ANTONIO – *Monarquia Lusitana*

CAMÕES, LUIZ DE – *Os Lusíadas*

CASTELO BRANCO, JOSÉ B. CANAIS – *Costados das famílias ilustres de Portugal*

COSTA, AFONSO – *Revista Genealógica Brasileira nº 10*

COSTA, PEREIRA DA – *Dicionário biográfico de pernambucanos célebres*

CUNHA, ANTONIO – *Obelisco português*

DORNELAS, AFONSO – *Tombo genealógico*

DUARTE, NUNES – *Crônica dos reis de Portugal*

FARIA, FREI MANOEL – *Mosteiro de Santa Clara, Nobiliário*

FARIA, MANUEL SEVERINO – *Das nobres das famílias de Portugal...*

FERREIRA, SANTOS – *Armonial Português*

FIGUEIREDO, CÂNDIDO – *Episódios célebres de Portugal*

FIGUEIREDO, FREI MANOEL – *Origem verdadeira do Conde D. Henrique*

FREIRE, BRAACAMP – *Os brasões da sala de Cintra*

FREIRE, BRITO – *Nova Lusitânia*

GAIO, JOÃO RIBEIRO – *Templo da honra de Portugal*

GOUVEIA, ANTONIO – *Torre do Tombo*

GARCIA, RODOLFO – *Nota da História Geral*

JABOATÃO, FREI A. STA. MARIA – *Catálogo Genealógico, Novo Orbe Seráfico*

JESUS, RAFAEL DE – *Monarquia Lusitana*

LAVANA, JUAN BAPTISTA – *Nobiliário de Conde Pedro*

NEVARRO, GUSMÃO – *Tombo genealógico*

LEME, ROQUE LUÍS MACEDO – *Memórias genealógicas das capitanias de Bahia e Pernambuco*

MARIM, PEDRO – *Diálogos*

MACEDO, DUARTE RIBEIRO – *Nascimento e genealogia do Conde d. Henrique*

MATOS, ARMANDO – *A flor de lis na história portuguesa*

MELO, MÁRIO – *Apoteose da História*

MENDES, JOÃO – *Notas genealógicas*

MENDES DA SILVA, RODRIGO – *Catalogo real y genealógico de España*

MENDONÇA, SALAZAR – *Origen de las dignidades*

MOLINA, ARGOTE – *Historia da nobleza de Andaluzia*

MOREIRA, MANOEL DA –

NUNES, DUARTE – *Crônica dos reis de Portugal*

SABUGOSA, CONDE DE – *O Paço de Cintra*

SANCHES, AFONSO – *Canzonieri portughese*

SANCHES, FERREIRA – *Armonial português*

SANTOS, MANOEL – *Monarquia Lusitana*

SÃO TOMAZ, FREI LEÃO DE – *Beneditina Lusitana*

SOLEDADE, DR. FRANCISCO – *Memória dos Infantes D. Afonso Sanches e Tereza Martins*

SOUSA, ANTONIO CAETANO – *História genealógica da Casa Real Portuguesa*

TAVARES, JOSÉ GOMES AZAMBUJA – *Memória da ilustre ascendência de Manoel Paxeco Falcão de Melo*

TORRES, AFONSO – *Livro das famílias de Portugal*

VILAS BOAS E SAMPAIO – *Nobiliarquia Portuguesa*

XAVIER, CARLOS – *Feriados do Brasil*

ZARCO, TIVISCO DE NASSAU – *Teatro genealógico*

Capítulo II
CAVALCANTI

— A —
CAVALCANTI EM FLORENÇA

A família Cavalcanti está colocada entre as que exigem estudo dos mais complexos e que não interessa apenas à genealogia, na sua feição restrita, à nobiliarquia e à heráldica.

O registro de atos da vida civil e a pesquisa dos títulos, armas e brasões, mostram, não há dúvida, a nobreza da raça.

Mas outras fidalguias nela se encontram: a do talento, a do ardor cívico, a do senso artístico.

Mister se torna, pois, para investigar a ascendência de Felipe Cavalcanti, o tronco da estirpe no Brasil, a penetração nos domínios da ciência bélica, da sociologia, da filosofia, da literatura e da arte.

I
Cavalcanti Guerreiro

Inúmeros seriam os exemplos dos que demonstraram espírito guerreiro. *Menandro Cavalcanti* que, por atos de bravura pessoal, conquistou o posto de marechal do exército toscano, foi um bravo.

Suficiente seria aqui analisar a célebre luta entre guelfos e gibelinos que, durante mais de um triênio, ensanguentou o solo de Florença e que, como tantas outras, teve origem em berço romântico de amor transformado em ódio.

Buondelmonte, filho de Monte Buono, tornou-se noivo oficial de Lucrécia Amidei, a quem inspirou forte paixão.

Mancatori di fede, faltara à palavra empenhada, esposando *Lúcia Guardrada Donato*.

Vingou-se o genitor da preterida, dando a morte ao patrício infiel que violara o compromisso de honra. A reação não tardou, e, para combater o velho fidalgo Amidei, os nobres amigos de Monte Buono, reunindo quarenta e duas famílias, formaram o grande partido branco que tomou, na história, o nome de *guelfo*, e que ainda se denominou *papista*, por contar com a proteção dos pontífices.

Aceitaram o combate os amigos da família da desditosa Lucrécia Amidei, e, chamando às armas os aristocratas, organizaram o partido negro, gibelino ou, ainda, imperialista, porquanto estava amparado pelos governos que, então, em toda a Itália, viviam em disputa contra o clero.

Eram 42 famílias guelfas contra 24 gibelinas.

Por exceção é que houve imperadores guelfos e papas gibelinos.

Chefiando este último grupo esteve Farianta degli Uberti, a cujo lado ficaram os Cavalcanti, tomando posições definidas nos mais sanguinolentos combates.

Nero Cavalcanti jogou do cavalo abaixo Messer Roselino.

Há engano no "Dicionário Enciclopédico Lavor" mencionando, dentro da mesma facção, o autor de "Canzione d'amore" e o da "Divina Comédia". Este, guelfo por tradição de sua família e da sua esposa *Gemma Donato*, formou com os guelfos. Em 1289, combateu contra os gibelinos de Arezzo.

Talvez se origine a confusão no fato de, na sua orientação conciliatória, haver Dante, quando prior de Florença, cargo que tantos desgostos lhe criou, intercedido pela repatriação do amigo exilado.

Vencedores, os guelfos se cindiram em dois partidos: o branco e o negro. Dante voltou a ser perseguido. Teve a condenação de multa e de exílio.

II
Política e administração

Ação política, de ordem teórica e prática, teve a estirpe.

Francisco e *Aldobrando Cavalcanti* deixaram traços salientes, este como conselheiro de Estado e aquele governador do Castelo de Oslana.

Domingos Cavalcanti foi um doutrinador e, entre outras obras, publicou o "Trattato sopra gli regimenti delle republichi antichi e moderni". Guido fez parte, em 1284, do grande conselho florentino.

Farinata degli Uberti, chefe gibelino e ascendente de Felipe Cavalcanti, foi, na opinião de Sismondi, o maior estadista de seu tempo e o vencedor mais generoso.

Perrens elogia o seu alto entendimento.

Grande foi o número de senadores, senescais, priores e cônsules na família Cavalcanti.

Schiarato, pai de Cavalcante de Cavalcanti, era filho de cônsul, cargo que também veio a exercer.

No século XV, Florença viu-se envolvida em séria luta interna. O micróbio da divergência não penetrou apenas entre os grupos, mas dentro das próprias estirpes.

O duque *Alexandre de Medicis* foi, em 1537, morto por Lourenço de Medicis.

Contra *Cosmo de Medicis* estiveram os Cavalcanti, chefiados pelo célebree *Cardeal Alexandre* de Este, que acabou sendo derrotado.

Vitorioso, *Cosmo de Medicis*, a perseguição contra os sediciosos não se fez esperar.

A família Cavalcanti muito sofreu e, depois de Stoldo ter sido degolado, *Pandolfo Pucci, Nicolau Spinelli, Felipe Cavalcanti* e, talvez, *Zenóbio Acioli*, emigraram para Portugal.

III
Cavalcanti nas letras

Brilharam nas letras os da estirpe Cavalcanti e gozaram do mais alto prestígio intelectual.

Entre muitos outros publicistas de valor, encontramos Bartolomeu, Domingos e *João Cavalcanti*, este historiador ilustre, membro da academia platônica e autor de uma "Storia florentina dall'ano 1420 a 1452".

Precedeu a *Nicolau Machiavelli* em assuntos políticos, e o autor do "Príncipe", seu grande amigo, como também o era *Miguel Angelo*, chamava-o de *quase divino*.

Maior do que Messer *Cavalcante de Cavalcanti* foi seu filho *Guido*, precursor da Renascença, filósofo notável, literato insigne, poeta *nobre na rima e no segredo do amor* e fundador do *dolce stile nuovo*, atribuído a Guinizelli.

As suas obras tiveram publicação no século XIX.

Cicciaporei as reuniu em volante em 1803; Ecole completou-as em 1815 e Giles de Roma comentou-as.

É tido como o implantador do soneto na poesia.

Transcrevemos abaixo um de seus sonetos:

Sopra gli occhi della sua Donna

Io vidi occhi, dove Amor si mise,
Quando mi fece de se pauroso,
Che mi aguardar come fosse annojoso
Allora, dico, che Il cor si divise;

E se non fosse, che donna mi rise
Io parlerei di tal guisa doglioso
Chi amor medesmo si faria cioso
Che fé l'immaginar che mi conquise

Dal ciel si morre um Spirito in quel punto,
Che quella donna me degno guardare,
E vennesi a posar nel mio pensiero

E li mi conta si d'amor lo vero
Che ogni sua virtú veder mi pare
Si come fossi dentro al suo cor giunto.

Entusiasticamente citado pelos de sua época, merecedor de elogios calorosos de Lapo, Sachette, Rambalde, Baldo, Benevenuto Imola e Bocaccio, o autor de "Donna me prega" e da balada dolente *"Perch'io no spero de tornar giammai"*, era considerado o primeiro cérebro de Florença depois de Alighieri, que, aliás, o tinha como o mais notável de todos.

A afeição entre os dois teve início em certo torneio político.

O genial filho de Bellincione compusera expressivo soneto dirigido aos fiéis do amor, aos quais pedia resposta, que não se fez esperar. Dentre os sonetos enviados, foi tido como o melhor o do poeta de "Canzione de amore".

Guido tornou-se, desde então, o maior amigo de Dante, e nas quatro medalhas colocadas no túmulo deste, figura a sua, ao lado da de Virgílio e da de Bruneto.

Na espiritual peregrinação pelo inferno, o autor da "Divina Comédia" manifesta desejo de falar a alguns heréticos encerrados em sepulcros ardentes. Conversava com *Farinata degli Uberti*, esposa de Guido, quando lhe aparece *Messer Cavalcante de Cavalcanti* a pedir notícias do filho que sofria pela sua incredulidade. Fora um epicurista irreverente, que nem a Virgílio tributara a respeitosa admiração devida. E a esse respeito, diz o genial florentino: *esse que ali me aguarda é que me guia; talvez Guido o houvesse em pouco.*

Dante considerava Guido *quelgli cui io chiamo primo del miei amici.*

IV
Cavalcanti na arte

O senso estético dos Cavalcanti era notório e ficou demonstrado por vários modos. Tiveram artistas de alto quilate, como Bartolomeu e *Andrea Cavalcanti*, dois dos mais famosos pintores do século XV. *Aldobrandino Cavalcanti* havia construído, dois séculos antes, a igreja de Nossa Senhora de Novela.

Cultivavam, além disso, relações com os grandes mestres. João Cavalcanti gozava da amizade de Miguel Angelo. Bastaria, para se ajuizar do seu gosto artístico, lembrar as tradições de grandeza, fidalguia e elegância do palácio de Florença e dos castelos de Stinche, Monte Calvo e Osti.

Também a residência dos Uberti era tão grandiosa que, mais tarde, se constituiu em paço.

Deviam, realmente, primar tais obras pelo valor, desde que deixaram nome numa cidade onde o gosto era aprimorado.

Existiam monumentos como a Catedral de Santa Maria del Fiore, trabalho suntuoso do genial Giotto.

Felipe Cavalcanti, mais tarde, quis reviver no Brasil a vida opulenta e faustosa que levara em sua terra. Oliveira lima, apoiado em Sassetti, mostra-o, em "Pernambuco e seu desenvolvimento histórico", senhor de grande estado, com muitos pagens e cavalos, e gastando anualmente cinco mil escudos.

V
Vida mundana dos Cavalcanti

Tiveram também os Cavalcanti a sua vida mundana. O mais sensual da família foi Guido, precursor de Gabriel D'Annunzio.

Ligara-se, em 1266, pelo casamento, a *Beatriz Degli Uberti*, filha de Farinata. Antes de casar-se, tivera várias amantes, entre as quais, Vanna e Mandetta.

Ele próprio confessa o seu temperamento quando diz: *tutte le mie pensieri parlan d'amore*.

Durante Alighieri, como primitivamente se chamava o maior poeta da Itália, não era estranho a esses amores e aos de Lapo. Ao contrário, quis até sublimar a afeição dos amigos, unindo espiritualmente Monora Vanna a Monna Bice, como se vê deste soneto que transcrevemos da tradução da *Divina Comédia*, feita por *Xavier Pinheiro*.

Guido, vorrei che tu e Lopo ed io
Fossimo presi per incantamento,
Emessi ad um vascel, ch'ad ogni vento
Per maré andasse a voler vostro e mio;

Sicché fortuna ed altro tempo vio
Non ci potesse dare impedimento,
Anzi, vivendo sempre in un talento
Di stare insieme crescesse il disio.

E Monora Vanna e Monna Bice poi,
Com quella ch'è sue numero del trenta
Com noi ponesse il buono incantatore,

Equivi ragionar sempre d'amore;
E ciascuna di lor fosse contenta,
Siccome io credo che sariamo noi.

VI
Nobiliarquia e heráldica

Família consular de Florença, na frase de Sanches Baena, e cheia de grão-duques de Toscana, os Cavalcanti ligaram-se à própria realeza.

Farinata degli Uberti, chefe de gibelinos e sogro de Guido Cavalcanti, era de notável estirpe.

Guido, em Toulouse, na igreja de Saint Seruint, pela primeira vez ficou de joelhos em um templo, mas por haver tropeçado, diz Joaquim Leitão, no vestido da bela Mandetta, a quem dedicou ardentes versos.

O casamento de Genebra Cavalcanti com Lourenço de Medicis, filho de Giovanni Ricci de Medicis e irmão de Cosmo, pai da pátria, levou os Cavalcanti à casa dos Médicis, a que pertenciam monarcas da Inglaterra, França, Hungria e Espanha.

Pedro Francisco de Médicis, filho de Lourenço, esposou Ludovica Acioli. Foram os pais de João de Medicis, o populano, casado com Catarina Sforza, duquesa de Ímola e genitora de Giovanni de Médicis, o da banda negra, valente condotieri, morto em combate. Cosme, seu filho, e Francisco, seu neto, foram duques de Toscana. Do último procede Maria Médicis, esposa de Henrique IV, de quem teve Luiz XIII.

Pela via de Cosmo, filho de Giovanni Ricci, veio Pedro, o gotoso, pai de Lourenço, o magnífico, avô de Pedro, o infortunado, bisavô de Lourenço; trisavô de Catarina, rainha da França, casada com Henrique II e quatriavô de Margarida de Valois, esposa de Henrique IV, duque de Navarra e rei de França.

Cavalcanti, ainda em Florença, reuniu-se a Acioli, após o matrimônio de Batista Cavalcanti com Francisca Acioli, filha de Zenóbio Acioli (3º) e Catarina Delfini. Na estirpe Acioli encontram-se senescais, reis e imperadores.

Dante fala também em *Francisco Guercio Cavalcanti*, quando afirma que tra *le ladron trovai cinque catali*. Eram: Cianfa, Brunelleschi, Abate, *Schiancato* e *Guercio Cavalcanti*, que não pagavam as prestações ao fisco. A morte deste Cavalcanti ocasionou forte vingança contra os habitantes de Gavila.

As armas dos Cavalcanti, em escudo ovado, eram divididas por uma asna de azul, coticada de negro, tendo o campo inferior de prata e o superior de vermelho, semeado de flores prateadas, com quatro folhas. Consistia o timbre em um cavalo volante, com asas, saindo das chamas, com as mãos levantadas e os pés assentados sobre o elmo. Foram ligeiramente modificados em Pernambuco.

Os brasões continuaram a ser de prata, mantelados de vermelho, semeados de quatro folhas de prata e uma asna azul brocante sobre um traço mantelado.

Em Pernambuco, a asna estás carregada de um leão de ouro ladeado de duas flores de lis.

A nobreza dos Cavalcanti consta do atestado oficial, abaixo, transcrito: do arquivo das reformações da cidade.

TRASLADO – Da atestação, que mandou passar o Duque de Florença a Felipe Cavalcanti sobre o solar, e títulos de sua ilustre nobreza. Em nome de Deus: Amen. No ano de Nosso

Senhor Jesus Cristo de 1683, a 30 de dezembro, se leu este testemunho público, como está no 1º livro dos decretos e privilégios dos sereníssimos Grão-Duques de Toscana, onde se vê o decreto abaixo escrito, de certificação de nobreza, pelo teor seguinte, como se guarda no arquivo de reformação da cidade de Florença, em seu original do número 141 até 142: "Cosme de Medicis, por graça de Deus, Duque II de Florença e Sana, etc. A todos e a cada um, a cujas mãos chegarem as presentes letras, saúde, prosperidade, etc. A família dos Cavalcanti nesta nossa cidade de Florença, como também a família dos Manelli, resplandecem com singular nobreza e luzimento, dos quais até este tempo têm saído varões de nós, de nossos progenitores e da nossa república, beneméritos; porque eles têm alcançado em sucessivos tempos todas as honras e dignidades da nossa cidade, e têm servido os supremos magistrados com grande louvor; trazendo as armas próprias de sua família, à maneira dos patrícios florentinos, distintas em seus campos e cores conhecidas, como se pode ver, viver AM com os outros mais luzidos fidalgos de sua pátria, entre os quais, contamos principalmente a João Cavalcanti, pai de Felipe Cavalcanti, o qual, vivendo nesta cidade em tempos passados, casou com a nobilíssima Genebra Manelli, de quem teve de legítimo matrimônio ao dito Felipe Cavalcanti, o qual, não degenerando de seus pais, vive com toda a pompa no nobilíssimo reino de Portugal. Pelo que, amamos, como nos é lícito, as mesmas famílias e aos seus descendentes, e disso significamos, que o mesmo *Felipe Cavalcanti*, nascido dos ditos pais nobres, a saber: *João* e *Genebra* de legítimo matrimônio e de famílias muito nobres, com razão é muito amado de nós, e com o testemunho das presentes letras que mandamos selar com o nosso selo pendente de chumbo, certificamos sua nobreza; e além disso, desejamos e pedimos, que por nosso respeito se lhe faça com a benignidade muito honra, porque nos será isso muito agradável e o teremos em grande obséquio. Dado em Florença em nosso palácio dos Duques a 23 de agosto de 1559. e do nosso ducado florentino 23º, e do Sena III.
Eu, Jerônimo de Giuntinis, doutor em ambos os direitos, filho do Sr. D. Francisco, cidadão florentino, primeiro ministro do dito arquivo das reformações da cidade de Florença, juntamente com o abaixo assinado D. Lourenço de Coutinis, meu companheiro do dito ofício, para crédito público, mão própria, assinei, para louvor de Deus.
Eu, *Lourenço de Coutinis*, filho de Cosme, cidadão florentino, segundo ministro do dito ofício das reformações junto com o dito de D. Jerônimo de Giuntinis, primeiro ministro do dito ofício, por passar assim na verdade, assinei por mão própria, para louvor de Deus.
Nós, *Antônio de Deis*, ao presente proconsul do colégio dos Juízes e notários da cidade de Florença, damos fé e publicamente certificamos que os sobreditos senhores Jerônimo Giuntinis e D. *Lourenço de Continis* são e foram tais quais se fazem nas suas assinaturas, e são dignos de fé, seus sinais, sempre a ele se deu ao presente se lhe dá plena e indubitável fé, em juízo e fora dele, e por passar assim na verdade, passamos esta, selada com o nosso selo. Dada em Florença, a 4 de janeiro de 1683. *Jacob Brindio*, Cancelário, etc.
Nós, abaixo assinados mercadores da praça de Florença, certificamos como sobredito Sr. D. Jerônimo de Giuntinis e Sr. Lourenço Continis, são tais quais se fazem em suas assinaturas legais e dignas de fé, e a seus sinais se deu, e dá por todos inteiro crédito. E por ser assim na verdade, passamos esta a 4 de janeiro de 1683. José Buona Corsi dá a dita fé por mão própria. Carlos de Geneni dá a dita fé por mão própria."

VII
Felipe Cavalcanti

A vitória dos Medicis acarretou perseguição atroz contra os partidários do cardeal Alessandro de Este.

Entre os que emigraram para Portugal estavam Felipe Cavalcanti e seus parentes Oldo Cavalcanti e Pandulfo Pucci, citados por Jaboatão.

Borges da Fonseca refere-se também a Zenóbio Acioli (4) e a Nicolau Manelli ou Espinelli.

Parece-nos que há engano quanto a Zenóbio, sobrinho de Batista Cavalcanti, que nascera na ilha da Madeira, onde seus pais – Simão Acioli e Maria Pimentel Drummond – residiam, cercados do mais alto prestígio, conforme tivemos oportunidade de mostrar no trabalho referente a Acioli.

Felipe Cavalcanti transportou-se para Pernambuco. Nicolau Manelli, em cuja família se encontra, também e indiferentemente, o nome de Espinelli, era ligado a Felipe por via de Genebra Manelli.

Emigrou para a Paraíba, casando-se em Pernambuco com Adriana de Holanda, filha de Agostinho de Holanda.

Há divergências quanto a filiação de Felipe Cavalcanti, que Lacerda Machado, em "Família Acciaioli", menciona como filho de Antonio Cavalcanti e neto de Batista Cavalcanti e Francisca Acioli.

A mesma paternidade é dada por Sanches Baena, no "Índice Heráldico", pela "Enciclopédia Universal Barcelona", por Bellani Chorsy e pela "Enciclopédia Portuguesa" de Maximiano Lemos.

Outros, inclusive Jaboatão, em "Catálogo Genealógico", e Borges da Fonseca, na "Nobiliarquia Pernambucana", acham que João Cavalcanti e Genebra Manelli foram os pais de Felipe.

Este, na denúncia que levou à Inquisição contra Enrique Mendes, em 1593, quando tinha 70 anos, declara ser filho de João Cavalcanti.

Parece-nos que João Cavalcanti não era filho de Antônio Cavalcanti, mas irmão deste e de Rodrigo Cavalcanti, e todos três filhos de Batista Cavalcanti e de Francisca Acioli, esta irmã de Simão. Assim, Zenóbio Acioli e João Cavalcanti (14) seriam netos de Zenóbio Acioli (2) e de Catarina Delfini.

Esta versão, sobre a qual não temos certeza, não contraria Borges da Fonseca e nem a atestação do Livro I dos Decretos e privilégios dos sereníssimos grão-duques de Florença.

De João Cavalcanti e de Genebra Manelli procede Felipe Cavalcanti, que esposou Catarina de Albuquerque (1), filha de Jerônimo de Albuquerque I e da princesa indígena Maria do Espírito Santo Arco Verde, e não de Felipa Melo, como, por equívoco, afirmam Rocha Pita e Elísio de Carvalho.

Era a primogênita, e por isso, ficou alcunhada de *Velha*. Foi perfilhada por D. Sebastião.

Jerônimo de Albuquerque votava grande desafeição ao sogro e forte estima ao genro, Felipe Cavalcanti, como se vê do seu testamento.

Catarina faleceu a 4 de junho de 1614, com 70 anos.

11 filhos teve o casal: João, Antônio, Lourenço, Jerônimo, Felipe, Genebra, Joana, Margarida (1), Catarina, Felipa e Brites.

Serão estudados em outro trabalho.

VIII
Anacronismo quanto a Guido Cavalcanti

Mario D. Wanderley, em escrito inserto no nº 4 da "Revista de Estudos do Instituto Genealógico", afirma que *"Felipe Cavalcanti, envolvido numa conspiração contra os Medicis de Florença, teve que fugir da sua pátria, refugiando-se em Portugal, juntamente com seu irmão Guido Cavalcanti e outros florentinos ilustres. Mas nesse refúgio perseguiu-os o punhal justiceiro dos Duques de Florença; Guido Cavalcanti foi misteriosamente apunhalado em Lisboa, e num dos Cânticos do "Inferno" de Dante, está o mesmo conspirador florentino, num túmulo de fogo, vomitando chamas pelos olhos e pela boca. Por isso, temendo igual destino, Felipe desapareceu de Portugal".*

Paulo Eleuthério, no nº 5 da mesma Revista, contesta a asserção, achando também ponto controverso o da conspiração.

Parece-nos que a razão está com Mario Wanderley apenas quanto à revolta posta em dúvida. Ela está referida por todos os que tratam do assunto.

A certidão, passada em 1559, demonstrativa da nobreza dos Cavalcanti e da estima em que eram tidos, não importa. Já o Grão-Duque Cosme de Medicis detinha o poder desde 1557, época em que Felipe Cavalcanti deixara a sua terra. Eram parentes e os ódios se achavam arrefecidos, além de que o interesse dos Medicis estava em manter no estrangeiro os conspiradores seus parentes.

São irretorquíveis os argumentos de Eleuthério quanto à ficção inventada por Wanderley sobre Guido, que absolutamente não é referido pelos linhagistas como filho de João Cavalcanti. E se tivesse existido, não poderia tratar-se do consagrado filósofo epicurista, por Dante colocado em sepulcro ardente.

Guido morreu em 1300 e Felipe Cavalcanti emigrou em 1557. Como se vê, o decurso é de 257 anos. Há anacronismo no caso.

— B —
A FAMÍLIA CAVALCANTI NO BRASIL

Já tratamos do Cavalcanti pré brasileiro, mostrando a atuação da família em Florença, na paz e na guerra, na administração, nas letras, nas artes e até na vida mundana.

Entramos na parte genealógica e desfizemos certas dúvidas, sobretudo quanto à filiação de Felipe Cavalcanti, tronco da estirpe em Pernambuco.

Estudaremos aqui os nascidos no país e descendentes do fidalgo florentino citado e de sua esposa – *Catarina de Albuquerque* (1ª) – filha de *Jerônimo de Albuquerque* e da princesa indígena Maria do Espírito Santo Arco Verde.

Onze foram os rebentos do casal: João, Antônio, Lourenço, Jerônimo, Felipe, Genebra, Joana, Margarida (1), Catarina, Felipa e Brites, que serão estudados a seguir.

I
João Cavalcanti de Albuquerque

F.1. João Cavalcanti de Albuquerque (1)

Há engano de Borges da Fonseca à página 208 vol. I, corrigido a fls. 305 vol. 11, mencionando, ao descrever a sucessão de *Catarina de Albuquerque*, Diogo como o primeiro filho de Felipe Cavalcanti, ao invés de João, que é o nome citado por Jaboatão, Roque Leme e vários linhagistas, inclusive o próprio *Borges da Fonseca*, quando se ocupa das "Memórias da família Cavalcanti", à página 393. Pouco importa a denominação, porquanto João, ou Diogo, faleceu criança, não deixando traços de sua passagem.

II
Antônio Cavalcanti de Albuquerque

F 2) – *Antônio Cavalcanti de Albuquerque* (1º) sucedeu ao seu genitor na administração da capela de São João, em Olinda, c.c. Isabel de Goes, filha de Arnau de Holanda e Brites Mendes de Vasconcelos e irmã de suas duas cunhadas. Jaboatão relaciona como sendo filhos do casal: Jerônimo, Manuel, Paulo, Felipe, Brites, Isabel, Maria, Úrsula e Paula. Borges da Fonseca cita os mesmos e mais Lourenço, Antônio e Joana. Há também referências a Jorge de Albuquerque. Pais de:

N 1) *Jerônimo Cavalcanti* (2º), cavaleiro da Ordem de Cristo, em 1634. Acompanhou os retirantes no ano seguinte para a Bahia, abandonando seus três engenhos em Goiana. Seguiu depois para Cabo Verde, como governador. Não consta que se houvesse matrimoniado, afirma Jaboatão. *Borges da Fonseca*, à página 208, supõe o casamento sem mais referências.

N 2) *Padre Manuel Cavalcanti de Albuquerque* (1º), que se chamou Frei Manuel de Santa Catarina. Equivocam-se Borges da Fonseca, *Jaboatão e Pereira da Costa*, confundindo-o com Frei Manuel de Santa Catarina que administrou Pernambuco na guerra dos Mascates. Há anacronismo. O primeiro professou, em 1608, na Ordem dos Capuchinhos, de Olinda, e era brasileiro. O segundo, filho de Francisco Gomes Correia, nasceu em Portugal, onde professou, na Ordem das Carmelitas, em 25 de novembro de 1656. Foi bispo de Luanda e † em 1693.

N 3) *Paulo Cavalcanti de Albuquerque* (1º), guardião e visitador do Colégio, em 1693, deixando vários trabalhos.

N 4) *Felipe Cavalcanti de Albuquerque* (2º), fidalgo da Casa Real, irmão da Santa Casa da Misericórdia de Olinda, em 1657, e combatente na luta flamenga em 1657, em Ipojuca. Teve por esposa sua prima *Maria de Lacerda* (2ª), filha de *Antônio Ribeiro de Lacerda* (2º), falecido em 24-3-1630, no assalto do convento de Santo Antônio e de Isabel Moura, e neta, não de Antônio, como se acha à página 208 da "Nobiliarquia Pernambucana", mas de *Manuel Ribeiro de Lacerda* (1º), Maria Pereira Coutinho, Felipe e Genebra Cavalcanti. Pais de:

B 1) *Antonio Cavalcanti de Albuquerque* (3º), n. em 1647, auxiliar de seu pai na conquista da Paraíba. O "Catálogo Genealógico" declara-o solteiro, como também a "Nobiliarquia Pernambucana" à página 308, vol. I. às fls. 230, vol. II, apresnta-o c.c. *Joana de Figueirôa*, filha de *Homem Pinto*.

B 2) *Jerônimo Cavalcanti de Albuquerque* (4º), capitão, c.c. *Catarina Vasconcelos Valcacer*, filha de *Francisco Valcacer* e *Catarina de Vasconcelos*; n. p. de *Francisco Camelo Valcacer* e *Ana Silveira*, n. m. de *Arnau de Albuquerque* e *Maria Lins*. Pais de:

T 1) *Manuel Cavalcanti de Albuquerque* (4º), cavaleiro da Ordem de Cristo, alcaide-mor de Goiana, c.c. Sebastiana Carvalho, provinda de *Manuel Carneiro da Cunha* e *Sebastiana Carvalho*, n. p. de *Manuel Carneiro da Cunha* e Cosma Cunha, n. m. de *Sebastião Carvalho* (2º) e *Francisca Monteiro*. Pais de:

Q. 1)) Manuel Cavalcanti de Albuquerque (6), ou Manuel Cavalcanti de Lacerda c.c. Maria Madalena Valcacer. Pais de:

P. 1) Manuel Cavalcanti de Lacerda c.c. Luisa de A. Melo. Pais de:

S. 1-6) Francisco, Gonçalo, Inácio, Luís, Manuel e Pedro

P. 2) Estevão José Cunha c.c. Teresa Joana da Cruz

P. 3) Sebastiana de Carvalho

Q. 2) José Cavalcante de Lacerda c.c. Catarina Melo

Q. 3) Maria Sebastiana

Q. 4) Cosma Cavalcanti (2)

Q. 5) Quitéria C . Lacerda

Q. 6) Catarina A. Cavalcanti (2)

Q. 7) Rosa Cavalcanti

Q. 8) Joana Cavalcanti (11)

T. 2) Ana Cavalcanti (3ª) c.c. Felipe Cavalcanti de Albuquerque (7º), filho do capitão Francisco de Barros Falcão (1) e Mariana Lacerda, n. p. de Leão Falcão Ela e de Maria Pimentel e n. m. de Felipe Cavalcanti e Maria Lacerda. Pais de:

Q. 9) Padre Jerônimo Cavalcanti de Albuquerque

Q.10) Felipe Cavalcanti de Albuquerque (9)

Q.11) Francisca Cavalcanti de Albuquerque (3) ou Francisca de Barros Pimentel

Q.12) Francisco Cavalcanti de Albuquerque (7) c.c. Benta G. Vieira. Pais de:

P. 4) José Bernardo Cavalcanti

P. 5) João Vieira

P. 6) Padre Amaro Vieira Cavalcanti

P. 7) Jerônimo V. Albuquerque c.c. Teresa de Jesus Acioli, filha de João Salgado de Castro

P. 8) Antonio V. Albuquerque c.c. Teresa de Jesus Salgado

P. 9) João Severo V. Cavalcanti

P.10) Manuel Inácio

P.11) Inácio Falcão V. Albuquerque

P.12) Ana Maria

P.13) Teresa de Jesus

P.14) Antonia Vieira Cavalcanti c.c. Francisco B. Falcão

P.15) Arcângela Vieira Cavalcanti

P.16) Josefa Vieira Cavalcanti

P.17) Maria da Conceição, casada com Nicolão Coelho

P.18) Liberata c.c. Nicolau Lacerda

P.19) Felipa c.c. José Felipe de Albuquerque Maranhão

Q.13) Mariana Cavalcanti de Albuquerque

Q.14) Maria da Encarnação Albuquerque

Q.15) Jerônimo Vieira Pinto c.c. Teresa de Jesus

T. 3) Francisca Cavalcanti (5ª), c.c. Miguel Carneiro da Cunha, filho de Manuel Carneiro de Mariz e Cosma Cunha

T. 4) Maria de Lacerda (3ª), c.c. José Camelo Pessôa, filho de Nuno Camelo e Inez Pessôa, com descendência descrita na família Pessôa

Q.16) Padre José Camelo

Q.17) Caetano Camelo

P.20/21) Francisco e José

Q.18) Catarina Pessôa de Lacerda

B. 3) Isabel de Moura (3ª), também chamada Isabel Cavalcanti (3ª) c.c. Leão Falcão de Melo, filho de Pedro Marinho Falcão (1º)

B. 4) Joana Lacerda Moura, esposa de Vasco Marinho Falcão (2º), filho de Leandro Pacheco Falcão e Mariana Moura

B. 5) Felipa Moura casada com Pedro Marinho Falcão

B. 6) Mariana Moura de Lacerda, conforme Borges da Fonseca, ou Maria Moura, segundo Jaboatão, c.c. Francisco de Barros Falcão (1º), filho de Leão Falcão Eça e Maria Barros. Pais de:

T. 5) Luís de Barros Falcão
T. 6) Antônio Ribeiro Lacerda (3º) c.c. Leonor Reis. Pais de:
Q.19) Francisco de Barros Falcão (2)
Q.20/21) Nicolão Coelho dos Reis c.c. Maria da Conceição
Q.22) Felipe Cavalcanti Florentino c.c. Maria de Lacerda. Pais de:
P.22/23) Jorge e Leonor
Q.23) Josefa de Lacerda c.c. Francisco do Rego Barros (11)
P.24/26) Angelina, Francisca e Leonor
P.27) Ana Cavalcanti (5)
P.28) Maria de Lacerda (5) c.c. Jerônimo Veloso Machado. Pais de:
P.29) Francisco de Barros Falcão (3)
P.30) Ana Cavalcanti (30) c.c. Francisco Dias Ferreira. Pais de:
T.7/8) Adriana e Antonio
T. 9) Joana c.c. Afonso de Albuquerque Maranhão e João Bezerra
T.10) Felipe Cavalcanti de Albuquerque (7), c.c. Ana Cavalcanti (3). Pais de:
Q.24) Jerônimo de Albuquerque
T.11) Leão Falcão Eça c.c. Antonia Cavalcanti
Q.25/27) Jorge, Luiz e Mariana
Q.28) Francisco de Barros Falcão (5)
Q.29) Ana Cavalcanti (8) c.c. Francisco Arouche
P.31/32) Jorge, Felipe
P.33) Mariana c.c. Felipe Florentino
P.34) Maria Cavalcanti (11)
Q.30) Maria Cavalcanti (9)
Q.31) José de Barros Falcão c.c. Sebastiana Teresa
P.35) José de Barros Falcão c.c. Carlota Cavalcanti
S.7/8) Francisco de Barros Falcão de Lacerda c.c. Joana Melo e Maria
S. 9) Francisco do Rego Barros (12) c.c. Maria Cavalcanti
P.35) José de Barros Falcão de Lacerda
P.36) Antonio, Inez e Tomás
P.37) Maria c.c. Faustino Correia
P.38) Leão Falcão de Lacerda c.c. Joana Melo
P.39) Francisco de Barros Falcão (6)
Q.32) Maria de Lacerda (7ª) c.c. Antonio Cunha
T.12) José de Barros Pimentel (9) c.c Luzia Castro
T.13) Maria de Lacerda (4) c.c. Francisco Simões
B. 7) Úrsula Cavalcanti(2) c.c. Francisco de Sousa
T.14) João de Sousa c.c. Maria Vilhena
N. 5) Brites Cavalcanti (5) c.c. Francisco Coelho de Carvalho
B. 8) Antonio Coelho de Albuquerque c.c. Inez Coelho, filha de Antonio Coelho de Carvalho e Brites Rego. Pais de:
T.15) Francisco Coelho de Albuquerque c.c. Luiza Mara de Sousa
T.16) Brites (8) c.c. Fernão Gomes de Quadros
T.17) Antonio Coelho de Albuquerque

T.18) Feliciano Coelho de Albuquerque
T.19) Paula Albuquerque
N. 6) Madre Maria Cavalcanti de Albuquerque (1)
N. 7) Úrsula C. de Albuquerque
N. 8) Sóror Paula P. de Albuquerque
N. 9) Lourenço de Albuquerque (2º) que, em 1635, transportou-se para a Bahia. Borges da Fonseca refere-se a um seu filho.
B. 9) João C, de Albuquerque (7)
N.10) Antonio C. Albuquerque (2º), em 1635 capitão-mor do Pará, e em 1636 do Maranhão, onde já estivera com o seu cunhado Francisco Coelho C. Carvalho
N.11) Joana C. Albuquerque (2ª) mais solteira
N.12) Jorge C. Albuquerque (1º)
N.13) Isabel C. Albuquerque (1ª), c.c. primeira vez Manuel Gonçalves Cerqueira (e não Pedro G. de Cerqueira, como está em Borges da Fonseca), Cavaleiro de Ordem de Cristo e administrador da Capela do Santo Ofício, filho de Pedro Gonçalves Cerqueira c.c. Joana de Albuquerque
T.20) Isabel
B.10) Pedro C. de Albuquerque (1º) c.c. Brasia Monteiro, terceira filha de Francisco Bezerra Monteiro e Maria Pessoa. Pais de:
T.21) Úrsula C. de Albuquerque c.c. Capitão Bernardino de Araujo Pereira. Pais de:
Q.33) Amador de Araujo Pereira
Q.34) Luiza c.c. João de Araujo Lima
Q.35) Brasia Monteiro (2ª) c.c. João Luiz Serra
Q.36) Manuel de Araujo Cavalcanti c.c. Brasia Cavalcanti, filha de Cosma Bezerra e Leonardo Cavalcanti. Pais de:
P.40) Francisco Xavier Cavalcanti c.c. Luiza Cavalcanti, filha de Pedro Leitão
S. 9) Brites de Albuquerque c.c. João Leite
P.41) Padre Manuel de Araujo Cavalcanti
I.41) Bernardino de Araujo Cavalcanti c.c. Rosália Ribeiro
P.42/43) José, Maria
S.10/11) Francisco e Brasia
P.44) Sebastião Bezerra Monteiro c.c. Maria Madalena de Carvalho. Pais de:
S.12/15) Sebastião, Maria, Bernardino e Úrsula
S.16) Antonio C. Cavalcanti c.c. Jeronima Luzia de Albuquerque
7. 2. 6) Antonio, Luiza, Lourenço, Jerônimo e Luzia
7. 7) Estevão Paes Barreto (4º) c.c. Laura B. de Albuquerque
7. 8) Ana Cavalcanti (19)
S.16) Bernardina c.c. Antonio de Castro Figueira
7. 9) Antonio C. de Albuquerque
7.10/14) Maria Madalena, Ana Maria, Leonardo, Sebastião e Inácio
P.45) Cosme Bezerra c.c. Maria Paes Barreto
P.46) Maria Cavalcanti c.c. Antonio Alves dos Reis. Pais de:
S.17) Marcos C. Bezerra c.c. Maria Sofia. Pais de:

7.15/17) Antonio, João e José
S.18/20) Antonio, Brasia e Luiz
P.47) Maria Cavalcanti (17) c.c. Manuel Leite da Silva, filho de Bento Leite da Silva. Pais de:
S.21/32) Bartolomeu, Bento, Brasia, Francisco, Inácia, Joana Josefa, Leonardo, Luiz, Manuel, Potenciana e Teresa
S.33) Lourenço C. Albuquerque (26)
S.34) Inocência c.c. Antonio Monteiro
Q.37) Maria Cavalcanti (5) c.c. Mateus Sá. Pais de:
P.48) Brites c.c. Antonio Machado
P.49) Domingos Cavalcanti c.c. Joana, bastarda de Gonçalo, havida em Luiza Alves
S.35/41) Amador, Catarina, Inez, Maria, Mateus, Pedro e Úrsula
S.42) Francisco Cavalcanti de Araujo c.c. Catarina Camelo
S.43/44) Padre Francisco e Gonçalo
S.45) José Camelo c.c. Adriana Luiza Albuquerque
7.18/22) Ana, Francisco, Jerônimo, José, Luiza
S.46) Paula
S.47) Nuno Camelo c.c. Maria Caldas. Pais de:
7.23) Manuel Camelo de Sá c.c. Luzia Rosa. Pais de:
8.1.5) Francisco, Catarina. João, José, Nescia
7.24/25) Nuno e Antonio
S.48) Eusébio Camelo c.c. Luiza Cavalcanti
S.49) Antonio de Sá Camelo c.c. Maria Vieira. Pais de:
7.26) Ana, Antonio, Francisco e Catarina
S.50) Tomasia c.c. Francisco Pessoa de Albuquerque
7.27) Maria Francisca
S.51) Maria Cavalcanti (10)
S.52/53) Isabel e Inez
6.54) João C. de Albuquerque (5) c.c. Catarina Aragão
S.54) Joana Nasaré c.c. Braz Vieira. Pais de:
7.28) José Camelo, Manuel Falcão, Francisco, Braz e Maria
P.50) Úrsula c.c. Critovão Mendes
P. 51) Ana de Nasaré Cavalcanti c.c. Manuel de Araujo Bezerra
S.55) Padre Manuel de Araujo Bezerra
S.57) Cosma c.c. Gonçalo Teixeira
7.29) Antonio José Teixeira c.c. Maria Rosa Campelo
7.30) Ana Cavalcanti Nasaré c.c. Cristovão R. Wanderley
7.31) Maria Joana Cavalcanti c.c. Antonio Luiz de Melo. Pais de:
8.6.8) Gonçalo, Antonio, João C. melo
7.32) Luiza da Conceição Cavalcanti c.c. Manuel Teixeira Lima. Pais de:
8.9.15) Antonio, Inácia, José e Maria Teixeira
S.57) Margarida Cavalcanti c.c. Antonio Teixeira Ribeiro
S.58) Maria Cavalcanti (8) c.c. José Teixeira Ribeiro

7.33/36) Ana Cavalcanti (12), Gertrudes, Maria e Pedro
7.37) Manuela Cavalcanti c.c. Antonio José da Costa. Pais de:
8. 9/12) Ana, Antonia, Maria e Tomé
S.59) Luiza Cavalcanti Ribeiro c.c. José Rabelo Falcão. Pais de:
7.38/41) Ana, Antonio, Barbara, Maria
S.60) Ana casada com Pedro Alves
7.42/44) Francisco, Maria e Mariana
P.52) Catarina de Araujo c.c. Antonio Carvalho
S.61) Luiz Albuquerque c.c. Maria Cavalcanti
S.52) Lourenço C. Albuquerque c.c. Teresa Prazeres
S.63) Cosma c.c. Gonçalo Teixeira. Pais de:
7.45/47) Antonio, Maria e Luiza
7.48) Antonio José Yeixeira c.c. Maria de Barros
7.49/50) Maria Cavalcanti Nazaré
P.53) Luiza c.c. Manuel Teixeira Leite
S.64) Brasia Cavalcanti (3) c.c. João de Albuquerque Serra
S.65) Bernardino de Araujo
S.66) Lourenço Cavalcanti de Albuquerque
S.67) Isabel Cavalcanti
S.68) Leonarda Cavalcanti de Albuquerque
P.54) Brasia Cavalcanti c.c. João Luiz Serra
P.55) Antonio Cavalcanti c.c. Isabel de Castro
P.56) Maria de Albuquerque Serra c.c. Antonio Acioli
P.57) Joana de Albuquerque c.c. T. Barbosa
P.59) Romualda c.c. Pedro Pinto Coelho
P.60) João Lins c.c. Ana Navarro
P.61) Luiza c.c. João de Araujo
P.62) João C. Sá c.c. Nasaria Ribeiro. Pais de:
S.69) João C. Sá (2)
S.70) Pedro C. Sá
S.71/73) Mariana c.c. Domingos de Amorim, Maria e João Rocha
S.74) Bernardina c.c. Manuel Ferreira
B.12) Antonio C de Albuquerque (4), conhecido por Antonio da guerra,e, segundo Jaboatão, um dos brasileiros que se opuseram contra o armistício com os holandeses. Dissentiu de João Fernandes Vieira, vindo a tornar-se seu rancoroso inimigo, c.c. Margarida Sousa, filha de O. Velho e Leonarda de Sousa. Pais de:
T.22) Antonio Cavalcanti de Albuquerque c.c. sua prima, Maria Joana de Albuquerque, filha de Jorge Teixeira de Albuquerque. Pais de:
Q.38) Jorge Cavalcanti de Albuquerque (3) c.c. Maria Barros
P.63) Antonio C. Albuquerque c.c. Feliciana Vidal
P.64) Jorge C. Albuquerque (4) c.c. Adriana Pimente. Pais de:
S.72) Jorge C. Albuquerque c.c. Faustina Melo
P.65) Maria C. de Albuquerque (12) c.c. Antonio Acioli e Pedro Correia Barreto
P.66) Mariana Correia c.c. Felipe Cavalcanti Florentino. Pais de;

S.73/74) José André e Luiza Andrade
S.75/76) Francisco e André Berenguer
S.77) Lourenço Cavalcanti de Albuquerque (25)
S.78/81) Pedro, Afonso, Francisco e Maria C. de Albuquerque (15)
P.67) Mariana Correia c.c. Gaspar Acioli e Manuel Dias de Andrade. Pais de:
S.82/84) Antonia, Feliciana, Francisco, José, Luiza e Lourenço
T.23) Manuel C. de Albuquerque (3) c.c Inez de Albuquerque, filha de Jorge Teixeira. Pais de:
P.39) Antonio C. Albuquerque (8) c.c. Ângela de Albuquerque
P.68) Margarida de Albuquerque c.c. Manuel Homem de Figueirôa. Pais de:
S.83) Margarida de Figueirôa c.c. José do Rego Barros e Manuel C. de Albuquerque
P.69) Brites C. de Albuquerque (8) c.c. Eugenio Cavalcanti de Albuquerque
P.70/71) Manuel e Eugenio de Albuquerque
Q.40) Bernarda Cavalcanti c.c. Bartolomeu Lins de Oliveira
T.24) Lourenço Cavalcanti de Vasconcelos c.c. Mariana do Evangelho, filha de Gaspar Uchoa. Pais de:
Q.41) Lourenço Cavalcanti Uchoa c.c. Joana Pessoa
Q.42) Maria C. Uchoa
T.25) João C. de Albuquerque (3) c.c. Maria Pessoa, filha de Arnau Hoalnda Barreto
Q.43/44) Antonio e Eusébio de Albuquerque
Q.45) Cosme do Rego Cavalcanti c.c. Dionísia Freire
Q.46) Pedro C. Albuquerque c.c. Teresa Mello
Q.47/48) Padre André e Francisco Albuquerque
Q.49) Francisco Xavier Cavalcanti c.c. Josefa Tavares. Pais de:
P.72) José Cavalcanti c.c. Hipolita
S.84) André Cavalcanti
7.51/53) Úrsula, Carlos e Josefa
S.85) Maria Cavalcanti (15)
7.54/56) José, Manuel e Maria
P.73) Manuel de Barros Cavalcanti c.c Maria de Vasconcelos Morais. Pais de:
S.86/87) Felipa e José
S.88) Gonçalo José Cavalcanti c.c. Adriana Wanderley, filha de Manuel Morais Navarro
P.74) Maria Rosa c.c. José da Costa Gadelha de Melo
P.75) Maria Josefa C. de Albuquerque c.c. Manuel Barreto
P.76) Ana Cavalcanti (13) c.c. Felipe Alemão Sisneiro. Pais de:
S.89/91) José, Quitéria e Maria
S.92) Ana Maria c.c. João Alves Arouche. Pais de:
7.57) João Alves Arouche
S.96/97) Antonio, Joaquim, Teresa, Maria e Agostinho
S.98) Pedro c.c. Teresa Cavalcanti
Q.50) Lourenço Andrade Albuquerque

Q.51) João C. de Albuquerque c.c. Teodora de Albuquerque. Pais de:
P.77) João C. de Albuquerque (2). Pai de:
S.99.101/103) Pedro, Lourenço e João
Q.52) Jorge C. de Albuquerque (9) c.c. Cosma Pessoa
Q.52ª) Bertolesa c.c. Francisco do Rego Dantasa Cunha
Q.53) Luiz C. de Albuquerque
Q.54) Luiza c.c. Matias Ferreira de Sousa. Pais de:
P.78) Gonçalo Xavier de Albuquerque c.c. Luiza Bandeira de Melo
Q.55)
Q.56) João C. de Albuquerque c.c. Joana Fragoso de Albuquerque. Pais de:
P.79) João C. Albuquerque
P.80) Francisco do Rego Barros (14) c.c. Josefa Lacerda
T.26) Lourenço C. de Albuquerque (5) c.c. Mariana Uchôa, filha de Gaspar Uchôa.
Q.57) Lourenço Cavalcanti Uchôa c.c. Joana Fragoso
Q.58) Maria C. Uchôa
T.27) Leonarda C. de Albuquerque (1) c.c. Cosme Bezerra Monteiro, filho de Domingos Bezerra Felpa Barbudo e Antonia Barbalho. Pais de:
Q.59) Antonio C. de Albuquerque (10) casado cc. Domingas Cunha
Q.60) Cosme Bezerra (2) c.c. Germana Vidal. Pais de:
P.81) André C. de Albuquerque (1)
P.82) Padre Lourenço C. de Albuquerque (16)
P.83) Domingos C. de Albuquerque c.c. Joana Cabral. Pais de:
S.102/18) José, Leonarda, Teresa, Lourenço e Manuel
S.103) João Cavalcanti de Albuquerque
S.104) Antonio C. de Albuquerque
Q.61) Leandro Bezerra c.c. Joana Sá
Q.62) Pedro Cavalcanti (3) c.c. Maria Pessoa (6)
Q.63) Cel. Leonardo Bezerra Cavalcanti (2), vulto notável da guerra dos Mascates, em que sofreu degredo, c.c. Joana Silva. Pais de:
P.84) Manuel C. de Albuquerque (12)
P.85/86) Cosme C. Bezerra e Ana Cavalcanti (17)
P.87) João C. de Albuquerque (3)
Q.64) André Bezerra c.c. Ana Costa
P.88) André C. de Albuquerque (3)
Q.65) Manuel Bezerra c.c. Maria de Melo
Q.66) Laura Bezerra c.c. Bernardino de Carvalho
P.89) Maria Paes Barreto (3ª) c.c. Cosme Bezerra (3)
P.90) Maria Madalena c.c. João C. de Albuquerque
P.91) Bernardino Cavalcanti c.c. Aguida de Abreu
P.92) Domingos C. de Albuquerque
Q.66) Margarida C. de Albuquerque
Q.67) Brasia Bezerra de Albuquerque
Q.68) Domingos Bezerra c.c. Joana Cabral. Pais de:

P.93) José, Manuel e João Bezerra

T.28) Isabel C. de Albuquerque (9) c.c. Jerônimo Fragoso de Albuquerque, filho de Álvaro Fragoso de Albuquerque e Maria Albuquerque (12). Pais de:

Q.72) Antonio, Luzia e Felipe C. de Albuquerque (8)

Q.73) Francisca de Albuquerque (5) c.c. Mestre de Amparo General engenheiro Luiz Xavier Bernardo. Pais de:

P.94) Ana Cavalcanti (20) c.c. José Bernardo Cavalcanti, filho de Francisco Arouche

P.95) Joaquim Francisco, Florência e José Bernardo

P.96/98) Francisco Xavier Cavalcanti e Felipe C. de Albuquerque (5)

Q.74) Teodosia C. de Albuquerque

Q.75) Jerônimo C. de Albuquerque (7) c.c. Florência Rocha, filha de Roque Rocha e Francisca Abreu. Pais de:

P.97) Eugenio C. de Albuquerque (3) c.c. Brites de Albuquerque

P.98.10) Francisca C. de Albuquerque (7) e Ana Cavalcanti (8)

Q.76) Paulo C. de Albuquerque (3) c.c. Ângela Cavalcanti de Albuquerque, filha de Antonio Cavalcanti de Albuquerque (18) e Ângela Lins, esta oriunda de Fernão de Carvalho Sá e Brites Lins de Albuquerque. Pais de:

P.99) Paula C. de Albuquerque c.c. Cristovão de Holanda Cavalcanti (5), filho de João C. Albuquerque (5) e Isabel da Silveira Castelo Branco. Pais de:

S.105) Padre João C. de Albuquerque

S.106) Francisco C. de Albuquerque (9)

S.107) José C. de Albuquerque

S.108) Manuel de Albuquerque)7)

S.109) Antonio C. de Albuquerque (20) c.c. Maria Manuela de Melo. Pais de:

7.59.61) Maria Rita de Melo, Cristovão C. de Albuquerque (8), Ângela de Albuquerque e Lourenço Cavalcanti de Albuquerque (13)

7.62) Isabel Cavalcanti de Albuquerque (13) c.c. João Marinho Falcão

7.63 *Ana Cavalcanti* (18[a]) c.c. o Cel. *Francisco Xavier Bernardes*. A respeito de *Francisco Xavier Bernardes* diz *Orlando Cavalcanti*: "*Borges da Fonseca* chama-o *Luiz Xavier Bernardo*. O reitor de Coimbra, a propósito de seu filho *José Bernardo*, diz *Luís Bernardo Cavalcanti*. Carlos Xavier afirma Francisco Xavier Bernardes. Inclino-me pela designação de Borges da Fonseca em ser Bernardo e não Bernardes, como pretende o Desembargador, mesmo porque as notas de Coimbra dizem e repetem Bernardo. O Ten. General era português e pode suceder que tenha assimilado o nome da consorte, passando de Luís Xavier Bernardo a Luiz Bernardo Cavalcanti, prática não muito rara outrora." Não nos parece que o General Luís Bernardes adotasse o Cavalcanti. Os filhos é que tomaram o nome materno. E, quanto ao nome próprio, já vimos acima que houve na família um Luís Xavier Bernardo e um *Francisco Xavier Bernardes*. O primeiro c.c. Francisca Cavalcanti e o segundo c.c. Ana Cavalcanti. Pais de:

8.13 Capitão-mor Francisco Xavier C. de Albuquerque (2º) c.c. Felipa C. de Albuquerque, filha de Gonçalo Xavier C. de Albuquerque e Luisa Bandeira de Melo n. p. de Mateus Sousa e Luisa Cavalcanti de Albuquerque (3[a]), bn. p. de Antônio Cavalcanti de Albuquerque (4º) e Margarida Sousa. Felipa C. de Albuquerque (5[a]) era n. m. de André Vieira de Melo e Ana Faria, bn. m. de Bernardo Vieira de Melo, Catarina Leitão, Nicolau Coelho e Maria Faria. Pais de:

9.1 Capitão de artilharia e general José Francisco de Paula de Holanda Cavalcanti de Albuquerque que, ao lado de seu irmão Francisco, tomou parte saliente no movimento revolucionário de 1817, não somente na fase doutrinária, discutida na Academia Suassuna, como no campo de luta. † em Moçambique. Era conhecido por Coronel Suassuna. Foi conselheiro e embaixador.

9.2 Francisco de Paula de Holanda Cavalcanti de Albuquerque, pela sua ascendência na vidas nacional terá menção especial.

10.1 Cons. José Francisco C. Albuquerque

9.3 Desembargador Luís Francisco de Paula de Holanda Cavalcanti de Albuquerque c.c. Teresa de Jesus Salgado Cavalcanti

9.4 Maria Ana Francisca de Holanda Cavalcanti de Albuquerque Barros c.c. Francisco do Rego Barros (7º), filho de Sebastião Antônio de Barros Melo e Maria Rita de Albuquerque e neto de Francisco do Rego Barros (5º) e Maria Manuela de Melo, João Paes Barreto (5º) e Manuel e Luzia de Melo. Pais de:

10.2 Francisco do Rego Barros (9º), conde da Boa Vista, c.c. sua sobrinha Naria Ana Cavalcanti

10.3 Sebastião do Rego Barros

10.4 Ama Maria Francisca de Paula de Holanda Cavalcanti de Albuquerque c.c. Inácio de Barros Barreto e não Joaquim Vaz Salgado

10.5 Luiza Francisca de Paula de Holanda Cavalcanti de Albuquerque c.c. Coronel Francisco de Paula Cavalcanti de Albuquerque Lacerda

10.6 Francisco de Paula de Holanda Cavalcanti de Albuquerque

10.7 Manuel do Rego Barros c.c. Ana Frederica Souza Leão

10.8 João do Rego Barros, barão de Ipojuca, c.c. Inácia Militana

10.9 Felipe do Rego Barros

10.10 Luiza Barros c.c. Francisco de Paula C. de Holanda Cavalcanti

10.11 Maria da Conceição Francisca de Paula Cavalcanti de Albuquerque c.c.o barão de Muribeca

10.12 Maria Ana Cavalcanti do Rego Barros c.c. Afonso de Albuquerque Maranhão

9.5 Ana Maria de Paula Albuquerque c.c. Joaquim José Vaz Salgado

10.13 Maria Joaquina P. C. de Albuquerque c.c. Manuel Xavier Botelho e Luiz de Paula Cavalcanti de Albuquerque

10.14 Teresa de Albuquerque c.c. Nestor de Campo Garcia d'Avila P. de Aragão. Pais de:

11.1 Antonio Balduino c.c. Antonia C. de Albuquerque Deus Dará

11.2 José Balduino A. Cavalcanti c.c. Antonia Pires de Albuquerque

11.3 Cel. Domingos Jesuino de Albuquerque (1º) c.c. Maria Teodora Preben. Pais de:

12.1/3 Francisco, Maria, José Patriolino

12.4 Antonio Jesuino C. de Albuquerque que, apesar de destinado para a vida eclesiástica, foi c.c. Rosa Amélia C. de Albuquerque, tendo 21 filhos. Pai de:

13.1/3 Francisco, Francisca e José Julio
13.4 Carmina c.c. João Teodoro Bittencourt. Pais de:
14.1/3 João, Juvenal, Eudóxia
15.1 Dr. Flavio Bittencourt
15.2 Neysa c.c. Olivio Pedro dos Santos. Pais de:
16.1/2 Pedro e Maria
15.3 Nadyr c.c. Dr. Vitor. Pais de:
16.1-2 Ricardo e Leda
14.4 Dra. Adalgira Bittencourt, escritora e jornalista, c.c. Dr. José Paulo Erse Ferreira da Costa. Pais de:
15. 4/5 Sandra, Adalgisa
15.16 Eudoxia c.c.
16.1 Dr. Flavio Bittencourt, Neysa, Nadyr
14.6/9 Geny, Benedita, Américo e Otto
12.5/8 Francisca, José, Vicente e Domingos
11.3 Domingos Jesuino de Albuquerque (2º) c.c.------- Castro
12.9/9 Francisco, José, Vicente, Domingos, Frederico, Elvira, Geysa, Evangelina, Maria, Jesuína e Adelina[*]

N 13 Isabel Cavalcanti de Albuquerque, filha de Antônio C. de Albuquerque, c.c. primeira vez Manuel Gonçalves Cerqueira e segunda vez c.c. Francisco Bezerra, de quem teve:

B 13 Isabel de Góes c.c. seu tio Antonio Bezerra
B 14 Ana Cavalcanti Bezerra (2) c.c. Fernão Bezerra, que a matou, sendo por isso degolado, na Bahia. Pais de:
T 30 Antonio Bezerra (4) e José (?)
T 31 Fernão Bezerra

III
Jerônimo Cavalcanti de Albuquerque

F 3 Jerônimo Cavalcanti de Albuquerque (1) cavaleiro da Ordem de Cristo e de Santa Luzia de Troncoso, ao lado de seu irmão procedente, lutou gloriosamente contra os flamengos. Voltou a Pernambuco como governador de armas. Foi ouvidor. José de Sá Albuquerque menciona-o casado. A razão parece-nos estar com Jaboatão e Borges da Fonseca.

---

[*]. Adalgira Bittencourt, Revista Genealogia latina vol. XI

IV
Lourenço C. de Albuquerque

F 4 Lourenço C. de Albuquerque (1º), notável guerreiro na primeira invasão holandesa, em 1624, na Bahia, onde † solteiro. Foi governador do Cabo Verde. Não tomou estado, tendo tido, entretanto, dois filhos de Bárbara Soares, que são:

N 14 João Soares Cavalcanti (1º), cavaleiro da Ordem de Cristo, em 1655, a primeira vez c.c. Ana de Holanda (3), filha de Agostinho de Holanda (1º) e Maria de Paiva; segunda vez c.c. Maria Camelo ou Maria de Albuquerque (10), filha de Pedro de Albuquerque (2) e Catarina Camelo. Teve uma filha que vai a seguir:

B 15 – Laura Cavalcanti (2) c.c. o capitão Antônio Feijó de Melo. Pais de:

T 32 João Soares Cavalcanti (2º) c.c. Antonia de Almeida

T 33 Manuel Cavalcanti de Albuquerque (5) c.c. Joana de Albuquerque (14), filha de Lourenço de Castro

T 34 Antonio Cavalcanti de Albuquerque (15) c.c. Antonia Ferraz Bittencourt. Pais de:

Q 77 Manuel Cavalcanti de Albuquerque (16)
Q 78 Sebastião Guimarães
Q 79 Miguel Cavalcanti de Albuquerque
Q 80 Tomás Cavalcanti de Albuquerque
Q 81 Isabel
Q 82 Joana

T 35 Maria da Assunção c.c. Francisco de Albuquerque (4)

T 36 Brasia Cavalcanti (1) c.c. João Rodrigues Pereira. Pais de:

Q 83 Antonio Feijó de Melo
Q 84 Manuel Cavalcanti de Albuquerque (9)
Q 85 Maria Cavalcanti de Albuquerque (4)
Q 86 Ana Clara de Albuquerque c.c. Manuel de Albuquerque

N 15 Luiza Cavalcanti (3) c.c. Xisto de Freitas Soarea

B 16 Desor. Antonio de Freitas Soares

B 17 Francisco de Freitas Soares

B 18 Joana c.c. Manuel Nunes Leitão

V
Felipe Cavalcanti de Albuquerque

F 5 Felipe Cavalcanti de Albuquerque

VI
Genebra C. de Albuquerque

F 6 Genebra Cavalcanti de Albuquerque c.c. seu primo Felipe Moura (1º), (2ª esposa), filho do governador Manuel de Moura e de Isabel de Albuquerque (3ª), irmã de Jerônimo de Albuquerque. Com uma filha deste Jerônimo, de nome Isabel de Albuquerque (5ª), fora Felipe Moura casado em primeiras núpcias. Felipe Moura, em 1580 em Olinda, exerceu forte atuação também em Portugal, sobretudo como governador do Cabo Verde, de 1618 a 1622. Distingui-se nas guerras de Flandres. Pais de:

N 19 Francisco Moura Rolim (1º), n. Olinda, quatro vezes comendador, conselheiro, governador da Bahia, morreu solteiro

N 20/21 Antônio de Moura (1º), governador do Cabo Verde: e Jerônimo de Moura, governador da Índia

N 22 Paulo Moura (1º), depois frei Paulo de Santa Catarina, foi noivo de Brites de Melo(3ª), filha de João Gomes de Melo (2) e Margarida Cavalcanti, com quem não se casou porque a licença chegara depois da morte de sua companheira, que lhe deixou esta filha:

B 19 Maria de Melo (9ª), c.c. o comendador Francisco de Mendonça... São ascendentes do Marquês de Pombal.

N 23/24 João Moura (3) e Antonio

N 20 Catarina Moura c.c. Lourenço de Sousa Moura. Pais de:

B 20 Lourenço Moura

B 21 Manuel Moura (2)

N 25 Isabel Moura c.c. Antonio Ribeiro de Lacerda (2), filho de Antonio Ribeiro de Lacerda (1) e de Maria Pereira Coutinho. Pais de:

B 22 Manuel Moura Lacerda

B 23 Maria Moura Lacerda c.c. Felipe Cavalcanti de Albuquerque (3)

N 26 Mécia Moura Lacerda c.c. Cosme Dias da Fonseca, filho de Pedro Dias da Fonseca e de Maria Coutinho (viúva de ... Lacerda). Pais de:

B 24 Pedro Moura (1) c.c. Francisca Cavalcanti (1), filha de Cosme da Silveira e Margarida Cavalcanti. Pais de:

T 37 Mécia Moura (2) c.c. Antonio Moura (2)

T 38 Ana Moura

T 39 Maria Moura (3)

B 25 Felipe Pimentel c.c. Felipa Pizarro

B 26 Manuel Moura Rolim c.c. Mara Ana Pimentel. Pais de:

T 40 Antonio Moura Rolim

T 41 Cosme Moura Rolim

T 42 Felipe Moura

T 43 Maria Moura

B 27 Cosme Rolim de Moura

B 28 Francisco Moura Rolimã (2)

B 29 Pe. Antonio Rolim (3)

B 30 Pe. Paulo Moura (2)

B 31 Maria Pereira c.c. Zenóbio Acioli (6)

N 23 Alícia Moura. Jaboatão refere-se ainda a Alicia c.c. Manuel Garcia Pimentel

VII
Joana Cavalcanti

F 7 Joana Cavalcanti

VIII
Margarida Cavalcanti

F 8 Margarida Cavalcanti, que Borges da Fonseca à fls. 393 apresenta em primeiras núpcias c.c. João Gomes de Melo (2), filho de João Gomes de Melo (1) e Ana de Holanda. À fls. 222 dá o seu primeiro casamento com Cosmo da Silveira. O caso é que foi casada duas vezes.

De Cosme da Silveira teve:

N 28 Pedro Cavalcanti (3º)

N 25 Francisca Cavalcanti (10) c.c. Pedro (e não Paulo) Cavalcanti, como está a fls. 122m da "Nobiliarquia Pernambucana".

F 8 Margarida Cavalcanti c.c. João Gomes de Melo (2). Pais de:

N 30 Ana Cavalcanti c.c. Gaspar Acioli, filho de Zenóbio Acioli e Maria de Vasconcelos; n. p. de Simão Acioli e Maria Oimentel Drummond, n. m. de Duarte Mendes de Vasconcelos e Joana Rodrigues Madragão. Pais de:

B 32 João Batista Acioli (5) c.c. Maria Melo (4), filha do Cap. Manuel Gomes de Melo (1) e Adriana de Almeida, n. m. de Baltazar de Almeida Botelho e Brites Lins. Pais de:

T 44 Francisca Acioli (2) c.c. o Comendador Paulo de Amorim Salgado, n. p. de Fernão Pereira do Rego (1) e F. Castro e n. m. de João Salgado. Pais de:

Q 85 Fernão Pereira do Rego (4) c.c. Inez de Barros Pimentel, filha de Rodrigo de Barros Pimentel e Ana Rocha, n. p. de Rodrigo de Barros Pimentel e Cosma Lins, n. m. de Clemente da Rocha Barbosa e Maria Lins. Pais de:

P 10 Fernão Pereira do Rego (5) c.c. Eufrásia Maria Rita de Barros, filha de Cosme Damião de Barros e Maria Josefa Fernandes Caldas. Pais de:

S 10 José de Barros Pimentel (10) c.c. Margarida Francisca Paes de Melo (10, filha do mestre de Campo José Luís Paes de Melo (1) e Ana F. C. Wanderley. Pais de:

7.64 Margarida Cândida Paes de Melo c.c. José Luís Paes de Melo (3), filho do Cel. Francisco Xavier Paes de Melo (2) e Maria Rita Wanderley. Pais de:

8.14 Margarida Francisca Paes de Melo c.c. Cel. Manuel Xavier Paes Barreto (1), filho do Cel. Francisco Xavier Paes de Melo (2), c.c. Maria Rita Wanderley, n. p. do mestre de Campo José Luís Paes de Melo e Ana F. C. Wanderley e n. m. do General Francisco Xavier Paes de Melo (1) e Ana Maurícia Rita Wanderley. Pais de:

9.6 Dr. Manuel Xavier Paes Barreto c.c. D. Maria Ridolfi Paes Barreto, filha do engenheiro Jacomo Ridolfi e Antônia Ridolfi, n. p. do engenheiro Mário Ridolfi e n. m. de Carlos Savelli e Petronila Gameli.

N 20 Brites Melo (3), ascendente do Marquês de Pombal, descrita no trabalho sobre Melo.

IX
Catarina Cavalcanti

F 9 Catarina Cavalcanti de Albuquerque (1ª) c.c. Cristovão de Holanda Vasconcelos, filho de Arnau de Holanda e Brites Vasconcelos, e que será melhor tratada no capítulo Holanda. Pais de:

N 31 Bartolomeu de Holanda Vasconcelos c.c. Justa Calheiros (tratado do capítulo Holanda).

N 32 Felipa C. de Albuquerque (3º), c.c. Antônio Pereira Sueiro

N 33 Pe. Luís C. de Albuquerque

N 34 Frei João C. Albuquerque (4º)

N 35 Cristovão de Holanda Albuquerque, c.c. Catarina Costa, cuja descendência até o Dr. Manuel Xavier Paes Barreto se encontra no capítulo Holanda.

X
Felipa Cavalcanti I

F 10 Felipa Cavalcanti de Albuquerque (1ª), c.c. Antonio de Holanda Vasconcelos, irmão de seu cunhado Cristovão de Holanda Vasconcelos (1º). Jaboatão refere-se a um filho:

N 36 Jerônimo C. Albuquerque (9)

Borges da Fonseca cita:

N 37 Arnau de Holanda Vasconcelos c.c. Maria Luisa (1ª)

N 38 Lourenço C. Albuquerque (7º) c.c. Úrsula Feio e Isabel Luisa (1)

XI
Brites Cavalcanti de Albuquerque

— C —
ATUAÇÃO E DESCENDÊNCIA DO CEL. FRANCISCO DE PAULA DE HOLANDA CAVALCANTI DE ALBUQUERQUE, O "SUASSUNA"

9.2 *Francisco de Paula Holanda Cavalcanti de Albuquerque*, grande agitador em prol do movimento republicano de 1817, com o posto de general de divisão, teve, segundo vários historiadores, combinações com adeptos de Napoleão Bonaparte para mútua defesa.

Fundou a Academia Suassuna, no seu engenho, deste nome.

Casou-se com sua prima *Maria Rita de Albuquerque*, filha do tenente coronel Antônio de Holanda Cavalcanti (2) e Maria Manuela de Melo, a. p. de Cristóvão de Holanda Cavalcanti e de Paula de Albuquerque. Seus filhos deixaram traços de passagem os mais salientes na história do Brasil. Vão a seguir:

10.15 Tenente-Coronel do Exército, Conselheiro Antonio Francisco de Paula de Holanda Cavalcanti de Albuquerque, visconde de Albuquerque, oficial da Ordem do Cruzeiro, Conselheiro da Coroa, Deputado, Senador, Gentil Homem da Câmara Real, Grão Mestre da Maçonaria, Professor da Escola Real de Pilotos, Redator de vários jornais e Ministro da Fazenda do Império e da Marinha, nasceu no Engenho Pandorra, Município de Jaboatão, a 21 de agosto de 1797. Soldado e cadete aos 10 e 2º Tenente aos 17, muito moço exerceu atividade nas lutas em que se debateu sua província e esteve preso em Lisboa.

Havia, antes, estado na África, quando general em Moçambique o General José Francisco.

Solidário com o Capitão-Mor Francisco Paes Barreto, Marquês do Recife, bateu-se valentemente a favor da Coroa na Confederação do Equador. Alistou-se no partido Liberal, distinguindo-se pelas suas atitudes francas e decididas.

Acusou Ministros, responsabilizando os da Guerra e do Império: Joaquim de Oliveira Alves e Luiz Soares da Gama, pela situação externa do país: atacou José Clemente e Aracati.

Afirma Joaquim Manuel de Macedo que ele soube exaltar, da tribuna do senado, as virtudes da franqueza e da independência pessoal.

Foi a 2 de dezembro de 1839, agraciado com o título de Visconde de Albuquerque, c.c. Emilia Amália, filha do Senador Manuel Caetano de Almeida Albuquerque.

Consistiam suas armas em escudo oval, ora dividido por uma asna coticada de negro com o campo superior de vermelho e o inferior de prata, 4 folhas cruzavam as flores prateadas.

Um cavalo com asas e as mãos levantadas servia de timbre.

Alberto Rangel, rebuscando arquivos do Ministério das Relações Exteriores da França, critica-o severamente por conivência com os franceses, quando ministro em 1830.

Gustavo Barrozo, em artigo para 'O Cruzeiro', endossa os argumentos e tira conclusão no sentido de apresentar o Visconde como inescrupuloso, mau brasileiro, cheio de prosópia e parlapatice.

Acusa-o de querer entregar territórios à margem do Amazonas em troca de auxílio para a separação das províncias do norte.

A defesa foi feita pela imprensa.

Talvez o visconde estivesse pagando pelo que pretendera seu pai, quando procurou ter entendimentos de aliança com a França.

Espírito reto e penetrante, político do mais alto talento, era homem da corte, elegante e senhoril, diz Elísio de Carvalho, em 'Esplendor e decadência da sociedade brasileira'.

Otávio Tarquínio, embora o considerasse ambicioso, olha-o como uma grande figura a despertar a atenção.

Sem ser orador, impressionou por vezes o parlamento, conseguindo fazer face, na frase de Saint George, "a tous les ataques avec une verve imepuisable".

Que não era parlapatão afirma o próprio Gustavo Barrozo, achando-o um orador de verve inesgotável, espetaculosa, exaltada, febril, trovejante.

O relatório de *Eduardo Pontois*, em 1830, ao Conde Sebastiani, ministro de *Luís Felipe*, referia fatos antigos.

Guilherme Auler, colhendo informes nos documentos históricos do Arquivo Nacional, que Honório Rodrigues divulgou, descreve a devassa aberta por denúncia do comerciante José Fonseca e Silva Sampaio, ao Juiz de Fora, Antônio Galvão, e ao Governo interino, em 21 de maio de 1801.

Referia-se a uma carta vinda no vapor Santo Antonio de Olinda, do Capitão de Artilharia José Francisco, então em Lisboa, dirigida a seu irmão Francisco, e que fora lida em presença do denunciante. Pregava a liberdade, ainda que com a ajuda da França.

Foram, pelo Coronel Domingos de Azevedo Coutinho, presos os capitães Francisco e Luiz, respectivamente comandantes do Cabo e de Jaboatão e senhores dos engenhos Pandorra e Suassuna.

Depuseram 54 testemunhas, inclusive 12 sacerdotes.

É sabido que os heróis de 1817, que fundaram a república pernambucana, visavam a todo transe livrar a região do que eles julgavam a tirania real. E, do mesmo modo que os inconfidentes, procuraram o apoio estrangeiro e tiveram entendimento com a França. Dentre eles, ou à sua frente, estava o Capitão-Mor *Francisco de Paula*, pai do visconde e chefe de uma família que, segundo expressão do cônsul francês *Goseucourt*, poderia levantar em armas *dez mil matutos*. Não seria possível o apoio, sem uma compensação, de dinheiro e navio fornecidos.

Não havia, porém, venda de territórios, nem cessão, mas direito de navegação.

Não endossamos a asserção de Barrozo de que, depois de 1830 é que vem a onda de revolta contra o trono. Ao contrário, até 1830 é que ela se incrementou.

Albuquerque, que se levantou "na Câmara contra a proposição feita por uma sociedade inglesa para tomar a navegação do rio Doce", não teria sido um traidor do Brasil para beneficiar a França. E qual o lucro? Seria plausível ele obter melhor situação? Fazia parte do Conselho, era Senador titular, tinha prestígio que se foi consolidando de tal modo, que uma voz se levantou na Câmara, de um seu adversário, para exclamar que em Pernambuco quem não era Cavalcanti era cavalgado. O Visconde era orador temido.

Há apartes seus que se tornaram célebres como, por exemplo, a afirmação de que não há no Brasil duas coisas tão parecidas como um liberal e um conservador e a sugestão de que o país só poderia melhorar quando algum ministro fosse enforcado.

Partidário da maioridade do Imperador, foi quem, do alto do senado, transmitiu ao povo a respectiva decretação.

Tinha plena confiança no futuro do São Francisco e chegou a submeter à discussão um projeto de mudança da Capital para tal região.

Teve forte prestígio. Mostraram-no os fatos de ter sido votado para a regência provisória e competir com Feijó na eleição eletiva, em que obteve 2251 votos contra 2826 e, ainda, o de disputar a regência com o Marquês de Olinda, alcançando o segundo lugar, com 1981 votos.

Ministro da Marinha infatigável e de horizontes largos, a sua passagem, diz *Lucas Boiteux*, ficou assinalada por inúmeros atos e medidas de grande merecimento. Cita o ilustre autor de 'Ministros da Marinha', trabalhos da mais alta relevância.

A 'Revista Marítima' brasileira, de 1852, acha que foi o ministro que com maior soma de inteligência e acerto soube consultar os interesses da Marinha. Construiu navios, consertou fragatas, criou oficinas e mandou oficiais em excursão.

Escreveu relatórios, 'Princípios de Desenho Linear', organizou vários regulamentos e propugnou pela mudança da Capital para São Francisco.

Devem-se-lhe a criação da biblioteca, a fundação de vários cursos e a instituição das capitanias do porto. Sobre a sua honestidade, diz Pereira Costa, que jamais se levantou a menor suspeita.

Entre as homenagens que lhe foram tributadas, existe a coluna de ferro erigida na ilha de Villegaignon.

Casou-se com *Emilia Cavalcanti Almeida Albuquerque*, filha do senador conselheiro *Manuel Caetano de Albuquerque* e de *Emilia de Andrade Albuquerque*. Pais de:

11.14 Luís de Holanda Cavalcanti, n 1831, c.c. Ana Maria Francisca de Paula de Holanda Cavalcanti. Pai de:

12.1 Emília

11.5 Maria Emília Holanda Cavalcanti

11.6 Emília Amália Holanda Cavalcanti c.c. Estevão de Albuquerque

11.8 Antônio Francisco Holanda Cavalcanti

11.9 Manuel Artur de Holanda Cavalcanti, barão de Albuquerque deputado geral, n. em Icaraí, Niterói, a 10 de agosto de 1840.

Foi um elegante em Paris, onde † em 7 de março de 1914.

1019 Comendador, conselheiro e fidalgo Pedro Francisco de Paula de Holanda Cavalcanti de Albuquerque, visconde de Camaragibe, por ato de 9 de março de 1860, n. em Jaboatão a 19 de abril de 1806 e † a 2 de dezembro de 1875. Cursou as faculdades de Coimbra e Goetinmen. Exerceu o magistério superior como professor de direito civil nas faculdades de São Paulo e Recife, sendo que desta última foi diretor.

Político de alto prestígio, chegou a chefiar o Partido Conservador do Império.

Como vice-presidente dirigiu, por vezes, a província de Pernambuco. Deputado geral em 1832, foi reeleito em cinco legislaturas. A sua influência levou-o à presidência da assembleia. Entrou para o senado, onde exerceu forte atuação.

Foi senador, c.c. Ana Teresa Correia de Araujo.

10.15 Brigadeiro, tenente-coronel e conselheiro Francisco de Paula de Holanda Cavalcanti de Albuquerque (2), visconde de Suassuna, n. a 10 de junho de 1793, esteve implicado na revolução pernambucana de 1817.

Deputado provincial e geral, senador, ministro da Guerra, foi por três vezes presidente de Pernambuco, sendo uma no agitado período da guerra dos cabanos, que conseguiu jugular. † a 29 de janeiro de 1880. Era c.c. Maria Joaquina Francisca Paula Cavalcanti de Albuquerque, filha de Joaquim Vaz Salgado e Ana Teresa de Paula Cavalcanti de Albuquerque.

10.18 Manuel Francisco de Paula de Holanda Cavalcanti de Albuquerque, Barão de Muribeca, por ato de 14 de julho de 1860, comendador e deputado, teve atuação menos brilhante do que a dos sues irmãos, n. a 14 de março de 1860. Casou-se com sua sobrinha Maria da Conceição, filha do conde de Boa Vista.

10.19 Luís Francisco de Paula Cavalcanti de Albuquerque, c.c. Teresa de Jesus Salgado

Esta era a estirpe Holanda Cavalcanti de Albuquerque em Pernambuco. Sacrificou o Visconde futuro e família pela idéia de independência, diz Joaquim Nabuco. Fazia parte da nobreza territorial nordestina.

— D —
RAMO DO CARDEAL ARCO VERDE

A família Cavalcanti, estirpe consular de Florença, onde brilhou nas artes, nas letras, na milícia, no governo e na política, e que, para a civilização brasileira concorrera com estadistas, guerreiros, parlamentares e administradores, estava destinada a dar ao país o mais alto dignatário de toda a América latina.

Ao domínio de Cavalcanti o partido "praieiro", "chimango", ou "luzia" atribuía todos os males que Pernambuco suportava. Castro Vilela chegara a proclamar, da tribuna parlamentar: "Quem viver em Pernambuco deve estar desenganado – ou há de ser Cavalcanti – ou há de ser cavalgado". O grande defeito apontado era o da oligarquia, porquanto, durante quatro decênios, a família usufruiu o mando por ela ou por seus aliados.

Somente Francisco do Rego Barros, Conde da Boa Vista, com pequenos intervalos, presidira Pernambuco de 1637 a 1844.

Mas o que é certo é que a posteridade olha Rego Barros como dos maiores administradores e em praça pública, está ereta a sua estátua, em virtude da sugestão do Instituto Arqueológico Geográfico Pernambucano.

Por outro lado, a família se havia distinguido na "Guerra Holandesa", na dos "Mascates", nas agitações republicanas de 1817, na insurreição de Goiana e na "Confederação do Equador". Não era composta de áulicos do poder, mas, ao contrário, de rebelados contra governos; quer nos tempos da colônia – de Antonio Cavalcanti ao Coronel Suassuna, quer no Império, com os titulares oriundos deste republicano e, sobretudo, do Visconde de Albuquerque, que enfrentou o Império e afrontou gabinetes, procurando mostrar que o país só se desenvolveria se fosse possível enforcar algum ministro.

A esta estirpe que descrevemos até Luís Cavalcanti de Albuquerque, c.c. Maria Teresa da Soledade, apresentaremos, de acordo com as notas genealógicas de Orlando Cavalcanti, as que se seguem:

Úrsula Jerônima Cavalcanti c.c. André Cavalcanti de Albuquerque. Pais de:

Jerônimo A. de Albuquerque Cavalcanti c.c. Teresa de Siqueira Cavalcanti, filha de Joaquim de Siqueira e Maria de Jesus Siqueira Cavalcanti. Pais de:

Antonio Francisco de Albuquerque Cavalcanti, nascido em 1822, conhecido por Buda, c.c. Marcolina Doroteia do Couto, filha de Leonardo Peixoto do Couto e Ana Rego.

O casal Antonio Francisco de Albuquerque e Maria Marcolina de Albuquerque Cavalcanti, a 17 de janeiro de 1850, via nascer-lhe o primogênito, exatamente no ano seguinte ao da debelação da guerra praieira, cujos principais objetivos haviam sido retirar o português do comércio a retalho e abater o prestígio do partido conservador, guabiru ou saquarema, também pejorativamente chamado baronista, e ao qual estava filiado o genitor daquele que viria a ser príncipe da cúria romana e por um decreto do governo brasileiro, considerado príncipe de sangue.

A distinção era simbólica. Mas recaiu em quem, realmente, tivera príncipes ancestrais.

I
Os elementos etnológicos Albuquerque, Cavalcanti e Holanda na família do Cardeal

A linha ancestral de *Joaquim Arco Verde* vai encontrar-se nas principais famílias da velha donatária de Duarte Coelho.

Preferencialmente, foram dominando os apelidos Albuquerque, Cavalcanti e Holanda que, algumas vezes, eram transmitidos até por via feminina.

Albuquerque viera através de Jerônimo de Albuquerque, o Adão pernambucano, genitor de 35 filhos conhecidos, descendente de velhos reis de Portugal e Castela, inclusive Afonso Henriques, e cujos brasões figuravam, sob o número 14, no teto do Palácio de Cintra.

Sua filha mais velha, a mameluca *Catarina de Albuquerque*, tivera por esposo o fidalgo florentino *Felipe Cavalcanti*, provindo dos duques de Toscana e vinculado aos Medicis. Três filhos de *Felipe Cavalcanti - Antonio, Catarina e Felipa*, ligaram-se matrimonialmente a três filhos do nobre bávaro *Arnau de Holanda*; *Isabel de Góes, Cristovão de Holanda Vasconcelos* e *Antonio de Holanda*. Arnau, filho do baravita *Henrique de Holanda* e neto do príncipe *Leão Eça* e da princesa de Rodenburgo; descendia dos condes suseranos de Holanda e de reis de França. Por via materna, era neto de Boyens Florenz e sobrinho do *Papa Adriano VI*.

Esta era a estirpe *Holanda Cavalcanti de Albuquerque*, em Pernambuco. Segundo *Joaquim Nabuco*, "sacrificou futuro e família pela ideia de independência", e fazia parte da nobreza territorial nordestina. Os genitores do futuro Cardeal eram também agricultores e possuíam a fazenda Fundão, de freguesia de Cimbres, vila já no século XVIII e cujo termo, desde 1835, fora transferido da comarca de Brejo da Madre de Deus para a de Pesqueira, hoje sede do bispado.

Antonio Francisco e Doroteia são pais de:

B 2 – D. Joaquim Arco Verde de Albuquerque Cavalcanti, de quem falaremos no final

B 2 – Cônego Antônio Arco Verde Cavalcanti, n. 1851

B 3 – Jerônimo Arco Verde Cavalcanti c.c. Teresa Tinoco Cavalcanti. Pais de:

I C – Marcolina Arco Verde Cavalcanti, primeira vez c.c. Benjamim Paxeco do Couto. Pais de:

Q 1/4 – Sebastião, Antônio, Teresa e Linda

T 2 – Marcolina Arco Verde, terceira vez c.c. Antônio Barbosa. Pais de:

Q 5 – Maria de Lourdes

T 3 – André Arco Verde de Albuquerque Cavalcanti, n. 1879, bispo de Valença

T 4 – Maria Arco Verde Cavalcanti

T 5 – Cordolina Arco Verde Cavalcanti c.c. Antônio Napoleão Paxeco. Pais de:

Q 6/8 – José, Maria e Carmelita

T 6 – Antonio Francisco Arco Verde Cavalcanti, primeira vez c.c. Antônia Cordeiro dos Santos

G 9 – Teresa

T 7 – Antonio Francisco, segunda vez c.c. Floripes Paxeco. Pais de:

Q 10/14 – Maria, Amélia, Luís, João e Ana

B 3 – Teresa Arco Verde A. Cavalcanti, n. 1853, c.c. Desembargador Francisco Domingos Ribeiro Viana. Pais de:

T 8 – Teresa C. R. Viana c.c. Dr. João Francisco Ribeiro Pessoa

Q 15 – Ruth R. Pessoa c.c. Dr. Raul Frota. Pais de:

P 1/9 – Romeu, Rômulo, Rejana, Rina, Rui, Rezelda, Rizoleta, Rilda e Rosiça

Q 16 – Ana Rita c.c. Otávio do Rego Barros

P 10/15 – Alonso, Zlía, Maria, ÂngelaJosé e Carlos

Q 17 – Rubem Pessoa c.c. Alice Aguiar

Q 18 – Eurico Pessoa c.c. Maria Wanderley

P 16 – Fernando

Q 19 – Ligia Pessoa c.c. Dr. José Teixeira Alheiros...

P 16/20 – Bartolomeu, Nice, Silvio e Sonja

Q 20 – Otávio Pessoa

P 21 – Madre Noemi

T 9 – Susana Pessoa c.c. o engenheiro Manuel Generoso

Q 21/24 – Niceas, Helena, Teresa, Enedina
T 10 – Maria Viana c.c. Alexandre Douro
Q 25/30 – Olga, Ana, Francisco, Antônio e Arlindo
T 11 – Dr. Francisco R. Viana c.c. Maria do Carmo
Q 30 – Dinorah
B 54 – Dr. Leonardo Arco Verde de A. Cavalcanti c.c. Carolina da Silveira Lins, com descendência descrita no capítulo Lins.
T 12 – Dr. Marcolino A. A. Cavalcanti c.c. Felismina dos Santos Dias
Q 31/35 – José, Marcionilo, Eduardo e Filonino
T 13 – Leonardo A. a. Cavalcanti c.c. Luisa Caldas Lins
Q 36 – Carmem
P 22 – Luiza
P 23 – Mário de Albuquerque Cavalcanti c.c. Anita da Costa Brito
Q 36/45 – Mário, Bento, Francisco, Otávio, Leonardo, Ana, Carolina, Maria, Marina e Teresa
T 14 – Belmiro A. Cavalcanti
Q 46 – Antônio Cavalcante c.c. Ruth Lório
P 24/27 – Leonardo, Francisco, Ruth e José
T 15 – Carolina A. A. Cavalcanti c.c. Armando da Costa Brito
Q 47/53 – Maria. Grasiela, Bento, Ana, Mário, Armando e Celina
B 5 – Dr. Francisco A. Cavalcanti c.c. Alice Ulhoa Cintra
T 16 – Dr. Antonio Francisco A. Cavalcanti Sobrinho, primeira vez c.c. Edna Vanighen
Q 54/56 – Adalberto, Gilberto e Alice
T 17 - Antonio Francisco A. Cavalcanti Sobrinho, segunda vez c.c. Maria Isabel Guidece
T 18 – Engenheiro Leonardo Albuquerque Cavalcanti
T 19 – Alice c.c. Dr. Francisco da Silva Teles. Pais de:
Q 57 – Dr. Francisco C. da Silva Teles
Q 58 – Mercês
B 6 – Ana Arcoverde c.c. o Coronel Veríssimo José do Couto
B 7 – Maria Arcoverde c.c. Antônio José Pires. Pais de:
T 20 – José Cavalcanti Pires
T 21/23 – Elpídio, Alice e Maria
B 8 – Dr. Antônio F. de Albuquerque Cavalcanti c.c. Angelina Ulhoa de Cintra. Pais de:
T 24 – Dr. Jacome Arcoverde de A. Cavalcanti c.c. Heloisa Campelo Rodrigues
Q 50/62 – Marcos, Marina, Teresa, Pedro... ... ...
T 25 – Tito Arcoverde Cavalcanti c.c. Diva de Mendonça
T 26 – General Benjamim Arcoverde de Albuquerque Cavalcanti c.c. Luiza Cavalcanti de Mendonça. Pais de:
Q 63/65 – Fernando, Joaquim e Lúcia
T 27 – Dr. Plínio Arcoverde A. Cavalcanti
T 29 – Júlia

T 30 – Angelina c.c. Dr. Manuel Tamandaré Uchoa
Q 66/69 – Gilberto, Otávio, Cecília e Irene
T 20 – Marina c.c. o General Milton Freitas Almeida. Pais de:
Q 70/71 – Carlos e Ruth
T 29/32 – Antonieta, Inez, Cecília e Irene

II
Quando e porque o apelido Arcoverde se introduziu na família

Tempo houve em que o prurido de fidalguia determinara aos Albuquerques, oriundos do Jerônimo e de sua legítima consorte D. *Felipa Mello*, o acréscimo deste apelido, embora fossem tantos os cruzamentos que quase não havia Albuquerque sem a pinta de sangue vermelho.

Antonio Francisco de Albuquerque Cavalcanti e *Maria Marcolina de Albuquerque Cavalcanti*, em matéria de nobreza, olhavam o reverso da medalha com a preocupação de salientar o sangue indígena da princesa dos tabajaras.

Ésabido que, no combate de 2 de janeiro de 1547 ao aproximar-se da ocara inimiga, Jerônimo recebera flechada que lhe vazara uma das vistas. Levado à presença do morubixaba muira ubi, ou Arcoverde – e condenado à morte, fora salvo pela princesa, mais tarde batizada com o nome de Maria do E. Santo Arcoverde, com quem viveu e de quem teve 8 filhos: Manoel, André, Jerônimo, Catarina, Isabel, Antonia, Joana e Brites, reconhecidos por Carta Régia.

O nome do cacique não fora, entretanto, adotado pelos descendentes.

Existiu uma família Arcoverde, aliás de pouca duração, provinda de *Antonio Pessoa Arcoverde*, companheiro de Antonio Felipe Camarão, nas lutas batavas.

Écerto que na ascendência do Senador do Sumo Pontífice, houve um *André Cavalcanti de Albuquerque Arcoverde* que, por via paterna, se prendia ao velho colonizador Antonio Bezerra Felpa Barbuda e, pela materna, a Antonio Cavalcanti de Albuquerque, o da guerra, neto de Felipe Cavalcanti e de Arnau de Holanda. Este, e poucos outros, foram casos isolados da adoção de denominação indígena.

O *Capitão Buda*, como era conhecido *Antonio Francisco*, sentia, entretanto, pulsar-lhe nas veias o sangue aborígene e se orgulhava da ascendente, traço de união entre os lusitanos e a nação tabajara, e que trocara o trono de princesa, na sua taba, pelo amor de Jerônimo de Albuquerque, a quem fora sempre fiel, mesmo depois de abandonada. Resolveu restaurar o apelido de Arcoverde, dando-o aos sete filhos, entre os quais, dois eclesiásticos: Joaquim e Cônego *Antonio Arcoverde*; dois médicos: *Francisco* e Leonardo; 2 agricultores; *Francisco* e Jerônimo (genitor do Cônego André Arcoverde) e o advogado *Antonio Francisco Arcoverde C. de Albuquerque*.

III
Vocação de Joaquim Arcoverde para o sacerdócio

Joaquim Arcoverde teve, como já vimos, por ancestrais, vultos que, com dedicação e bravura tomaram parte nos movimentos bélicos do país e, especialmente, na Nova Lusitânia. Quando nasceu, o ambiente nordestino estava impregnado de ódios, lutas latentes, desejos de vingança.

Em 1831, 1832, 1835 e 1843, o sangue pernambucano alimentou a setembrisada, a abrilada, o triênio da cabanada e, afinal, a guerra praieira. Em 1851 haveria a guerra dos marimbondos contra o Decreto 798.

O Cel. Antonio Francisco era de temperamento enérgico e decidido em suas deliberações, granjeando amizades e também acarretando desafeições grandes, a ponto de haver quem afirme para ele ter sido preparada a cilada de que foi vítima, em 1830, o capitão-mor de Cimbres, Francisco Xavier Paes Barreto de Melo e na qual viria a sucumbir Ana Vitória.

Joaquim Arcoverde, por sua vez, de aspecto majestoso, forte, bela estatura, bravura, altivez e espírito de comando, possuía os predicados varonis da estirpe. Tinha algo de semelhante ao seu grande amigo e homônimo Joaquim Nabuco: porte imponente e elegante. Em Roma, cita Assis Memória, ao atravessar os suntuosos salões do Vaticano, para receber o barrete simbólico do cardinalato, um dos circunstantes deixou escapar a seguinte frase: Como é belo o cardeal brasileiro!

O Bispo de Olinda, indicando-lhe o nome ao Barão de Cotegipe para bispo coadjutor da Bahia, ao lado de Jerônimo Tomé e Luiz Francisco de Araujo, depois de salientar-lhe *a conduta moral, talento e conhecimento de ciências profanas e eclesiásticas*, acrescenta: "seu gênio é algum tanto excitado, sua altivez toca algum tanto a orgulho mas o critério e o sentimento religioso o moderam logo para o caminho da prudência".

Muito cedo, entretanto, manifestou-se-lhe a vocação sacerdotal, que se revelava até nos folguedos de crianças. Na sua energia havia, também, a piedade; na austeridade, a doçura; no seu amor próprio, o espírito de renúncia, que o fazia repartir o que possuía, a ponto de nada deixar ai finar-se.

Conta-se que, depois de manifestar desejos de ter na família padres, médicos, agricultores e advogados, autorizou o opulento proprietário do Fundão que os filhos, todos de viagem para a Europa, escolhessem a profissão.

Joaquim e Antonio logo se apresentam para estudos eclesiásticos. E a respeito de sua inclinação, ele é quem o diz, no discurso de resposta às festas do seu jubileu:

As carícias inefáveis de minha mãe, esse tipo, para mim tão belo de mulher forte, de mulher verdadeiramente cristã, os entusiasmos, sempre exagerados mas explicáveis da juventude, as ilusões que atraem e, não raro, subjugam as almas juvenis, mal penetram na arena tumultuosa que é o primeiro estágio da vida humana, nada me enchia o espírito, nem me atravessava o coração. É que Deus me fazia gravitar em torno desse mágico centro de atração: a vocação sacerdotal e, assim, me conduzia para além do meu lar e da pátria, do sagrado asilo onde alegre e tranquilo...

Estudadas as primeiras letras em seu Município e, depois de 22 de junho de 1863, no "Colégio Rolim", em Cajaseiras, atualmente bispado, na então província da Paraíba, procurou rumar, em 30 de abril de 1866, aos 16 anos, para a capital italiana, a fim de frequentar o colégio romano Pio-latino-americano e, após, fazer o curso superior na "Universidade Gregoriana".

A 4 de abril de 1874, na Basílica de São João de Latrão, recebia, do Cardeal Constâncio Patrizzi, as ordens sacerdotais. Tinha 24 anos.

IV
Vocação de Arcoverde para as letras

Grande foi sempre, em Joaquim Arcoverde, a sede de saber. Não se limitou ao estudo das matérias necessárias à ordenação.

Doutor em cânones, depois de defender tese, laureou-se em Filosofia, especializando-se em Teologia.

Não achou que estava completa a sua média de conhecimento. Dirigiu-se a Paris e, durante 2 anos, em Sorbonne, prestou o curso de ciências naturais. Distinguiu-se, entre os alunos do Seminário de São Suplício.

Fez também estudos demorados e eficientes, de línguas clássicas. Tornou-se um humorista exímio.

No Concílio plenário americano, em 92, reunido em Roma, e a algumas de cujas sessões presidiu, apenas ele e D. Jerônimo Thomé falaram, invariavelmente, em latim.

Atestado frisante de sua erudição encontra-se, não apenas nas publicações de caráter eclesiástico, como nas Cartas Pastorais, que foram muitas e mereceram encômios.

Há trabalhos de valor científico ou literário, quais "A mulher cristã", a "Síntese de filosofia" e a "Federação católica". Fez parte de agremiações de cultura, entre as quais o "Instituto Histórico e Geográfico Brasileiro".

Arcoverde, em assembleias, congressos, concílios e conclaves, deixou, sempre, um traço luminoso de passagem.

Vejamos o seu estilo, em discurso pronunciado depois de 74 anos de idade:

"À essa igreja, vão já 50 anos, consagrei o entusiasmo e o vigor da mocidade; a mão amiga de Deus, com o apelo irresistível de sua vocação, inscreveu-me em suas santas fileiras e já agora, nesta quadra avançada de existência, em que a vaidade não obumbra o bom senso e as ilusões não empanam a visão clara da vida, o meu coração exulta."

O seu testamento é um atestado de modéstia, espírito de humildade, doçura, fé religiosa e, também, de elegância.

Citemos pequeno trecho: *uma simples lousa cobrirá o meu túmulo, com o nome do morto e a data da morte. Sobre a lousa, Parce domino servo tuo. Nenhuma flor, nenhuma coroa sobre o seu túmulo. No dia de meus funerais: Silêncio e oração somente.*

V
Inclinação de Arcoverde para o ensino

Ordenado apenas a 4 de abril de 1874, em Roma, em virtude de haver, em 1871, ao morrer-lhe o pai, tido necessidade de vir ao Brasil regularizar os negócios da família, completou os estudos científicos em Paris.

Regressando em 1876, iniciou a carreira pública como reitor e professor de Filosofia do Seminário de Olinda.

Encontrara o clero debatendo-se na mais forte crise: a da questão religiosa contra a maçonaria, movimentada por D. Vital, Bispo de Olinda e a quem devia a nomeação. Sabe-se que o resultado foi a condenação. Em 1875, dos bispos de Olinda e Pará – D. Macedo Costa, ambos anistiados no gabinete do Duque de Caxias.

As obrigações sacerdotais levaram Joaquim Arcoverde a aceitar, em 1870, as funções de pároco em várias freguesias.

Pensando, talvez, como Nabuco, que a maior de todas as glórias é a de formar discípulos, isto é, reviver em outras gerações, inscreveu-se, em 1878, no concurso de Filosofia do Ginásio pernambucano e brilhantemente conquistou a cadeira. Lecionou Física e Francês.

Por outro lado, tão profícua havia sido a sua orientação no Seminário de Olinda, que o governo confiou-lhe a direção do estabelecimento oficial de educação secundária.

Recusou funções de relevância, como a de coadjutor da diocese da Bahia, lembrada inicialmente por Cotegipe, e a de bispo de Goiás.

Não aceitou cargos vários. Preferiu, cedendo à sua inclinação, dirigir-se para São Paulo e ir ensinar em Itu, no "Colégio São Luiz", dos jesuítas.

Aceitando o bispado de São Paulo, uma das mais fortes de suas preocupações, concentrou-se na propagação do ensino. Reformou o Seminário paulista e instituiu prêmios escolares.

O Colégio Pirapora, que tão bons serviços prestou, foi por ele fundado.

No seu jubileu sacerdotal, constou do programa a fundação de 50 escolas.

O estilo claro e preciso de suas obras, mostra o professor. Vejamos um de seus trechos sobre o Código de Direito Canônico, citado na "A igreja no Brasil", do Cônego Manoel Barbosa: *"O Código abraça toda a legislação canônica e, compendiando a soma de todas as leis, antigas e modernas, abriga o Corpus Júris, o próprio Concílio Tridentino, na parte disciplinar e, em geral, todas as constituições pontifícias, decretos das sagradas congregações romanas e outras disposições canônicas, anteriores à data da sua promulgação, em tudo o que são contrários aos seus cânones. Entretanto, não derrogou os decretos da sagrada congregação dos ritos, senão em um ou outro ponto, deixando intactas as prescrições contidas nos livros litúrgicos na parte em que os não corrigiu."*

Na foi apenas um mestre, mas, ainda, um grande impulsionador do ensino e protetor dos moços de talento com inclinação eclesiástica.

Vário luminares do clero deveram-lhe a educação. No número dos que mandou a Roma, estava, e tinha garbo em proclamar, D. Benedito de Sousa, bispo do Espírito Santo e ilustre orador sacro.

D. Leme chamou-o floração católica de nossa terra.

VI
Cargos e dignidades religiosas

Já vimos que a primeira função pública exercida fora a de reitor do Seminário de Olinda que, instalado a 16 de fevereiro de 1800, ao tempo do Bispo Azeredo Coutinho, se tornara o melhor do Brasil, mas havia perdido a importância.

Não se cingia apenas ao encargo de dirigir o estabelecimento educacional e lecionar Filosofia.

Uma outra atribuição lhe era cometida: a de reorganizar o tradicional educandário que, devido a uma série de circunstâncias, não estava em situação condigna.

As insurreições, revoluções e guerras, que enlutavam o meio pernambucano, fatalmente teriam repercussão em todos os institutos.

Por outro lado, o clero atravessava forte crise. Era séria a luta religiosa entre a igreja católica e a maçonaria, motivada pela interdição da Irmandade do Santíssimo Sacramento da matriz da paróquia de Santo Antonio do Recife, determinada por D. Vital Maria Gonçalves e não confirmada pelo Governo Imperial.

Sabe-se que o resultado fora a denúncia, a prisão e a condenação, em 1874, do Bispo de Olinda e do do Pará, D. Marcelo Costa.

É natural que de tudo isso houvesse forte reflexo no Seminário, que estava a necessitar de um hábil timoneiro como, de fato, o foi D. Joaquim.

O ilustre cimbrense precisava, porém, exercer os misteres de sacerdote. Vigário das freguesias de Boa Vista e Frei Pedro Gonçalves – em Recife esteve, ainda, até 1879, na paróquia de Cimbres, seu berço natal.

Distinguido, em 1884, pelo Breve datado de 27 de maio de Leão XIII, com o título de prelado doméstico, mereceu mais a dignidade de Monsenhor, a de Cônego do cabido de Olinda e a 20 de agosto de 1892, a de Bispo de Argos.

De 1890 a 1892 escusou-se também de ir como coadjutor para a diocese da Bahia, nomeação lembrada pelo próprio Cotegipe, e para Bispo de Goiás, não obstante preconizado a 26 de junho e sagrado a 25 de outubro de 1890.

Aceitou, em 11 de fevereiro de 1893, a investidura de coadjutor, com direito à sucessão, da diocese de São Paulo, vindo a 19 de fevereiro de 1894, a ser efetivamente bispo, com o falecimento de D. Lino Deodato Rodrigues de Carvalho.

Três anos após, em 31 de agosto de 1897, era Arcebispo do Rio de Janeiro, indo, assim, ocupar a cadeira onde, quando prelazia, se haviam sentado vultos como Simões Pereira, Mateus Aboim e Homem Albernaz e, depois de diocese, Barros Alarcão, Antonio Guadelupe, o Conde de Irajá, o Conde de Santa Fé e o Conde de Santo Agostinho.

A 11 de dezembro de 1905 foi o Brasil elevado a Cardinalato, o primeiro em toda a América Latina, recaindo a escolha em Joaquim Arcoverde que, a 14 de dezembro de 1905, recebia a mitra e o chapéu cardinalícios e, a 10 de janeiro do ano seguinte, no Consistório Público de Roma, tomava posse, na Igreja de São Mateus do Aventino.

Teve o cardeal oportunidade de presidir as reuniões do episcopado e votar nas eleições para Papa, em 1914 e 1922, ao serem escolhidos Bento XIV e Pio X.

VII
O administrador

Predicados dos mais encomiasticamente focalizados nas orações proferidas por ocasião das festas semisseculares da vida sacerdotal de Joaquim Arcoverde, foram o espírito de comando, o poder de organização, o raro dom de, ao mínimo tempo, fazer-se amar e acatar e a qualidade especial de saber respeitar as tradições, imprimindo-lhes as inovações do progresso.

Aos dezesseis anos resolvera sobre a profissão a adotar e jamais discrepou.

Aos vinte e um anos, ao morrer-lhe o genitor, teve de vir da Europa, a fim de encaminhar a direção dos negócios da família. A austeridade de que se revestiam as deliberações, encontravam correspondência no aspecto físico. Era forte, robusto e de longas e bem cuidadas barbas pretas.

Seu primeiro cargo dava-lhe a administração do colégio que fora o mais famoso do Brasil: o Seminário de Olinda.

O olhar arguto e enérgico de D. Vital vira nele a pessoa indicada. Não se enganou, tanto que, mais tarde, seria o procurado pelo governo para dirigir o ginásio pernambucano.

Quando, em 1887, os achaques do Marquês do Monte Pascoal, Arcebispo da Bahia, exigiram um coadjutor ativo e inteligente, Cotegipe, presidente do Conselho de Ministros, no exercício da pasta do Império, remeteu circulares aos bispos, pedindo indicação de quem reunisse as condições, e na enviada para a diocese de Olinda, consultou sobre Arcoverde, que tinha como sacerdote distinto.

A resposta foi satisfatória e nomeado o padre lembrado, não aceitou.

Administrou três paróquias, começando por duas no Recife e terminando pela de Cimbres, que pleiteava para algo fazer pela sua terra amada.

Coadjutor com direito à sucessão da diocese de São Paulo, cujo bispo – D. Luiz Deodato estava gravemente enfermo, tornou-se bispo efetivo, permanecendo na terra bandeirante até 1897.

Impôs-se à admiração e ao afeto pela orientação pia e severa.

Teve atritos sérios. Grandes foram as suas divergências com Campos Sales. É de se salientar aqui a nobreza do ilustre estadista que presidiu São Paulo, e depois a República do Brasil. Fez justiça ao antigo chefe do clero paulistano e muito concorreu para que lhe viessem às mãos o anel e a púrpura cardinalícias, tornando-se, assim, Senador do Sumo Pontífice.

O cardeal não se distinguiu somente pelas virtudes, caridade, clarividência espiritual. Foi um grande organizador de serviços e de associações religiosas, federalizou agremiações, a fim de manter unidade de vistas, deu nova orientação, revestindo a fé católica de regras progressistas e, no seu jubileu, abriu meia centena de escolas. Comemorou o se 50º aniversário sacerdotal, criando cinquenta educandários.

As suas pastorais tinham o alicerce filosófico, e continham questões sociais e traziam espírito novo, compatível com a crença religiosa.

VIII
O falecimento de Arcoverde e a tradição deixada

Joaquim Arcoverde, Vigário de várias freguesias, prelado doméstico, Monsenhor, Cônego, Bispo, Coadjutor e efetivo, trouxera para o palácio São Joaquim, um nome aureolado.

Nomeado Cardeal e, pois, considerado herdeiro eventual do trono pontifical, soube honrar e dignificar o chapéu cardinalício, o único, até então, concedido em toda a latinidade americana.

Já octogenário, finou-se na sexta-feira da paixão de 19 de abril de 1930. Seu corpo foi trasladado para a cripta da Catedral Metropolitana.

Trouxera para a Arquidiocese nome credenciado a honrar e dignificar o chapéu cardinalício.

O bispo professor, como o chamava D. Benedito de Sousa, era dotado de um grande coração. De inteligência clara e de copiosa erudição, sendo um administrador operoso, enérgico e tolerante ao mesmo tempo.

De severidade por vezes rude, sobretudo para corrigir de feitos e faltas de seus subordinados que se desviavam do rumo devido, protetor de fracos e oprimidos, destemido nos combates que empreendeu contra inimigos que o não pouparam, salientou-se, ainda, pelo respeito às idéias alheias e aos nobres adversários.

Quando passava o enterro de Teixeira Mendes, chefe da igreja positivista, Arcoverde, de joelhos durante o percurso do acompanhamento pelo palácio São Joaquim, orou, num gesto de humildade cristã.

Essa atitude e outras de igual natureza fizeram-no respeitado por diretores de agremiações contrárias ao clero.

Certa feita, serviu de orador em homenagem que lhe era tributada o saudoso General Moreira Guimarães, positivista e venerável da Maçonaria.

Arcoverde recebeu as mais expressivas demonstrações de apreço, tendo tido, no enterro, as honras de Vice-Presidente da República.

As festividades de seu jubileu sacerdotal, a 24 de abril de 1924, revestiram-se de carinho e deslumbramento e arrastaram a solidariedade do Governo e da alma popular, tendo de responder às orações de grêmios operários e do ministro das Relações Exteriores que era, então, Felix Pacheco, em nome do Presidente da República.

Mas a sua obra não foi apenas objeto de entusiásticos aplausos dos contemporâneos, mereceu, também, a refletida e calma admiração dos que lhe provieram.

A posteridade rendeu culto à sua memória, erigindo-lhe o busto, a 7 de julho de 1939, no Largo da Glória. Já antes, o governo pernambucano mudara, para Arcoverde, o nome do distrito de Mimoso, na Comarca de Pesqueira.

Na data centenária do seu nascimento, na opulenta fazenda de Fundão, o Jornal do Brasil prestou culto de respeito cívico e de admiração intelectual ao Cardeal, professor e doutor Joaquim Arcoverde, que deve estar no número daqueles para os quais dizia o verso latino: nom omnis moriar.

— E —
RAMO QUEIROZ MONTEIRO

A família Cavalcanti de Queiroz Monteiro provém, pelo lado de Cavalcanti, do Comendador Marques Lins e de Antônia Francisca Velozo da Silveira, Barões de Utinga.

Entre vários filhos descritos nos trabalhos sobre Lins e Silveira, houve:

F 1 – Panfila Lins, n. 1829 c.c. Antônio Marques de Holanda Cavalcanti. Pais de:

N 1 – Antônio Cavalcanti

N 2 – Paula Lins c.c. Luís Oliveira Junior. Pais de:

B 1 – Antônio Lins c.c. Julieta Aguiar Fonseca. Pais de:

T 1 – Dr. Paulo F. Lins c.c. Julieta de Oliveira Lima

T 2 – Aroldo de Oliveira Lima c.c. Maria Elisa Machado Guimarães

T 3 – L. F. Lins c.c. Dr. Paulo Oliveira

B 2 – José Malaquias

B 3 – Maria

B 4 – Panfila

B 5 – Inez

B 6/7 – Maria, Catarina

N 3 – Olímpia c.c. Pedro C. Pessoa e Francisco C. de Oliveira

N 4 – Deolinda c.c. Dr. João Severiano Carneiro da Cunha

N 5 – Antônio

N 6 – Panfila c.c. Dr. João Correia de Queiroz Monteiro

— E —
RAMO DO MARQUÊS DE OLINDA

Pertencente ao ramo Cavalcanti e descendente de Antonio Narciso de Albuquerque, sobrinho de Lopo de Albuquerque, era D. Ana Teresa Cavalcanti, casada com Manuel de Araújo Lima. Foram pais do Marquês de Olinda - Pedro de Araújo Lima, nascido a 22 de novembro de 1873, no engenho Antas e que veio a ser professor de Direito, Deputado, Senador, Presidente da Câmara dos Deputados, 8 vezes Ministro e Chefe do Partido Conservador.

Deve-se-lhe, em 1850, a criação do Amazonas.

BIBLIOGRAFIA

BAENA, SANCHES – *Índice heráldico*

BAENA, SANCHES – *Dicionário Aristocrático*

BOITEUX, LUCAS – *Ministro da Marinha*

BORFES DA FONSECA, J. A. – *Nobiliarquia Pernambucana*

CARVALHO, ELISIO – *Esplendor e Decadência da Mocidade Brasileira*

CAVALCANTI, ORLANDO – *Artigos de jornais*

COUTO, LORETO – *Desagravo do Brasil e Glórias de Pernambuco*

COSTA, PEREIRA DA – *Anais Pernambucanos*

CRESCENZO, J. PIETRO – *C. dos Nobres da Itália*

ALIGHIERI, DANTE – *Divina Comédia*

DRUMMOND. A. A. VASCONCELOS – *Revista de Estudos Genealógicos*

FIOLLE, PIETRO – *Grande Dicionário Enciclopédico*

GASPAR, FRUTUOSO – *Saudades da terra*

ISTORIL, GIO PIETRO DELLE – *Corona della Nobilitá de Italia*

JABOATÃO, FREI SANTA MARIA – *Catálogo Genealógico*

JESUS, FREI RAFAEL – *Sastrioto lusitano*

LIMA, OLIVEIRA – *Pernambuco e seu desenvolvimento histórico*

MACHADO, J. F. LACERDA – *A família Accioli em Florença e Portugal*

MAXIMIANO, LEMOS – *Enciclopédia Portuguesa*

MOLINA, ARGOTE – *Noblesa de Anda luzia*

SAMPAIO, VILAS BOAS E – *Nobiliarquia Portuguesa*

TARQUINIO DE SOUSA – *D. Pedro I*

VASCONCELOS, B. SCHMIDT – *Arquivo Nobiliário*

WANDERLEY, MARIO – *Revista de Estudos Genealógicos*

NORONHA, H. H. – *Nobiliário da ilha da Madeira*

PIETRO, EGIO – *Delle Storia*

Capítulo III
HOLANDA

— A —
ASCENDENTES DE ARNAU DE HOLANDA

Sanches Baena pensa proceder a estirpe do holandês Jacó de Holanda que, ao tempo de D. Manuel, esteve na Índia e foi genitor de Francisco Jacome, a quem deu armas D. Sebastião. Existiram, também, em Portugal, Jacó, Antonio e Francisco de Holanda, este oficial da nobreza lusitana.

Parece-nos, entretanto, que todos esses nada têm a ver com os Holandas de Pernambuco, que se remontam aos antigos condes suzeranos de Holanda e, por outra via, a Roberto, o Forte, duque de Paris, Orleans e Anjou e avô de Afonso Henriques, 1º rei de Portugal e progenitor de várias dinastias.

Partiremos, aqui, de *Leão Eça*, príncipe Van Holand, c.c. a princesa *Antonia de Rodemburg*. Pais de:

F 1 – *Henrique van Holand*, barão de Rodemburgo e do Reno, conde do Santo Império Romano, c.c. Margarida Florentz, filha de Florentz Bayer van Ulbrecht, calafate e tecelão.

Margarida era irmã de *Adriano Florentz de Ultrecht*, nascido a 2 de março de 1459, cardeal de Louvain, que, sob o nome de Adriano VI, subiu, em 1521, à cadeira pontifícia, eleito em movimentado conclave, em concorrência com Julio Medicis, Colonne e Valsey.

Foi o último pontífice não italiano. Morreu a 14 de novembro de 1223, deixando fama de moderação e sabedoria.

Henrique van Holand e Margarida Florenz foram pais de:

N 1 – Arnau de Holanda, que van de Broeck grafa Amand, por diversos linhagistas, é chamado Arnaldo, Arnault, Arnal. Era Barão de Theorobonet.

Nasceu em Ultrech, na Baviera.

Luisa Fonseca, em "Bacharéis Brasileiros", julga-o nascido em Brabante, codade de Loragna.

Veios, a 9 de março de 1535, de Portugal, acompanhando Duarte Coelho. Casou-se com Brites Mendes de Vasconcelos (1ª) que, pela própria rainha, fora colocada aos cuidados de Brites de Albuquerque, esposa do capitão-mor donatário.

Era filha de Bartolomeu Rodrigues de Sá (ou Falcão), camareiro do infante D. Luís (filho de D. Manuel), e de Joana de Goes Vasconcelos, aia da rainha D. Catarina.

Brites de Vasconcelos morreu velhíssima, em Olinda, a 19 de dezembro de 1620. Vicente Salvador atribuiu-lhe 120 anos.

Arnau de Holanda, guerreiro valoroso, vulto laborioso e de alta cultura para o ambiente em que viveu, gozou de vasto prestígio, vindo a falecer a 24 de junho de 1614.

Em 14 de maio de 1566, Duarte Coelho fez-lhe doação da sesmaria de Santo André, em Muribeca, que Brites, a 20 de setembro de 1574, vendeu a João Pires.

Dela fazia parte o monte Guararapes, que se tornaria célebre na guerra holandesa.

Não há família ilustre pernambucana que não provenha de Arnau de Holanda.

Três de seus cinco filhos, *Cristóvão de Holanda e Vasconcelos*, *Antonio de Vasconcelos* e *Isabel de Goes*, casaram-se, respectivamente, com *Catarina Albuquerque* (4), *Felipe Cavalcanti* e *Catarina de Albuquerque*, formando, assim, a família Holanda Cavalcanti de Albuquerque, que tanta atuação teve na política pernambucana.

Agostinho de Holanda (1) esposou *Maria de Paiva*, filha de *Baltazar Leitão*, que deixou prole numerosa. *Adriana de Holanda* (1) teve por marido Cristóvão Lins (1), de vultuosa descendência.

Ana de Holanda (1) ligou-se a *João Gomes de Melo*, tronco dos Melos de Trapiche. *Inez Goes* matrimoniou-se com *Luís do Rego Barreto* (1º) e do casal derivaram Rego Barros, Barros Rego e Barros Barreto. *Maria de Holanda* foi mulher de Antônio de Barros Pimentel (1º), ascendente dos Barros Pimentel.

Todas essas estirpes, no decorrer dos tempos, se foram aliando a outras, tornando imensa a descendência de Arnau de Holanda.

— B —
DESCENDÊNCIA DE ARNAU DE HOLANDA

I
Cristovão de Holanda e Vasconcelos (1º)

Tiveram Arnau de Holanda e Brites:

B. 1 Cristovão de Holanda e Vasconcelos (1º), primogênito, vereador de Olinda, irmão da Santa Casa de Misericórdia, falecido em 2 de junho de 1614, primeira vez c.c. Catarina Cavalcanti de Albuquerque (4ª) e não Margarida (1ª), como se acha a fls. 198 vol. 1 da N. P., filha de Felipe Cavalcanti e Catarina de Albuquerque (1ª). Pais de:

T. 1 Bartolomeu de Holanda Vasconcelos, † em Olinda, em 6 de junho de 1623, c.c. Justa da Costa Calheiros, cunhada de seu pai. Pais de:

Q. 1 Jerônimo Cavalcanti de Albuquerque (3º) n. em 1613. Cavaleiro da Ordem de Cristo em 1698, valente lutador nas guerras flamengas, casado com Catarina de Abreu e Leonor Borges. Pais de:

P. 1 Justa Cavalcanti c.c. Luís Fernando Delgado e Gaspar de Aragão. Pais de:

S. 1 Justa Cavalcanti
Q. 2 Bartolomeu de Holanda Vasconcelos (2º)
Q. 3 Ana Cavalcanti (11ª)
Q. 4 Isabel Cavalcanti (12ª)

T. 2 Cristovão de Holanda Albuquerque (1º) nasceu em Olinda, vereador em 1551, irmão da Santa Casa de Misericórdia, casou com Catarina Costa, cunhada de seu pai e filha de Manuel da Costa Calheiros. Pais de:

Q. 5 João Cavalcanti de Albuquerque (2º), primogênito, o bom, provedor da Santa Casa de Misericórdia, juiz ordinário, capitão e sargento-mor, de 1655 a 1685, casado com Bernarda de Albuquerque, filha de Jorge Teixieira. Pais de:

P. 2 Cristovão de Holanda Cavalcanti (2º), sargento-mor de Olinda e Igarassu, em 1678; vereador, em 1682 e juiz ordinário, em 1713, casado com Ana de Azevedo Freire, filha de Domingos Gonçalves Freire. Pais de:

S. 2 Domingos Gonçalves Freire (2º), casado com Leonor da Cunha Pereira. Pais de:

7. 1 João da Cunha Pereira, casado com Constância Vera Cruz
7. 2 Domingos Gonçalves Freire (3º), casado com Ana Siqueira
7. 3 Diogo C. de Albuquerque, casado com Francisca Manuela Fonseca
7. 4 José da Cunha Pereira, casado com Inez Melo (8ª), filha de Lourenço Gomes da Costa
7. 5 Cosma, casada com Manuel Soares Albuquerque
7. 6 Pedro da Cunha Pereira, casado com Bernarda Lins de Albuquerque
7. 7 Francisco C. de Albuquerque
7. 8 Mariana C. Andrade, casada com Bento de Freitas Lira
7. 9 Eugênia Freire, casada com Antonio Vieira de Melo
S. 3 Antônio de Holanda Cavalcanti
S. 4 Sebastião H. Cavalcanti
S. 5 Isabel C. de Albuquerque (7), casada com Diogo de Carvalho de Sá. Pais de:
7.10 Antonio de Holanda c.c. Francisca da Rocha Pitta
7.11 Cristovão de Holanda Cavalcanti (5), c.c. Mariana Freire. Pais de:
8.1/5 João, Ana Pessoa, Manuel, Mariana, Maria e Sebastião
7.12 Teresa Cavalcanti
S. 6 Bernarda C. de Albuquerque, casada com Fernão de Carvalho Sá. Pais de:
7.13/15 Francisco, Fernão e Mariana c.c. José Borges Uchoa
S. 7 Sebastião Cavalcanti
S. 8 Ana Cavalcanti (9), c.c. José Tavares Sarmento e Manuel R. Pessoa. Pais de:
7.16 Antonio de Holanda Cavalcanti, ou Calheiros, c.c. Joana Pitta
7.17 Manuel H. Cavalcanti
7.18 Cosme Ribeiro Bessa
7.19 André Ribeiro Bessa
7.20 Rita Cavalcanti
S. 9 Cristovão de Holanda Cavalcanti (3), primeira vez casado com Mariana Melo Falcão, sem filhos, e segunda vez, casado com Ana Melo Freire. Pais de:
7.21/26 C. Manuel, Maria, Maria, Felix, Sebastião e João

Q. 6 João Cavalcanti de Albuquerque (2), segunda vez casado com Simôa de Albuquerque, filha de Álvaro Fragoso de Albuquerque, n. de Álvaro Fragoso. Pais de:

P. 3 Antonio C. de Albuquerque (11), Capitão em 1685, e vereador em S. Lourenço, em 1686, casado com Eugenia Freire, filha de Domingos G. Freire.

P. 4/6 Francisco, José e Luís

P. 7 Bernarda de Albuquerque, c.c. Antonio Bezerra e Arnau de Holanda Correia, filho de João Correira Barbosa e Madalena de Goes. Pais de:

S.10 Madalena

S.11 Simôa, c.c. Estevão da Mota Silveira. Pais de:

7.27/33 Arnau, Bernardo, Cristovão, Luís, Manuel, Nasaria e Simôa

p. 8 Margarida C. de Albuquerque c.c. Francisco A. Melo, filho de Fernão V

P. 9 Antonia c.c. Leão Falcão Eça

S.15 Ana Cavalcanti

S.21 Francisco, José, Luís, Miguel

P.10 Brites de Albuquerque (3) c.c. Teodósio Leitão

P.11 Maria C. Albuquerque (2) c.c. Jerônimo Leitão Cabral. Pais de:

S.16/21 Eugenia, Jeronima, Joana, Luisa, Mariana, Laura

P.12 Catarina de Albuquerque

P.13 Mariana de Albuquerque c.c. João R. Barros e Pedro Albuquerque

P.14 Antonia c.c. Leão Falcão

P.15 João C. de Albuquerque (6), de Apoá, fidalgo cavaleiro, capitão-mor do Rio Grande do Norte, Coronel em 707, casado com Isabel Silveira Castello Branco, filha de Manuel de Mota Silveira e Catarina Barros. Pais de:

S.22 Manuel C. de Albuquerque (10), casado com Margarida Albuquerque. Pais de:

7.34/37 Alexandre, Arcângela, Cristovão, Francisca

S.23/27 Alexandre, Arcângelo e José

S.28 Arcângelo de Albuquerque c.c. Monica Rego Barros

7.38 Padre João C. Albuquerque

7.39 Ana C. de Albuquerque, segunda vez casada com Cosme A. Carvalho

7.40/44 Antonio, Francisco, Luisa, Manuel, Paula

7.45 Margarida Cavalcanti (7) c.c. Francisco de Gouveia Sousa

7.46 Maria R. Barros

S.27 Cristovão de Holanda Cavalcanti (4) c.c. Paula C. de Albuquerque, filha do Coronel Paulo C. de Albuquerque (5) e de Ângela C. Lins, n. p. de Jerônimo C. de Albuquerque (7) e Florência Castro Rocha e n. m. de Antonio C. de Albuquerque e Ângela Lins. Pais de:

7.47 João C. de Albuquerque (3)

7.48 José de H. Cavalcanti

7.49 Francisco C. de Albuquerque (11) ou *Francisco de Holanda*

7.50 Manuel C. de Albuquerque (17) n. de Manuel de H. Cavalcanti

7.51 Antonio C. de Albuquerque (4) ou *Antonio de Holanda Cavalcanti*, c.c. Maria Manuela de Melo. Pais de:

8. 6 Paulo C. de Albuquerque

8. 7 Maria Rita de Albuquerque, casada com Francisco de Paula C. de Albuquerque, com descendência no capítulo Cavalcanti

7.52 Paula de Holanda Cavalcanti

7.53 Cristóvão de H. Cavalcanti (5)

7.54 Isabel Rita Caetano da Silveira c.c. João Marinho Falcão, 4º filho de João Marinho Falcão (3) e Maria José Rocha, n. p. de Fernão Castro e Brites Rocha
7.55/57 Ana, Ângelo, Arcângelo
7.58 Arcângelo Silveira c.c. Margarida de R. Barrios. Pais de:
8. 8 João Cavalcanti Barros
8. 9 Ana C. de Albuquerque (3)
8.10 Ana Rita Caetana da Silveira, casada com João de Sousa Leão
8.11 Rita de Cássia M. Falcão casada com Manuel Cavalcanti A. Wanderley, filho de João M Wanderley (7º) e Ana Silveira
9. 1 José C. Albuquerque Wanderley casado com Ana Marcelina de S. Leão
9. 3 Cavaleiro Comendador João C. Albuquerque Wanderley, Barão de Tracunhaem, nascido a 23 de junho de 1819 e falecido em 1891, primeira vez casado com Paula da Silveira Cavalcanti. Pais de:
10. 1 Manuel C. A. Wanderley, casado com Josefina Guerra
9. 2 João C. A. Wanderley, segunda vez casado com Ana Delfina Paes Barreto. Pais de:
10. 2 Paulo Cavalcanti de Amorim Salgado
10. 3 João C. Maurício Wanderley
Mariana, casada com João de B. Rego e Pedro C. Bezerra
Felipe Cavalcanti de Albuquerque (1º)
L. 2.7 Francisca Cavalcanti
Q. 8 Francisca Cavalcanti Albuquerque
Q. 9 Frei Francisco Albuquerque (5)
Q.10 Bartolomeu Albuquerque
Q.11 Ana Cavalcanti (7) c.c. Álvaro Fragoso de Albuquerque
Q.12 Cristovão de Holanda Cavalcanti (1)
Q.13 Joana C. de Albuquerque (3) casada com Cristovão Paes Mendonça
Q.14 Maria C. de Albuquerque (3)
Q.15 Felipe de Albuquerque (10) † em 1676
L.14 Leonarda c.c. Duarte Siqueira
T. 3 Felipe C. Albuquerque (3) casado com Antonia Pereira Sueiro, filha de Martim Lopes Sueiro. Pais de:
Q.17 Coronel Cristovão C. de Albuquerque, casado com Isabel de Aragão. Pais de:
P.16 Antônio C. de Albuquerque (13)
P.17 Ana C. de Albuquerque (15) ou Ana de Aragão, casada com o Coronel Sebastião da Rocha Pitta, autor da América portuguesa. Pais de:
S.29 Brites de R. Pitta, casada com Domingos da Costa Almeida
7.59 Isabel da Rocha Pitta, casada com o Dr. José Pires de Carvalho
7.60 Joaquina R. Pitta
7.61 Soror Teresa Josefa
7.62 Sebastião da Rocha Pitta, c.c. Luisa Costa C. Real
7.63 Maria Francisca Corte Real
7.64/65 Frei João de Jesus e Ana

7.66 Simão da Rocha Pitta
7.67 Rodrigo da Costa Almeida c.c. Maria Meneses. Pais de:
8.12 Brites Mariana Ferreira c.c. Des. Manuel Pereira da Silva
7.68 Ana Maria
7.69 Francisco F. Cavalcanti
P.18 Joana de Albuquerque casada com Francisco Pereira Botelho, Desembargador José de Mendonça e Desembargador Bernardo Uréia. Teve do primeiro:
S.30 Maria Francisca de Albuquerque, casada com Francisco P. Botelho. Pais de:
7.70 Francisco P. C. Albuquerque
7.71 José Pereira Botelho
7.72/76 Mariana, Maria, Caetana, Joana e Ana
Q.17 Cristovão C. de Albuquerque, segunda vez c.c. Maria de Barros Pereira. Pais de:
P.19.20/21 Brites, Úrsula e Ana
P.22 Bernardino C. Albuquerque, casado com Antonia T. Menezes. Pais de:
S.31/35 José Garcia, Francisco, Maria Francisca, Isabel, Bernardino
P.23 Cristovão C. de Albuquerque (2)
P.24 Catarina Albuquerque (4) c.c. Manuel de Aragão
P.25 Adriana C. de Albuquerque, c.c. Cristovão Tavares. Pais de:
S.35 Antonio C. de Albuquerque (7)
S.37 Cristovão T. de Morais
S.38 Rodrigo José Tavares casado com Teresa Cortes
S.39 Caetano T. Morais c.c. Rosa Coelho
S.40 Padre Francisco Tavares
S.41 Ana C. de Albuquerque c.c. Francisco Araujo Aragão
S.42 Úrsula C. de Albuquerque
P.26 Brites da Rocha Pitta c.c. Domingos Costa. Pais de:
S.43 Rodrigo C. Almeida c.c. Maria F. Menezes
S.45/48 Sebastião, Frei João, Brites, Sóror Teresa e Sóror Ana
S.49 Isabel de Aragão c.c. José Pires Carvalho de Albuquerque
P.27 Úrsula, casada com José de Araujo Aragão
T. 4 Luís C. Albuquerque
T. 5 Frei João C. de Albuquerque (4º)
B. 1 Cristovão de Holanda Vasconcelos (1º), segunda vez casado com Clara Costa, filha de Manuel da Costa Calheiros e Catarina Rodrigues. Pais de:
T. 6 Manuel de Holanda Calheiros, primeira vez casado com Maria Ferreira. Pais de:
L.18 Gonçalo Ferreira da Silva
L.19 Clara Vasconcelos c.c. Rafael de Carvalho
P.28 Antonio e João
P.29 Manuel da Costa Calheiros, segunda vez casado com Violante. Pais de:
Q.20 Cristovão A. Figueiredo c.c. Luisa Mota Silveira. Pais de:
P.31 João Inácio de Oliveira c.c. Luisa Oliveira. Pais de:

S.50/55 José Camelo Valcacer, Manuel Holanda, Domingos Silveira, Antonio, Ana e Margarida de Holanda

P.32 Antonio de Oliveira Chacon c.c. Teresa Maria. Pais de:

S.56/64 João Francisco, Francisco, José, Cristovão, Luiza, Ana, Maria, Violante e Inez

P.33/34 Maria Manuela e Catarina Vasconcelos

P.25 Antonio Figueiredo c.c. Tereza Figueiredo. Pais de:

S.65/71 João, Cristovão, Luiza, Ana e Inez

P.35 Violante de Holanda

Q.21 Manuel de Holanda Calheiros c.c. Antonia Camelo Cunha. Pais de:

P.37/39 Arnau H. Vasconcelos, Sebastião de Vasconcelos e Inácia Vasconcelos, c.c. José de Siqueira

Q.22/27 Antonio, Sebastião, Inácio, Lourenço e Clara de Vasconcelos

Q.28 Jorge Pinto

T. 8 Ana de Holanda (3ª) c.c. Francisco de Barros Manelli, filho de Nicolau M. Espinelli e Adriana de Holanda (2ª). Pais de:

L.29 Ursula Manelli c.c. João B. Mesquita. Pais de:

P.40 Isabel Manelli c.c. Tomé Dias de Sousa, filho de Sebastião Dias Madeiro. Pais de:

S.72 Sebastião Dias Manelli, capitão na Guerra dos Palmares, c.c. Maria Freire. Pais de:

7.77 Ana Manelli c.c. Manuel Falcão (2). Pais de:

8.13 Manuel de Melo Falcão (3)

7.78 Rosa Manelli c.c. Cosme Damião de Barros. Pais de:

8.14 Eufrásia Maria, casada com Fernão Pereira do Rego (5º). Pais de:

9. 4 José de Barros Pimentel (10º) casado com Margarida F. Paes de Mello. Pais de:

10.4 Margarida Cândida Paes de Mello, casada com José Luís Paes de Mello. Pais de:

11.1 Margarida T. Paes de Mello, casada com Cel. Manuel Xavier P. Barreto (1º). Pais de:

12.1 Manuel Xavier Paes Barreto (2º) casado com Maria R. Paes Barreto

II
Antônio de Holanda Vasconcelos

B. 2 Antônio de H. Vasconcelos, filho de Arnau de Holanda e senhor do engenho Jaquiripitanga, em Goiana, primeira vez casado com Felipa Cavalcanti, filha de Felipe Cavalcanti e Catarina de Albuquerque. Pais de:

T. 9 Arnau de Holanda Vasconcelos, capitão em 1625, notável batalhador na Bahia e depois em Pernambuco, c.c. Maria Lins, filha de Gaspar Dias de Ataíde e Joana Lins. Pais de:

Q.30 Maria c.c. Miguel Lobo. Pais de:
P.41 Diogo, Luiz e Bernarda
Q.31 Capitão Felipe C. de Albuquerque (6)
Q.32 Monge Antônio de Holanda (ou Frei Antônio da Esperança)
Q.34 Catarina c.c. José Camelo Valcasser
Q.35 Arnau de Holanda Albuquerque, capitão-mor e governador do Ceará, c.c. Maria de Oliveira (P. 326 de N. P. ou Maria de Holanda, P. 51). Pais de:
P.42 Bartolomeu Lins de Albuquerque c.c. Joana Figueiroa Camara, viúva de Antônio Cavalcanti e filha de Jorge Homem Pinto e Leonor Mendes. Pais de:
S.73 Luiz Albuquerque Lins
S.74 Ana A. Lins c.c. Rafael de Carvalho. Pais de:
7.79 Bartolomeu Lins c.c. Ana Castro. Pais de:
8.15/19 Marcos, Cosme, Pedro, Roque e Francisco
7.87 Brites Lins de Albuquerque c.c. N. Lobo
P.43 Brites Lins de Albuquerque c.c. Fernão de Carvalho Sá. Pais de:
S.72 Bartolomeu Lins de Oliveira c.c. Bernarda de Albuquerque. Pais de:
7.81 Diogo Cavalcanti c.c. Isabel, filha de Cristovão de Holanda Cavalcanti
7.82 Leonardo de Albuquerque Cavalcanti c.c. Joana Barros. Pais de:
8.20 Bernarda c.c. Estevão O. Rocha, filho de Marcos C. Rocha
9.85 Bernarda e Luiz
7.83 Maria Lins Albuquerque c.c. Cosme de Carvalho. Pais de:
8.21 Luiz A. Carvalho
7.84 Inez Lins Albuquerque c.c. Coronel Francisco C. de Albuquerque (5º), filho de Leandro de Barros Correia
S.76 José de Sá Albuquerque c.c. Maria Fonseca Cristiana. Pais de:
7.85 Padre Lourenço de Sá
7.86 Antonio de Sá c.c. Joana Ornelas
8.23 Lourenço A. Cavalcanti
7.87 Ana Albuquerque c.c. Baltazar Ornelas. Pais de:
8.24/25 Maria, Diogo José
S.77 Fernão Sá Albuquerque c.c. Agueda Barros
S.78 Diogo Albuquerque c.c. Mariana de Andrade
7.88 Cosme Bezerra c.c. Josefa V. Melo
7.89 Diogo V. Melo c.c. Isabel
8.26 Antonio de Holanda Cavalcanti
7.90 Fernão C. Sá c.c. Bernarda Cavalcanti, filha de Cristovão de Holanda Cavalcanti. Pais de:
8.28 Francisco C. de Albuquerque (12), c.c. Isabel de Freitas
8.29 Ana Sá c.c. Domingos A. Freire
8.30 Fernão C. Sá c.c. Bonifácia Coelho
8.31 Mara c.c. Inácio S. Uchôa
8.32 Mariana c.c. Bernardo Uchôa
8.33 Clara Sá c.c. Domingos Ribeiro
7.91 Diogo C. Sá c.c. Isabel Cavalcanti. Pais de:

8.34 Cristovão, Antonio, Teresa e Lourenço
7.92 Leonor Cunha Pereira c.c. Domingos Gonçalves Freire
7.93 Mariana A. Bezerra c.c. Antonio Coelho Catanho
7.94 Joana Sá Albuquerque (4) c.c. Fernando de Sousa Falcão
S.80 Clemente de Sá Albuquerque c.c. Catarina dos Anjos
S.81 Angela Lins de Albuquerque c.c. Antonio C. de Albuquerque
S.82 Brites C. Albuquerque (11) c.c. Pedro Marinho Falcão
S.83 Joana Sá c.c. Leandro Bezerra Cavalcanti
Q.36 Brites Vasconcelos (5) c.c. Manuel Pereira Pacheco
Q.37 Catarina Vasconcelos c.c. Francisco Camelo Valcasser
Q.38 Maria de Vasconcelos c.c. Miguel Lobo
P.44/45 Diogo e Brites

T.10 Lourenço A. de Albuquerque (2), capitão-mor, governador das armas, a que, o Marquês de Bastos, em "Memórias Diárias", chama de los principales da Bahia, c.c. Úrsula Feio.

Q.39/40 Antonio e Francisco

Q.41 Felipa C. de Albuquerque (4) teve de Bernardo Vieira Ravasco, irmão do Padre Antônio Vieira:

P.46 Gonçalo Ravasco C. de Albuquerque, alcaide-mor do Cabo Frio.

Q.42 Sóror Maria Cavalcanti, 15 anos amante de Francisco Manuel de Melo. Pais de:

P.47 Bernarda Cavalcante c.c. Gaspar de Araujo
P.48 Isabel c.c. Paulo Pereira Santos. Pais de:
S.84 Francisco c.c. Catarina Soares
7.94 Lourenço C. de Albuquerque (9), em segundo casamento com Isabel Lima. Pais de:

7.95 Brites F. Lima c.c. João B. Cardoso. Pais de:
T.11 Maria Madalena c.c. Luís Melo
P.49 João de Holanda
T.12 Antonio Vasconcelos Cavalcanti c.c. Catarina Soares, cunhada de seu irmão. Pais de:

Q.44 Francisca Cavalcanti c.c. Antonio Lobo. Pais de:
P.50 Padre Antonio Cavalcanti de Albuquerque (19)
P.51 Catarina de Albuquerque (5) c.c. Antonio de Siqueira
P.52 Baltazar de Vasconcelos Cavalcanti c.c. Antonia de la Penha Deusdará. Pais de:

S.85/87 Soror Antonia, Frei Simão de Vasconcelos e Tereza Vasconcelos
S.88 Baltazar Cavalcanti c.c. Antonia Pereira. Pais de:
7.95 Joana de Albuquerque (7) c.c. Salvador Pires de Albuquerque
8.38 José Pires Carvalho de Albuquerque
7.96 Catarina dos Anjos
S.89 Antonio Cavalcanti
S.90 Tereza Cavalcanti c.c. José Pires de Carvalho. Pais de:
7.97 Salvador Pires de Albuquerque c.c. Joana Cavalcanti. Pais de:

8.39 Angela c.c. Garcia D'Avila
8.40 José Pires de Carvalho c.c. Leonor Pereira Coutinho
8.41 Baltazar Pires de Albuquerque
8.42 Frei Salvador Pires de Albuquerque
8.43 Francisco Pires de Albuquerque
8.44 Ana, c.c. Garcia D'Avila de Aragão
7.98 José Pires de Carvalho c.c. Isabel Marinho. Pais de:
8.45 Catarina c.c. Antonio Fonseca
S.91 Antonio de Holanda Vasconcelos, segunda vez c.c. Ana Moraes
T.13 Cristovão de Albuquerque

III
Agostinho de Holanda (1º)

B. 3 Agostinho de Holanda e Vasconcelos (1º), juiz ordinário em 1596, e falecido do Cabo em 1600, casado com Maria de Paiva, filha de Baltazar Leitão Cabral e Inez Fernandes de Goes. Pais de:

T.13 Baltazar Leitão de Holanda, capitão na guerra holandesa, casado com Francisca dos Santos França, filha de Gaspar Fernandes.

Q.45a Baltazar Leitão de Vasconcelos, capitão de infantaria, irmão da Santa Casa de Olinda e, 1667, casado com Jerônima da Costa. Pais de:

P.53 Jerônimo de Vasconcelos, casado com Maria C. de Albuquerque (10ª), filha de João C. de Albuquerque, o Bom, e Simôa de Albuquerque

S.92 Baltazar Leitão

S.93 Ana Maria

P.54 Teodósio Leitão de Vasconcelos, casado com Brites C. de Albuquerque (3ª), cunhada de seu irmão precedente.

S.94/97 Luisa, Eugênia, Jerônima e Joana

P.55 Manuel Leitão de Vasconcelos

P.56 Gregório de Vasconcelos

P.57 Fernão Leitão de Vasconcelos c.c. Maria Holanda (6)

P.58 Maria de Goes casada com Manuel Vaz da Silva

P.59 Ana de Holanda (4ª) casada com Antonio Vaz Carrasco

P.60 Francisca de Holanda casada com Gregório de Barros

Q.46 Vasco Leitão de Vasconcelos casado com Maria Barros. Pais de:

P.60/61 Felipa e Ana

Q.47/49 Luiz, Cosme e Brites

Q.50 Agostinho Leitão de Vasconcelos c.c. Brites Botelho

Antônio Leitão de Vasconcelos c.c. Isabel Melo (6), filha de Pedro Correia da Costa. Pais de:

S.95/96 Antonio Correia de Vasconcelos, João Gomes de Melo (14) e Manuel Gomes Melo (7)

Q.51 Cosma Leitão de Vasconcelos
Q.52 Antonio Cabral de Vasconcelos c.c. Ana Costa. Pais de:
P.63 Manuel Cabral de Vasconcelos
P.69 Maria Ana Cabral c.c. Francisco Cabral Chaves. Pais de:
S.97 Alexandre Cabral Marrecos
S.98 Antonio Cabral de Vasconcelos c.c. Joana Carvalho. Pais de:
7.99/101 Antonio, Lourenço
S.99 Jeronima Cabral c.c. Inácio Pereira da Silva. Pais de:
7.109 Frei Inácio Pereira da Silva
S.100/104 Ana, Antonia, Isabel, Luiz e Maria
Q.53 Roque L. Vasconcelos c.c. Ana Vasconcelos e Inez Melo. Pais de:
P.65 Antônio Ferrão de Vasconcelos (7)
P 66 Ana de Abreu Vasconcelos c.c. Belchior Ferrão
P.67 Jeronima c.c. Antonio Siqueira
Q.54 Sebastião de Vasconcelos c.c. Inês de Sousa. Pais de:
P.68 Luisa c.c. Manuel Vaz Carrasco
P.69 Margarida Sousa c.c. Antonio Vaz Cavalcanti
S.105 Roque F. Vasconcelos
Q.55 João Leitão Vasconcelos c.c. Maria Barbosa Fonseca
P.70/74 Antonio, Cosme, Cristovão, Francisco e Manuel
P.75 Adriana de Holanda (5ª) c.c. Antonio Pinto Mecia. Pais de:
S.106 Baltazar Leitão Cabral
S.107/108 Manuel Cruz e Maria Madalena
S.109/110 Adriano e Úrsula
S.111 Antonio Pinto de Mendonça
S.112 Cristovão de Holanda Vasconcelos (3) c.c. Leandra Silva
S.113 Francisco, c.c. Maria Madalena
P.76/77 Úrsulae Rosa Vasconcelos
Q.56 Adriana 4, c.c. João Noras
Q.57 Maria de Goes c.c. Gaspar Costa Coelho. Pais de:
P.78/81 Brites, Gaspar, Inez e João
P.82 Brites c.c. Francisco Vaz Carrasco
Q.58 Joana de Goes c.c. Pedro Fonseca Barbosa. Pais de:
P.83/87 Gonçalo, José, João, Brites, Severino
P.88/90 Ana, Brites e Inez
Q.59 Adriana de Holanda (2ª) c.c. João Veras
P.91 Ana Cavalcanti (18) c.c. Mateus Lavado
P.92 Pedro Lopes Vieira c.c. Catarina Lins. Pais de:
S.114 Manuel Lopes Veras
7.100 Maria de Holanda (5) c.c. Manuel Mesquita
7.104 Ana de Holanda (5)c.c. João da Cruz Azevedo
7.105 Adriana de Holanda (6ª) c.c. José Pinto Almeida
7.106 Francisca de Holanda
P.93 Agostinho de Holanda (5º) c.c. Ana Martins

S.74 Agostinho de Holanda (6º)
P.94 Mariana de Holanda c.c. Antonio Lopes Cavalcanti. Pais de:
S.115 Adriana de Holanda (7ª) c.c. Vicente Rodrigues
P.95 Gregório Leite
P.96 Manuelina, c.c. Antonio Pinto
S.116 Maria de Holanda c.c. Francisco Bezerra e José Leitão de Vasconcelos
T.14 Baltazar Leitão de Holanda, segunda vez c.c. Leonor Rodrigues
Q.60 Jerônima Cabral c.c. Francisco Flores
Q.61 André, Catarina e Joaquina
T.15 Antônio L. Vasconcelos c.c. Catarina Melo
Q.62/66 Gonçalo, Isabel, João, Maria e Antonio
Q.67 André de Vasconcelos, c.c. Maria A. Pessoa
Q.68 Antônio A. Melo c.c. Maria A. Pessoa. Pais de:
P.97 João Albuquerque (25)
P.98 Margarida A. Melo c.c. Domingos Gomes da Silva
S.117 João Gomes de Melo Albuquerque c.c. Felipa Nunes. Pais de:
7.107 João Gomes de Melo (13) c.c. Isabel Rocha
7.108 Jerônima c.c. Bernardo Pinho
7.109 Pedro A. Melo c.c. Maria Cosma. Pais de:
8.46/51 Antônio, Diogo, Luís, Jerônimo, Manuel e Maria
8.52 João Gomes de Melo (18)
S.118 Duarte de Albuquerque Silva
S.119 Antonio G. de Melo
S.120 Luisa A. Melo
T.16 Joana de Goes c.c. André Gomes da Costa e Sebastião Carvalho. Pais de:
Q.69 Maria de Goes c.c. João Feio. Pais de:
P.107/110 Antônio, Inez, Joana, João
T.17 Ana de Holanda (2ª) c.c. João Soaeres Cavalcanti
T.18 Brites Vasconcelos (3ª) c.c. Felipe Dias Vaz
Q.70 Maria de Paiva
T.19 Agostinho de Holanda (3º) c.c. Antônia Freitas. Pais de:
Q.71 Maria de Holanda (3ª) c.c. Salvador Tavares Fonseca
P.99/100 Antônio e José Teles de Holanda
P.101 Lourenço Tavares de Holanda c.c.
P.102 Bernarda de Carvalho
P.103 Maria Figueiredo c.c. João Alves Carvalho
P.104 Antônia de Figueiredo c.c. Luís Barbalho de Vasconcelos
T.20 Adriana de Holanda (3) c.c. Nicolau Espinelli. Pais de:
Q.77 João Batista Espinelli c.c. Maria Sebastiana
Q.73 Constância Espinelli c.c. Fernão Vale. Pais de:
P.115 Brites M. de Vasconcelos (8) c.c. Fernão Soares da Cunha
Q.73 Isabel Manelli c.c. Francisco Bacelar
P.116/117 Agostinho (4) e Joana

Q.75 Francisco de Barros Manelli c.c. Ana de Holanda (3), filha de Cristovão de H. Vasconcelos
P.108 Úrsula Manelli c.c. João B. Mesquita
S.121 João B. Espinelli c.c. Maria Freitas Fragoso
S.122 Margarida Barros c.c. Antonio Paes Barreto
S.123 Isabel Manelli c.c. Tomé Dias de Sousa, filha de Sebastião Dias Manelli
7/10 Sebastião Dias Manelli c.c. Clara Freire. Pais de:
8.46 Rosa Menelli c.c. Vasco Marinho Falcão (3). Pais de:
9. 5 Eufrásia Maria c.c. Fernão Pereira do Rego (5). Pais de:
11.2 José de Barros Pimentel (10) c.c. Margarida F. P. de Melo
12.2 Maria Cândida Paes de Melo c.c. José Luís Paes de Melo (4). Pais de: Margarida F. Paes de Melo, c.c. Manuel Xavier Paes Barreto. Pais de:
13.1 Manuel Xavier Paes Barreto (2) c.c. Maria Ridolfi

IV
Adriana de Holanda

B. 4 Adriana de Holanda (1ª), casada com Cristóvão Lins (1º) e não Cristóvão Lins (4º), como menciona Jaboatão, que também afirma a morte de Adriana em 1645, com 110 anos. Há equívoco. Se o falecimento fosse em 1645 teria 110 anos somente de estadia no Brasil, porquanto viera solteira, com o donatário, em 1535. Em todo caso, Manuel Calado assevera ter vivido ela mais de cem anos.

Daremos, a seguir, trabalho à ligação com os Paes Barreto, porquanto temos um capítulo especial sobre os Lins. Bartolomeu Lins (5º), casado com Maria Rocha. Pais de:
Q.76 Cibaldo Lins (4º), casado com Cosma de Barros Pimentel. Pais de:
P.109 Cristóvão Lins (4º), casado com Adriana Wanderley (3ª). Pais de:
S.124 Sebastião Lins (1º), casado com Inácia Vitória de Barros. Pais de:
7.108 Maria de Barros Wanderley (2ª), casada com Sebastião W. Lins. Pais de:
8.47 Ana Florência da Conceição Wanderley, casada com José Luís. Pais de:
9. 6 Francisco Xavier Paes de Melo (2º), casado com Maria Rita Wanderley (1ª)
10.6 Manuel Xavier Paes Barreto (1º), casado com Margarida F. O. de Melo (2ª)
11.3 Manuel Xavier Paes Barreto (2º), casado com Maria Ridolfi
T.21 Inez Lins, casada com Vasco Marinho Falcão. Pais de:
Q.77 Leandro Marinho Falcão, casado com Maria Melo. Pais de:
P.82 Manuel de Melo Falcão (1º), casado com Maria Melo. Pais de:
P.170 Manuel de Melo Falcão (1º), casado com Maria Freire. Pais de:
S.125 Vasco Marinho Falcão (3º), casado com Rosa Manelli. Segue a mesma linha dos Lins.
T.22 Brites Lins, casada com Baltazar de Almeida Botelho. Pais de:
L.78 Adriana de Almeida (1ª), casada com Manuel Gomes de Melo (1º) e cuja ligação será analisada mais adiante.

Q.79 Jerônima de Almeida (1ª), casada com Manuel Gomes de Melo (1º), estudado na alínea.

V
Isabel Goes de Vasconcelos

B. 5 Isabel Goes de Vasconcelos, casada com Antônio Cavalcanti de Albuquerque (1º), cunhado de seus irmãos Cristóvão e Antônio, filhos de Felipe Cavalcanti. Pais de:
T.23 – Jerônimo Cavalcanti de Albuquerque (2º)
T.24 Manuel C. de Albuquerque (1º)
T.25 Paulo C. de Albuquerque (1º)
T.20a Felipe Cavalcanti de Albuquerque (2º)
T.21 Beatriz Cavalcanti de Albuquerque (5)
T.   Isabel Cavalcanti de Albuquerque (1ª)
T.28 Maria Cavalcanti de Albuquerque (2ª)
T.30 Úrsula Cavalcanti de Albuquerque
T.31 Paula C. de Albuquerque
T.32 Lourenço C. de Albuquerque (2º)
T.33 Antonio C. de Albuquerque (2º)
T.34 Joana C. de Albuquerque (2ª)
T.35 Jorge C. de Albuquerque

VI
Inez de Goes

B. 6 Inês de Goes casou com Luís do Rego Barreto. Pais de:
T.36 João Velho Barreto (1º)
T.37 Francisco do Rego Barros (1º)
T.38 Arnau de Holanda Barreto
T.39 Brites de Vasconcelos (9ª)
T.40 Inês Goes
T.41 Maria de Holanda I2a) ou Maria do Rego, casada com Francisco Pereira de Brito

VII
Ana de Holanda

B. 7 Ana de Holanda (1), casada com João Gomes de Melo (1). Pais de:
T.42 Manuel Gomes de Melo (1), casado com Adriana de Almeida (1)
T.80 Maria Melo (4), casada com Gaspar Wanderley. Pais de:
P.171 João Mauricio Wanderley (1), casado com Maria Rocha (1)
6.126 Rosa Mauricia Wanderley, casada com Cristovão Paes Barreto (5). Pais de:
7.43 João Paes Barreto de Melo (2), casado com Inez Brites X. Barreto. Pais de:
8.48 José Luís Paes de Melo (1), casado com Ana F. C. Wanderley. Pais de:
9. 7 Francisco Xavier Paes de Melo (2), casado com Rita Wanderley (1)
10.7 Manuel Xavier Paes Barreto (1), casado com Margarida F. Paes de Melo
11.3 Manuel Xavier Paes Barreto (2), casado com Maria Ridolfi
S.126 Maria Melo (4), segunda vez casada com João Batista Accioli (5), com descendência descrita no livro sobre Accioli.

VIII
Maria de Holanda

B. 8 Maria de Holanda, casada com Antonio de Barros Pimentel. Pais de:
T.44 Rodrigo de B. Pimentel, casado com Jerônima Almeida. Pais de:
L.81 José de B. Pimentel (1), casado com Maria Accioli
P.112 José de Barros Pimentel (2), casado com Isabel de Almeida Wanderley
S.12 Cosme Damião de Barros casado com Maria Josefa. Pais de:
7.44 Eufrasia Maria, casada com Fernão Pereira do Rego (5). Pais de:
8.49 José de Barros Pimentel (10), casado com Margarida F. Paes de Melo. Pais de:
9. 8 Margarida Cândida Paes de Melo, casada com José Luís Paes de Melo (3). Pais de:
10.8 Margarida F. Paes de Melo, casada com Manuel Xavier Paes Barreto. Pais de:
11.4 Manuel Xavier Paes Barreto (2), casado com Maria Ridolfi[*]

---

[*]. Acham-se aqui descritos um neto, um bisneto, 8 bisnetos, 44 trinetos, 81 quatrinetos, 112 pentanetos, 127 netos em 6º grau, 49 em 8º, 8 em 9, 8 em 10º, em 11º, e em 12º, e um em 13º do Príncipe Leão Van Holand.

BIBLIOGRAFIA

BAENA, V. DE – *Dicionário Aristocrático*

BARROS, MANUEL DE S. LEÃO R. – Genealogia da Família S. Leão

BORGES DA FONSECA – *Nobiliarquia Pernambucana*

BRANDÃO, ANTÔNIO – *Monarquia Lusitana*

CARVALHO, ELÍSIO – *Varões insignes*

COSTA, PEREIRA – *Anais pernambucanos*

COUTO, LORETO – *Desagravos do Brasil e glórias de Pernambuco*

FREIRE, BRITO – *Nova Lusitânia*

JABOATÃO, FREI SANTA MARIA – *Catálogo genealógico*

LAVANA, J. B – *Nobiliário.*

LAET, JEAN – *Memórias da Companhia das Índias*

MACHADO, LACERDA – *A família Accioli*

MATOS, ARMANDO – *A flor de lis na heráldica portuguesa*

MENDES, RODRIGO – *Catálogo real e genealógico de Espanha*

MOREIRA, MANUEL – *Teatro histórico, genealógico*

MELO, MARIO – Origens de algumas famílias pernambucanas

SABUGOSA, CONDE DE – *O Paço de Cintra*

SOUSA, A. CAETANO – *História genealógica da Casa Real Portuguesa*

TORRES, AFONSO – *Nobiliário*

VARNHAGEM – *História do Brasil*

VILAS BOAS E SAMPAIO – *Monarquia portuguesa*

Capítulo IV
BARRETO

Subcapítulo A
BARRETO PRÉ-PERNAMBUCANO

— A —
OS VELHOS TRONCOS

A genealogia de Barreto, conforme descrevemos em outro trabalho, remonta-se a um passado longínquo, indo recuar onde a história se confunde com a lenda. Começaremos por Teoderedo, 4º rei de Astúrias, † 451.

A ordem de sucessão é a seguinte:

N P. Teoderedo, pai de:
N I. Eurico c.c. Sisenauda
B. Alarico, R. ostrogodo e de Espanha, c.c. Teodegonda, filha de Teodorico. Pais de:
T. Amalarico c.c. Clotildes, filha de Cledoseu
Q. R. Leovigildo, c.c. Teodósia, filha de Severiano, Duque de Catagena e Teodora. Pais de:
S. Santo Ermenegildo, R. de Sevilha, c.c. Ingunta, filha de Segiberto e Brumechilde. Pais de:
7º Atanagildo c.c. Flavia Juliana. Pais de:
8º Ardabasto c.c. Favira Cidasunto, filha de Flavio Cidasunto e Riceberga
9º Flavio Erviglio c.c. Luibigotona. Pais de:
10. Pedro, Duque de Cantabria, c.c. Ona. Pais de:
11. Afonso Católico, rei de Astúrias, c.c. Ermezenda. Pais de:
12. Vimário c.c. Uzenda. Pais de:
13. R. Bermudo c.c. Uzenda de Navarra. Pais de:
14. Ramiro I, R. de Astúrias, Oviedro e Galiza, c.c. Urraca Paterna. Pais de:
15. R. Ordonho I, c.c. Munia Dama. Pais de:
16. Afonso III, o magno, R. de Astúrias, Galiza e Leão, c.c. Ximena de Navarra. Pais de:
17. R. Fruela c.c. Urraca. Pais de:
18. Asnar Fruela c.c. Adosinda. Pais de:
19. Conde Pelagio Guterres, c.c. Condessa Adosinda. Pais de:
20. C. Guterres, Pelaio c.c. Maria Abanil. Pais de:

21. C. Paio Guterres c.c. Ozenda Alboazer. Pais de:
22. Guterres Alderete da Silva. Pai de:
23. Paio Guterres c.c. Sancha Anes (3). Pais de:
24. Pedro Paes Escache c.c. Maria Nunes. Pais de:
25. Maria Pires Perna c.c. Nuno Soares (2).

Outra descendência é a que se segue.

1 Fruela c.c. Munia. Pais de:
F Romão Romanes c.c. Odosinda. Pais de:
N Rodrigo Romanes c.c. Urraca Eris. Pais de:
B Joana Romanes c.c. Mendo Ranfona. Pais de:
T Alonso Romanes c.c. Agostinha Ribeiro. Pais de:
L Adosinda c.c. D. Erro. Pais de:
S Ermezenda c.c. Arnaldo Baião. Pais de:
17. Ero Arnaldes c.c. Uzenda Godosinda. Pais de:
18. Arnaldo Eris c.c. Usufa. Pais de:
9. Godo Araldes. Pai de:
10. Sueiro Godo c.c. Aldonsa Guterres. Pais de:
11. Nuno Soares I, c.c. Elvira Touris. Pais de:
12. Sueiro Nunes c.c. Aldonsa Nunes
13. Nunes Soares c.c. Maria Pires Perna. Pais de:
14. Mem Nunes Velho c.c. Teresa Anes. Pais de:
15. Gomes Mendo Barreto c.c. Constancia Paes. Pais de:
16. Fernão G. Barreto c.c. Sancha Paes

Analisaremos, a seguir, a ascendência de Sancha Paes.

1 Rei Franco. Pai de:
F R. Genibaldo. Pai de:
N R. Marabolo. Pai de:
B R. Priamo. Pai de:
T R. Mencomio. Pai de:
L R. Faramando. Pai de:
P R. Clódio. Pai de:
S R. Meroveu. Pai de:
7. 1 R. Childerico
8. 1 Clovis, rei de Françac.c. Santa Clotildes
9. 1 Clotário, rei de França, c.c. Radegunda
10. 1 Britildes c.c. Ambert
11. 1 Arnoaldo c.c. Arduta
12. 1 Santo Arnaldo c.c. Dade
13. 1 Anseghise c.c. Bega
14. 1 Pepino de Heristal c.c. Alaíde

15. 1 Negoboloi C. de Matrie c.c. Apaise
16. 1 Teodeberto
17. 1 Roberto, rei de França, c.c. Agare
18. 1 Roberto de Angelin c.c. Alaíde
19. 1 Duque Hugo, o grosso, c.c. Edete de Saxônia
20. 1 Hugo Capeto, rei de França, c.c. Aquitania
21. 1 Roberto, o piedoso, rei de França, c.c. Constancia de Provence
22. 1 Roberto de Borgonha c.c. Alice Nemur
23. 1 Duque Henrique de Borgonha c.c. Cibila
24. 1 Duque Henrique de Borgonha c.c. Teresa Afonso, filha de Afonso VI
25. 1 Afonso Henriques 1º, rei de Portugal, c.c. Mafalda
26. 1 Teresa Sanches (4) c.c. Sancho Nunes Barbosa
27. 1 Froilhe Sanches c.c. Pedro Mendes Bragança
28. 1 Teresa Pires de Bragança c.c. Afonso H. Baião
29. 1 Teresa Pires Bragança c.c. João Maria. Pais de:
30. 1 Aldonsa Anes Maia c.c. Afonso H. de Baião. Pais de:
31. 1 Clara Henriques c.c. Moninho Viegas. Pais de:
32. 1 Egas Muniz c.c. Toda Henriques. Pais de:
33. 1 Moninho Henriques c.c. Oroama. Pais de:
34. 1 Egas Muniz c.c. Teresa Afonso. Pais de:
35. 1 Afonso Viegas c.c. Aldara. Pais de:
36. 1 Egas Muniz c.c. Sancha Paes. Pais de:
37. 1 Paio Viegas c.c. Teresa Anes (2). Pais de:
38. 1 Sancha Paes c.c. Fernão Gomes Barreto

— B —
O TRONCO ATRAVÉS DE ARNALDO BAIÃO

A família Barreto, verifica-se dos mais antigos linhagistas, ocupa lugar saliente entre os agraciados pelas monarquias de Portugal e Castela. Foram nobres, diz Afonso Torres, na paz e na guerra.

O tronco na Espanha, pela linha varonil, provém de Arnaldo Eris Baião, príncipe da Baviera, de sangue godo, filho, ao que se supõe, de Guido, duque de Espoleto, com estudo especial no capítulo Baião, c.c. Ermezenda, filha dos Condes de Lugo: Ero Fernandes e Adosinda, esta, filha de Alonso Romanes e Gontinha Soares (3) e descendente dos antigos reis das Astúrias.

Arnaldo e Ermezenda eram pais de:

F 1 Uzenda, c.c. filha de Godosinho Eris e Inderquina Palas, n. m. de D. Gatão e Egilona. Pais de:

N 1 Arnaldo Eris Baião c.c. Usufa, filha do duque Godosinho. Pais de:

B 1 Gozendo Araldes c.c. Durca Viegas, com descendência descrita no tratado de Azevedo e Bragança.

B 2 Godo Araldes. Pai de:

T 1 Trocozendas Godo c.c. Gontinha Guedes, ascendentes de Paiva e Chacim, em cujos capítulos serão estudados.

T 2 Sueiro Godo ou Guedes, fundador do mosteiro da Várzea, c.c. Aldonsa Guterres da Silva, filha de Paio Guterres.

Q 1 Leovigilda Soares c.c. Conde Mem Gonçalves Maia, com descendência tratada no capítulo Maia.

Q 2 Nuno Soares c.c. Elvira Touris Sarna, filha de Touris Sarna. Pais de:

P 1 Sueiro Nunes c.c. Aldonsa Nunes, filha de Nuno Fernandes. Pais de:

S L Nuno Soares (2), o velho, alcunha que passou a constituir apelido de família, c.c. Maria Pires Perna, filha de Pedro Paes Escache e Maria Nunes. Pais de:

7 – 1 – Pedro Nunes Velho

7 – 2 – Elvira Nunes Velho

7 – 3 – Sueiro Nunes Velho

7 – 4 – Sancha Nunes Velho

7 – 5 – Urraca Nunes Velho

7 – 6 – Mem Nunes Velho c.c. Teresa Anes (5), filha de João Esteves. Mem Nunes Velho era conhecido por Barreto, em razão de ficarem a torre e as suas propriedades situadas na Carretas de Viana.

Todos os seus filhos adotaram o apelido de Barreto. Foram eles:

8 – 1 – 2 – Gomes Mendo Barreto e Pais Gomes Barreto

8 – 3 – Elvira Nunes Barreto

8 – 4 – Sancha Barreto

— C —
O PRIMEIRO BARRETO, SUAS ARMAS E TRADIÇÕES

I
Tradições dos Barretos

As tradições da estirpe estão em "Solares das gerações de Entre Douro e Minho", assim descritas por Manuel de Sousa e Silva.

Na barra do claro Minho
Dos Barretos o solar
Esteve junto do mar
Que deitando areia em cima
O vem, enfim, sepultar.

Ainda João Ribeiro Gayo, em "Templo da honra de Portugal", diz:

*O da Bretanha senhor
Mandou contra os maometanos
Seu filho de grão valor
A Espanha e dos Barretos
Foi este progenitor*

II
Armas

As armas dos Barretos, fazendo parte, sob o nº 58, das 74 estampadas, por ordem de D. Manoel, no teto da sala dos veados do Paço de Cintra, contêm dez pintas de arminho negro, 3 em cada extremidade e 4 no centro. É o timbre constituído por uma donzela vestida de arminho, de cabelos soltos, braço direito curvado, a mão como que apontando para cima, o braço esquerdo e a mão apoiados no quadril.

O arminho significa pureza.

Afonso Torres descreve-as em campo de arminhos, tendo por timbre uma donzela vestida de arminhos com cabelos soltos e sem braços.

O Conde de Sabugosa menciona as armas do Barreto primitivo Gomes Mendo – em prata com 16 pontas de arminho, de negro sendo 4,4,4 e 2. Consistia o timbre em um busto de mulher, vestida de arminhos com os cabelos de ouro soltos.

O Cel. Adalberto Barreto organizou o emblema dos Barretos, ligando-o ao dos Melos. A respeito apresentamos ressalvas, como se vê no artigo transcrito a seguir, publicado na Revista Genealógica Brasileira.

"O jurista historiógrafo Ministro *Adalberto Barreto*, do Instituto Genealógico do Ceará, em erudito artigo sob o título acima, inserido nas páginas 67 a 70 do nº IV, ano 1952, da "Revista Genealógica Latina", mostra os fundamentos da inclusão da rubra cor dos Melos no brasão de arminhos dos Barretos.

Obtive a colaboração dos eminentes salesianos Consolini e Quintiliano, para a elaboração do desenho heráldico, que foi reproduzido pelo Serviço Cartográfico do Exército.

Penhorados, sobremodo, pelo relevo dado a trabalhos nossos, ao assunto referente, temos, entretanto, data vênia, pequenas ressalvas a apresentar.

Os antigos nobiliários de Afonso Torres, Antônio Caetano, Faria, Lavana, Sabugosa, Vilas Boas e Sampaio não deixam dúvidas quanto ao tronco da família – Gomes Mendo Barreto, assim chamado por ser proprietário das barretas do Viana.

Obteve armas que vieram a figurar entre as 74 da Sala dos Veados de Cintra e com os ns. 155 e 156 foram desenhados no Armorial português de Santos Ferreira.

Deveriam ser originariamente representadas por uma donzela de cabelos soltos sem braços ou de braços curvados, mão esquerda apoiada sobre o quadril e a direita apontando para cima. A prioridade no seu uso coube a Martim Fernandes Barreto, filho de Fernão Gomes Barreto e neto do primitivo Barreto. Adotou nela traços pessoais, isto é, pertencentes à sua esposa – Maria Rodrigues (3), filha de Rui Nunes Chacim.

Foram as 16 pontas de arminho, heraldicamente da família Chacim (36), cuja pureza era simbolizada pelo arminho, tirado de animal tão puro que prefere entregar-se ao caçador do que atirar-se ao lodo.

Até aqui está com a verdade histórica a figura estampada com a correção, apenas, do equívoco, de referir-se a quartéis de armas partidas e não esquarteladas.

Nota escrita a mão por D. Noêmia:

Joaquim Nabuco era um Paes Barreto. Seu nome completo é Joaquim Aurélio Barreto Nabuco de Araujo

Discordamos, porém, que de modo geral, no brasão dos Barretos esteja o dos Melos.

Há razão particular para a inclusão no caso do Doutor Adalberto Barreto, que é filho de Aristides de Melo Barreto, neto de Miguel Antônio de Melo Barreto e bisneto de Bernardino de Melo Barreto.

Motivo idêntico existiria para quem estas escreve que, além de descendente de Cristovão Melo, é bisneto de Francisco Xavier Paes de Melo Barreto, trineto de José Luís Paes de Melo Barreto, quatrineto de João Paes Barreto de Melo (2), pentaneto de Cristovão Paes Barreto (5), neto em 6º grau de João Paes Barreto de Melo (1) e em 7º grau de Cristovão Paes Barreto (1), casado com Margarida Melo, filha de João Gomes de Melo e Ana de Holanda.

O emblema em estudo não simboliza as armas dos Barretos, mas as da família Aristides de Melo Barreto. O escudo dos Barretos jamais conteve algo do dos Melos que procedem de Mem Soares de Melo, apelido, em 1160, por D. Afonso III dado a Mem Soares, juntamente com a quinta Aguiar que se chamou Melo por estar no vale, também assim denominado, defendido contra os mouros por Sueiro Reimão, genitor de Mem.

Houve, é certo, cruzamentos entre as duas famílias. O morgado de Quarteiras, Nuno Rodrigues Barreto, 5º avô da rainha Maria Luisa, c.c. João IV, foi esposo de Leonor Melo, filha de João Melo e, entre seus filhos, se contam Martim Afonso de Melo (7), Adriana, Isabel, Teresa, Briolanja e João Melo. Mas as ligações não alteraram as armas dos Barretos, que eram esquarteladas contendo num quartel os elementos próprios, em outro o dos Paes, em outro o dos Velhos e o quarto nada tinha quanto a Melo. O entrelaçamento tomado em linha de conta foi com Paes e Velho que, embora mais antigos de que os Barretos, estes sempre com eles andaram juntos, diz Manoel Faria.

O primeiro Barreto – Gomes Mendo Barreto – erqa casado com Constância *Paes* (2), filha de *Paio* Gomes Cabreira e Sancha *Paes* (2), neta de Gomes *Paes* Gravel e bisneta de Pedro *Paes* Gravel. Fernão Gomes Barreto, filho de Gomes Mendo, foi marido de Sancha *Paes* (3). Ainda Martim Fernandes Barreto ligou-se a Maria Rodrigues (3), descendente de Mem *Paes* Longos e Sueiro *Paes* Paiva.

Por outro lado os *Velhos,* anteriores aos Barretos, a eles se aliaram desde Gomes Mendo Barreto, que era filho de Mem Nunes *Velho* e neto de Nuno Soares *Velho*.

Paes, Velho e Barreto entravam nas armas de João Paes Barreto, que veio para o Brasil em 1558, constituindo-se o tronco da estirpe no nordeste brasileiro.

Um dos Paes Barreto do meado do século XIX
(Coleção Viúva Joaquim Nabuco)

Joaquim Nabuco era um Paes Barreto. Seu nome completo é Joaquim Aurélio Barreto Nabuco de Araujo

Paes, Velho e Barreto constavam no brasão de Catarina de Souza, morgada de Jurissaca, filha de João Paes Barreto (3) e consorte do governador Luís de Souza e bem assim no do Marquês do Recife – Francisco Paes Barreto.

Assim, pois, o emblema dos Barretos pode estar junto ao de Melo, como aos de Albuquerque, Cavalcanti, Holanda, Wanderley, Rego Barros, em caso especial, como acontece com a nobre estirpe do Dr. Aristides Barreto.

Mas, na velha Lusitânia e ao passar de Portugal para o Brasil, no século XVI, era esquartelado e em nenhum dos quartéis continha as armas dos Melos que provêm, na Espanha, de Pedro Formariz e Clotildes Ramirez, avós de Paio Pires Guimarães, primeiro ancestral vindo para Portugal antes de Afonso Henriques e, pois, do próprio reino. Era trisavô de Menendus Sueiri de Merloo, segundo Braecamp Freire, Mem de Merlo, como escreve Brandão; Mem de Merloo, de acordo com Caetano de Sousa; Mendo de Merli ou Mem Soares de Melo, primogênito de Sueiro Reimond e esposo de Teresa Afonso Gata.

Melo e Barreto tiveram ascendentes comuns, como, por exemplo, Arnaldo Baião, Egas Muniz, Guedes Bela, Paio Guterres, Soares, João Afonso Pimentel, Lourenço Cunha, Anes Baticela, Afonso Henriques e velhos reis de Astúrias, Leão, Navarra e Castela.

Mas a águia negra membrada de vermelho, dos Melos, jamais figurou junto às pontas de arminho em prata dos Barretos.

Genealogicamente, Barreto e Melo se ligam. O mesmo não acontece heraldicamente."

— D —
DIVERSIDADE DE OPINIÕES
QUANTO À PRIORIDADE DO NOME

I
Menção feita por Tivisco de Nazau Zarco

Tivisco de Nazau Zarco parte de Fernão Nunes Barreto I c.c. Isabel Pereira, filha de Afonso Aleborão. Pais de:
F 1 Gaspar Mendes Barreto c.c. Isabel Cardoso. Pais de:
N 1 Fernão Nunes Barreto c.c. Maria Henriques. Pais de:
B 1 João Nunes Barreto (2) c.c. Mariana Sande. Pais de:
T 1 Fernão Nunes Barreto (3)
L 1 João Nunes Barreto (3)
Eram senhores de Penagote.

II
Ponto de partida de Afonso Torres

Afonso Torres, de acordo com o "Nobiliário" de D. Pedro, começa por Fernão Gomes Barreto I, casado com Sancha Paes (3).

III
Opinião de Sanches Baena

Sanches Baena indica, como iniciador da família, Gonçalo Nunes Barreto (1), filho de Fernão Nunes Barreto (3) e bisneto de João Nunes Barreto.

IV
Referência de Alarcon e Ribereda

Os linhagistas Soares Alarcão e Ribereda dão Gomes Mendo como o progenitor da estirpe Barreto, que o primeiro em "Relaciones Genealógicas de los Marcheses de Troeifa I" declara ser das mais ilustres e estendidas de Portugal, tendo titulares como o duque de Esquilache e o Conde de Marialva.

V
Citação de Manuel Severim

Vários autores citam Martim Fernandes Barreto como tendo primariamente adotado o apelido de Barreto. Fundam-se em Manuel Severim. Mas o autor das "Notícias de Portugal" apenas declara ter sido o neto de Mendo Gomes Barreto, o primeiro a usar as armas.

VI
Indicações sobre dualidade de Barreto

Alguns nobiliários apresentam dualidade de família, citando certa estirpe provinda de Leão. Manuel Faria e Lavana lembram Martim Vasques Barreto, casado com Tereza Martim Rebereda, pais de Constância Martim Barreto (2), que se casou com Rui Barreto. É provável que se trate de um ramo emigrado para a Província de Leão.

VII
O Livro Velho de Linhagens

Preferimos seguir aqui o "Livro Velho de Linhagens", escrito no século XIII e publicado em 1737 por Antônio Caetano de Souza que, indo além de Afonso Torres, começa por Gomes Mendo Barreto I, pai de Fernão Gomes Barreto I.
É essa, também, a menção feita por Manuel Faria, Juan Batista Lavana e Vilas Boas e Sampaio.
Dúvida alguma temos em que tivesse sido Gomes Mendo Barreto o primogênito de Mem Nunes Velho e Teresa Anes.
Dele, pois, partiremos quanto aos Barretos, retomando, sem solução de continuidade, a descendência de Arnaldo Baião.

— E —
GOMES MENDES BARRETO, SUA ESPOSA E DESCENDÊNCIA

A descendência da esposa de Gomes Mendo Barreto e menção dos filhos.
8. 1 O primeiro Barreto foi c.c. Constância Paes, filha de Paio Gomes Cabreira e Sancha Paes Ramires, n. p. de Paio Ramirez e Maria Gomes da Silva. Era bisneta de Pero Paes Gravel (1), Mor Gomes, Paio Soares Correia, Gontinha Guedes, Ramiro Anes, Teresa Pires, Gomes Paes Silva e Maria (6).
Os esquemas contêm a ascendência até épocas muito remotas. Pais de:
9. 1 Fernão Gomes Barreto
9. 2 João Gomes Barreto, sem descendência, para o Nobiliário de D. Pedro, descrito por Lavana como c.c. Sancha Pires de Vasconcelos, filha de Pedro Froias Martins, dono do solar Vasconcelos. Linhagistas há que o apresentam como esposo de Sancha Gomes Barreto.
9. 3 Sancha Barreto (2)

9. 4 Francisco Barreto

9. 5 Paio Barreto, mestre dos Templários, sob a direção de seu tio Gualdin Pais, senhor da quinta de Marrecos, fundador, em 1155, do castelo de Tamar e valoroso combatente na expulsão dos mouros de Cintra.

— F —
FERNÃO GOMES BARRETO

Fernão Gomes Barreto, rico homem ao tempo de Afonso III, batalhador, em 1255, na tomada de Algarves, c.c. Sancha Paes (3), viúva de Nuno Mendes Queijada, filha de Paio Viegas de Alvarenga e Teresa Anes (2) e neta de Egas Afonso, Sancha Paes (10), João Fernandes de Riba Visela e Maria Soares.

Pertenciam à mesma estirpe, porquanto tinham tronco comum em Arnaldo de Baião, no rei Leovigildo e no célebre Juiz Nuno Rasura.

Era Sancha Paes (3) neta em 9º grau de D. Henrique de Borgonha e Tereza Afonso, esta, filha de Afonso VI de Castela.

Será melhor tratada no trabalho relativo a Paes.

Os quatro filhos do casal vão abaixo mencionados:

10.1 Martim Fernandes Barreto, adiante estudado

10.2 Gil Fernandes, mestre do Templário

10.3 Estefaninha Soares Barreto c.c. Fernão Pires de Bragança

10.4 Estevão Fernandes Barreto, *casado, como não devia*, na expressão de Lavana, com Joana Fernandes, filha de Estevão Bartolomeu. Pais de:

1.1 João Paes Barreto (1). Pai de:

11.1 Rui Barreto (2)

11.2 Paio Gomes Barreto

11.3 Froilhe Barreto

11.4 Maria Reimão

11.5 Constância Barreto (2) c.c. Egas Afonso (2)

Afonso Torres cita como filhos de Estevão F. Barreto:

11.6 João F. Barreto (1)

11.7 Gomes Paes Barreto

— G —
10.1 MARTIM FERNANDES BARRETO, ESPOSA, ARMAS E FILHOS

Manuel Severin e Vilas Boas e Sampaio afirmam ter sido Martim Fernandes Barreto o primeiro a usar as armas.

Predomina nelas o arminho, significação de pureza, como se vê no "Nobiliário de D. Pedro, Conde de Barcelos", no "Índice Heráldico", de Sanches Baena, nas "Notícias de Portugal", de Manuel Severim e no "Manual de Heráldica Portuguesa", de Armando Matos.

Manuel Severim, de acordo com aqueles que dão a Martim Fernandes Barreto a prioridade, não apenas do uso, mas da obtenção das armas, lembra que uma das razões na escolha do arminho era ter Martim Fernandes Barreto casado na casa de Chacim, de fidalgos muito principais, aparentados, segundo Vilas Boas, com os reis de Portugal e Leão. Haviam tomado o nome das terras do solar e do morgadio de Chacim, comarca da torre de Moncorvo.

Chacim, do mesmo modo que Chico, quer dizer porco.

Foi casado com Maria Rodrigues (3), ex-amante de D. Diniz e filha do velho fidalgo Rui Nunes Chacim e Aldonsa Nunes, n. p. de Nuno Martins Chacim e Maria Gomes Briteiros e n. m. de Martim Távora e Aldonsa. Pais de:

11.8 Nuno Martins Barreto, que terá estudo abaixo
11.9 Gil Martins Barreto c.c. Alda Rodrigues, filha de Pedro Rodrigues, alcaide de Azambuja, e Tereza Gil
11.10 Alonso Martins Barreto c.c. Leonor Fernandes, filha de Fernão Rodrigues Brocalho e Maria Afonso
11.11 Alvaro Martins Barreto
11.12 Sancha Barreto (3) c.c. João Paes Portela
11.13 Beatriz Barreto c.c. Vasco Afonso Alcoforado, filho de Afonso Fernandes Alcoforado
11.14 Constância Barreto (1) c.c. Reimond Alves. Pais de:
12.3 Alvaro Barreto
12.2 Nuno Barreto
12.4 Sancha Alves Barreto c.c. João Paes Portela
12.5 Beatriz Barreto c.c. Vasco Afonso Alcoforado
12.6 Constância Barreto c.c. Reimond Alves. Pais de:
13.1 Nuno R. Barreto (4)

— H —
11.5 NUNO MARTINS BARRETO, MORGADO DE QUARTEIRAS E SEUS FILHOS

Nuno Martins Barreto, alcaide-mor do Faro, obteve, por alvará de 5 de fevereiro de 1360, o morgado de Quarteira na aldeia de Algarves, como se vê em Afonso Torres, Lavana e Pinho Leal. Foi coautor, com Afonso Novais e a mandado de D. Afonso, da morte de D. Geraldo, bispo de Évora. Primeira vez c.c. Maria Anes, filha de João Esteves e Froilhe Lumenca, casado em segundas núpcias com Berenguela Nunes, filha de Rui Gomes Raposo e Maria Nunes Dacca, n. p. de Gonçaleanes de Menezes e Urraca Fernandes Lima e n. m. de Nuno Pires Dacca. Pais de:

12.7 Gomes ou Gonçalo Barreto (2), o único citado por Afonso Torres e que será objeto do seguinte capítulo. Outros linhagistas mencionam mais dois:
12.8 Berenguela Barreto c.c. Pero Gomes Pereira
12.9 Alvaro Nunes Barreto

— I —
12.7 GONÇALO MENDO BARRETO

Gomes Mendo Barreto, segundo Afonso Torres e também mencionado por Gonçalo, senhor de Chamache ou Senache, alcaide-mor do Faro e, em 1595, do Monte Mor, notabilizou-se por atos de bravura como capitão em Cintra, c.c. Brites Fernandes Pimentel, filha de Fernão Nunes Pimentel e Isabel Mendes Pimentel. Sanches Baena refere-se a Inez Menezes, filha dos Condes de Viana. Teve ainda, como consorte, Inez Pereira da Silva, filha de Diogo Pereira e Tereza Silvas. Pais de:

13.2 Diogo Nunes Barreto, que continuará abaixo
13.3 Gil Fernandes Barreto c.c. Julia Pessanha. Pais de:
14.1 Gonçalo Nunes Barreto (1)
14.2 Maria Barreto (3)
14.3 Diogo Nunes Barreto (4)
14.4 Nuno Gil Barreto
14.5 Pedro Barreto (1)
13.4 João Gomes Barreto
13.5 Brites Pimentel
13.6 Ana Pimentel
13.7 Fernão Pereira Barreto
13.8 Francisco Barreto (1)
13.9 Isabel Barreto

— J —
DIOGO NUNES BARRETO (1)

13.10 Diogo Nunes Barreto (1), morgado de Guarteiras, lutador em Castela, com Henrique II, c.c. Teresa Martins (3). Pais de:
14.6 Gonçalo Nunes Barreto (2), que terá lugar especial
14.7 João Nunes Barreto (3)
14.8 Nuno Gomes Barreto, esposo de Maria Anes
14.9 Fernão Gomes Barreto (2)

— K —
GONÇALO NUNES BARRETO (2)

14.10 Conselheiro Gonçalo Nunes Barreto (2), morgado de Quarteiras, fronteiro-mor de Algarves, comendador de Santiago, alcaide de Faro e, em 1416, batalhador em Ceuta, ao lado de D. Diniz, esposou Inez de Aragão, filha de Rodrigo Esteves de Aragão. Pais de:
15.1 Gonçalo Nunes Barreto (3), tratado adiante
15.2 Fernão Teles Barreto c.c. Brites Gonçalves. Pais de:
15.1 Bartolomeu Barreto
16.2 Isabel Barreto
16.3 Gil Fernandes Barreto
15.4 João Teles Barreto Sênior c.c. Mara de Aragão. Pais de:
16.4 João Teles Barreto (1)
16.5 Alvaro Teles Barreto
16.6 Diogo Teles Barreto
16.7 Constância Barreto (4)
16.8 Antonio Barreto (1)
16.9 Francisca Barreto, consorte de Cristovão de Melo

— L —
GONÇALO NUNES BARRETO (3)

15.5 Gonçalo Nunes Barreto (3), fronteiro-mor de Algarves, alcaide-mor de Faro, comendador de Santiago, morgado de Guarteiras, Senhor de Requengo, companheiro de D. João em Ceuta, em 1431, c.c. Izabel Rezende, filha de Diogo Pereira e Maria Rezende. Pais de:

16.10 Nuno R. Barreto (1), adiante tratado
16.11 Francisco Barreto
16.12 Afonso Teles Barreto. Pai de:
17.1 Pedro Barreto (2) c.c. Maria de Ataíde. Pais de:
18.1 Jorge Barreto (3) (de Castro), Comendador, alcaide-mor do Faro, sempre em lutas com seu cunhado Afonso de Albuquerque (3), c.c. Joana de Albuquerque (3). Pais de:

19.1 Pedro de Albuquerque (3)
20.1 Pedro de Albuquerque (4)
19.2 Francisco Barreto (3)
19.3 Guiomar Albuquerque
19.4 Fernão Albuquerque
19.5 Ana Albuquerque
18.2 Francisco Barreto (2)
18.3 Gonçalo Nunes Barreto (4)
18.4 Leonor Barreto de Albuquerque
17.2 Francisco Barreto (8)
17.3 Isabel Menezes c.c. Gil Magalhães, filho de João Magalhães e neto de Gil Magalhães. Pais de:
18.5 Pedro Barreto (6)
18.6 Jorge Barreto (4)
18.7 Antônio Barreto (3)
18.8 Catarina Menezes c.c. Vasco Cardoso
18.9 Simão Barreto
18.10 Nuno Rodrigues Barreto (3)
18.11 Gonçalo Nunes Barreto (5)
18.12 Diogo de Menezes Barreto (2)
18.13 Guiomar Melo c.c. Martim Afonso de Melo

— M —
NUNO RODRIGUES BARRETO (1)

16.16 Nuno R. Barreto (1), senhor de Guarteiras, alcaide-mor do Faro e Farroupilha, por ato de D. Afonso, em 1401, c.c. Leonor Melo (3), filha de João Melo (4) e Isabel Silvana. Pais de:
17.4 Martim Afonso de Melo (7) c.c. Leonor Melo, filha de Gil Magalhães. Pais de:
18.14 Jorge Barreto (7)
18.15 Adriana Melo (24)
18.16 Rui Barreto (4)
18.17 Fronteiro-mor Conselheiro Gonçalo N. Narreto (8)
17.5 Fronteiro-mor Álvaro Nunes Barreto

17.6 Isabel de Melo (Barreto) (2) c.c. Álvaro Castro e ascendente da rainha Maria Luisa de Gusmão, mulher de D. João IV e filha de Rodrigo de Castro e Leonor Coutinho

17.7 Gonçalo N. Barreto (6)

17.8 Felipa Melo (2) c.c. Francisco de Castro Avelar

17.9 Briolanja Melo

17.10 Guiomar Melo (9) c.c. Martim Afonso de Melo (6), filho de João Melo (1)

17.11 João Melo (2)

17.12 Vedor de Guarteiras, alcaide-mor de Faro, Rui Barreto (3), c.c. Branca Vilhena, filha de Pedro Menezes e Branca Vilhena. Pais de:

18.18 Brites Vilhena c.c. Henrique Muniz

18.19 Francisco Barreto ( ), c. c. Francisca Borgia. Pais de:

19.6 Jorge Barreto (5) c.c. Isabel Coutinho

20.2 Guiomar Castro

19.7 Joana Vilhena c.c. João Mendonça da Silva

19.8 Francisca de Aragão

19.9 Leonor de Aragão

19.10 Francisco Barreto (5), fronteiro da Índia, c.c. Francisca de Castro

18.21 Nuno Rodrigues Barreto (2) c.c. Leonor Milão, filha de Nuno Manuel e Leonor Milão. Pais de:

19.11 Gonçalo Nunes Barreto (6) c.c. Margarida Mendonça. Pais de:

20.3 Nuno R. Barreto (4)

20.4 Francisco Barreto (10)

20.5 Jorge Barreto (5)

18.20 Francisco Barreto (5), de Ana Salamanca teve:

19.12 Francisco Barreto de Menezes (2), mestre de campo, governador de Pernambuco e herói na Guerra holandesa. Primeira vez c.c. Maria Francisca de Lima e segunda c.c. Margarida Juliana de Castro. Pais de:

20.6 Ana Maria de Sá c.c. Lopo Furtado, filho de Jorge Furtado e Beatriz Lima, n. p. de Lopo Furtado e Isabel Melo (15)

— N —
BARRETOS MORGADOS DE BILHEIRAS

Os linhagistas brasileiros Borges da Fonseca, Jaboatão, Loreto Couto e todos os que lhes seguiram, dão Florentino Barreto como morgado de Bilheiras e senhor da torre de Constantino Barreto.

O autor de "Nobiliarquia Pernambucana", chama-o também Antonio Barreto.

Morgadio e torre ficavam situados no Minho, na foz do rio Lima.

Será o morgadio de Bilheiras o mesmo que Quarteiras, domínio dos Barretos? Não o sabemos, do mesmo modo que não temos certeza do grau que liga Florentino Barreto ao seu ascendente Martim Fernandes Barreto.

21.2 Parece-nos que o pai de Mendo Barreto, que Borges da Fonseca denomina indiferentemente Florentino e Antonio, é o filho de Nuno Rodrigues Barreto. É o que encontramos em livro velho de família.

Na falta, entretanto, de melhores informes, abriremos aqui capítulo especial para os oriundos do morgado de Bilheiras, a começar de Florentino Barreto.

21.1 Florentino Barreto c.c. Mariana Pereira da Silva. Pais de:

22.1 Mendo Barreto, primogênito e herdeiro do morgado. Pai de:

23.1 João Paes Barreto (2) ou João Paes Velho Barreto, também morgado, c.c. Violante Nunes, parenta dos Paes Barreto, desde muito ligados aos Nunes, pois descendiam de Sueiro Nunes e Mem Nunes Velho. Três de seus netos tomaram parte na colonização nordestina: João Paes Barreto (3), Luís do Rego Barreto (3), Maria N. Paes Barreto. Pais de:

25.1 Maria Nunes Paes Barreto c.c. morgado Afonso de Barros Rego, tronco de Rego Barros, Barros Rego e Barros Barreto.

25.2 F. Paes Barreto. Pai de:

26.1 Maria Paes Barreto c.c. Paulo Bezerra

25.3 Antônio Velho Barreto, cavaleiro da Ordem de Cristo, morgado de Bilheiras e senhor da torre de Constantino Barreto. Pai de:

26.1 João Paes Barreto (3), tronco da família em Pernambuco.

Temos um trabalho especializado sobre os Paes Barretos em Pernambuco. Aqui, estão apenas descritos – neta, 1 bisneto, 1 trisneto, dois quatrinetos, 1 pentaneto, 1 neto em 6º grau, 6 em 7º, 4 em 8º, 5 em 9º, 4 em 10º, 5 em 11º, 9 em 12º, 10 em 13º, 10 em 14º, 5 em 15º, 12 em 16º, 12 em 17º, 20 em 18º, 12 em 19º, 6 em 20º, 1 em 21º, 1 em 22º, 1 em 23º, 1 em 24º, 3 em 25º e 1 em 26º, na descendência de Arnaldo Baião.

BIBLIOGRAFIA

ALARGON, ANTONIO SUAREZ – *Relaciones generales da 1ª Casa de los Marquezes de Trocifal.* Madri, 1656

BAENA, VISCONDE SANCHES DE – *Índice Heráldico,* Lisboa, 1872; *Arquivo Heráldico Genealógico,* Lisboa, 1873; *Resenha genealógica da Família do Almirante Pedro Álvares Cabral; Dicionário Aristocrático*

BARCELOS, CONDE DE – *Nobiliário*

BARROS, GAMA – *História da administração de Portugal*

BASTO, MARQUÊS DE – *Memória diárias,* Lisboa, 1638

BORGES DA FONSECA, CORONEL ANTÔNIO JOSÉ VITÓRIO – *Nobiliarquia Pernambucana,* Olinda, 4 volumes, 1748

BRANDÃO, FREI ANTÔNIO – *Monarquia Lusitana,* Lisboa, 1632

CALADO, FREI MANOEL – *Valoroso lucideno*

CARDIM, FERNÃO – *Narrativas epistolares. Tratado da terra e da gente do Brasil*

CARMELO, LINS – *Biografia do Marquês do Recife*

CARDOSO, JORGE – *Agiológio lusitano*

COSTA, PEREIRA DA - *Anais*

COUTO, LORETO – *Desagravo do Brasil e Glórias de Pernambuco*

FARIA, MANOEL – *Nobiliário*

FREIRE, BRASCAMP – *Os brasões da sala de Cintra*

FREYRE, GILBERTO – *Casa Grande e Senzala,* Recife

GAIO, JOÃO RIBEIRO – *Templo da honra de Portugal*

GUIMARÃES, GASPAR – *Doze gerações*

JABOATÃO, FREI ANTÔNIO SANTA MARIA – *Novo Orbe Seráfico,* Lisboa. 1768; *Catálogo Genealógico*

LAVANA, JUAN BATISTA – *Nobiliário do Conde D. Pedro,* Lisboa, 1625

LEAL, PINHO – *Portugal Antigo e Moderno,* Lisboa, 1876

LIMA, OLIVEIRA – *Pernambucano e seu desenvolvimento histórico,* Leipzig, 1895

LEME, ROQUE DE MACEDO – *Memórias das famílias de todas as Capitanias*

MATOS, ARMANDO – *Manual de Heráldica Portuguesa,* Porto, 1929

MELO, MARIO – *Revista do Instituto Arqueológico*

MENDES DA SILVA, RODRIGO – *Catálogo Real e Genealógico*

MENEZES, BOURBON – *Figuras de Portugal*

MENEZES, FRANCISCO BARRETO – *Roteiro de minhas gerações*

NABUCO, CAROLINA – *Joaquim Nabuco*

OLIVEIRA, LUIZ DA SILVA PEREIRA DE – *Privilégios da nobreza e fidalguia de Portugal*, Lisboa, 1806

PRADO, ALMEIDA – *As Capitanias do Brasil*

POMBO, ROCHA – *História do Brasil*

SABUGOSA, CONDE DE – *O Paço de Cintra*, Lisboa, 1903

SALAZAR, LUIS DE CASTRO – *História Genealógica de la Casa de Sylva*, 2 volumes, Madri, 1685

SALVADOR, VICENTE – *História do Brasil*

SANTA LUZIA, FREI MANOEL DE – *Nobiliarquia lusitana*

SANTA MARIA, FREI FRANCISCO DE – *Diário português*

SANTOS, FREI MANOEL – *Monarquia lusitana*

SEGURO, VISCONDE DE VARNHAGEN – *História Geral do Brasil*

SEVERIM, MANOEKL – *Notícias de Portugal*

SOUSA, ANTÔNIO CAETANO DE – *História genealógica da Casa Real Portuguesa*, 20 volumes, 1735. Lisboa *Provas Genealógicas*

SOUSA E SILVA, MANOEL – *Solares das gerações*

TORRES, AFONSO – *Nobiliário*

VELHO, ERNESTO – *Os Velhos de Barbosa, da Casa de Marrancos*

VILAS BOAS, E SAMPAIO – *Nobiliarquia Portuguesa*

ZARCO, TIVISCO DE NAZAU – *Teatro genealógico*

Subcapítulo B
PRIMITIVOS COLONIZADORES DE PERNAMBUCO, DOS QUAIS DESCENDEM OS ATUAIS PAES BARRETO

Duarte Coelho, donatário da Capitania de Pernambuco, que tanta oposição fez ao povoamento por meio de degredados, trouxe ilustres fidalgos, a começar por Jerônimo de Albuquerque, de quem era cunhado, e dos seus parentes Gonçalo Leitão, Pedro e Felipe Bandeira de Melo.

Dentre os que vieram para a Nova Lusitânia, no primeiro século de colonização, quarenta e dois varões foram ascendentes dos atuais Paes Barreto.

Seis possuíam nacionalidades estrangeiras: Arnau de Holanda, bávaro; Gaspar Wanderley, holandês; Cibaldo Lins, alemão; Felipe Cavalcanti, Nicolau Espinelli e João Batista Acioli, florentinos; casados, respectivamente com Brites Mendes de Vasconcelos, Maria Melo (4), Brites de Albuquerque, Catarina de Albuquerque, Adriana de Holanda e Maria Melo (4) em suas segundas núpcias.

Os 11 casais vindos de Portugal e que deixaram descendência eram constituídos por Antônio Beserra Felpa Barbuda e Maria de Araujo; Antônio Gonçalves Freire e Ana Antunes; Cristovão Melo (2) c.c. Joana Silva (8); Fernão Pereira do Rego e Margarida Salgado; Francisco Coelho Nigromante e Maria São João; João Castro e Ana Castro; Pantaleão Monteiro e Brasia Araujo; Paulo Beserra e Maria Paes Barreto; Pedro da Costa Morais e Catarina Costa; Sebastião Dias Monteiro e Inez Souza; Simão Falcão e Catarina Paes.

Vieram solteiros e casaram-se em Pernambuco: Álvaro Teixeira de Mesquita com Ana Beserra (3); André da Rocha Dantas com Maria Barbosa; Antônio de Barros Pimentel com Maria de Holanda; Baltazar de Almeida Botelho com Brites Lins; Bartolomeu Leitão Cabral com Inez Góes; Braz Barbalho Feio com Catarina T. Guardês; Clemente da Rocha Barbosa com Maria Lins; Cristovão Lins com Adriana de Holanda; Diogo Fernandes com Branca Dias; Domingos Gonçalves Freire com Ana de Azevedo; Duarte Sá com Joana Tavares; Francisco de Barros Rego com Felipa Tavares e Maria Barrozo; Francisco Carvalho de Andrade com Maria Tavares Guardês; Francisco Coelho Nigromante com Maria São João; Feliciano de Melo e Silva com Brites de Barros Rego; Jerônimo de Albuquerque com Felipa de Melo (4); João Barbosa de Mesquita com Úrsula Manelli; João Gomes de Melo com Ana de Holanda; João Paes Barreto com Inez Tavares Guardês; João Pires com Felipa Tavares; Manuel da Costa Muniz com Catarina Rodrigues; Manuel Cardoso de Moura com Margarida Coutinho; Miguel Fernandes Távora com Margarida Castro; Paulo de Amorim Salgado com Francisca Accioli e Vasco Marinho Falcão com Inez Lins.

Não foi possível descobrir os nomes das esposas de Antônio Gomes Salgueiro, pai de Ana de Azevedo; Fernão Góes, genitor de Inez Góes e Rui Tavares Cabaia, pai de Felipa Tavares.

Tomamos como ponto de referência para avançar sobre os pósteros ou recuar aos antepassados, a João Paes Barreto (3), cuja ascendência, até Arnaldo Baião, foi descrita no capítulo Barreto.

BIBLIOGRAFIA

BAENA, SANCHES – *Índice Heráldico*

BAENA, SANCHES – *Dicionário Aristocrático*

BOITEUX, LUCAS – *Ministros da Marinha*

BORGES DA FONSECA, J. A. – *Nobiliarquia Pernambucana*

CARVALHO, ELÍSIO – *Esplendor e Decadência da Mocidade Brasileira*

CAVALCANTI, ORLANDO – *Artigos de Jornais*

COUTO, LORETO – *Desagravos do Brasil e Glórias de Pernambuco*

COSTA, PEREIRA DA – Anais Pernambucanos

CRESCENZO, J. PEITRO – *C. dos Nobres da Itália*

ALIGHIERI, DANTE – *Divina Comédia*

DRUMMOND, A. A. VASCONCELOS – *Revista de Estudos Genealógicos*

FIOLLE, PIETRO – *Grande Dicionário Enciclopédico*

GASPAR, FRUTUOSO – *Saudades da terra*

ISTORIL, GIO PIETRO DELLE - *Corona della Nobilitá da Italia*

JABOATÃO, FREI SANTA MARIA – *Catálogo Genealógico*

JESUS, FREI RAFAEL – *Castrioto lusitano*

LIMA, OLIVEIRA – *Pernambuco e seu desenvolvimento histórico*

MACHADO, J. F. LACERDA – *A família Accioli em Florença e Portugal*

MAXIMIANO, LEMOS – *Enciclopédia Portuguesa*

MOLINA, ARGOTE – *Noblesa de Andaluzia*

NORONHA, H. H. – *Nobiliário da ilha da Madeira*

PIETRO, EGIO – *Delle Storia*

SAMPAIO – VILAS BOAS E – *Nobiliarquia Portuguesa*

TARQUINIO DE SOUSA – *D. Pedro I*

VASCONCELOS, B. SCHMIDT – *Arquivo Nobiliário*

WANDERLEY, MÁRIO – *Revista de Estudos Genealógicos*

Subcapítulo C
O TRONCO DA FAMÍLIA EM PERNAMBUCO. JOÃO PAES BARRETO E SUA LIGAÇÃO GENEALÓGICA COM O AUTOR. SINOPSE.

Tivemos oportunidade de, no capítulo Barreto, mostrar que ficara o solar de Mem Nunes Velho nas barretas de Viana, sendo, por isso, ele identificado por Mem das Barretas.

Seu filho, Gomes Mendo, adotou o Barreto, sendo, pois, o primeiro da família com tal apelido. Foi o pai de Fernão Gomes Barreto c.c. Sancha Paes, acima descrita sob o nº 37. Pais de:

38 Martim Fernandes Barreto c.c. Maria Rodrigues Chacim. Pasis de:
38 Nuno Martins Barreto c.c. Berenguela Nunes de Menezes. Pais de:
39 Gonçalo Mendes Barreto c.c. Inez Pereira da Silva. Pais de:
40 Diogo Nunes Barreto c.c. Teresa Martins. Pais de:
41 Gonçalo Nunes Barreto (2) c.c. Inez de Aragão. Pais de:/
42 Gonçalo Nunes Barreto (3) c. c. Isabel Rezende. Pais de:
43 Nuno Rodrigues Barreto c.c. Isabel Silveira. Pais de:
44 Florentino Barreto c.c. Mariana Pereira da Silva
45 Mendo Barreto
46 João Paes Barreto c. c. Violante Nunes. Pais de:
47 Antonio Velho Barreto. Pai de:
48 João P. Barreto (3)

SINOPSE

João Paes Barreto (2), morgado de Bilheiras, filho de Mendo Barreto e neto de Florentino Barreto, concorreu fortemente para a colonização nordestina, através de três de seus netos: João Paes Barreto (3), Luiz do Rego Barreto (1) e Maria Paes Barreto (1).

A família teve, ainda, ação predominante com o guerreiro Francisco Barreto de Menezes, filho do governador de Calhaus, do mesmo nome e de uma indígena.

Era o escudo em campo de prata, semeado de arminhos negros, tendo por timbre uma dama vestida de preto e arminhos, com as mãos cobertas e cabelos soltos. O brasão constituía o nº 58 do teto da sala de Cintra.

Dentre os netos de João Paes Barreto (2), interessa ao estudo João Paes Barreto (3), instituidor do morgado do Cabo, vindo do Minho em 1557 ou 1560, e falecido em 1621, filho de Antonio Velho Barreto. Casou-se com Inez Tavares Guardês, filha de Francisco Carvalho de Andrade e Maria Tavares Guardês.

Três filhos do casal são ascendentes da família Barreto pernambucana: Estevão, Felipe e Cristovão Paes Barreto. Tem o último a prioridade neste trabalho, porque estabeleceu a linha varonil. Nasceu em Pernambuco. Pais de:

I - Cristovão Paes Barreto (1), capitão-mor do Cabo de Santo Agostinho, fidalgo cavaleiro da Ordem de Cristo, nascido no Cabo e falecido em 1645. Era casado com D. Margarida Melo (1), filha do capitão-mor João Gomes de Mello (1) e Ana de Holanda (1), esta, filha de Arnau de Holanda e Brites Mendes de Vasconcelos, n. p. do Barão Henrique de Holanda e Margarida Florentz e n. m. de Bartolomeu Rodrigues de Sá e Joana Goes de Vasconcelos; Pais de:

II - João Paes Barreto de Mello (1), capitão-mor e fidalgo cavaleiro, nascido no Cabo de Santo Agostinho, era c.c. Margarida Castro, filha de Estevão Paes Barreto (1), morgado do Cabo, e de Catarina Castro, neta de João Paes Barreto (3), Inez T. Guardês, Martim Fernandes Tavora e Margarida Castro. Pais de:

III – Cristovão Paes Barreto (5), capitão-mor de Una e Ipojuca, um dos chefes a favor dos mascates em 1710, fidalgo cavaleiro, nascido no Cabo de Santo Agostinho. Foi casado com Rosa Maurícia Wanderley, filha de João Maurício Wanderley e Maria Rocha, neta do capitão de cavalos holandês Gaspar Wanderley e Maria Mello, e do sargento-mor Clemente da Rocha Barbosa e Inês Lins. Pais de:

IV – João Paes Barreto Melo (2), capitão reformado em 1788, de fidalguia confirmada em Carta Régia de 1765, casado com Inez Brites Xavier Barreto, filha do morgado do Cabo, João Paes Barreto (5) e de Maria Maior de Albuquerque, neta de Estevão Paes Barreto (2), morgado do Cabo, Maria de Albuquerque (7), José de Sá Albuquerque (1) e Catarina de Albuquerque (5). Pais de:

V – José Luís Paes de Melo (1), mestre de campo, capitão-mor e fidalgo cavaleiro, nascido na\ freguesia de Una, em 1740, e casado com Ana Florência da Conceição Wanderley, filha do Coronel Sebastião Lins Wanderley e Maria de Barros Wanderley, neta de José de Barros Pimentel (1) e Maria Accioli (3), Sebastião Wanderley (2) e Maria Barros Vitoria Wanderley. Pais de:

VI – Francisco Xavier Paes de Melo (2), Coronel de Milícias da freguesia den, nascido a 14 de abril de 1764, casado com Maria Rita Wanderley (1), filha de Francisco Xavier Paes de Mello (1), capitão-mor de Muribeca e, por ato de 7 de junho de 1769, General de Milícias, e de Ana Maria Rita Wanderley e neta de José Luiz Paes de Mello (1), Ana Florência C. Wanderley, José de Barros Pimentel e Isabel de Almeida Wanderley.

VII – Manuel Xavier Paes Barreto, coronel da Guarda Nacional, nascido a 7 de janeiro de 1808 e falecido a 24 de junho de 1879, consorte de sua sobrinha Margarida Francisca Paes de Mello (2), filha do capitão José Luiz Paes de Mello (3) e Margarida Cândida Paes de Mello e neta de Francisco Xavier Paes de Mello (2), Maria Rita Wanderley, José de Barros Pimentel (10) e Margarida Francisca Paes de Mello.

VIII – Dr. Manuel Xavier Paes Barreto (2), nascido no engenho Mamucabas, do município de Rio Formoso, a 4 de abril de 1841, e falecido a 3 de janeiro de 1890, marido de Maria Ridolfi Paes Barreto, filha do engenheiro Jacome Ridolfi e Antonia Savelli, neta de Mario Ridolfi e Margarida Ridolfi, Carlos Savelli e Petronila Gamelli.

IX – Desembargador Carlos Xavier Paes Barreto (1), nascido em Recife a 11 de novembro de 1881, casado com Edith Wanderley Paes Barreto, filha do Desembargador Francisco de Paula Mendes Wanderley e Isabel Seve Wanderley n. 7º do Cel. Vicente Mendes Wanderley e Joana Augusta B. Wanderley e n. m. de João Batista Maria Seve e Alexandrina Magalhães.

BIBLIOGRAFIA

ABREU, CAPISTRANO DE – *Prolegômenos*

ARANHA, GRAÇA – *Graça Aranha e Machado de Assis*

ARINOS, AFONSO – *O índio brasileiro e a revolução francesa*

BORGES DA FONSECA, J. A. V. – *Nobiliarquia Pernambucana*

CALÓGERAS, PANDIÁ – *Formação histórica do Brasil*

CARDIM, FERNÃO – *Tratado da terra e da gente do Brasil*

CASCUDO, CAMARA – *Geografia dos mitos brasileiros*

CODECEIRA, J. D. – *Revista do I. A. H. G. Pernambucano*

COSTA, PEREIRA DA – *Dicionário biográfico de pernambucanos célebres*

COUTO, LORETO – *Desagravo ao Brasil e Glórias de Pernambuco*

CUNHA, EUCLIDES – *A margem da história*

DIAS, GONÇALVES – *Poesias*

EDMUNDO, LUIZ – *No tempo dos vice-reis*

FERRER, VICENTE – *Guerra dos Mascates*

FREYRE, GILBERTO – *O nordeste*

FREYRE, GILBERTO – *Região e tradição*

FREYRE, GILBERTO – *Olinda*

FREYRE, GILBERTO – *Mucambo do Norte*

FREYRE, GILBERTO – *Guia prático, histórico e sentimental da cidade do Recife*

GAMA, BARROS – *História da administração de Portugal*

HOLANDA, SERGIO BUARQUE – *História da civilização brasileira*

LIMA, OLIVEIRA – *D. João VI no Brasil*

LIMA, NESTOR – *Revista do I. H. G. Paraibano*

LISBOA, BALTAZAR – *Apontamentos para a história eclesiástica do Brasil*

LINS, IVAN – *Idade Média, a Cavalaria e as Cruzadas*

MACHADO, ALCÂNTARA – *Basílio Machado*

MAGALHÃES, BASÍLIO – *Boletim de estudos históricos*

MARTINS, OLIVEIRA – *O Brasil e as colônias*

MARROQUIM, MARIO – *A linguagem do nordeste*

MELLO NETO, GONÇALVES DE – *No tempo do flamengo*

MELLO NETO, GONÇALVES – *No tempo do flamengo*

MELLO, MÁRIO – *A guerra dos mascates como afirmação nacionalista*

MENEZES, DJACIR – *O outro nordeste*

NABUCO, JOAQUIM – *Um estadista do império*

PEREIRA, BATISTA – *Civilização contra barbárie*

PINHO, WANDERLEY – *Cotegipe e seu tempo*

POMBO, ROCHA – *História do Brasil*

PONTES, ELOY – *A vida contraditória de Machado de Assis*

RANGEL, ALBERTO – *No rolar do tempo*

Subcapítulo D
O PRIMEIRO PAES BARRETO DO BRASIL: JOÃO PAES BARRETO (3º)

— A —
TÍTULOS DE JOÃO PAES BARRETO (3)

João Paes Barreto (3º) ou João Velho Barreto, fidalgo da Casa Real, Cavaleiro da Ordem de Cristo e tronco da família em Pernambuco, teve seu berço em Viana do Castelo.

Era filho segundo-gênito de Antônio Velho Barreto[*], sem direito, pois, ao morgado de Bilheiras.

Herdou, porém, os títulos de nobreza. A sua chegada a Pernambuco deveria ter sido de 1557 a 1560.

Engana-se *Frei Jaboatão*, no "Novo Orbe Seráfico", mencionando-o em 1530, antes da divisão do Brasil em capitanias hereditárias.

Pereira da Costa e *Borges da Fonseca* assinalam a vinda do vianense em 1557. Outros pensam que o fato se deu em 1558. O "Relatório" relativo ao ano de 1878, de *Oliveira Maciel*, Provedor da Santa Casa de Misericórdia de Olinda, dá a entrada de Paes Barreto, na Nova Lusitânia, em 1560, data que, por vezes, é também citada pelo autor da "Nobiliarquia Pernambucana".

O certo é que já não encontrou Duarte Coelho, falecido, desde 7 de agosto de 1554.

Estava na direção da Capitania a antiga dama do Paço – Brites de Albuquerque (2ª) que, em 1560, entregou-a a Duarte de Albuquerque, para novamente assumir em 1572.

---

[*]. Ghio, Eloi Angelos (para a filha do autor): "Segundo pesquisas mais atuais, chegou-se a conclusão de que a Família Paes Barreto tem ascendência materna e não paterna. Portanto são muito poucas as diferenças havidas, pois, "Primitivos Colonizadores Nordestinos e seus Descendentes" nasceu como um diamante lapidado por ourives ilustríssimos, resistentes às intempéries do tempo e da crítica especializada. As novas gerações de genealogistas, historiadores, geógrafos e sociólogos estão em 2010 numa esplêndida companhia, pois novamente está entre nós o gênio e o requinte de um autor consagrado, cujas obras sempre foram objeto de saudar e estudo na América Anglo-Hispânica Portuguesa como em toda a Europa Ocidental. Que venham novos lançamentos da mesma safra! Julho de 2010.

Noemia responde: Acho difícil meu pai ter se enganado, pois se trata de sua família e sua pesquisa levou mais de trinta anos. Além disso, ele se correspondia, não só com autores brasileiros como Orlando Cavalcanti, Carolina Nabuco, Terezinha Caldas, Eugênio Mendonça, Adalgisa Cavalcanti, Madureira do Pinho e outros, mas, também, com estrangeiros como W. J. Van Balen (alemão), Oscar Henrique Wedspahn (ascendência alemã) e outros.

Sobre essa dúvida, eu, Noemia, entendo que, como o autor é falecido, cabe a quem tem dúvidas, comprovar a veracidade dessa afirmação.

O trono português perdera, a 11 de junho de 1557, D. João III, deixando por sucessor o infante D. Sebastião, com 3 anos de idade, pelo que ficara D. Catarina a reger o reino.

Mem de Sá, desde 1558, dirigia o governo geral do Brasil.

— B —
CONCEITOS SOBRE JOÃO PAES BARRETO 3º

João Paes Barreto 3º, na frase de *Carolina Nabuco*, em "A Vida de Joaquim Nabuco", endossando *Jorge Cardoso*, "*ilustrou-se por sua santidade, possuindo tantos bens que não sabia a conta*"

Vilas Boas e Sampaio, Caetano de Sousa, Vicente Salvador, Pereira da Costa, Mario Melo, e vários linhagistas, portugueses e brasileiros, referem-se, respeitosa e carinhosamente, ao *velho fidalgo, varão abalizado em virtudes* e com fama de santidade, como acertam Brito Freire, Clemente Mariano, Gilberto Freyre, Duarte de Albuquerque, Loreto Couto, Oliveira Lima, Pereira da Costa, Jorge Cardoso e muitos outros.

São do tomo 3º, fls. 345, do Agiológio português de Jorge Cardoso, as seguintes observações:

> "E como era timorato, brando, composto, afável, benigno e piedoso, o favoreceu o céu de tal sorte que, em poucos anos, veio a ter muitas terras e povoações em que entraram nove engenhos de açúcar. E com ser depois tão rico e poderoso, nunca se ensoberbeceu, nem escandalizou, pessoa alguma, antes, amava todas e remediava aos pobres, dando-lhes terras para que as cultivassem, sem esperar delas retorno, fazendo-os senhores do seu. Muitas vezes, foi provedor da Santa Casa da Misericórdia, a qual cercou de muro e fez, no quintal, outras obras memoráveis de pedra e cal, em que despendeu grandes somas e quantidades de fazenda e não menos no sustento dos pobres e necessitados e dando a todo o gênero de órfãos, donzelas e viúvas, abundantes esmolas e assim mesmo a muita gente recolhida e envergonhada, onde as necessidades são mais urgentes e, por isso, mais ocultas de Deus".

Diz, em "Memórias Diárias", o *Marquês de Basto*:

> "Rico e conceituado colono, possuidor de uma grande extensão territorial do Distrito do Cabo de Santo Agostinho, cortada de dez bem montados engenhos de sua propriedade, João Paes Barreto foi também muito notável na Colônia, pelos seus serviços e merecimentos e, principalmente, um dos beneméritos da Santa Casa da Misericórdia de Olinda, notabilizando-se pela riqueza e distinção".

Frei Melchior de Santa Catarina, custódio da Ordem Franciscana e que fora seu colono em 1585, "o encontrava senhor de engenhos" no Cabo, "tido como homem de crédito e de opinião e dos mais antigos de Pernambuco".

Sustenta *Santa Maria Jaboatão* no "Orbe Seráfico":

> "Na terra era João Paes Barreto um dos primeiros colonos não só em nobreza, mas em bens de fortuna e o mais rico que naquele tempo habitavam Pernambuco".

Ainda foi, afirma Borges da Fonseca,

> "mais famoso pelas virtudes de que Deus lhe enriquecera do que pelos bens temporários que possuía com o santo temor de Deus. Distribuiu grandes somas de dinheiro em obras pias, principalmente na Santa Casa da Misericórdia, de que foi por muitos anos provedor e nela edificou a Hospital em que se veem gravadas as suas armas e ao qual se recolheu quando se viu gravemente enfermo".
> "Ele podia desvanecer-se, sustenta o *Marquês de Basto*, nas "Memórias", de que "aquele vergôntea que se transportara da Lusitânia para o Brasil e depois para a árvore genealógica de sua família em Pernambuco naqueles remotos tempos".
> Tornou-se o mais rico proprietário de Pernambuco!, como escrevera em "Biografia do Marquês do Recife", o *Padre Lino Carmelo*, e "dos mais ricos do Brasil", na opinião de *Oliveira Maciel* e de *Varnhagen*.

Celso Vieira cita-o como piedoso e esmoler e Múcio Leitão considera-o *vulto de incomparável virtude, aquele doce coração de santo que a piedade tornou tão perto de Deus*.

São, ainda, do ilustre acadêmico as seguintes palavras:

> Pois, não é lá que fulgem e nascem os Paes Barretos por ele, Nabuco, tão amado, os seus velhos morgados de Bilheiras entre os quais conta aquele homem raro: – João Paes Barreto, feito de caridade e doçura.

Lê-se em "Arquivos", publicação do Governo pernambucano, em Origem Histórica da indústria açucareira: *"Homem de prestígio e influência na colônia, sabendo dispor e gozar de sua avultada fortuna... merece rara e particular atenção o velho fidalgo João Paes Barreto, às instituições de obras pias, mas principalmente à Santa Casa de Misericórdia de Olinda, da qual foi provedor por muitos anos, dispensando-lhe todos os benefícios pela sua generosidade".*

Oliveira Lima, nas "Memórias", mostra que com "o espírito de um São João de Deus, quis morrer entre os pobres do hospital que fundara em Olinda".

— C —
ATIVIDADES RURAIS DE JOÃO PAES BARRETO (3)

Na profissão era João Paes Barreto (3º) exemplo de habilidade, honradez e trabalho.

Leme afirma que não valia mais do que RS 60$000 (sessenta mil réis) o que trouxera de Portugal em uma canastra.

O Cabo de Santo Agostinho, tido como das terras mais férteis, estava ocupado pelo gentio que conquistava vitórias.

Havia sido preparada, em 1560, a bandeira de exploração, levando a gente de Igarassú, capitaneada por Fernão Lourenço, as de Parati, por Gonçalo Leão e as de Capiguari, por Cristovão Lins.

Organizaram-se, ainda, três companhias de portugueses, refere Vicente Salvador: a dos portugueses, entregue a Lourenço Delba; a dos lisbonenses, dirigida por Bento Santiago e a dos vianenses, sob a direção de Paes Barreto.

Foram acompanhados dos aborígenes amigos e, à frente de todos, se encontrava o donatário, Felipe Moura, e Felipe Cavalcanti.

Triunfaram e as terras foram divididas, cabendo grande parte a João Paes Barreto, que não visou apenas sesmarias para conservar latifúndios.

Expôs-se às lutas que a terra bruta oferece a quem tenta desvendar-lhes os segredos.

Cultivou em largas plantações a cana de açúcar, produto que fez de Pernambuco a mais próspera capitania brasileira.

A montagem de um engenho demandava tempo, dinheiro e persistência.

O descendente dos morgados de Bilheiras, Quarteiras e Sernache fundou dez, conforme se verifica da "História da Colonização Portuguesa do Brasil" (fasc. XI, vol. VII), da "História Genealógica da Casa Real Portuguesa" de *Antonio Caetano de Sousa*; do "Agiológio Lusitano" de *Jorge Cardoso*; dos trabalhos de *Pereira da Costa, Oliveira Lima* e *Mário Melo*; dos "Desagravo do Brasil e Glórias de Pernambuco" de *Loreto Couto* e da "Nova Lusitânia" de *Brito Freire*.

Pedro de Magalhães Gandavo, no "Tratado da Terra do Brasil", obra que *Rodolfo Garcia* atribui ao ano de 1570, afirma a existência de 23 engenhos, dos quais três ou quatro não acabados. Uma terça parte pertencia a Paes Barreto.

Em 1584, somente havia em Pernambuco 66 engenhos e no Brasil 120, conforme indicam *Porto Seguro* e *Oliveira Lima*, apoiados em *Cardim*, cuja informação, diz *Alcides Bezerra*, combina com a de *Anchieta*. Ninguém possuía maior número deles do que o velho fidalgo lusitano.

Construiu o primeiro à margem do rio Arassuagipe, depois chamado Pirapana, e consagrou-o à Santa Madre de Deus do Cabo de Santo Agostinho. É o engenho Velho.

Em sua elevação do vale do rio citado, edificou a capela de Santo Antônio, hoje matriz do Cabo, porquanto, aumentando a população, foi elevada a freguesia e atualmente constitui o município e a comarca do Cabo de Santo Agostinho.

Reza certa crônica que, anteriormente, a imagem de Santo Antônio fora encontrada sem se saber como. Colocada na capela de São José, menciona *Jaboatão*, no "Novo Orbe Seráfico", desapareceu duas vezes. Foi, afinal, construída a igreja de Santo Antônio.

Há tradição de uma série de milagres, atribuídos ao santo, filho de Martim Bulhões. Barbosa Lima Sobrinho a eles se refere:

As principais propriedades de João Paes Barreto (3º) ficavam situadas a quatro léguas da Capital, no Cabo de Santo Agostinho, antigo Santa Maria de la Consolation, avistado pelos espanhóis a 26 de janeiro de 1500, antes, pois, da vinda de Cabral ao Brasil.

Seus engenhos Velho, Ilha, Guerra e Santo Estevão abrangiam os morgados dos Paes, instituído a 10 de outubro de 1580 e confirmado por alvará de 15 de julho de 1602.

Jurissaca formava o morgadio deste nome. Guarapu ficou para Felipe Paes Barreto. Em Algodoais faleceu João de Sousa. Trapiche veio a ser o solar dos Melos. Ilhetas e Benfica estavam situados na freguesia de Una.

Não achou o velho lusitano sempre suave estrada. Apareceram-lhe por vezes, urzes e espinhos, a fim de transformar a terra bruta em elementos de utilidade.

Não foi um displicente. Cuidou da família dos seus colonos e da sociedade. Desenvolveu as propriedades, deu conforto aos seus, ajudou aos necessitados.

Proporcionou instrução aos filhos e servidores. Nas suas terras teve colégios de ensinar leitura, escrita, latim e aritmética, em 1588, a cargo de Bento Teixeira Pinto, autor da Prosopopeia, poemeto laudatório a Jorge de Albuquerque, vulto de notoriedade na época.

No "Diálogo das Grandezas", salienta *Brandônio* a ausência de pedreiros, carpinteiros e obreiros para o levantamento de casas.

Nas fazendas, porém, de João Paes Barreto (3º), haviam tais oficiais para as construções.

Cardim, que visitou Pernambuco em 1598, fala nos obreiros de João Paes. Mateus Franco foi um deles.

Móveis de valor, diz *Almeida Prado*, em "Pernambuco e as Capitanias do Norte", só os tinham um ricaço como João Paes Barreto, um perdulário como Felipe Cavalcanti ou os donatários.

— D —
JOÃO PAES BARRETO E SEUS SERVIÇOS

João Paes Barreto (3º) prestou serviços de alta monta na colonização da Paraíba e do Rio Grande do Norte.

Quando o ouvidor Martim Leitão teve ordem de organizar a bandeira para a conquista da Paraíba, recorreu também a João Paes Barreto, a João Velho Rego e a Cristovão Lins.

Logo na primeira viagem, combinada em Câmara, a 3 de janeiro de 1584, foram dados encargos ao "Capitão do Cabo, muito rico, e que, na frase de *Vicente Salvador*, autor do "Sumário das Armadas", composto a mandado de Antônio Gouveia, fez a jornada por cima de todos e em tudo com muitas vantagens, portando-se heroicamente na campanha".

Com os seus trezentos homens, a pé e a cavalo, foi enviado à Baia da Traição onde, após 5 dias, reuniu-se aos companheiros.

Tão grande foram os seus esforços, que ficou apontado como um dos heróis do feito por ele comandado.

A planta do forte, junto à Capela de Nossa Senhora das Neves, diz *Alcides Bezerra*, foi trabalho do oficial Cristóvão Lins.

Paes Barreto era capitão de um dos navios, posto que também exerciam Francisco Camelo, Manuel da Costa e Pero Lopes, consoante se lê em *Rocha Pombo, Vicente Salvador, Loreto Couto* e *Tavares de Lira*.

A esquadra compunha-se de seis navios e cinco caravelas.

Camara Cascudo em "Histórias que o vento leva", entre os que contribuíram para a colonização do Rio Grande do Norte, cita João Paes Barreto (3º) que, ao lado de Feliciano Mascarenhas, Matias de Albuquerque, João Velho Barreto, Francisco e Antônio do Rego Barros, Felipe Cavalcanti, Simão Falcão, Álvaro Barreto, estava presente à célebre missa de 24 de junho de 1588, da Fortaleza dos Santos Reis.

Foi, como se vê, um dos bandeirantes do Norte.

Se seu nome não está em condições de obter a prioridade que *Maximiano Machado* quer para Frutuoso Barbosa; *Tavares Cavalcanti* e *Delmiro de Andrade* para João Tavares; *João Lira* para Martim Leão; se não se pode ajustar a Feliciano Coelho, a Duarte Gomes ou ao índio Piragibe, no desbravamento da antiga São Domingos dos portugueses, Felipeia dos espanhóis e Frederica dos holandeses, o antigo Capitão de Cavalaria do Cabo de Santo Agostinho nem por isso deixa de ser credor de encômios pela coragem e tenacidade.

E *Morte de João Barreto (3º) – Filhos que deixou*.

João Paes faleceu no Hospital Paraíso, sendo enterrado a 21 de maio de 1617, com "celebérrima fama de virtudes" assevera *Jorge Cardoso*. Viveu aproximadamente sessenta anos em Pernambuco.

Na Capela do Hospital da Santa Casa da Misericórdia de Olinda, cujo padroado lhe fora concedido, existia um carneiro pertencente à família.

Havendo dúvidas quanto à procedência, alguns atribuíram ali estivessem guardados os restos mortais de João Fernandes Vieira, o "Instituto Arqueológico, Histórico e Geográfico Pernambucano" designou comissão de que faziam parte o Padre Lino Camelo e Salvador de Albuquerque, que encontraram perfeita semelhança das armas de pedra do carneiro com os brasões mostrados pela Marquesa do Recife.

Casou-se com Inez Tavares Guardês, filha do Cavaleiro da Ordem de Cristo Francisco Carvalho de Andrade e de Maria Tavares Guardês.

Vicente Salvador e *Brito Freire* mencionam oito filhos de Paes Barreto; *Jaboatão*, sete; *Jorge Cardoso*, dez

Guiamo-nos aqui pela "Nobiliarquia Pernambucana".

Teve o casal 8 filhos: João, Estêvão, Felipe, Cristóvão, Miguel, Diogo, Catarina e Maria (2).

Brito Freire, em "Nova Lusitânia" inclui também na lista Antônio Paes Barreto. Há confusão com o filho de Felipe Paes Barreto.

Miguel Paes Barreto morreu solteiro. De Diogo, sabe-se apenas que era senhor do engenho Benfica, de onde foi tirada a área para o aldeamento dos índios e é hoje a cidade de Barreiros. Sofreu o confisco e fez parte dos retirantes para Alagoas, em 1635.

Maria Paes Barreto dedicou-se ao sacerdócio.

Os demais terão trabalhos especiais.

Vários netos de João Paes Barreto (3) procuraram o convento, como Maria da Trindade e Ana Melo, filhas de Cristovão Paes Barreto; Diogo, Ana e Helena, filhos de Catarina Barreto.

Entre os bisnetos se encontram Diogo Paes Barreto (2º), Francisco Barreto Corte Real, filhos de Estevão Paes Barreto (1º); João Paes Barreto (6º), Francisco Barreto Corte Real e Estevão Paes Barreto (3º), filhos de Fernão Rodrigues de Castro, que foram padres.

BIBLIOGRAFIA

ALARGON, ANTONIO SUAREZ – *Relaciones generales da 1ª Casa de los Marquezes de Trocifal*, Madri, 1656

BAENA, VISCONDE SANCHES DE – *Índice Heráldico*, Lisboa, 1872; *Arquivo heráldico-genealógico*, Lisboa, 1873; *Resenha genealógica da Família do Almirante Pedro Álvares Cabral*; *Dicionário Aristocrático*

BARCELO, CONDE DE – *Nobiliário*

BARROS, GAMA – *História da administração de Portugal*

BASTO, MARQUÊS DE – *Memórias Diárias*, Lisboa, 1638

BORGES DA FONSECA, CORONEL ANTÔNIO JOSÉ VITORIO – *Nobiliarquia Pernambucana*, Olinda, 4 volumes, 1748

BRANDÃO, FREI ANTÔNIO – *Monarquia lusitana*, Lisboa, 1632

CALADO, FREI MANOEL – *Valoroso lucideno*

CARDIM, FERNÃO – *Narrativas epistolares; Tratado da terra e da gente do Brasil*

CARMELO, LINS – *Biografia do Marquês do Recife*

CARDOSO, JORGE – *Agiológio lusitano*

COSTA, ANTÔNIO DA – *O Minho*

COSTA, PEREIRA DA - *Anais*

COUTO, LORETO – *Desagravo do Brasil e Glórias de Pernambuco*

TÍTULO 12
FATOS REAIS OU LENDÁRIOS ATRIBUÍDOS A VULTOS DAS FAMÍLIAS DOS PRIMITIVOS COLONIZADORES*

Capítulo I
HOMICÍDIOS ANTERIORES À CONSTITUIÇÃO DO REINO

— A —
HOMICÍDIO PASSIONAL PELO REI RAMIRO

A família Albuquerque tem origem envolta em nuvens lendárias, indo, segundo os velhos linhagistas, encontrar-se em *D. Ramiro*, cuja vida amorosa a tradição conserva. A primeira esposa fora a mais bela dama da Espanha. Sobre os amores da rainha com Bernal Francês, magníficos versos saíram da pena de *Almeida Garrett*. Desvendado o segredo do adultério pelo fiel crido Rodrigo,

"Sob o colo cristalino
Desmaiado e inda tão belo

---

*. A respeito desse capítulo, escreveu Gilberto Freyre, em "A Noite", de São Paulo, as notas abaixo:

EM TORNO DOS PAES BARRETO

Deveras interessante o trecho do livro que o meu conterrâneo e amigo, desembargador no Estado do Espírito Santo, Sr. Carlos Xavier Paes Barreto, acaba de publicar na "Revista das Academias de Letras" sobre "fatos reais ou lendários atribuídos à Família |Barreto". Que venha o livro: o anunciado "Paes Barreto e seus entroncamentos". Pois desse tipo de livros referentes às nossas famílias mais antigas, à história doméstica folclórica, íntima, econômica – e não apenas às atividades públicas e militares dos seus membros mais ricos, heróicos ou vistosos – muito podem aproveitar-se os estudiosos do nosso passado que tentam interpretar o "ethos" ou definir o caráter da gente brasileira.

Como pequena contribuição para esses estudos é que Diogo de Melo Menezes e eu publicamos há alguns anos, sob o título de "Memórias de um Cavalcanti", as notas deixadas pelo velho Feliz Cavalcanti de Albuquerque Melo. Na vida desse bom pernambucano do século passado nada aconteceu de extraordinário. Nem sua personalidade foi mais que a de um simples Cavalcanti de Albuquerque Melo, igual às de muitos outros Cavalcanti de Albuquerque Melo, semelhante às de numerosos Wanderley, Argolo, Muniz, Paes Barreto, Acioly Lima, típicos da fase mais aguda da decadência da velha gente rural do Norte do Brasil. Precisamente sob esse aspecto é que suas notas me parecem constituir um depoimento digno de publicação e de comentário. Daí a edição que fizemos delas para a Brasilçiana da editora Nacional.

De golpe tremendo e súbito
Cai o terrível cutelo".

— B —
UXORICÍDIO PELO REI RAMIRO

Conta *Pinho Leal*, em "Portugal antigo e moderno" e está nos vários nobiliários que comentam o de D. Pedro, Conde de Barcelos, que *D. Ramiro II*, 18º ascendente de *Jerônimo de Albuquerque*, transformado em trovador, roubou a famosa Ortega, irmã ou filha de Alboazer que, no século IX, reinara em Gaia.

Quando qualquer um de nós se ocupa de um antepassado ou parente velho, a tendência é no sentido de exaltação das suas qualidades e virtudes. Daí resultarem exageros às vezes ridículos. Deles procura sempre resguardar-se o sr. Carlos Xavier Paes Barreto. Mas uma ou outra vez, também ele toma como palavras sagradas, afirmativas nem sempre bem documentadas sobre "fidalguia" ou "nobreza", de que parecem abusar nossos velhos genealogistas quando falam das origens das famílias de Pernambuco. Diante dessas afirmativas é que é preciso conservar o estudioso de hoje, que seja também descendente de algumas dessas famílias – ou de várias delas, como no caso do Sr. Carlos Xavier Paes Barreto – todo o espírito crítico de que seja capaz. Evita, assim, confundir-se com os ingênuos que facilmente se acreditam com direito a títulos de "príncipes", deixados por pais descuidados ou simplórios.

A verdade, porém, é que as notas reunidas de várias fontes – de genealogistas exagerados como da tradição oral, do folclore, como da história escrita – pelo sr. Carlos Xavier Paes Barreto, deixam-nos entrever muita intimidade significativa do passado pernambucano. Do passado das aristocracia pernambucana, que teve no sul do Estado suas raízes rurais profundas e seus rebentos mais vigorosos; e nos Paes Barreto, uma de suas expressões mais autênticas.

Interessantíssimo o caso que refere o Sr. Paes Barreto da célebre D. Francisca da Rocha Wanderley, ou D. Francisca do Formoso – aparentada com os Paes Barreto, vizinhos dos Wanderley – e cuja figura já fora por mim lembrada em "Casa Grande & Senzala", como representativa de toda uma série de fidalgas brasileiras de engenho, fazenda e mesmo da cidade, do tipo amazônico; viúvas extraordinárias, que excederam os defuntos maridos em energia, tino administrativo, autoridade sobre os filhos e os escravos. Avó do Visconde do Rio Formoso, D. Francisca nos dá a impressão de ter sido ainda mais que o neto visconde – talvez um tanto fleumático, como em geral os Wanderley varões – "o homem da família", tais as histórias que se contam de suas demonstrações de sobranceria, de vivacidade e até de arrogância. Preso que passasse pela cerca da casa grande e gritasse "Valha-me D. Francisca!", era homem livre.

Conta agora o sr. Carlos Xavier Barreto que certa vez "pelo engenho de D. Francisca passava grande carregamento de caixas de açúcar, conduzidas em carros de bois. Traziam a marca J. M. W., iniciais de um preto abastado que adotara o nome de João Maurício Wanderley. D. Francisca mandou parar os carros e colocar no chão todas as caixas nas quais um carpinteiro, com forte enxó, ia inutilizando o W., riscando-o da madeira. Concluído o serviço e recolocadas as caixas nos carros, determinou seguisse o comboio e que ao seu dono fosse dito que Wanderley era nome de branco e que pessoa ou cousa pertencente a negro não tinha o direito de passar pelo seu engenho com tal denominação. História que já ouvi contada por meu pai, também descendente de Wanderley.

Não vejo nas notas do sr. Paes Barreto nenhuma referência à pobreza de letras ou de instrução entre algumas das melhores famílias fidalgas do nosso velho Pernambuco. Nem aos vícios de pronúncia entre famílias ilustres de nossa terra, tão conhecidas dele. De uma delas, os descendentes ainda hoje dizem quase todos "culer" em vez de "colher" e "taler" em vez de "talher".

Vingou-se o emir e, usando do mesmo ardil, conquista a rainha D. Urraca.

Reunia Ramiro seus amigos e, disfarçado, matou o emir mouro e no rio Spaco afogou Urraca.

Falou às Cortes e casou-se com a princesa moura, de quem teve *Alboazer Ramires*, marido de *Elena Godines*, filha de *D. Godinho*, rei das Astúrias.

— C —
ASSASSINO DE D. EDMUNDO DA INGLATERRA

Arpádius, para usurpação do trono, em 1071, assassinou *Edmundo Costas de Ferro*, rei da Inglaterra e ascendente, por via de João Drummond, de *João Batista Acioli*, terceiro neto de Jerônimo de Albuquerque.

Seus descendentes emigraram e no ramo que escolheu a ilha da Madeira, se encontrou Maria Pimentel Drummond, esposa de Simão Acioli.

— D —
ASSASSINATO DO DUQUE DE TEBAS

Franco Acciaioli, último duque de Tebas, foi traiçoeiramente morto pelo Grão Turco Mahomet.

Era filho do Donato Acciaioli, 11º avô de João Batista Accioli, já acima referido.

Tampouco acredito que o desembargador Carlos Xavier Paes Barreto considere descortesia de minha parte – que sou tão admirador de seu talento, de suas virtudes e de suas letras, quanto das virtudes, do caráter e dos feitos dos seus principais antepassados – recordar eu aqui, à margem das sugestivas notas que o desembargador acaba de publicar sobre os Paes Barreto, esta informação de Alfredo de Carvalho acerca do velho Marquês do Recife: "...era o mais opulento proprietário territorial de Pernambuco e a avultada fortuna devia principalmente à influência que irradiava de sua pessoa entre as classes rurais do sul da província; de inteligência mediana, tivera a instrução elementaríssima, comum na época aos filhos dos ricos senhores de engenhos, em geral ministrada pelos capelães dos mesmos..." Sobre o Morgado, é de Alfredo de Carvalho outra informação pitoresca: que andava de faca de ponta – uma das então muito usadas, "ponteagudas facas de Pasmado, em bainhas mais ou menos ricamente aparelhadas de prata". A do opulento Morgado devia ser riquissimamente aparelhada; e à prata talvez se juntasse o ouro.

Quanto ao feitio psicológico do Marquês do Recife – à sua atitude calma em momentos de crise – são expressivas estas palavras do mesmo Alfredo de Carvalho: "deixava que em torno aos amigos e parentes numerosos, numa atordoadora e vã jactância de bravura, discutissem providências e sugerissem alvitres; na calma da indolência, aguardava reforços para então assentar numa resolução conveniente". Havia no Marquês alguma cousa de Floriano. Será que a "calma das indolências" pode ser considerada traço característico da família Paes Barreto? Talvez não: o dr. Estevão Paes Barreto Castelo Branco, por exemplo, era um impulsivo. Mas a calma, a fleuma, a serenidade – se o extremo da indolência, da inércia, da algidez doentia ou da impassibilidade mórbida – talvez possa ser considerada tão característica dos Paes Barreto como dos Wanderleys.

313

— E —
MORTE DO CONDE NICHI GOIZOI

O Conde D. Mem Soares de Novelas, adeantado de Portugal no século II, por desinteligência com o seu cunhado, o Conde Nichi Goizoi, 17º avô de Jerônimo de Albuquerque Maranhão, invadiu-lhe a casa de surpresa e, vazando-lhe os olhos, ocasionou-lhe a morte, bem como a de seis condes, seus companheiros.

Capítulo II
ALGUNS HOMICÍDIOS EM PORTUGAL

— A —
COAUTORIA PASSIVA DE EGÍDIO PAES NO TRUCIDAMENTO DE GIL PAES

Egídio Paes foi, em 1373, intimado a entregar o seu castelo, mas os adversários aguardaram inutilmente as chaves.

Fizeram tentativa para a entrada e encontraram resistência. Exigiram, então, a capitulação sob pena de morte de Gil Paes, já em poder dos castelhanos.

Respondeu o velho fidalgo que grande era o amor pelo filho, porém, maior ainda, o dever para com o príncipe.

Deixou que o filho fosse barbaramente assassinado, mas o castelo não foi tomado.

— B —
COLABORAÇÃO MORAL DE PAVARO PAES NO HOMICÍDIO DO CONDE DE OURÉN

Álvaro Pais, tronco dos Paes e dos Albuquerques, casado em primeiras núpcias com *Leonor Geraldes*, e em segundas com Gentil Esteves, mãe do célebre jurista João das Regras, foi chanceler-mor, cavaleiro real e conselheiro privado dos reis Pedro e Fernando.

Ainda depois de velho e aposentado, uma ordem real não permitiu ao Senado deliberar sem sua audiência.

Fora amigo leal de *D. Fernando* que, apaixonado pela beleza de *Leonor Teles*, anulara o casamento desta com Lourenço da Cunha e, por sua vez, deixara de cumprir o seu compromisso com a infanta de Castela, para casar-se com a colateral dos Albuquerques.

Morto *D. Fernando*, não pode *Álvaro Paes* suportar os amores da rainha viúva com o *Conde de Andeiro*, cuja morte resolveu.

Sem forças físicas para executar o desígnio, não conseguindo que o Conde de Barcelos o pusesse em prática, chamou o infante D. João e o induziu a que matasse o amante da cunhada, consoante se lê nos linhagistas antigos.

Parece que o infante relutou a princípio. Realizou, porém, o plano, ferindo, em 1386, no próprio palácio, o Conde, cuja vida se extinguiu ante um golpe de estoque do escudeiro Rui Pereira.

— C —
MORTE DE JOÃO AFONSO

Afonso Sanches, filho ilegítimo de D. Diniz e sétimo avô de *Jerônimo de Albuquerque*, gozava de maior confiança paterna de que os legítimos, e por isso sofreu tormentos e perseguições, movidas pelo próprio irmão D. Pedro.

Seu filho, *João Afonso de Albuquerque*, foi morto à peçonha, por ordem do rei.

— D —
ASSASSÍNIO DE INEZ DE CASTRO

Inez de Castro, amante de *D. Pedro*, o cruel, que, segundo a versão, com ela se casou secretamente, embora de sangue real, porquanto descendia de Afonso IV de Castela, tornou-se alvo das iras da corte.

Em 1565, por sugestão de Álvaro Gonçalves, Pedro Coelho e *Diogo Lopes Pacheco*, *D. Afonso*, no dizer de Camões,

> "Tirar Inez ao mundo determina
> Por lhe tirar o filho que tem preso
> Crendo co'o sangue só da morte indina
> Matar do firme amor o fogo aceso".

Foi vingada. Dois dos conselheiros tiveram o coração arrancado pelas costas, escapando o outro pela fuga.

Inez de Castro, filha de *Pedro o da Guerra*, provinha de *Fernão Rodrigues de Castro*, ascendente também de *Matias de Albuquerque Maranhão*.

Seis anos após o atenta do, a 1 de junho de 1561, foi a vítima desenterrada para ser rainha.

— E —
LEONOR DE ALBUQUERQUE

O alcaide-mor de Óbidos, Torres Vedras e Alenquer, *João Gonçalves Gomide*, escrivão do D. João I, pai de *Afonso de Albuquerque* e segundo avô de Jerônimo de Albuquerque, matou a própria esposa, *Leonor Albuquerque*, sendo por isso degolado. Os filhos não lhe tomaram o nome, adotando o de Albuquerque em virtude de decisão judiciária.

Capítulo III
ALGUNS HOMICÍDIOS NO BRASIL

— A —
O ASSASSÍNIO DE JOÃO PAES BARRETO (5)

João Paes Barreto (5), morgado e neto em 5º grau de Jerônimo de Albuquerque, quando vinha de um para outro de seus engenhos, foi morto com três tiros, dados de emboscada, a 23 de maio de 1710, ao que se diz, a mandado de seu parente e compadre, o Alferes André Vieira de Melo, filho do Sargento-mor Bernardo Vieira de Melo, antigo governador do Rio Grande do Norte, um dos comandantes na luta dos Palmares e o brasileiro a quem se atribui o primeiro brado pela república, a 10 de novembro de 1710, no Senado de Olinda.

Levianamente, conforme proclama a opinião pública, suspeitara, a sogra de André, de amores entre Ana Teresa de Faria e o Capitão-mor do Cabo.

André Vieira vingou-se do suposto co-réu adúltero.

Mas, diz *Vicente Ferrer*, na "Guerra dos Mascates", *o guerreiro não teve coragem de enfrentar o pseudo cúmplice, o morgado do Cabo,* João Paes Barreto. *Mandou assassiná-lo por capangas, traiçoeiramente, quando vinha do engenho Velho para a Guerra.*

Depois, sob a orientação de *Bernardo Vieira*, a família deliberou a morte de *Ana Faria*, filha de *Nicolau Coelho* e *Maria Faria*, havendo para tal a agravante do emprego de diversos meios: o veneno, a abertura das veias pelo barbeiro, o envenenamento pelo órgão olfativo e, afinal, o estrangulamento com uma toalha, realizado pela própria sogra.

Há quem assegure ter sido a acusação pretexto de ordem política para arredar empecilhos.

O Cabo de Santo Agostinho, que pela divisa estabelecida ficaria pertencendo ao Recife, juntamente com Muribeca e Ipojuca, era freguesia principal, a de mais gente, e o Capitão-mor *Paes Barreto* gozava de alto conceito, afirmam as "Calamidades de Pernambuco", cuja autoria Vicente Ferrer dá ao padre Cipriano Silva e Oliveira Lima a Manuel dos Santos.

Mário D. Wanderley, escritor de alta fecundidade mental, mas que não oferece segurança nas afirmações, porquanto a sua preocupação de fantasiar prejudica sempre a exatidão da história, em seu trabalho sobre "Domingos Jorge Velho", dramatiza a cena da justiça dos quinhentos açoites contra o escravo do morgado por crime de furto e roubo, quando, coberta de veludo, aparece Ana Faria, obtendo do primo a suspensão da pena.

Deve-se notar, desde logo, que não eram primos. O parentesco estava mais longe.

Apresenta *Wanderley*, sem recorrer a uma fonte sequer, *João Paes Barreto* a esperar que saia a amada do genuflexório para falar-lhe de amor e beijá-la, às escâncaras, na vista do próprio sogro da apaixonada, como se este não fora o terrível e valente *Bernardo Vieira*.

Idealiza o encontro do morgado com o pai de André Vieira, juntamente com José de Barros Pimentel e Maria Melo, a quem atribui fatos que, conforme veremos em outro capítulo, foram praticados por *D. Francisca da Rocha Lins Wanderley*.

Engendra o enforcamento de Ana Faria em Jupí e a presença de Bernardo e André Vieira, ao alto de um penhasco, a assistirem à emboscada a P. Barreto.

Não há uma só obra das que tratam do assunto que possa servir de alicerce à lenda consignada por Mario Wanderley, desde *Loreto Couto* e *Southey* até *Gilberto Freyre*.

Nem mesmo Vicente Ferrer, tão hostil aos nobres e especialmente a Felipe Paes Barreto (3º), foi capaz de encontrar a culpabilidade de João Paes Barreto, quinto morgado.

Afirmam as "Calamidades de Pernambuco": *a acusação, como todo o mundo diz, é falsíssima.*

Cantigas populares apregoam a inocência da esposa mártir.

Diz uma das estrofes da célebre poesia "Chácara funesta", em que se alude à contrariedade que, com o seu casamento, Ana causara aos pais:

"E assim, sem causa, o consorte
(Quem algum dia tal crera!)
Homem então, hoje fera,
Lhe maquinara crua morte.
A triste, em lance tão forte,
Se lamenta lacrimosa,
Dizendo: Virgem piedosa,
Amparai uma inocente,
Filha, sim, pouco obediente,
Porém nunca errada esposa".

A respeito, diz *Loreto Couto*:
"Mandaram-lhe que entregasse os pés e braços para lhe serem rasgadas as veias e artérias, e sem algúa repugnância os oferesseu ao sangrador. Rasgadas com suma crueldade as veias e artérias, não quis o sangue pular nestas, nem correr por aquelas, talvez por não sair a ser testemunha de ação tão desumana. Repetiram-se incisões e venenos, mas sem efeitos, até que obrigada de húa rústica mão inclinou como flor a tenra garganta, e esperou o golpe de garrote, que lhe deu a sogra.

Depois, no meio de inevitáveis crueldades, acabou a vida aquela formosura igualmente perfeita, que infelice, foi mandado seu corpo a enterrar sem pompa na Igreja do Convento de São Francisco de Ipojuca. Os religiosos deram a sepultura, e fazendo por caridade as exéquias daquela beleza defunta... He fama constante que passados 10 anos, abrindo-se a sepultura se achava seu corpo ainda incorrupto."

Basílio de Magalhães, em trabalho escrito no "Boletim do Centro de Estudos Históricos", fala na fuga de André Vieira que, segundo as "Calamidades de Pernambuco", se oculta nas matas de Tabatinga, onde involuntariamente mata o próprio tio, Manoel Vieira de Melo.

Sobre a irresponsabilidade de Bernardo Vieira, diz Alberto do Rego Lins, em artigo intitulado "No recesso da História":

"*Bernardo Vieira de Melo* não foi o assassino de sua nora *Ana de Faria e Sousa*, casada com o Alferes André Vieira. A responsabilidade da morte da filha do Sargento-mor Nicolau Coelho, cabe a Catarina Leitão, que, segundo o testemunho de seus contemporâneos, não confiando nos efeitos do veneno propinado em caldo de galinha a sua nora, abriu-lhe as veias e estrangulou-a com uma toalha. A tradição local não reza outra coisa. Catarina era uma terrível megera e agiu de concerto com seu filho. Não cumpria ao seu marido denunciá-la nem se eximir de uma culpa exalçada pelos rigores da época. *André Vieira* matara antes o presumido sedutor de sua mulher, o Capitão-mor *João Paes Barreto*".

O que nos parece pouco acreditável é que *Bernardo Vieira* desconhecesse a atitude do filho. Ele foi o orientador. Os assalariados haviam sido seus subordinados na Guerra dos Palmares.

João Ribeiro, na "História do Brasil" e *Southey* não pensam de outro modo.

Loreto Couto sustenta haver sido Vieira quem deliberou que *primeiro se matasse Paes Barreto e depois Ana Faria*.

O túmulo desta torna-se local de romaria e é crença popular que duas vezes aberta a sepultura, a última depois de dez anos, na igreja de São Francisco de Ipojuca, o corpo foi encontrado incorrupto.

Acredita o povo que a fatalidade caiu sobre os algozes.

Catarina Leitão extinguiu-se na mata, onde a levara o remorso.

Bernardo Vieira de Melo, herói da Guerra dos Mascates, e seu filho André sofreram em Portugal, no cárcere de limoeiro, onde faleceram ambos, "oficialmente" de acidente, o primeiro em 1714 e o segundo em 1715.

— B —
MORTE DO CEL. ALBUQUERQUE LACERDA

É morto por bandidos o Cel. Francisco de Paula Cavalcanti Lacerda, casado com Luisa do Rego Barros, descendente de Jerônimo de Albuquerque e irmã do Conde de Boa Vista. Dele procede o civilista Lacerda de Almeida.

— C —
ASSASSÍNIO DO DR. FELIPE DE GUSMÃO

O Dr. Felix Gusmão, descendente de Jerônimo e filho de Fernão Pereira do Rego, casado com Maria Florência Paes de Melo, filha do Cel. Francisco Xavier Paes de Melo, foi assassinado por um escravo. Seu cunhado, Paulo de Amorim, achou o criminoso, que contra ele investiu. Foi obrigado a defender-se.

— D —
HOMICÍDIO DERIVADO DE CASAMENTO CONTRA A VONTADE PATERNA

Isabel de Melo, filha de *João Paes Barreto de Melo* (1º) e Margarida Castro, esposou *Manoel Pereira Barreto*, de quem teve dois filhos: João Paes Barreto de Melo (2º) e Gonçalo Paes Barreto.

O primeiro foi morto a mandado do próprio Pereira Barreto, homem severo até a crueldade, cheio de preconceitos de raça, que infelizmente dominaram não só no Brasil, como até nos Estados Unidos da Norte América, onde a lei proíbe casamento de negro com branco.

Preferiu ser assassino a ver o filho casado com afronta à limpeza de sangue, que não devia ter mesclas de *judeu, mouro, negro, mulato, malaio ou de outra qualquer nação infecta*.

Uma de suas filhas foi também raptada para casar-se. Gonçalo Paes Barreto se encarregou de vingar o que chamava *honra da família*. Foi capitão-mor, teve honrarias e casou-se duas vezes, vivendo com o nome de Antonio Melo.

— E —
LATROCÍNIO CONTRA JOÃO PAES BARRETO E ESPOSA

João Paes Barreto, filho de *Cristovão Paes Barreto*, sobrinho do mestre de campo *José Luís Paes de Melo*, descendente de Jerônimo de Albuquerque, casou-se com Joana do Rego Barros, neto de *João Paes Barreto*, 5º morgado.

Ambos octogenários, foram mortos por ladrões, entre os quais o próprio genro.

Os malfeitores, encontrados, seguiam para Fernando Noronha, onde não chegaram, por haver naufragado a embarcação.

— F —
MORTE DE MANOEL JOAQUIM PAES BARRETO

Brasiliano Paes Barreto, descendente de Jerônimo de Albuquerque, apenas teve filhos bastardos e com escravas. Era um deles Manoel Joaquim Paes Barreto, que apareceu um dia morto no seu engenho Campo Alegre. Deixou grande descendência de Paes Barreto, pretos e mulatos.

— G —
CASO DE "ABERRATIO ICTUS"

A
Morte de Ana Vitória

Certa feita, inimigos do Capitão-mor de Cimbres, *Francisco Xavier Paes de Melo Barreto*, descendente de *Jerônimo de Albuquerque*, pai do conselheiro, senador e Ministro *Francisco Xavier Paes Barreto* e sogro do Visconde de Guararapes e do Barão de Vila Bela, bateram-lhe à porta, sob o pretexto da entrega de um ofício.

Veio abri-la o próprio Capitão-mor, e três tiros lhe foram disparados. *D Ana Vitória*, sua esposa, correu pressurosa e desviou golpes, mas caiu atingida por um pelouro.

Fechando a porta e subindo ao andar superior, consegue Francisco Xavier matar os três agressores. D. Ana Vitória veio a morrer dos ferimentos.

B
F. Uxoricídio.

O cel. Fernão Bezerra, do engenho Várzea, levado por intrigas de escravos, acompanhado de seu filho mais velho, matou a esposa e as filhas. Pagou no cadafalso, na Bahia, o seu crime.

TÍTULO 13
VERSÕES E ANEDOTÁRIO

Capítulo I
VERSÕES SOBRE JERÔNIMO DE ALBUQUERQUE, JOÃO PAES BARRETO E CRISTÓVÃO LINS

— A —
AS TREZENTAS CONCUBINAS DE JERÔNIMO DE ALBUQUERQUE

Jerônimo de Albuquerque, 11º avô de quem estas escreve, apesar de cognominado *o torto*, depois que as flechas tabajaras lhe levaram uma das vistas e o tornaram defeituoso da perna, não era um Xenócrates insensível às seduções femininas. Tinha, na época descrita, 15 filhos conhecidos, sendo 8 perfilhados, da bela Muirá Ubi, batizada com o nome de Maria do *Espírito Santo Arcoverde*, e dois posteriormente repudiados em testamento. Afonso Torres menciona 33 filhos do grande colonizador.

As notícias, entretanto, de sua sensualidade chegaram tão exageradas em Lisboa que escandalizaram a pudicícia da Corte, tornando necessária providência eficaz e imediata.

E, então, D. Catarina, avó de D. Sebastião, depois de exprobar, por vezes, o mau exemplo, ordenou ao nobre Cristóvão Melo esposasse sua filha Felipa com o desviado Albuquerque, a fim de fazê-lo resgatar o passado libidinoso e evitar que continuasse o sobrinho de Afonso de Albuquerque, o descendente de reis, a seguir a lei de Moisés, mantendo *trezentas concubinas*.

Jerônimo casou-se e teve onze filhos legítimos; chamavam-no o Adão pernambucano.

Deixou 35 filhos e 106 netos.

— B —
O SISTEMA DE INVENTARIAR EM VIDA

João Paes Barreto (2º), oitavo avô do autor, cuidou de inventariar em vida os seus bens, que se estendiam de Olinda até o atual município de Barreiros. Tornara-se o mais rico proprietário da Capitania.

Viera para Pernambuco 22 anos após a posse do donatário *Duarte Coelho Pereira*, falecido em 1554, não na batalha de Alcácer Quibir, como, por equívoco, afirma o excelso Afrânio Peixoto, na nota preliminar a "El Rei D. João IV" de Francisco A. de Melo, confundindo-o com Duarte de Albuquerque, que lutou gloriosamente em Marrocos.

João Paes Barreto, em 1580, instituíra, em favor do primogênito e homônimo, o morgadio dos Paes, abrangendo os magníficos engenhos: Velho, Guerra, Santo Estevão e Ilha. Era o primeiro de provisão real.

Em benefício de Catarina Barreto formara o morgadio de Jurissaca, no engenho do mesmo nome, compreendendo também prédios na antiga Antônio Vaz e na Marim dos indígenas.

Distribuiu, segundo Jaboatão, com Estevão, Cristovão, Diogo, Miguel e Antônio, propriedades nas freguesias do Cabo e Una.

Felipe foi, pelo codicilo de e de janeiro de 1617, aquinhoado no esplêncido engenho Garapú, com o encargo de servir de companhia à sua mãe, D. Inez Guardês.

— C —
O FIDALGO CARREIRO

Felipe Cavalcanti, nono ascendente de quem estas escreve, figura na mais alta linhagem florentina. Seu pai, Giovanni Cavalcanti di Cavalcanti, provinha dos grãos duques de Toscana. Era aparentado com a realeza e com Lourenço, irmão de Cosme Medicis e ....

A família se ligara a outra também tradicional. Um dos seus membros de casara com a filha de Farinata degli Uberti, chefe guerreiro, elogiado na "Divina Comédia".

Pela via materna, Felipe era filho de Genebra Manelli.

Certidão do Duque de Florença e Saxe e transcrita na Revista do Instituto Histórico e Geográfico Brasileiro, vol. 79, atesta que Cavalcanti e Manelli resplandeciam, com singular nobreza e luzimento, tendo produzido beneméritos.

A estirpe Cavalcanti teve domínio nas letras. Guido, Bartolomeu, Aldobrandino e o próprio Giovanni foram notáveis escritores,

Daremos a seguir, a versão do carreiro fidalgo, embora a título anedótico, reportando-nos, com ressalvas, às afirmativas do autor de "No tempo da forca".

Felipe, querendo manter-se incógnito, empregou-se como humilde carreiro em um dos primeiros engenhos fundados em Pernambuco: - Nossa Senhora da Ajuda, depois "Forno da cal", de Jerônimo de Albuquerque, a três quilômetros de Olinda.

Em certa ocasião, quando, ao sol quente, passavam carros repletos de cana, um comerciante italiano ajoelhou-se e beijou a mão do carreiro.

Admirado, pediu Jerônimo explicação, obtendo como resposta tratar-se de um dos grandes de Florença, chefe do mascate.

Felipe teve de desvendar sua identidade. Acabou casando-se com Catarina, filha mais velha do patrão.

Tornou-se, diz, amparado em Sasseti, Oliveira Lima em "Pernambuco e seu desenvolvimento histórico", *"senhor de grande estado, tendo muitos pajens e cavalos e gastando anualmente cinco mil escudos"*.

Deixou descendência ilustre de centenas de titulares. Somente o Cel. *Francisco de Paula Cavalcanti* teve, além do jurisperito Desor. *Luís Francisco*, quatro filhos titulares: Suassuna, Albuquerque, Muribeca e Camaragipe.

— D —
O ESTRATAGEMA DE CRISTOVÃO LINS

Ao Capitão Cristovão Lins, décimo avô do autor, tem sido atribuída nobreza de vários países.

E assim que, segundo já vimos em outra parte, é tido como francês, português e florentino. Parece mais certo ser da família alemã.

Não se distinguiu apenas como o conquistador dos pitaguares, o alcaide-mor de Porto Calvo. Foi o bandeirante, nas conquistas no Norte, o cartógrafo, que se incumbiu da planta da cidade de São Domingos, depois Paraíba, e notabilizou-se como guerreiro.

De seu neto, também Cristovão Lins (30 é tradição que em um dos indecisos momentos da luta flamenga, propuseram os inimigos mandar-lhe um parlamentar. Prometeu recebê-lo, desde que de olhos vendados, para que não conhecesse a organização do acampamento.

Durante a conferência usou do estratagema de ordenar que o pequeno batalhão se agitasse por diversos lugares. O emissário holandês, ouvido o movimento de armas em várias direções, supôs um grande exército.

O armistício foi, então, proposto, como desejava Cristovão Lins.

Capítulo II
AS ESQUISITICES DE BARROS PIMENTEL

— A —
OS CALÇÕES DE BARROS PIMENTEL

Antônio de Barros Pimentel, cavaleiro da Ordem de S. Bento de Assis e décimo avô do autor, não vivia em grande harmonia com a justiça lusitana.

Resolveu emigrar para Pernambuco e, sem querer perder os seus hábitos de fidalguia, fez questão de desembarcar na Barra Grande, ostentando calções de veludo e chapins.

Casou-se com Maria de Holanda, cunhada de Cristovão Lins e filha de *Arnau de Holanda* e de *Brites Mendes de Vasconcelos*.

Teve dois filhos: Antônio, que morreu solteiro e Rodrigo de Barros Pimentel.

— B —
OS CLARINS RODRIGO DE BARROS

Rodrigo de Barros Pimentel gozava de alto prestígio social. Fez parte dos que se retiraram para Alagoas. A sua prisão, em Porto Calvo, provocou movimento reacionário.

O próprio Nassau lhe salientava a distinção.

Joannes de Laet, na "História dos Anais dos Feitos da Companhia privilegiada das Índias Ocidentais", cita-o como homem distinto e dos mais importantes.

Gostava, contudo, de ostentar grandezas e essa tendência herdou o seu neto e homônimo.

Menciona *Jaboatão* que este, indo passear certa vez à Bahia, alarmara a população com toques de clarins, vibrados por inúmeros escravos. Fato ainda mais cômico narra Mário dos Wanderley, quando *Barros Pimentel* foi pedir sua prima Ana Rocha em casamento.

Fizera-se acompanhar de toda a escravatura, a tocar clarins e tubos de atabaques.

— C —
AUSÊNCIA DE TINO COMERCIAL DE BARROS PIMENTEL

Um dos descendentes de *Rodrigo, Francisco de Barros Pimentel*, era tão destituído de senso comercial que, tendo feito diversas transações, aparentemente vantajosas, com o ouvidor Alonso José Alarcão de Mendonça Matos, acabara perdendo toda a sua fortuna.

No último negócio, o esperto ouvidor, *generosamente*, lhe dera um cavalo, a fim de que o fidalgo não voltasse para casa a pé.

— D —
MORADIA DE PIMENTEL EM UM IATE

Século após, outro descendente de Barros Pimentel, chamado *José de Barros rego Falcão*, casado com Bárbara Accioli de Barros Wanderley, construiu, afirma ainda Mário Wanderley, um iate e nele permaneceu, no mar, com sua família durante todo o período da guerra civil.

Esse excêntrico Pimentel foi o pai do Conselheiro Esperidião Eloi de *Barros Pimentel*, deputado, chefe de polícia, presidente de província e ministro do Supremo Tribunal.

Capítulo III
ATOS PÚBLICOS RELATIVOS À FAMÍLIA

— A —
A FAMÍLIA NA INQUISIÇÃO

O ramo Paes Barreto não sofreu na inquisição.

Vários vultos da família compareceram, entretanto, ao Santo Ofício, acusados ou acusadores.

Duarte Sá, décimo avô do autor e proprietário em Santo Amaro, município de Jaboatão, filho de Antonio Sá Maia, tabelião de Barcelos, acusou o usurário *João Nunes*, que estava carregado de culpas, entre outros fatos porque, conforme declaração de *Cristovão Altero*, assistira às bodas da filha do próprio *Duarte Sá*, com calções e gibão de cetim e não com a *baeta safada* de costume e de cotovelos rotos.

Sibaldo Lins denunciou Rui Gomes por guardar os sábados, recusando-se a fazer neles qualquer serviço.

Felipe Cavalcanti levou Anrique Menes a responder por ajuntamento que fazia em Camaragibe.

Foi também o florentino, perante os juízes, denunciado por Belchior Azeredo, de vícios contra a natureza.

Francisco Cortes, napolitano, oleiro no curral de João Pares Barreto e casado com a portuguesa Isabel Gomes, e *Bento Teixeira Pinto*, professor em engenhos do morgadio dos Paes, sofreram denúncias no Santo Ofício.

— B —
SENTENÇA CONSIDERANDO EXTINTA A FAMÍLIA SOUSA DERIVADA DE JOÃO DE SOUSA

Sentença de *João Rodrigues Colaço*, juiz de Capelas, de 3 de dezembro de 1783, considerou extinta a família Sousa, oriunda de João de Sousa, entregando, pois, o morgadio de Jurissaca a João Paes Barreto, que já era morgado dos Paes.

— C —
VENCIMENTOS DE FIDALGUIA

João Paes Barreto de Melo (2), por Carta Régia de 15 de novembro de 1765, foi tomado no foro de fidalgo que pertencia aos seus antepassados, com mil e seiscentos réis de moradia por mês e um alqueire de cevada diária, pagamento feito segundo a Ordenança.

Os mesmos vencimentos se encontram na Carta Régia de fidalguia em favor de seu neto Francisco Xavier Paes de Melo (2º), a 20 de novembro de 1779.

— D —
VOTOS DE CASAMENTO COM MOÇAS POBRES

Em 1686 assolou a peste em Pernambuco. João Fernandes Silveira, João Rocha da Mota, Domingos da Costa Araujo e Miguel Correia Gomes, nobres e ricos, receosos da contaminação da varíola, fizeram voto de, se não fossem acometidos do mal, se casarem com moças pobres.

De fato ficaram ilesos e escolheram, respectivamente, as quatro irmãs: Isabel, Lourença, Tereza e Catarina, filhas de Pantaleão Fernandes de Figueiredo. Ficaram conhecidos pelos 4 cunhados e tiveram prole numerosa.

Capítulo IV
FATOS PERTENCENTES AO FOLCLORE E À LENDA

— A —
BOÊMIOS NA FAMÍLIA

Houve também boêmios na família.

Essa classe pode ser representada perfeitamente por Pedro da Rocha Wanderley e pelo Dr. *Estevão Ferrão Paes Barreto* Castelo Branco, cunhado de Estácio Coimbra. Governador durante horas, de Alagoas, causou mais estragos a Maceió do que um terremoto.

É sabida a antiga ojeriza a casamentos entre raças diferentes, até mesmo de vermelhos com pretos.

O Marquês do Lavradio, por portaria de 6 de agosto de 1771, rebaixou de posto um capitão índio que manchara o sangue.

Júlio Belo conta que, tendo Estevão Ferrão de presidir a um casamento em que havia alguns pares de raças diferentes, declarou solenemente:

"– Eu, Estevão Ferrão Paes Barreto Castelo Branco, bacharel formado pela Faculdade de Direito do Recife, juiz substituto, em exercício da comarca, descendente de antigos e nobres portugueses, declaro que não caso negro com branco. Troquem os pares."

E. de fato, os pares foram trocados.

— B —
UNIÃO PELO CASAMENTO DE FAMÍLIAS ADVERSÁRIAS

É conhecida a luta entre Paes Barreto, governador imposto pelo Império, em 1824, e Paes de Andrade, chefe da Confederação do Equador.

As famílias vieram a unir-se, mais tarde, por vários casamentos, como sejam o de *Maria Ana Paes Barreto* com o Conselheiro e senador *Francisco de Carvalho Soares Brandão*, sobrinho neto de *Manoel de Carvalho Paes de Andrade*; o de *Zeferina Rita Paes Barreto* com o Cônsul *Luiz de Carvalho Paes de Andrade*, e o do Dr. *Francisco de Carvalho Paes de Andrade* com Clara Paes Barreto.

— C —
VÍCIOS ATRIBUÍDOS A ALGUUMAS FAMÍLIAS PERNAMBUCANAS

A tradição insurgia-se, por vezes, contra os nobres e lhes exagerou os vícios ou ampliou defeitos isolados, oriundos talvez de dipsomania, mitomania e erotomania.

É assim que as libações, as dúvidas e as concupiscências de alguns, deram origem à afirmação popular que entrou para o folclore de que *não há Wanderley que não beba, Cavalcanti que não deva, Albuquerque que não minta e Souza Leão que não goste de negra.*

O fato vem citado por Gilberto Freyre em *"Nordeste"* e *"Casa Grande e Senzala".*

— D —
RAPTOS DE NOIVO

Apesar de os chefes antigos de famílias se arrogarem o direito da escolha dos genros, diversos raptos se deram.

Conta-se, por exemplo, que austero Souza Leão, numa sexta-feira santa, obtivera formal promessa de sua religiosa filha de que se não casaria com o apaixonado, e no dia seguinte passara pelo dissabor de saber que a moça fugira dentro de uma cesta de mercadorias.

Caso interessante, foi, porém, o de rapto de noivo.

João Batista Paes Barreto, surdo e mudo, educado, embora sem discernimento, e por isso interdito, possuidor de cabedais vultuosos, foi raptado do engenho Mamucabas para a cidade de Barreiros, a fim de casar-se com Ana Carneiro. A família interpôs ação de nulidade. Evitou o consórcio no eclesiástico. Morreu o surdo-mudo antes de ultimada a ação cível.

— E —
VINGANÇA DE WANDERLEY NEGRO CONTRA WANDERLEY BRANCO

Resquício do predomínio da fidalguia rural, ainda na segunda metade do século XIX, vê-se na célebre *D. Francisca da Rocha Lins Wanderley,* avó do Visconde do Rio Formoso, e última senhora do engenho "Rio Formoso" pertencente, na dominação flamenga, a Roeland Carpentier, que morreu enforcado com todos os seus moradores, a 17 de janeiro de 1646, acoimado de atraiçoar um acordo.

Nem o meirinho atravessava as terras sem licença da proprietária, que não raro mandava soltar os presos que lhe pediam socorro. Ficou tradicional um de seus atos de prepotência.

Pelo engenho passava grande carregamento de açúcar, conduzido em carros de bois. Traziam a marca J. M. W., iniciais de um preto abastado que adotara o nome de João Maurício Wanderley.

D. Francisca mandara parar os carros e colocar no chão todas as caixas, nas quais um carpinteiro, com forte enxó, ia inutilizando o W da madeira. Concluído o serviço e colocadas as caixas nos carros, determinou seguisse o comboio e que ao seu dono fosse dito que Wanderley era nome de branco e que pessoa ou coisa pertencente a negro não tinha o direito de passar pelo seu engenho com tal denominação.

Vingou-se o preto argentário, comprando o trapiche do "Rio Formoso" e expedido ordens para que fosse retirada a mercadoria de D. Francisca, porquanto, daquela data em diante, não se receberia ali açúcar de Wanderley branco.

A nossa referência mereceu generosa crítica do sociólogo Gilberto Freyre, da Revista "Unidade" e de Mário dos Wanderley.

A propósito do caso, publicou o ilustre jornalista Odilo Costa, interessante crônica a seguir, na "Tribuna da Imprensa" de 31 de fevereiro de 1952:

Chamava-se (conta o cronista onde li o caso) dona Francisca. Francisca da Rocha Lins Wanderley. Não diz a crônica, porém, se era bela e usava compridos e pesados vestidos pretos. Quero crer que sim, que, embora ainda fresca e branca, já não estivesse mais na insensata mocidade. Pois era dona de engenho, do engenho chamado "Rio Formoso", e sabia mandar – coisa rara entre os homens, mas não de todo incomum nas mulheres.

Dona Francisca da Rocha Lins Wanderley estava um dia no seu sítio quando reparou nos carros de boi que atravessavam, naquela sua sonora lentidão, a estrada que passava por ele. Iam carregados de açúcar, e nas caixas as iniciais J. M. W., W como Wanderley. E era de Wanderley que se tratava, um preto rico que adotara o nome do Barão de Cotegipe, João Maurício Wanderley, e eram dele caixas e marcas.

Dona Francisca da Rocha Lins Wanderley não gostou de ver aquele açúcar de um Wanderley preto atravessando suas terras. Mandou parar os carros. Chamou um carpinteiro. Veio. Que trouxesse uma enxó. Trouxe. Os escravos que derrubassem as caixas. Caíram as caixas no chão. Então, uma a uma, a enxó foi rasgando a madeira, cortando o W. Os carreiros, espantados, que podiam fazer? Dona Francisca mandou carregar de novo o açúcar. Tinha um recado para o preto. Dissessem a João Maurício Wanderley que Wanderley era nome de branco. Pessoa ou coisa de Wanderley preto não podia passar nos canaviais do seu engenho.

João Maurício Wanderley recebeu a injúria e danou. Era preto de muita vergonha, lá isso era. O resto da história não deixa dúvida, não. João Maurício Wanderley foi à cidade, precisava vingar-se. E não tardou a se vingar. Foi mansueto, mansueto, indagou onde estava o açúcar de dona Francisca da Rocha Lins Wanderley. Estava no trapiche "Rio Formoso", caixas e caixas empilhadas à espera do embarque. João Maurício Wanderley vendeu engenhos, precisava vingar-se. Comprou o trapiche.

Comprou o trapiche à noite, já no dia seguinte pela manhã estava lá. Chamou os carreiros, os mesmos carreiros que lhe tinham levado o recado. João Maurício Wanderley mandou que retirassem as caixas de açúcar de dona Francisca da Rocha Lins Wanderley. Deu umas ordens secas, mandou um recado a ela. Daquela data em diante, no trapiche "Rio Formoso" não se aceitava mais mercadoria de Wanderley branco...

Não diz o sr. Paes Barreto, que conta essa história, se os dois terminaram vendo-se, amando-se, casando. Eu bem que gostaria. Não se vê que tinham sido feitos um para o outro?

Respondemos pelo "Jornal do Brasil" de 11 de março de 1952, pela forma abaixo:

Publicou a "Revista da Federação das Academias de Letras do Brasil" alguns capítulos do nosso trabalho inédito "Paes Barreto e seus entroncamentos". Trecho de um deles arrastou vários comentários: o relativo ao gesto da célebre matrona D. Francisca da Rocha Lins Wanderley, sobrinha do marquês do Recife e neta materna do morgado Estevão José Paes Barreto.

Era autêntica representante da velha nobreza territorial nordestina. Tinha nas veias o sangue dos morgados de Faro e Bilheiras, através dos Barretos; dos condes suzeranos de Castela, pelos Vasconcelos; dos duques de Grisol, por meio dos Rochas; dos Senescais de Lenox, por intermédio dos Drummonds; dos condes de Rodenburgo, pelos Holandas; dos reis portugueses, pelos Menezes.

Descendia de Egas Muniz, dos marqueses de Távora, de Clemente da Rocha, de Cristovão Melo, de Jerônimo de Albuquerque e de Cristovão Lins, alcaide-mor de Porto Calvo.

Possuía rígidos hábitos, energia e forte severidade que, por vezes, tocava às raias da prepotência.

Seu pai e seu avô, José Luiz de Caldas Lins, estiveram presos na revolução de 1817, juntamente com Francisco Paes Barreto.

Herdara o orgulho dos proprietários rurais e talvez lhe tivessem deixado complexos as guerras da República Pernambucana e da Confederação do Equador. Pouco se sabe de seu marido José Luiz de Moura.

Ela, apesar de vários santos em família e das pintas de sangue que, através dos Albuquerques, deveria ter de Martim Bulhões, pai de Santo Antonio, era austera e arbitrária.

Pelo seu engenho não atravessava o meirinho sem pedir licença e, mesmo obtida a permissão, se o preso gritava – "Valha-me Dona Francisca!", era, imediatamente, posto em liberdade. E ai do oficial de justiça se tentasse reagir! Cita-se que, certa feita, passou pelos seus terrenos um carregamento de açúcar em carro de bois. Traziam as caixas a marca "J. M. W.", iniciais de um preto chamado João Maurício Wanderley. Mandou parar a condução e pôr em terra as caixas de açúcar, nas quais um carpinteiro, com a enxó, inutilizava o W. Recolocando as caixas, deu ordem de seguir o carro e ao carreiro encarregou de transmitir ao seu patrão que *ali não passaria Wanderley preto, nem coisa a ele pertencente, porquanto Wanderley era nome de branco e branco fino.*

Vingou-se o negro comprando o trapiche do Rio Formoso e expedindo ordens para que fosse retirada a mercadoria de D. Francisca, porquanto, daquela data em diante, não seria recebido no armazém *açúcar de Wanderley branco*.

A nossa modesta referência ao caso mereceu generosa crítica do eminente sociólogo pátrio Gilberto Freyre, famoso autor de "Casa Grande e Senzala".

Foi ainda objeto de bondosos conceitos da revista "Unidade". Mario dos Wanderley escreveu também sobre o assunto, fantasiando grandemente os fatos, como era de seu feitio.

Agora, a "Tribuna da Imprensa" publica chistosa crônica do ilustre intelectual Odilo Costa Filho, bordada de conceitos pejorativos e admitindo a possibilidade de que João Maurício e a fidalga se tivessem amado e até vindo a casar-ser, bem como que o escravo tomara o nome do barão de Cotegipe.

Este pernambucano até os nove anos, mineiro até os doze, quando se tornou baiano, pela anexação provisória do São Francisco à Bahia, era contemporâneo de João Maurício e pouco mais moço. Ademais, João Maurício, pai do futuro ministro, conselheiro e senador, era o mais pobre dos Wanderley. As dificuldades financeiras é que o fizeram retirar-se de Serinhaém.

Do primeiro João Maurício Wanderley, filho do guerreiro holandês Gaspar Van Der Ley, até Cotegipe, houve 5 pessoas chamadas João Maurício Wanderley, descritas em "Paes Barreto e seus entroncamentos".

D. Francisca, ao contrário do que pensa o ilustre articulista, era casada e deixou larga descendência. De seu filho José Luiz de Caldas provêm o Visconde do Rio Formoso, o coronel Tomás Lins Caldas, a baronesa de Una e D. Carolina Lins, consorte de Marcionilo da Silveira Lins. Do último casal procede D. Benemérita Lins, esposa do Dr. João Augusto do Rego Barros e genitora de D. Maria das Dores, casada com o notável orador Samuel da Gama Mac Dowell. São os pais do Dr. João Mac Dowell, a quem, no "Jornal do Brasil", de que é redator, venho solicitar a publicação destas linhas relativas à sua quatriavó, que se exerceu atos arbitrários, deixou, também, tradição de benemerência, severidade de costumes e colocou sempre a sua bolsa em favor dos que viviam ao desfavor da fortuna."

Capítulo V
CASOS DE ORDEM EUGÊNICA

— A —
CASAMENTOS CONSANGUÍNEOS

Era velho hábito o dos casamentos consanguíneos, que tanto impressionaram *Madame Graham* e Rechar Burtan, para impedir, na opinião de *Gilberto Freyre*, em "Casa Grande e Senzala", a dispersão de bens e conservar a limpeza de sangue.

A tradição lembra Ramiro III, Rei de Leão, que se ligou à própria irmã Ermesinda; incesto também acontecido entre Gonçalo de Souza e Maria Mendes de Souza, depois casada com Lourenço Valadares.

Frequentíssimas eram as uniões com parentes em quarto grau civil, mesmo quando a linha duplicada no parentesco.

Todos os filhos de Felipe Paes Barreto assim se consorciaram: Inez com João de Souza, filho de Catarina Barreto; Maria com Estevão Paes Barreto (2º); Antônio Paes Barreto (2º) com Margarida, filha de Antonio Paes Barreto (1º).

João Paes Barreto, filho de Cristovão Paes Barreto, ligou-se a Margarida Castro, filha de seu tio Estevão.

Afonso de Albuquerque foi marido de Brites de Albuquerque e Luiz de Albuquerque de Felipa Melo.

O sistema veio sendo seguido através das gerações.

Primos eram João Paes Barreto, 5º Morgado, e Maria Maior de Albuquerque; Jô/ao Paes Barreto, 6º Morgado, e Manuela Luzia de Melo; Estevão José Paes Barrto, 7º Morgado, e Maria Isabel Paes Barreto; João Francisco Paes Barreto e Cândida Rosa Sá Barreto. Antonio Januário e Ana Delfina Paes Barreto; Paulo de Amorim Salgado (4) e Francisca Wanderley; Paulo de Amorim Salgado (9) e Maria Antônia; Francisco Xavier e Maria Rita Wanderley.

Interminável seria a lista.

Laços ainda mais fortes se deram, não poucas vezes, nos enlaces de tio e sobrinha.

Dentre eles, citaremos, casados com sobrinhas: Antonio Bezerra c.c. Isabel Goes; Domingos de Aguiar com Inez de Sousa; Felipe C. de Albuquerque c.c. Maria de Lacerda; Fernão Gomes Barreto c.c. Maria Silva; Francisco Paes Barreto (Marquês do Recife) c.c. Tereza da Rocha Lins; Francisco do Rego Barros (2) c.c. Bertoleza Cavalcanti; Francisco do Rego Barros (9), Conde da Boa Vista, c.c. Maria Ana Francisca de Holanda Cavalcanti; Francisco Xavier Furna c.c. Inez Vasconcelos; João Marinho Falcão (Marquês de Caiará) com Anãs Carlota de Souza Leão; João do Rego Barros c.c. Ana Tereza M. Falcão; José de Sá Albuquerque c.c. Catarina de Albuquerque; Miguel Bezerra c.c. Sebastiana Carvalho; Martim Afonso de Melo c.c. Guiomar Melo; Pedro

Lopes Veras c.c. Joana Maria; Rodrigo A. Pimentel c.c. Madalena Pimentel e Zenóbio Acioli c.c. Adriana de Almeida.

Matrimoniaram-se com tias: Antonio Barbalho Pinto c.c. Joana Gomes da Silveira; Antonio Moura c.c. Catarina Moura; Arnau de Holanda Vasconcelos c.c. Maria Lins; Duarte Gomes da Silveira c.c. Maria Silveira; João Marinho Falcão c.c. Tereza Melo; Manuel Nobalhas c.c. Sebastiana Melo.

O Marquês do Recife, o Conde da Boa Vista, Adolfo Lamenha matrimoniaramse com parentes em terceiro grau civil.

José Luís Paes de Melo (3º) casou quase todas as filhas com seus irmãos.

Não havia apenas o possível mal de ordem eugênica, resultante, para muitos cientistas, de casamento entre parentes tão próximos, embora contra a opinião de Voison, Pirier e Lacassagne.

Aliás, o Brasil antes do Código Civil, quando em vigor a lei 181, não via inconveniente nos casamentos entre tio e sobrinho, hoje permitidos pela lei 3200 de 19 de abril de 1941. Critério contrário era o do Papa Gregório, que estabelecera o impedimento até o 7º grau.

Verificado não haver a nefasta influência, ficaria de pé o mal ético, tendo-se em linha de conta o respeito, quase filial, que, sobretudos as mulheres, deviam antigamente aos irmãos de seus pais.

O grande mal, porém, consistia, como veremos adiante, na diferença de idade.

Enquanto um dos nubentes estava na fase do crescimento, o outro se encontrava na do declínio.

Muitas vezes até nem *núbile* era a sobrinha consorte.

O Cel. Manoel Xavier Paes Barreto, avô do autor, casou-se sucessivamente com três sobrinhas.

Foi além de todos os outros, Francisco de Paula Paes Barreto, marido de Catarina de Mendonça Paes Barreto, bisneta de seu irmão Francisco Paes Barreto. Casou-se com a sobrinha-neta.

— B —
ILEGITIMIDADE CONSANGUÍNEA

I
Vários bastardos

Vários são os bastardos nas mais distintas famílias portuguesas.

Aliás, o exemplo vem dos velhos reis de Espanha, Castela, Leão, Navarra, Aragão e Astúrias. A família real portuguesa e a imperial brasileira procedem de bastardia.

D. João I, fundador da Casa de Avis e esposo de Joana Lencaster, era filho natural de Pedro I e Lourença Teresa, da estirpe Almeida.

Família das mais importantes do Brasil, é a Albuquerque. Dos 35 filhos de Jerônimo de Albuquerque, apenas 11 foram legítimos.

Oito provêm de Maria do Espírito Santo Arco Verde: Manuel, André, Jerônimo, Catarina, Isabel, Antônia, Joana e Brites, respectivamente esposos de Maria Melo, Catarina Melo (filha de Cristovão Melo); Catarina Pinheiro (oriunda de Antonio Pinheiro Feio); Felipe Cavalcante, fidalgo florentino; Felipe Moura, governador de Pernambuco e sobrinho do Marquês de Castel Rodrigo e vice-rei de Portugal; Gonçalo Mendes Leitão, irmão do Bispo Pedro Leitão; Álvaro Fragoso, Gaspar de Ataíde e Cibaldo Lins (em segundas núpcias). Dessa união extramatrimonio, teve, ainda: Simôa, Tomé, Francisco, Gaspar, Lopo, Pedro, Felipe, Antônio, Salvador, Jorge, José, Ana, Maria, Joana, Felipa e Jerônima.

Mas, mesmo os filhos legítimos, seus e de Felipa Melo: João, Afonso, Cristovão, Duarte, Jerônimo, Cosma, Felipa, Isabel, Maria, Jorge e Luís eram bisnetos do abade Jorge de Melo e de sua amante Helena Mesquita, e netos em 4º grau do abade Álvaro Gonçalves Pereira.

O próprio Jerônimo de Albuquerque, colateral do célebre Afonso de Albuquerque, que só teve prole bastarda, era neto, em 5º grau, de João Afonso de Albuquerque e de sua amante Maria Rodrigues Barba e 7º neto de Afonso Sanches, filho ilegítimo de D. Diniz.

Jerônimo de Albuquerque e Felipa Melo descendiam de Martim Afonso de Melo e Briolânja Sousa, neta de Martim Afonso de Sousa Chichorro e da abadessa Aldonça Anes Briteiros.

Jerônimo de Albuquerque, filho do velho colonizador, consorciou-se com mulher derivada de um bastardio.

Dentre os vários descendentes de Lopo Albuquerque, lembraremos aqui João Soares Cavalcanti e Laura Cavalcanti, esposa de Antônio Feijó de Melo, ambos filhos de Lourenço Cavalcanti de Albuquerque.

Os Andrades provêm da célebre rainha Bertraneja, filha legal de D. Henrique, mas cuja derivação se atribui a D. Bertran, Conde de Albuquerque. De seus amores com D. Afonso, seu tio, teve Gonçalo Trastamara, secretamente enviado para Madeira, onde casou-se com Isabel Fernandes de Andrade. Gonçalo Trastamara era bisavô de Cosma Cunha, casada com Pedro Carneiro de Mariz, tronco da família Carneiro da Cunha.

Almeida procede de Fernão Paes de Almeida, em união com Maria Vasques Barbosa de Sancho Martins Barbosa e Teresa Afonso, filha natural de Afonso Henriques.

Grande é a descendência de Catarina Barros, filha bastarda de Cristovão de Barros Rego e esposa de Manuel da Mota Silveira e, bem assim, de Joana Fernandes, filha ilegítima de João Fernandes Vieira e mulher de Gaspar Accioli.

Os Castros procedem de Fernão Rodrigues de Castro e Estefânia Castro, filha de D. Nuno e, pois, neta natural de D. Afonso VIII, rei de Leão. Os Lacerdas descendem de Juan de la Cerda e Maria Afonso, filha de D. Diniz e de sua amante Maria Gomes. Os Maias vêm de Alboazer Ramirez, filho de D. Ramiro e de Ortega. Os Lins se originam de Cristovão Lins, bastardo de Sibaldo Lins e os Noronhas de Afonso de Noronha e Isabel, bastarda de D. Henrique XI.

II
Amantes reais

Várias foram as amantes reais que depois vieram a constituir famílias das mais distintas. Não é caso isolado o da Marquesa de Santos, no Brasil. Maria Rodrigues (3), pertencente à nobilíssima família dos Chacins, foi a amante do rei e mais tarde casou-se com Martim Fernandes Barreto.

Também Maria Paes Ribeiro, filha de Paio Muniz. Depois de ter sido barregã de D. Sancho I, esposou João Fernandes de Lima.

— C —
PRECODIDADE EM CASAMENTOS

Matrimoniaram-se crianças as filhas dos nobres.

Nota *Gilberto Freyre*, em "Casa Grande e Senzala", que aos 12, 13 e 15 anos eram casadas, e solteira de 15 anos já trazia inquietação aos pais, que faziam promessas a S. João e a Santo Antônio.

Era grande a precocidade, porquanto mesmo no Direito Romano e Canônico anterior a Benedito XV, a idade mínima seria de 12 anos, que passou depois para as legislações da Inglaterra, da Espanha, da Bolívia, do Uruguai, da Argentina e do Chile.

No Brasil, entretanto, embora contra a lei, a nobreza quase que imitou o Colégio de Manú, onde se permitia a mulher casar-se até com 8 anos.

Eram frequentes os casamentos com crianças menores de 13 anos.

Entre grande número de exemplos citaremos, mesmo no século 19, *Margarida Francisca Paes de Melo*, avó do autor, casada aos 11 anos, idade com que também se matrimoniou, no engenho Saué, *Francisca de Barros Wanderley* com o senador alagoano *Jacinto Paes de Mendonça*. *Margarida Francisca* era desenvolvida, o mesmo não acontecendo com *Francisca de Barros*.

— D —
PARENTESCOS RENOVADOS

Certo número de famílias entrecruzaram-se constantemente.

Isso sucedia a Paes Barreto, Rego, Barros, Holanda, Cavalcanti, Albuquerque, Lins, Wanderley, Pimentel e várias outras.

Damos aqui, por exemplo, o parentesco entre Paes Barreto e Amorim Salgado.

Ligaram-se várias vezes, através de Barros, Rego, Pimentel, Lins, Acioli e Wanderley.

Rosa Maurícia Wanderley e Francisca Melo, filhas de *Maria Melo*, casaram-se, respectivamente, com *Cristovão Paes Barreto* e *Paulo de Amorim Salgado*.

Vários descendentes de velho *Paulo de Amorim Salgado* cruzaram-se com os Paes Barreto.

Queremos aqui especializar apenas a ligação da família do Coronel Paulo de Amorim Salgado com a do Coronel Manoel Xavier, avô do autor.

Era casado com Francisca Acioli, cunhada de Cristovão Paes Barreto. Seu neto *José de Barros Pimentel*, descendente, como *Manoel Xavier*, de *Antônio de Barros Pimentel, Arnau de Holanda, Cristóvão Lins, Baltazar de Almeida Botelho e João Batista Acioli*, casou-se com *Margarida Francisca*, filha de *José Luís Paes de Melo*.

Paulo Salgado (5º) era primo de Manoel Xavier, ambos netos do Mestre de Campo *José Luiz*.

O sangue ficou mais solidificado com o consórcio de *Paulo Salgado* (5º) e do seu irmão *José Luís Salgado* com *Francisca Wanderley* e *Maria Florência*, irmã de *Manoel Xavier* e o de *Paulo Salgado* (4º) com *Maria Antônia*, sobrinha de *Manoel Xavier*. Estreitou-ser ainda mais a união.

O Coronel *Manoel Xavier* matrimoniou-se, em segundas e terceiras núpcias, com suas sobrinhas *Margarida* e *Francisca Salgado*, filhas de *Paulo de Amorim Salgado* (5º).

O parentesco ainda foi renovado com o casamento de *Maria Rita Wanderley*, filha do Coronel *Manoel Xavier*, com *Manoel de Amorim Salgado*, seu cunhado e filho de *Paulo de Amorim*.

Assim, pois, *Manoel Xavier*, compadre várias vezes de *Paulo de Amorim*, era dele primo, cunhado, genro duas vezes e ainda sogro de *Manoel Salgado*, filho de Paulo de Amorim Salgado (5º).

— E —
MISTURA DO SANGUE ESTRANGEIRO

Já assinalamos a mistura, no Brasil, de vários representantes do sangue português, através de Paes Barreto, Rego Barros, Albuquerque, Melo, Cunha, Castro, Rocha, Sá, Salgado e várias outras famílias.

Arnau de Holanda trouxe de Uthrecht a nobreza de seu pai, o Barão de Rhoneburgo e de sua genitora, Margarida de Florentz, irmã do papa Adriano VI. *Felipe Cavalcanti* e *Gaspar Acioli* deram-nos o sangue florentino, *Cristóvão Lins*, o alemão, *Goes* e *Falcon*, o britânico e *Gaspar Wanderley,* o holandês.

Vieram depois as estirpes Niemeyer, Rheingantz, Savelli, Ridolfi, Marchesini, etc.

Deve-se notar que as famílias portuguesas vindas para o Brasil eram quase todas mescladas de sangue de reis godos, oriundos de *Alboazer Ramires, D. Ero, Conde de Lago, Faião Soares, Mendo Raufona, Nuno Belquiades* e tantos outros.

— F —
PROLIFERAÇÃO

Desconheciam os antigos os novos processos de evitar prole.
E quando descobriram – tinham medo de pecar.
Frequentes eram as grandes famílias.
Antônio de Sá Maia foi genitor de alguns filhos de sua primeira mulher – *Maria de Albuquerque* – e de 23 da segunda, *Catarina Albuquerque*, nona avó do autor.
Gonçalo da Rocha Wanderley foi genitor de 6 filhos do primeiro e 7 do segundo casamento. 17 filhos tiveram, também, José Camerino Bandeira de Melo e Antônio Nobre de Castro.
José Maurício Wanderley, Sebastião Antônio de Barros Melo, Francisco de Paula Paes Barreto, Camerino Francisco Paes Barreto, Luiz Felipe de Souza Leão, Antônio Nobre, Catarina Castro, Antônio Diniz de Mendonça e *José Camerino Paes Barreto*, foram chefes de numerosa prole.
Atualmente encontram-se ainda patriarcas, quais Nilo Barreto de Gouveia. Teve este 20 filhos, dos quais 14 estão vivos.

— G —
CASOS DE LONGEVIDADE

São frequentes os casos de longevidade na família.
Brites Mendes de Vasconcelos, décima avó de quem estas escreve, e esposa de *Arnau de Holanda*, viveu 120 anos. Era a quinta avó do Marquês de Pombal.
Jerônima de Almeida Lins, conhecida por Matrona, morreu mais do que centenária, apesar das aflições que sofreu, tendo sido até agrilhoada como escrava e condenada à morte, em razão de dar guarida aos inimigos de *Holanda*, obtendo, afinal, o perdão de *Maurício de Nassau*.
Inez Barreto de Albuquerque, filha de *Felipe Paes Barreto*, oitava avó do autor, *Brites de Albuquerque, Brites Maria da Rocha*, mulher de *Fernão Castro* e *Adriana de Holanda*, esposa de *Cristóvão Lins*, também passaram de cem anos.
A última era ainda viva em 1647, com 110 anos.

Maria Ana, irmã e sogra do Conde da Boa Vista, faleceu a 13 de agosto de 1876, com 98 anos. Sua irmã, *Felipa Francisca*, viveu 95 anos. O Senador *Francisco do Rego Barros* morreu aos 93 anos.

Não vão para esta lista os que como a Marquesa do Recife, Petronila Savelli e Joana Paes Barreto, morreram aos 84 anos.

Capítulo VI
ALCUNHAS, NOMES EXTRAVAGANTES E EXTENSOS E IRMÃOS COM DIFERENTES DENOMINAÇÕES

— A —
ALCUNHAS

Várias são as alcunhas na família, antes mesmo de sua existência no Brasil.

Ainda em Espanha e Portugal vemos Cezar Moniz, 22º avô do autor com a de *Casco*, Vasco Martins Cunha, 14º avô, com a de *seco*, João Afonso de Albuquerque, 14º0] avô, com a de *ataúde*, Clodio com a de *Cabeludo*, Rui Gomes com a de *Coresma*, pelo rigor com que observava as prescrições religiosas na quaresma, o Conde D. Gonzi com a de *nomado*, porque, aquecido pelo calor de vários cortes no ventre materno, conseguiu viver, apesar de ter vindo ao mundo depois da morte de sua mãe, e Lopo de Albuquerque, sogro do primeiro donatário de Pernambuco, com a de *bode,* naturalmente por usar *cavaignac.*

Este era filho de João de Albuquerque, o *azeite.*

Dentre os que emigraram para Pernambuco, encontram-se o 11º avô do autor, João Pires, chamado o *camboeiro*, por ser dono de todas as camboas de Olinda.; o 9º avô, João Paes Barreto, o tronco da família, cognominado *João Paes do Cabo*, por se o mais legítimo representante da freguesia do Cabo de Santo Agostinho. Pedro Soares era chamado o Escaldado.

Francisco de Souza, sogro de Catarina Barreto, filha de João Paes, era conhecido por Francisco das manhas, pela diplomacia com que tratava as partes. Maria Soares Maia chamou-se a *tainha.*

Ao nosso 8º avô, cavaleiro Clemente da Rocha *Barbosa*, chamavam *pé de pato* e *Jerônimo de Albuquerque*, nosso 10º avô, vem cognominado o *torto* pelo seu defeito na vista, e também por *Adão pernambucano* em razão de seus 28 filhos legítimos, além dos legitimados e ilegítimos.

Já brasileiros, há diversos.

Antonio José de Sá Albuquerque, genro de Felipe Paes Barreto e sogro de João Paes Barreto, era alcunhado por *olho de vidro* e *Cristóvão Paes Barreto* por *façanhudo*, em virtude de seus feitos na guerra dos Mascates.

Francisco de Paula Paes Barreto tinha o nome, que depois se constituiu em apelido de alguns filhos, de *patriota*, derivado da atuação de seu pai na célebre Academia do Paraíso.

Antônio Francisco Xavier Paes Barreto era denominado *Mariuna* e o seu irmão *João Francisco Xavier Paes Barreto, Yoyô do Barracão*, pelo costume de preparar barracões com abundantes iguarias e bebidas em tempo de eleição, sobretudo durante a vida de seu irmão, o Conselheiro Paes Barreto.

José Luís Paes Barreto era cognominado *Coronel Caju*, Rodrigo de Barros Pimentel, o *Mouco*, Felipe Cavalcanti, o *Bibio*, Arnau de Holanda Cavalcanti, o *Miscelâneo* e Diogo Martins Pessoa, o *Mingau*.

Gilberto Freyre cita uma série de casos, entre os quais um Cavalcanti de Albuquerque apelidado por Trombone, o Lima Gordo, o Cristóvão Fumaça e o João Pobre, como era conhecido o conselheiro José Tomás Nabuco de Araujo.

Várias matronas se tornaram conhecidas no seu tempo simplesmente com o nome de *Velha*, pela longa idade, como sucedia com Catarina de Albuquerque, casada com Felipe Cavalcanti; Brites Mendes, mulher de Arnau de Holanda e Adriana de Holanda, esposa de Cristóvão Lins.

Inúmeras são as alcunhas de famílias. Um dos nossos contemporâneos e parentes, o Pedro Goiabeira, como era chamado o Vigário de Barreiros, chamava-se Cristóvão do Rego Barros.

— B —
NOMES EXTRAVAGANTES

Além de Carneiro, Coelho, Falcão, Leão, Leitão, Pinto, Raposo e de outras denominações de animais já vulgares no Brasil, e bem assim de Alecrim, Alheiros, Arco-Verde, Baião, Barbalho, Bulhão, Carvalho, Camerino, Corrêa, Cunha, Calheiros, Gramacho, Lage, Machado, Nigromante, Pina, Pequeno, Pinheiro, Rocha, Salgado, vários nomes extravagantes existem da família.

O pai de *João Paes Barreto*, tronco no Brasil, chamava-se *Antonio Velho Barreto*.

Leonor e Catarina Guardês, cunhadas de *João Paes*, casaram-se com *Braz Barbuda* e *Antonio Pinheiro Feio*, que eram aparentados com *Antônio Bezerra Felpa Barbuda* e *Pedro Maduro*.

Antônio Paes Barreto (3º) esposou *Maria Afonseca*, filha legítima do padre *Afonso Broa*, que tantos tormentos passou na guerra dos Mascates.

A família encontra ascendência em Afonso Pires Gato. Afonso Monterroso, Alamano Accioulli, Aldonça Briteiros, Aragunta Soares, Chamôa Gomes, Diogo de Porcelas (pai de Sula Bela), Domingos Maduro, Dórdia Viegas, Egas Abanil, Egas Gozendo, Egas Peringate, Elvira Touris Sarna, Elisa Torona, Eros Mendes Moles, Fernão Anes Baticela, Fernão Dramancares, Fernão Paes Escache, Fernão Paes Turrichão, Gomes Echigaz (filho de Nichi Gonzoi), Gomes Sobrado, Gonçalo Gusteas, Gontinha Ribera, Gregório Sarnachi, Guterres Alderete, Henrique Magro P. Carneiro, Joana Mandragão, João Paes Redondo, João Paes Riba Vizela, Lain Calvo, Lourenço Gomes Masseira, Maria Barba, Maria Fogaça, Maria Paes Fornelas, Maria Rendufes (filha de Rendufo Soleima), Maria Taveira, Martim Afonso Chichorro, Martim Brocalho, Martim Pires Escache, Martim Zote, Mendo Raufona, Mem Muniz Gundar, Mília Angores, Nuno Razura (esposo de Tenda Urraques), Ortega (filha de Zadão), Paio Curvo, Paio

Gomes Cabreira, Pedro Anes Gravel, Pedro Arteiro, Pedro Formariz, Pedro Froias, Mor Pires Perna, Pedro Trocozendas, Pelaio Zapata, Ramiro Frade, Rodrigo Beloso, Rodrigo Gomes Girão, Rui Brocado, Rui Gomes Telha, Rui Mendes Mogudo, Maria Paes Vides, Rui Gomes Chacim, Rui Nunes Chacim, Rui Penela, Sancha Ona, Sancho Abares, Suciro Belfaguer, Teresa Paradinhas, Teresa Rebereda, Toda Asnar, Vermuis Lain e muitos outros.

Também extravagante foram vários títulos. Florentino Barreto, morgado de Bilheiras, era casado com Mariana Pereira da Silva, da Casa dos Regalados.

— C —
EXTENSÃO DE NOMES

Há na família pernambucana alguns nomes de grande extensão, como, por exemplo, o de *Ana Luiza Furtado de Mendonça Barreto*. Sobretudo o ramo de Holanda Cavalcanti se celebrizou pelo tamanho do nome.

A mãe e a irmã de Camaragibe chamavam-se Ana *Maria Francisca de Paula de Holanda Cavalcanti de Albuquerque Barreto* e *Maria Ana Francisca de Paula de Holanda Cavalcanti de Albuquerque Barros*.

O primeiro Conde de Melo chamou-se *Luís Francisco Soares de Melo Sá Breyner Arocha Távora Moura*, e a Condessa Melo, casada com o Visconde de Vila Real, era *Teresa Francisca Soares Melo Sá Breyner Souza Távora Moura*. Maior ainda era o nome da Viscondessa de Faria: *Maria do Ó Barreiros Arrobas de Portugal da Silveira Corrêa Lacerda Soares de Albuquerque Sodré Gama Faria Sousa e Lucena de Barros Vasconcellos*.

— D —
IRMÃOS COM DIFERENTES NOMES

Não raro era encontrarem-se nas famílias irmãos com diferentes nomes.

Nenhuma admiração haveria, tratando-se de parentesco unilateral, como, por exemplo, quanto aos filhos de Maria Melo, casada com *Gaspar Wanderley* e *João Batista Acioli*; de Maria Rocha, que fora casada com *Fernão Rodrigues de Castro* e *João de Barros Corrêa*.

Os filhos de *Luís do Rego Barros* chamavam-se *João Velho Barreto, Francisco do Rego Barros, Arnau de Holanda Barreto, Brites Góes* e *Maria de Holanda*.

Fernão Rodrigues de Castro (3º), Maria B. de Albuquerque, Francisca *Barreto Corte Real*, Luiza B. *de Castro* e *Joana Francisca Xavier de Albuquerque* eram filhos de Felipe Paes.

Mas mesmo entre irmãos germanos vemos João Paes Barreto, *Fernão Rodrigues de Castro*, e Francisco Corte Real, filhos de *Estevão Paes Barreto* (2º) e de Maria B. de Albuquerque.

Fernão Rodrigues de Castro (3º), Maria B. de Albuquerque, *Francisco Barreto Corte Real, Luiza B. de Castro* e *Joana Francisca Xavier de Albuquerque* eram filhos de Felipe Paes Barreto (2º) e de Maria Barreto de Albuquerque.

Cristóvão Lins, José de Barros Pimentel, Rosa Maria de Almeida eram filhos de José de Barros Pimentel (2) , assim como *João Salgado de Castro, Francisco Pereira do Rego, Alexandre Salgado, João de Castro Accioli* e *João Batista Accioli, José de Barros Pimentel, Zenóbio A. de Vasconcelos* e *Jerônimo de Almeida*, de José de Barros Pimentel.

Filhos de Fernão Rodrigues de Castro e Brites Rocha eram *Estevão Paes Barreto* (4º), *João Marinho Falcão, João Rodrigues de Castro, Francisco Xavier Barreto* e *Manuela Luisa de Melo*.

Francisco de Barros Rego e *José de Barros Pimentel* eram irmãos, do mesmo modo que *Paulo de Amorim Salgado* e *Antônio Pereira do Rego*; *José de Barros Pimentel* e *Francisco Falcão de Vasconcelos*.

Capítulo VII
O MARQUÊS DE POMBAL E O BARÃO DE COTEGIPE

— A —
ASCENDÊNCIA BRASILEIRA DO MARQUÊS DE POMBAL

O Marquês de Pombal, por via materna, como já mostramos na parte genealógica, era filho da olindense Tereza de Mendonça Melo, casada com Manoel de Carvalho Ataíde, neta de Maria Luiza de Mendonça, e de João Almada, segunda neta da olindense Maria Melo, esposa de Francisco de Mendonça Furtado, terceira neta dos pernambucanos Paulo Moura e Brites de Melo, esta, filha de Brites Melo, pernambucana, filha de João Gomes de Melo, e aquele de Felipe Moura e Genebra Cavalcanti, filha dos pernambucanos Felipe Cavalcanti e Catarina de Albuquerque.

Era, como se vê, o Marquês de Pombal descendente de Arnau de Holanda, Brites de Vasconcelos, Felipe Cavalcanti, João Gomes de Melo, Jerônimo de Albuquerque e da índia Maria Arco-Verde.

— B —
COTEGIPE PERNAMBUCANO, MINEIRO E BAIANO

João Maurício Wanderley (7º), Barão de Cotegipe, pela via paterna descendia, como o autor, de Cristóvão Lins, João Gomes do Rego, Arnau de Holanda, Baltazar de Almeida Botelho, Bartolomeu Sá, Clemente da Rocha Barbosa e Gaspar Wanderley.

Seu pai, o 14º João Maurício, nascido no Recife, em 1769, era um fidalgo empobrecido, em razão da vida faustosa que levara. João Maurício (15º) tivera, em 1792, de mudar de freguesia, indo para a Vila Pernambucana de São Francisco das Chagas da Barra de São Francisco, onde arranjara o encargo da cobrança de dízimos.

Reconquistara fortuna e posição social.

Ao Recife voltou a fim de defender-se, perante a junta governativa, de acusações políticas e readquirir direitos que lhe tinham sido suspensos, inclusive o de capitão-mor.

Pernambuco fora sempre um foco de reações populares.

A sua rebeldia em 1817 deu lugar à proclamação da República de 6 de março, que durou um semestre. Após 7 anos, ainda se rebelara contra o trono e, a 2 de julho de 1824, era ateada a fogueira da Confederação do Equador.

O governo Imperial, sob o fundamento de livrar do contágio a comarca do Rio São Francisco, por decreto de 7 de junho de 1824, desligou-a da província de Pernambuco, passando-a à de Minas.

A Assembleia Geral, a 15 de outubro de 1827, incorporou-a também, provisoriamente, à Bahia.

Assim, pois, Cotegipe nascera pernambucano, em 1º de novembro de 1815.

Pernambucano se conservou até os 9 anos, idade em que ficou mineiro, vindo, afinal, aos 12 anos a tornar-se baiano.

BIBLIOGRAFIA

BELO, JÚLIO – *Memórias de um Senhor de Engenho*

BORGES DA FONSECA, J. A. V. – *Nobiliarquia Pernambucana*

CALMON, PEDRO – *História do Brasil*

CARDOSO, JORGE – *Agiológio*

COSTA, PEREIRA DA - *Anais*

COUTO, LORETO – *Desagravo do Brasil e Glórias de Pernambuco*

FREYRE, GILBERTO – *Casa Grande e Senzala*

JABOATÃO, FREI SANTA MARIA – *Catálogo Genealógico*

LAVANA, J. BATISTA - *Nobiliário*

LAET, JOHANNES DE – *História dos Anais dos Feitos da Companhia de Jesus*

LIMA, OLIVEIRA – *Pernambuco e seu Desenvolvimento Histórico*

MELO, MÁRIO – *Aspectos da História*

PRADO, ALMEIDA – *Pernambuco e as Capitanias do Norte do Brasil*

PEIXOTO, AFRÂNIO – *El Rei D. João IV*

PINHO, WANDERLEY DE ARAUJO – *Cotegipe e o seu Tempo*

SOUSA, ANTÔNIO – *História Genealógica da Casa Real Portuguesa*

TORRES, AFONSO – *Nobiliário*

XAVIER, CARLOS – *Delito contra o patrimônio*

TÍTULO 14
ORIGEM DE ALGUMAS FAMÍLIAS NORDESTINAS

Capítulo I
NOMES LOCATIVOS

— A —
APELIDOS DERIVADOS DE CASTELOS, QUINTAS E SOLARES

I
Abreu

Abreu, primitivamente Avreu, deriva-se de *ave*. Era encimado por uma ave o castelo de Monção, termo do Minho e junto a Valença.

Ao solar de Avreu estiveram vinculados os maiores titulares da Espanha. Abrangia a casa dos Regalados e veio a caber a Gonçalo Rodrigues de Abreu.

As armas tomaram os números 27, no teto da sala dos Veados de Cintra.

II
Albuquerque

Albuquerque, *albus quercus*, combinação de nomes italiano e alemão, segundo os "Comentários de Afonso de Albuquerque", significa *Carvalho branco*, árvore que deu nome a antigo solar espanhol, na Extremadura, de propriedade de D. João Afonso de Menezes, casado com Tereza Sanchez, filha de D. Sancho IV, de Leão e Castela e Maria Ribeiro.

Pertenciam a João Afonso os condados de Cadaval e Barcelos, os marquesados de Ferreira e Olhão, o ducado de Lafões e estava ligado a casas reais.

Sua filha, D. Tereza Martins, consorciou-se com Afonso Sanchez, rebento ilegítimo de D. Diniz, sábio e amoroso rei, a cujo lado esteve nas sangrentas lutas sustentadas contra o legítimo príncipe D. Pedro que aceitou, afinal, a paz, sob a condição de desterro e confisco de bens de seu irmão Afonso Sanchez.

Este emigrou para *Albuquerque* e, a força de ser chamado pelo nome patronímico, teve de adotá-lo, transmitindo-o aos descendentes, entre os quais Jerônimo de Albuquerque, tronco da família em Pernambuco.

III
Aguiar

O solar e castelo de Aguiar pertencia a Pedro Heriz, filho de Huer Gueda e neto de Dom Gueda. Ficou conhecido por Pedro de Aguiar, nome que transmitiu aos seus filhos Mem Pires de Aguiar e Pero Mendes de Aguiar.

Antes havia sido Fafes Sarracini, ligado a Bragança, Guedes, Heriz e Alcoforado.

IV
Alvarenga

Martim Pires, senhor de couto de Alvarenga, tomou o nome da propriedade e o transmitiu a seu filho Pedro Paes Curvo de Alvarenga.

V
Amorim

Amorim, de notória estirpe galega, que em Pernambuco se ligou a várias outras e, notadamente, a Salgado, se origina da localidade do mesmo nome, na freguesia do Minho, comarca de Póvoa, arcebispado de Braga.

Afirma Caetano de Sousa, na "História Genealógica da Casa Real Portuguesa", que o primeiro a empregar o apelido foi Hilário de Amorim, senhor da Torre de Amorim, junto à vila Caminha.

VI
Andrade

Andrada ou Andrade é locativo e deriva-se do solar de Andrade, na Galiza, pertencente, segundo *Vilas Boas e Sampaio*, a Fernão Alves de Andrada, que se supõe companheiro de Mendo Rausona e um dos cinco cavaleiros que, com ele, passaram à Espanha.

No Brasil, o primeiro Andrade foi Francisco Carvalho de Andrada, esposo de Maria Tavares Guardês.

VII
Araujo

Vasco Rodrigues, esposo de Leonor Gonçalves Velho, foi o proprietário do solar Arauza (vila da Galiza), nome pelo qual se tornou conhecido. Seu filho, Pedro Yanez Arauza, fronteiro-mor da Galiza, transmitiu aos descendentes o apelido que se transformou em Arauja e, afinal, Araujo.

VIII
Azevedo

O solar de Azevedo veio a pertencer a Paio Godo, filho de Godo Viegas, neto de Egas Gozendo, bisneto de Gozendo Araldes e trineto de Arnaldo Baião. Tomou o nome do castelo e passou-o à família. Foi o décimo oitavo avô de Feliciana de Melo e Silva, casada com Cristóvão da Rocha Wanderley, ascendente do Barão de Cotegipe.

IX
Barbalho

O solar de Varbo pertenceu a Fernão Belozo e a sua mulher, condessa Elvira, pais de Rodrigo Fernandes Varvalho. Mais tarde o nome cedeu ao hábito, em várias regiões portuguesas, de substituir o v por b.

X
Barbuda

Barbuda era moeda do tempo de D. Fernando e certo sistema de capacete do século XIV. Foi também denominação de localidade do Conselho de Chan, no Paço dos Regalados, no Entre Douro e Minho.

O primeiro habitante era chamado Gonçalo Pires do Belmir, que se tornou conhecido por Barbuda. Deu a seu filho o nome de Sueiro Gonçalo de Barbuda.

XI
Barreto

O primeiro Barreto vindo a Pernambuco foi, em 1557, João Paes Barreto, neto de Florentino Barreto.

Quem inicialmente usou a denominação como apelido de família foi Mendo Gomes Barreto, descendente de Nuno Soares, possuidor de largos latifúndios nas *barretas* de Viana, onde ficava o castelo, junto ao monastério de São Bento. Chamava-se solar dos Barretos. Fortes ventos o destruíram.

Conhecidos os donos pelos nomes das terás, tiveram de adotar a designação de Barreto.

Foram os Barretos morgados de Quarteiras e Bilheiras e senhores da Torre de Constantino.

XII
Barros

A família Barros, a que pertence o cronista João de Barros, teve origem no solar Barros, Conselho dos Regalados, em São Cosme e Damião.

O tronco dos Barros no Brasil foi Afonso de Barros Rego, morgado de Cristo e senhor da quinta Deo, casado com D. Maria Nunes Paes Barreto.

Seu filho Luís do Rego Barreto emigrou para Pernambuco, onde se casou com Inês de Vasconcelos. Era pai de Francisco do Rego Barros (1º), que deixou larga descendência. Filhos de Francisco do Rego Barros (4º) foram o Conde da Boa Vista, o Barão Ipojuca e o Ministro Sebastião do Rego Barros.

Outra ramificação de Barros foi a trazida por Antônio de Barros Pimentel.

XIII
Calheiros

Pedro Martim Chacim Coelho e sua consorte Teresa Torres, senhores do solar Calheiros, na Ponte do Lima, eram conhecidos por Calheiros, denominação que passaram aos descendentes.

XIV
Carvalho

O solar e morgadio de Carvalho foi instituído em 1226 por Bartolomeu Domingues. Coube depois a Gomes Fernandes, cujo filho – Gomes Fernandes de Carvalho – tornou-se possuidor do mestrado de Santiago e do morgadio de Carvalho.

XV
Coutinho

Era pequeno o Couto de Leonil, situado na Beira, possuído por Martim Vicente, filho de Vicente Viegas. Foi, por isso, chamado "O Coutinho". Tomou o nome em primeiro lugar Estevão Martins Coutinho, ascendente de Vasco Fernandes Coutinho, donatário da Capitania do Espírito Santo.

XVI
Dantas

O pasto de Antas, entre os rios Douro e Minho, era propriedade de Pedro Esteves e de sua consorte Dórdia Martins, pais de Gonçalo Vicente de Antas.

XVII
Lima

Lima era o solar junto do antigo rio Lima, "rio do esquecimento". A freguesia da Ponte do Lima foi sede em 1258. Pertencia o castelo a Fernão Anes Baticela, pai de João Fernandes Lima.

XVIII
Menezes

Menezes era o nome do solar no condado de Benavente, reino de Galizia, adquirido, no século XII, pelo caçador Tel Peres, já referido ao tratarmos de Albuquerque.

XIX
Paiva

O primeiro Paiva foi Pedro Trocozendas de Paiva, neto do fidalgo Arnaldo Baião. Veio-lhe o nome do seu senhorio às margens do Paiva, afluente do Douro.

XX
Pereira

Pedro Gonçalves Palmeira, filho de Gonçalo Rodrigues e descendente do rei Aldobrando, foi o primeiro a usar o apelido de Pereira ao mudar-se de Palmeira para a quinta de Pereira, no Entre Douro e Minho.

XXI
Sá

Paio Rodrigues de Sá, alcaide-mor do reino em 1380, era senhor da quinta Sá, na freguesia de São João de Lousada, julgado de Viseu, entre Ponte do Lima e Viana. Outra quinta com o nome Sá teve Paio Rodrigues, em Santa Maria de Cea, para o seu filho João Afonso Sá.

XXII
Sousa

A casa dos Sousas é fértil em varões ilustres e constitui uma das cinco de que se compõe o livro velho de linhagem.

Entronca-se com reis, príncipes, capitães, generais, fundadores de cidades e até santos. Há quem a envolva em origem lendária derivada de Priamo, rei de Tróia.

Bernardo de Brito, Antônio Caetano de Sousa e vários linhagistas, mencionam Fayão Soares, senhor da Casa de Vila Real, como fundador do solar na terra do Sousa, entre Douro e Minho, no contorno do rio Tâmega, seguido do Sousa, arriba do Mosteiro do Pinheiro.

Um seu descendente, o rico homem e adelantado Egas Gomes de Sousa, filho do Conde de Gonzoi e já nascido Sousa, foi o primeiro a usar o nome.

O Conde Mendo Sousa era conhecido por Sousão e tido como vulto mais honrado do reino, depois de D. Sancho.

Em "Arilana de Sousa" foi fundada em São Miguel dos Campos, bispado do Porto.

XXIII
Teixeira

Para Lavana, a família teve origem em Hermigio Mendes, senhor do Conselho de Teixeira, designação oriunda da vila de tal nome, em Baião, onde tinha um solar, junto à vila Real. Hermigio e Maria Paes foram genitores de Lopo Hermigio Teixeira, Estevão Hermigio Teixeira, Alonso Hermigio Teixeira e Estevaninha Hermigio Teixeira.

XXIV
Vasconcelos

Vasconcelos é família das principais em nobreza.
Os nobiliários remontam-na a D. Guterres.

Entre muitas origens, cita Salomão de Vasconcelos a que se deriva de "Vaz con zelos", expressão acidental de aviso com que certo pai abria os olhos do filho.

Há quem afirme que do local onde estava situado o castelo de que era senhor, tomou João Perez o nome de Vasconcelos. Foi o primeiro português com tal denominação.

Juan Salgado de Araujo, no "Sumário de la ilustríssima família Vasconcelos", prende a origem ao fato de haver Pedro Martim Nunes, esposo de Teresa Silva e genro de Egas Froyas e Urraca Mendes de Sousa, construído sua Torre em localidade denominada Vasconcelos, em Almares.

Chamou-se Pedro da Torre. Seu filho, João Mendes da Torre, alcunhado por tenreiro, casado com a condessa Maria Soares, filha de Sueiro Viegas Coelho e Maria Mendes e neta de Mem Muniz, tornou-se mais conhecido por João Mendes de Vasconcelos.

— B —
APELIDOS LOCATIVOS DE FAMÍLIAS REAIS

I
Bragança

O apelido é oriundo da cidade de Bragança. Constitui uma das cinco famílias do "Livro Velho de Linhagens". Tornou-se estirpe de dinastia real.

II
Castro

Descendem os Castros de D. Fernando de Navarra e dos notáveis juízes Lain Castro e Nuno Rasura.
Luís Álvares de Castro, segundo *Antônio Álvares de Castro*, em "Obeliscos portugueses", teve solares antes de haver reis em Portugal.
Eram Condes de Pevedoro, de Viana e de Lemos e senhores de Viana do Castelo.
João de Castro foi vice-rei da Índia.
O primeiro a usar o apelido, conforme opinião de Vilas Boas e Sampaio, na "Nobiliarquia Portuguesa", foi Rui Fernandes, senhor da Vila de Castro, que pertencera ao monarca Sinderico, filho de D. Fruela e neto de Pedro de Cantábria.

III
Noronha

Provém o nome do solar de Noronha, do Conde Nuno Castanhede. Partem os nobiliários do Conde de Gijon – Afonso de Castela, senhor de Noronha e bastardo de D. Henrique II. Era casado com a princesa Isabel, filha de D. Fernando de Espanha.

Capítulo II
APELIDOS PATRONÍMICOS

— A —
APELIDOS PATRONÍMICOS REGULARES

I
Vário apelidos

Há na genealogia portuguesa grande número de apelidos patronímicos, como Álvares, Anes, Antunes, Bernardes, Dias, Esteves, Fernandes, Gonçalves, Jácome, Lopes, Martins, Mendes, Muniz, Nunes, Paes, Pires, Ramires, Rodrigues, Romanes, Sanches, Soares, Vasques e Viegas; originados de Álvaro, João (Johannes), Antînio, Bernardo, Diogo, Estevão, Fernando, Gonçalo, Jacó, Lobo, Martim, Mendo, Mônio, Nono, Paio, Pedro, Ramiro, Rodrigo, Romão, Sancho, Sueiro, Vasco e Egas.

São os irregulares. Mencionaremos abaixo os patronímicos regulares.

II
Coelho

Coelho vem de Coelio, romano. Marcus Coelio Rufus se liga a cidade eterna. Transformou-se em Coelio ao passar para a Espanha. Foi Egas Muniz que, no século IX edificou o castelo em Coelho, Conselho de Paredes, fretuesia do Porto, comarca do Entre Douro e Minho. De seus filhos Lourenço e Leonor Viegas descendem os Coelhos.

III
Goes

Goes é tido como corruptela de Gaio. Vilas Boas e Sampaio cita o senhorio de Diogo Gomes como Goes. Reza o "Nobiliário do Conde D. Pedro", comentado por Faria e Sousa, que Arnau de Estrada, por serviços prestados a D. Afonso, recebeu as terras de Goes. A denominação passou para toda a ilha de que foi senhor Afonso Lopes de Goes.

IV
Moniz

Moniz é patronímico. Deriva-se de Mônio ou Múnio. Vários são os ramos existentes em Portugal.

V
Silva

Silva, apesar de não constituir hoje apelido que possa distinguir famílias, porquanto houve em Portugal e veio para o Brasil, número considerável com esta denominação, pertenceu à estirpe das mais antigas, havendo quem remonte a sua derivação aos tebanos e, posteriormente, a Rea Silvia. A torre e o solar de Silves, em Portugal, foram notáveis. O mais antigo Silva português foi o conde Guterres Alderete da Silva, senhor da quinta Silva, no Minho.

— B —
NOMES PATRONÍMICOS QUE SUBSTITUIRAM O RADICAL

I
Anes

Anes, Eanes ou Yanes é velha família de Castela, derivada de Joanes (João). Ramificou-se por Portugal, França, Inglaterra e Alemanha. Na Lusitânia entrou em várias famílias reais. O Brasil, antes de avistado por Pedro Álvares Cabral, foi visitado pelos irmãos Yanez Pinzon. Foi também nome próprio. Pedro Álvares Cabral se deriva de Anes Cabral.

II
Jacome

Jacome obedece à derivação latina de Jacobus, de onde, também, se origina Iago. A família pernambucana Lins tem por troncos Cibaldo Lins e Jacoma Mendes de Vasconcelos, filha de Francisco Jacome.

III
Viegas

Viegas é nome patronímico *sui generis*. Provém de Egas. Várias famílias existem. Das mais antigas é a derivada de Egas Gozendo, neto de Arnaldo Baião e esposo de Usa Viegas, filha de Egas Hermigio. Chamaram-se seus filhos: Godo Viegas, Sancha Viegas e Hermigio Viegas.

Dessa estirpe foi Egas Moniz, citado por Camões e fiador do acordo entre os reis de Portugal e Castela.

Capítulo III
APELIDOS DERIVADOS DE FEITOS DE ARMAS

— A —
ALMEIDA

Significa Almeida – mesa cravejada de pedras ou, segundo Pinho Leal, campo para corridas. A estirpe é de velha fidalguia portuguesa. Entrou na família Lins após o casamento de Baltazar de Almeida com D. Maria Lins, filha de Cristovão Lins e neta de Arnau de Holanda.

O primeiro a adotar o nome, conforme mencionam Antônio Caetano de Sousa e Pinho Leal, foi, em 1190, Paio Guterres, filho do Conde Pelaio, após ter vencido e conquistado o Castelo de Almeida, em Riba Coa.

Ficou conhecido por Almeidão. Luiz Salazae considera-o descendente de D. Fruela, rei de Leão. A maior parte dos linhagistas encontra sua origem na Gasconha.

Almeida tornou-se, depois, nome da vila, na Província de Beira.

— B —
BAIÃO

Arnaldo, célebre guerreiro, procedente da Casa Imperial e terceiro avô de Egas Muniz, destituído de seu ducado, veio para a Espanha. Identificou-se com a terra, que defendeu ardorosamente contra os mouros.

A vitória de Baião, em 985, foi tão grande que deu o nome, juntamente com as terras concedidas, por D. Bermudo, conforme assevera Pinho Leal. De Arnaldo Baião e Isufa, descendem Azevedo, Albuquerque, Castelo Branco, Cunha, Melo, Paes, Barreto, Soares e Sousa.

— C —
BANDEIRA

É das mais antigas no Brasil a família Bandeira. Com Duarte Coelho, 1º donatário de Pernambuco, vieram seus primos Felipe e Pedro Bandeira de Melo.

A denominação foi dada a Gonçalo Pires que, na batalha de Toro, galhardamente restaurou a bandeira portuguesa.

— D —
CÂMARA

João Gonçalves Zarco, quando explorava a ilha da Madeira, foi ter em uma gruta de lobos marinhos, que ficou denominada *Câmara dos lobos*. D. Afonso V, ao dar-lhe armas, fê-lo tomar o apelido de Câmara dos Lobos. Seus filhos conservaram Câmara de Lobos. Este último perdeu-se. Seus descendentes, entretanto, conservaram o Câmara e transmitiram-no.

— E —
CUNHA

É remontada a origem dos Cunhas a Pelaio Guterres que, no cerco de Lisboa, em 1147, servindo-se de 9 cunhas de ferro nas portas do Castelo para que os inimigos não pudessem entrar, subiu o muro, obtendo resultado satisfatório e inesperado.

D. Afonso deu-lhe então, por armas, 9 cunhas azuis em campo de ouro. Martim Vasco da Cunha foi o primeiro Cunha, conforme *Caetano de Sousa, Prudence Sandoval, Aponte* e outros velhos linhagistas. Viajou por Inglaterra, França, Aragão, Navarro, Castela e Leão para largar seu castelo.

— F —
MAIA

A antiga Palâncio foi reedificada pelos suevos no século V, com o nome de Amaia, que era filha de Atlante e Pleine. A localidade caiu em poder dos mouros e no ano de 1000 foi retomada pelo adelantado Gonçalo Trastamara, filho de Trastamara Alboazer e neto de Ramiro II.

A zona abrangia toda a região entre os rios Douro e Minho. Gonçalo Trastamara acrescentou ao seu nome o de Amaia.

— G —
MARANHÃO

O olindense Jerônimo de Albuquerque, filho de seu homônimo e de Muyra Ubi, depois batizada Maria do Espírito Santo Arco Verde, foi o mais notável dos filhos de Jerônimo. Casou-se com Catarina Pinheiro, neta de Francisco de Carvalho Andrade e de Maria Tavares Guardês.

Foi bandeirante na conquista da Paraíba, governou o Rio Grande do Norte e, aos 65 anos de idade, defendeu o Maranhão contra os franceses.

Vitorioso, a exemplo de Cipião, o Africano, na Roma antiga, ao assinar a capitulação de Ravardière, acresceu ao seu o nome do território que reconquistara.

— H —
MELO

Refere Mário Melo, nos "Aspectos da História", de acordo com Sanches Baena e ressalvas de Pinho Leal, que, em 1191, D. Soeiro Raimundo se incorporou às forças de Ricardo Coração de Leão que partiam da Inglaterra em conquista da Terra Santa.

Quando os cruzados se achavam em frente aos muros de Jerusalém, Coração de Leão deu ordens a D. Soeiro para atacar um lanço no vale denominado Melo. O cruzado português portou-se com tamanha valentia, praticou tais atos de bravura que os seus camaradas maravilhados, começaram a apelidá-lo de Melo, em recordação ao feito de armas. D. Soeiro fundou, em 1204, a quinta da Serra da Estrela, que se chamou de Melo.

A Mem Soares, neto de Soeiro, nomeou Afonso III, Senhor de Melo.

O solar Melo está na vila da Beira.

— I —
MESQUITA

O solar Mesquita, em Guimarães, foi, em 1459, quatro vezes rudemente atacado e de todas defendido por Fernão Vaz Pimentel e seus irmãos. De acordo com a velha praxe, deu D. Afonso VI o nome de Mesquita a Lopo Martins, filho de Fernão Vaz.

— J —
MOURA

Atribui-se aos romanos, em 240 A.C., o progresso de Brueí, fundada pelos tebanos. Abu Assú reconstruiu a cidade para sua filha Salaquia, noiva de Brafama. Foi retomada por Pedro e Álvaro Rodrigues. Para perpetuar a bravura, deu-lhes D. Afonso Henriques o nome de Moura.

— L —
PIMENTEL

O nome foi dado por Afonso III a Vasco Martins Normais pela sua alacridade, segundo *Sanches Baena*, no "Índice Heráldico". Para *Vilas Boas e Sampaio*, Pedro Formais foi o primeiro a usar o nome.

— M —
TÁVORA

D. Tedon, neto de Alboazer Ramires, morreu no rio Tavira, em luta contra os mouros. Daí veio o nome dado à família que teve castelos e solares. Uma vila, na província da Beira, possui tal denominação.

Capítulo IV
NOMES PRÓPRIOS TRANSFORMADOS EM APELIDOS

— A —
AFONSO

Afonso tornou-se apelido de família para a descendência de Afonso VI, de Leão e de Afonso Henriques.

Nobres, como Afonso Velho de Melo, Afonso Pires Alcoforado e Afonso de Menezes, transmitiram o apelido à estirpe.

— B —
BERENGUER

Berenguer era nome próprio de vários condes de Barcelona. O Conde Berenguer, morto em 1035, deixou grande descendência entrelaçada à casas reais. Mafalda, rainha de Portugal e esposa de Afonso Henriques, era neta de Guido Brenguer.

Para o Brasil o tronco veio de Pedro Berenguer, da ilha da Madeira.

— C —
GARCIA

Garcia, como vários nomes reais, converteu-se em apelido. O Rei Garcia, genitor de Elvira Garcia, casada com D. Afonso de Oviedro, deixou descendência.

— D —
GOMES

Gomes, antes de ser apelido, era nome próprio. É assim que vemos Gomes de Abreu, Gomes Correia, Gomes Echigaz, Gomes Mendes Barreto, Gomes Nunes Pombeiro, Gomes Pires Gravel, Gomes Rodrigues de Azevedo e Gomes Viegas de Sousa, além de muitos outros.

Para o Brasil veio, no século XVIII, o conde de Bobadela – Gomes Freire de Andrade.

Capítulo V
APELIDOS VINDOS DO ESTRANGEIRO

— A —
ACIOLI

Acciaioli, Achiaioli, Aceiajuoli, Acciaioule, Achioly ou Accioly, é de nobre linhagem e se assenta em vários troncos. Em outro trabalho citamos oito imperadores, quatro reis, nove príncipes, afora gonfolonieri, grãos duques, senescais, marqueses, guerreiros, condes, barões, embaixadores, cardeais e bispos.

Gonçalo Argote e Barnabé Moreno, este no Dicionário de la nobleza de Espanha, escreveu Achioules.

Frei *Santa Maria Jaboatão*, no "Catálogo Genealógico", *Antonio Caetano de Sousa, Gaspar Frutuoso*, em "Saudades de Minha Terra", *Rafael de Jesus* e *Vilas Boas e Sampaio* preferem grafar a palavra Achioli. *Egio Pietro*, em "Delle Storia", diz Acciairoli.

Deriva-se o nome de "acciario" que quer dizer aço, e o primeiro a usá-lo foi Acciaiolo, filho de Ricomano, neto de Guigliarato que, em linha direta, se ligava aos Condes de Borgonha.

Foi o genitor de Guiadalatto, que acrescentou, como de família, o nome próprio paterno; sistema muito adotado outrora.

Seu descendente, Zenóbio Accioli, emigrou com seu pai Simão Accioli, de Florença para a ilha da Madeira e do matrimônio com Maria Pimentel Drummond, vem Gaspar Accioli que, em Pernambuco, se consorciou com Ana Cavalcanti, neta de Felipe Cavalcanti e bisneta de Jerônimo de Albuquerque. Deste último casal provém João Batista Acioli, casado com Maria Melo, viúva de Gaspar Wanderley. É o tronco da estirpe em Pernambuco.

Erradamente, foi trocado o j por y, letra inexistente no alfabeto italiano, e daí, escrever-se Accioly.

— B —
BORGES

Deriva-se o nome da cidade de Bourges, defendida valentemente por Gonçalo Anes.

Daí o ser chamado Bourges. Seus descendentes suprimiram o u.

— C —
BULHÕES

Bouillon foi o primeiro vulto da família vindo para Portugal. A estirpe pertencia a Santo Antônio, primitivamente chamado Fernando, depois Antão e, afinal, Antônio de Bulhões, o santo de maior hierarquia, no Brasil e em Portugal.

Jerônimo de Albuquerque era filho de Joana Bulhões.

— D —
CAVALCANTI

Cavalcanti é nome florentino. A família teve larga projeção política e intelectual. Guido Cavalcanti rivalizou com Dante. Para Pernambuco veio Felipe Cavalcanti, genro de Jerônimo de Albuquerque e tronco da estirpe.

— E —
DRUMMOND

O primeiro a usar o nome de Drummond foi o príncipe Maurício, descendente de duques e reis da Ungria.

Comandava, em 1066, a embarcação em que Edgar Atheling, em companhia de sua irmãs Margarida e Cristina, fugia da perseguição de Aroldo e Guilherme, que lhe usurparam a coroa da Inglaterra.

Vítimas de naufrágio, pararam na Escócia, onde foram abrigados pelo rei Malcolm III, que se casou com a princesa Margarida.

Maurício, nomeado senescal hereditário de Lounox, teve brasão de armas parlantes. Casou-se com uma das damas de honor da rainha, obteve vasta concessão de terras que abrangiam 9 paróquias e granjeou o apelido de Drummond, dado pelo rei, juntamente com o Castelo de Drummond.

Do príncipe Maurício Drummond descendia Maria Pimentel Drummond, filha de Pedro Rodrigues Drummond e Isabel Dias Ferreira, esta, filha de Gonçalo Nunes Pereira e Isabel Pereira de Lacerda, que foram dos primeiros colonizadores da ilha de Madeira.

Maria Pimentel Drummond matrimoniou-se com Simão Acioli, de quem teve Zenóbio Acioli, pai de Gaspar Acioli que constituiu família em Pernambuco.

— F —
HOLANDA

Vários Holandas existiram em Portugal, como, por exemplo, Jacobo Holanda que, segundo Sanches Baena, no "Índice Heráldico", foi encarregado por D. Manoel de negócios na Índia, Antônio de Holanda, notável pintor do século XVI e seu filho, Francisco de Holanda.

Parece que não tiveram traço algum de união consangüínea com a família pernambucana que provém de Arnau de Holanda, fidalgo flamengo de Utrecht, filho do Barão Henrique de Holanda, baravita de Rhenebourgo, e de Margarida Florentz, irmã do Papa Adriano VI, que subiu à cadeira pontifical em 1571. Arnau de Holanda consorciou-se com Brites Mendes Vasconcelos, filha de Bartolomeu Rodrigues e Joana Goes de Vasconcelos.

— G —
LINS

Cristóvão e Cibaldo Lins foram os primeiros chegados a Pernambuco. Alcides Bezerra, Almeida Prado, Antônio Knivet, Capistrano de Abreu, Tavares Cavalcanti, Tavares de Lira, Vicente Salvador e van Brock fazem-nos derivação alemã. Provinham, segundo Afonso Torres, de Albert Linz. Eram, conforme declaração de Cibaldo, do Alto Império da **Baviera**. Elísio de Carvalho, em "Lauréis Insignes", Borges da Fonseca, Calado e Jaboatão, julgam-nos de sangue florentino e aparentados com o Duque de Toscana. José de Sá Albuquerque supôs ascendência francesa, opinião esta que, apesar de absurda, foi seguida por Joaquim Silva, em livro didático.

Mário Melo sustentava a origem florentina, mudando de opinião ante a nota de Rodolfo Garcia, à 3ª edição da "História do Brasil", de Porto Seguro.

Esclarece o ex-diretor da Biblioteca Nacional, que Arnau de Holanda, filho de Cristóvão Lins, comparecera à mesa do Santo Ofício e declarara a nacionalidade alemã de seu pai.

Parece-nos que não é destituída de razão a pesquisa toponímica. A denominação deve ser atribuída à cidade de Linz, à margem do Danúbio.

— H —
ROCHA

Não está clara a origem de Rocha.

Vilas Boas e Sampaio, em "Nobiliarquia Portuguesa", e Pinho Leal encontram derivação francesa, transportada para Viana do Castelo em 1126.

O primeiro que se tem notícias no velho reino é Arnaldo Rocha, valoroso companheiro do célebre Gualdim Pais, Mestre do Templário.

— I —
WANDERLEY

Procede a família do fidalgo holandês Gaspar Van Nieuhof van der Ley, casado com Maria Melo.

O Conde João Maurício de Nassau, em 20 de dezembro de 1638, atestara que pai e avô de Gaspar e todos da família van der Ley, sempre foram fidalgos de sangue.

O "Diário de Mateus de van der Brock", fala em Jasper van der Ley.

Manoel Calado, no "Valoroso Lucideno", chama Vand Ley e Vandley.

Capítulo VI
APELIDOS DERIVADOS DE ALCUNHAS

— A —
BARBOSA

Barbosa, segundo *Montebelo*, se deriva de certa matrona que, pelo seu gênio violento, era conhecida por Raivosa. Dela vem a família. Outros linhagistas partem de Sancho Nunes Celanova e de sua consorte, Sancha Gomes de Sousa, possuidores do solar Barbosa, junto à Vila Verde, Honra e Conselho de Douro.

Deu início à estirpe o filho do casal, Sancho Nunes Barbosa, esposo de Teresa Afonso.

— B —
CHICHORRO

O rico homem Martim Afonso, casado com Inez Lourenço de Sousa Valadares, era filho ilegítimo de Afonso III, o bolonhês; neto de Afonso, o gordo; bisneto de Sancho, o povoador e 3º neto de Afonso Henriques, 1º rei de Portugal.

Foi alcunhado de Chichorro, em virtude de ter pequena estatura. Aceitou a denominação e seus filhos se chamaram Martim Afonso de Sousa Chichorro e Maria Afonso de Sousa Chichorro.

É ascendente de Martim Afonso de Sousa, 1º donatário da Capitania de São Vicente.

— C —
FALCÃO

Falcão, segundo Vilas Boas e Sampaio, em "Nobiliarquia Portuguesa", tem derivação inglesa.

Foi o primeiro Mozes Falcon, vindo com D. Felipa de Lencaster, mulher de D. João 1º.

Sanches Baena, no "Índice Heráldico", contesta a asserção, porquanto, em 1134, anteriormente, pois, ao casamento do

Mestre de Avis com a princesa inglesa, houve doação feita a Falcão Paes.

Há quem concilie as opiniões, dando o capitão britânico John Falcon, como tronco da família.

A prioridade em Pernambuco cabe a Vasco Marinho Falcão, natural do Minho e que se casou com Inez Lins, filha de Cristovão Lins e Adriana de Holanda.

Foi cavaleiro de alta distinção e parceiro do Conde Maurício de Nassau nas justas da cavalaria.

Há, ainda, o ramo de Simão Paes.

— D —
FEIO

Lavana dá início à família em *Rodrigo Fernandes Feio*.
Manuel Faria prefere partir de *Martim Gil*, o Feio, esposo de Maria Fernandes.

— E —
LACERDA

Afonso, filho de *Fernão de Castela* e *Branca de França*, neto de *Afonso XI* de Castela e de *S. Luiz de França*, nasceu com um anel de cabelos no peito. Foi por isso alcunhado *"la Cerda"*.

Seu filho, Afonso de la Cerda, esposou Maria de Noronha e foi ascendente de vários reis.

— F —
MARINHO

Lendárias tradições encobrem a ascendência dos Marinhos. O "Nobiliário de D. Pedro" e vários de seus comentadores, também assim, o "Portugaliae Monumenta Historica", acham a origem no célebre caçador Froyan ou Froyas que, encontrando donzela de rara beleza, nascida e vivida no mar, a trouxera para casa, casando-se com ela. Chamou-a Marina.

Era muda e por meio de violenta emoção provocada por um incêndio, recobrara a voz.

Teve 3 filhos: *Gonçalo, Paio* e *João Marinho Froyas*. Deste último vem a geração.

Armando de Matos, em "A flor de lis na heráldica portuguesa", atribui derivação galega.

— G —
VELHO

Várias famílias se originaram do fato de serem os vultos troncos conhecidos por velhos. Um dos mais antigos era *Nuno Soares*, o Velho, filho de *Sueiro Godo* e bisneto de *Arnaldo Baião*.

Transmitiu a alcunha aos seus filhos: *Sueiro Nunes Velho, Elvira Nunes Velho, Pedro Nunes Velho* e *Mem Nunes Velho*, ascendentes dos Barretos.

BIBLIOGRAFIA

ABREU, CAPISTRANO – *História do Brasil*

ALQUQUERQUE, AFONSO DE - *Comentários*

ALBUQUERQUE, JOSÉ DE SÁ – *Povoação e Cousas de Pernambuco*

ARAUJO, JOÃO SALGADO – *Sumário da Ilustríssima Família Vasconcelos*

ARGOTE, GONÇALO – *História da Nobreza da Andaluzia*

BAENA, SANCHES DE – *Índice Heráldico*

BARLEUS, GASPAR – *História dos fatos recentemente praticados*

BASTOS, MARQUÊS DE - *Memórias*

BORGES DA FONSECA, J. A. V. – *Nobiliarquia Pernambucana*

BRANDÃO, ULISSES – *Confederação do Equador*

CALADO, MANUEL – *Valoroso Lucideno*

CARDOSO, JORGE – *Agiológio Lusitano*

CARVALHO, ELÍSIO DE – *Troféus Insignes*

CARVALHO, ALFREDO DE – *Estudos Pernambucanos*

CASTRO, LUÍS TAVAES – *Obeliscos Portugueses*

COSTA, PEREIRA DA – *Mosaico*

COUTO, LORETO – *Desagravo do Brasil e Glórias de Pernambuco*

DUSSENE, ADRIEN VAN DER – *Relatório sobre as Capitanias do Brasil holandês*

EDMUNDO, LUÍS – *No Tempo dos Vice-Reis (O Rio de Janeiro)*

FERRER, VICENTE – *A Guerra dos Mascates*

FREI BRAACAMP – *Os Brasões da Sala de Cintra*

FREYRE, GILBERTO – *Casa Grande e Senzala*

FRUTUOSO, GASPAR – *Saudades da Terra*

GALVÃO, SEBASTIÃO – *Dicionário Geográfico, Histórico e Estatístico de Pernambuco*

GARCIA, RODOLFO – *Anais da Biblioteca*

JABOATÃO, SANTA MARIA – *Novo Orbe Seráfico*

JESUS, RAFAEL – *Castrioto Lusitano*

KNIVET, ANTÔNIO – *Narração de Viagens*

LAVANA, J. B. – *Nobiliário*

LEAL, PINHO – *Portugal Antigo e Moderno*

LESSA, V. THEMUDO – *Maurício de Nassau, o Brasileiro*

LIMA, OLIVEIRA – *Pernambuco e o seu Desenvolvimento Histórico*

LINS, IVAN – *A Idade Média, a Cavalaria e as Cruzadas*

LACERDA, MACHADO – *A Família Acchiaioli*

MONTEBELO, MARQUÊS – *Notas*

MARTINS, DIAS – *Os Mártires Pernambucanos*

MELO, ANTÔNIO JOAQUIM – *Biografias de Pernambucanos Célebres*

MELO, MÁRIO – *Aspectos da História*

MORENO, BARNABÉ – *Dicionário de Nobreza Espanhola*

MOURA, ALEXANDRE – *Roteiro de Viagem ao Amazonas*

NABUCO, JOAQUIM – *Um Estadista do Império*

NORONHA, H. H. – *Nobiliário da Ilha da Madeira*

TÍTULO 15
UMA VELHA FAMÍLIA NA ATUALIDADE

O alto poderio das velhas estirpes pernambucanas desapareceu e nem seria possível hoje o predomínio de famílias no Brasil.

A respeito diz o sociólogo *Gilberto Freyre*, em "Casa Grande e Senzala":

"Uma família, por exemplo, como os Paes Barreto, em Pernambuco, e tanto quanto os Wanderley de Serinhaém e Rio Formoso, radicada, através de séculos, a uma só região do Estado, o atual município do Cabo; família garantida, como nenhuma outra no Brasil, na sucessão de seus bens e na pureza de sua linhagem aristocrática, pelo privilégio de morgadio, uma família assim privilegiada e defendida contra os perigos da dispersão, é hoje das mais dispersas e decadentes. Onde estão os Paes Barretos, continuadores dos que até o princípio do século XIX, exerciam ação preponderante sobre os destinos de Pernambuco!"

A Gilberto Freyre, respondeu o polígrafo *Joaquim Ribeiro*, nos termos seguintes:

"Contestável, por sua vez, é a crítica que Gilberto Freyre faz à descendência das famílias ilustres da aristocracia de Pernambuco E lembra os Paes Barreto (pg. 191). Acho o exemplo infeliz. Onde está a decadência dos Paes Barretos? Porventura, não são os Paes Barretos atualmente nomes ilustres nas letras, nas ciências e nas carreiras das armas? *Carlos Xavier Paes Barreto*, Presidente do Tribunal de Justiça do Estado do Espírito Santo, jurista emérito, historiador de valor; *Manuel Xavier Paes Barreto*, juiz federal no Amazonas; *Manuel Xavier Paes Barreto Filho*, uma das mais jovens e sugestivas figuras da magistratura brasileira; *Reverendo Paes Barreto*, educador ilustre no Recife; o inteligente *Tenente Paes Barreto*, e tantos outros membros de ilustre tronco poderiam ser lembrados. Isso não é uma defesa. É apenas uma objeção ao exemplo escolhido por *Gilberto Freyre*."

"Modus in rebus", já dizia Horácio. Mas, mesmo no período republicano, a estirpe se representou na magistratura por vultos como Barcimio Paes Barreto, Lamenha Lins, *Francisco Xavier Paes Barreto, Manuel Artur de Sá Pereira, Manuel Paes Barreto dos Santos e Virgílio de Sá Pereira*; no magistério superior por *Henrique Molet e Tomás Caldas*; na diplomacia por *Joaquim Nabuco e Nabuco de Gouveia*; na administração por *João Paes Barreto, Francisco do Rego Barros, Conselheiro Francisco Xavier Paes Barreto e Adolfo Lamenha*; no parlamento por um número considerável de membros da família Holanda Cavalcanti. Encontram-se ainda na medicina *Hilário de Gouveia e Alfredo Barreto*; na advocacia *Sisenando Nabuco, José Luís Cavalcanti de Mendonça e Eugênio e Enrico de Sá Pereira*; nas letras *Edwiges de Sá Pereira*; no exército *Bento Lamenha, Paulino Paes Barreto e o General Francisco Rafael Barreto de Melo*; e na Agricultura *Inácio de Barros Barreto, Paulo de Amorim Salgado e o Barão de Suassuna*.

Na atualidade, vemos grande número de vultos que se ramificaram pelo exército, marinha, magistratura, advocacia, agricultura, medicina e literatura como *Odorico e Francisco Torquato Paes Barreto, Almirante Felipe Lamenha, Cunha Meneses, e Braz*

França, Ministro Barros Barreto, presidente do Supremo Tribunal Federal, Tribunal de Desor. *José de Barros Wanderley*, ex-presidente do Tribunal de Justiça do Espírito Santo, cargo já ocupado pelo Desor. *Francisco de Paula Mendes Wanderley*. Destacam-se também Desor. *Paes Barreto Cardoso, Dr. Manuel Xavier Paes Barreto*, ex-juiz Federal no Amazonas, *João Francisco de Novais Paes Barreto*, magistrado em Minas e *Manuel Xavier Paes Barreto Filho* no Espírito Santo.

Militam no foro carioca, com alto brilho. Dr. *José Tomás Nabuco de Araujo, João Paes Barreto, Soares Brandão* e outros.

Salientam-se na medicina *Castro Barreto, Silvio Paes Barreto, Milton Paes Barreto, Soares Brandão, Mauro Lins e Silva* e *Silvio e Teresinha Caldas*; na Imprensa, Sérgio e Aurélio Buarque; na diplomacia *Maurício Nabuco* e *Rui Barreto*. Orador e sadro e publicista bastariam ser citados Monsenhor *Joaquim Nabuco* e *Carolina Nabuco*.

Dignificando a estirpe Wanderley, encontra-se o sociólogo *Gilberto Freyre*, neto de Maria Raimunda Wanderley.

BIBLIOGRAFIA

BELO, JULIO – *Memórias de um senhor de engenho*
CARVALHO, ELÍSIO – *Troféus Insignes*
COSTA, PEREIRA DA – *Dicionário*
FREYRE, GILBERTO – *O Nordeste*
GALVÃO, SEBASTIÃO – *Dicionário*
MACHADO, ALCÂNTARA – *Brasílio Machado*
MELO, MÁRIO – *Aspectos da História*
ORLANDO, ARTHUR – *O Brasil a Terra e o Homem*
RIBERIO, JOAQUIM
SERRANO, JONATAS – *Filosofia do Direito*
TEIXEIRA, LEÃO – *Centenário do Cons. Soares Brandão*
XAVIER, CARLOS – *Feriados do Brasil*

SUMÁRIO

Nota do Editor — 3

Nota da Organizadora — 5

Nos 50 anos de "Os Primitivos Colonizadores Nordestinos e Seus Descendentes" — 7

Ao leitor — 9

Prefácio — 11

TÍTULO 1 – Ataques atirados aos colonizadores pernambucanos — 15
  Capítulo I – Seria improvisada a nobreza pernambucana? — 15
  Capítulo II – Arguição de ignorância dos colonizadores pernambucanos. — 17
    A) Guerreiros e agricultores. — 17
    B) Não eram apenas degredados os primitivos colonizadores nordestinos. — 18
    C) Não eram completamente incultos, como se apregoa, os colonizadores nordestinos. — 21
      I – Séculos XVI. — 21
      II – Século XVII. — 24
      III – Vultos do século XVIII. — 26
      IV – Século XIX. — 26
      V – Século XX. — 27
  Capítulo III – A ditadura de Duarte Coelho — 29
  Bibliografia — 31

TÍTULO 2 – Escravidão e emancipação — 35
  Capítulo I – Os colonizadores e os aborígenes do nordeste. — 35
    A) A inculpabilidade dos agricultores pela escravidão vermelha. — 35
    B) confronto com os bandeirantes paulistas. — 36
    C) O valor do índio nordestino e, sobretudo, do pernambucano. — 38
  Capítulo II – A escravidão negra pernambucana. — 41
    A) A escravidão no Mundo. — 41
    B) A instituição no Brasil. — 41
    C) A escravidão em Pernambuco e a reação dos escravos. — 42
      I – Atuação dos escravos — 42
      II – A República dos Palmares — 43
  Bibliografia — 45

TÍTULO 3 – Espírito de renúncia e de filantropia e seu aspecto negativo — 47
  Capítulo I – Espírito de renúncia — 47
  Capítulo II – Atos de filantropia. — 49
    A) Filantropia dos primitivos colonizadores. — 49

B) Atos de filantropia no Império	51
Bibliografia	52
TÍTULO 4 – A família pernambucana nos movimentos bélicos dentro de Pernambuco, pela expulsão dos invasores estrangeiros	53
Capítulo I – Expulsão dos franceses	53
Capítulo II – Expulsão dos ingleses	55
Capítulo III – Guerra holandesa.	56
A) Valor dos invasores.	56
B) Ajuda governamental por vezes tardia e insuficiente.	60
C) Motivos determinantes da invasão holandesa e da escolha do Recife.	64
D) Os 3 períodos da guerra holandesa.	65
1ª fase – A invasão.	66
2ª fase – Administração de Maurício de Nassau.	68
3ª fase – A resistência.	72
E) Elegância dos invasores.	75
F) Feição geográfica.	76
G) Aspectos sóciológicos	79
Bibliografia	80
TÍTULO 5 – Lutas pernambucanas pela independência	77
Capítulo I – Deposição de Jerônimo Furtado.	77
A) A prepotência do governador.	77
B) Defesa e crítica de Jerônimo Furtado.	78
Capítulo II – A guerra dos Mascates.	89
A) Razões do movimento.	89
B) Cisão das próprias famílias.	91
C) A conduta do capitão-mor do Cabo de Santo Agostinho.	93
Capítulo III – A república pernambucana de 1817.	95
A) Elaboração do movimento.	95
I – Antecedentes remotos.	95
II – Antecedentes próximos.	96
B) A debelação da república.	97
C) Grandes vultos da revolução.	97
D) Atuação do Marquês do Recife.	98
Capítulo IV – Movimento revolucionário de Goiana.	100
A) O governo de Goiana.	100
B) Apreciação sobre Luis do Rego e a atuação de Paes Barreto.	101
Capítulo V – A Confederação do Equador.	103
A) Reação contra o governo.	103
B) A conduta do Marquês do Recife.	103
Capítulo VI – A guerra praieira.	106
Bibliografia	108

TÍTULO 6 – Lutas fora de Pernambuco	111
Capítulo I – Lutas dentro do Brasil.	111
A) Ocupação de Santa Catarina.	111
B) Expulsão De Madeira.	112
Capítulo II – Lutas na América.	114
A) Cisplatina.	114
B) Guerra do Paraguai.	115
Capítulo III – Lutas pelo reino	116
Bibliografia	118
TÍTULO 7 – Lutas pela colonização ao norte e nordeste	121
Capítulo I – Colonização do Maranhão.	121
Capítulo II – Colonização do Amazonas.	123
Capítulo III – Colonização do Pará	124
Capítulo IV – Colonização do Piauí	125
Capítulo V – Colonização do Ceará	126
Capítulo VI – Colonização Potiguar	127
Capítulo VI – Colonização da Paraíba	128
Capítulo VIII – Colonização Alagoana	130
Capítulo IX – Colonização Sergipana e do São Francisco	131
Bibliografia	132
TÍTULO 8 – O senhor de engenho na colonização pernambucana	135
Capítulo I – A nobreza territorial	135
Capítulo II – O açúcar sob o aspecto econômico.	136
Capítulo III – O orgulho do senhor de engenho.	138
A) Arrogância regional.	138
B) O orgulho contra o comerciante.	138
Capítulo IV – Os velhos engenhos.	141
Capítulo V – Engenhos dando nomes a localidades e identificando proprietários	143
Capítulo VI – Notoriedade dos engenhos.	145
Capítulo VII – Agricultores titulares.	146
Capítulo VIII – O folclore.	149
Bibliografia	150
TÍTULO 9 – Atuação na sociedade de descendentes dos primitivos colonizadores	153
Capítulo I – Atuação política.	153
A) Predominância na Colônia.	153
B) Predominância no Império.	154
Capítulo II – Os administradores	155
Capítulo III – O elemento feminino.	156
A) A mulher no tempo da Colônia.	156
B) A mulher pernambucana depois da independência.	157
Bibliografia	160

TÍTULO 10 – A raça 161
    Capítulo I – O sangue vindo de Portugal por intermédio da Espanha. 161
    Capítulo II – O sangue português. 163
        A) Os colonizadores portugueses ascendentes dos Barretos. 163
        B) Os minhotos. 163
            I – Influência do Minho na colonização nordestina. 163
            II – A família Barreto no Minho. C) O sangue madeirense 165
        C) O sansgue madeirense 166
    Capítulo III – O sangue estrangeiro no povoamento nordestino. 168
        A) Sangue bávaro. 168
        B) Sangue britânico. 168
        C) O sangue francês. 169
        D) O sangue italiano. 169
        E) Raça israelita. 170
        F) Sangue holandês. 172
            I – As uniões brasíleo-flamengas. 172
            II – Aspecto político. 173
    Capítulo IV – O sangue indígena. 176
    Bibliografia 178

TÍTULO 11 – Genealogia da grande família colonizadora Holanda Cavalcanti de Albuquerque Melo Barreto 181
    Capítulo I – Albuquerque. 181
        A) Pré Albuquerque 181
        B) Albuquerque português. 183
            I – Tradições e armas. 183
            II – A estirpe em Portugal. 184
        C) Albuquerque em Pernambuco. 187
            I – Armas e tradições. 187
            II – A estirpe em Pernambuco. 188
                A) Dúvidas sobre a descendência de Jerônimo de Albuquerque. 188
                B) Filhos conhecidos de Jerônimo de Albuquerque e sua descendência. ... 195
                    I – Filhos de Maria do Espírito Santo Arcoverde. 195
                    II – Filhos de Felipa Melo. 206
                    III – Filha de mulher branca. 210
                    IV – Jerônimo de Albuquerque em união com indígenas. 211
                    V – União de Jerônimo de Albuquerque com escravas. 214
    Bibliografia 215
    Capítulo II – Cavalcanti. 217
        A) Cavalcanti em Florença. 217
            I – Cavalcanti guerreiro. 217
            II – Política e administração. 218
            III – Cavalcanti nas letras. 219
            IV – Cavalcanti na arte. 220

V – Vida mundana dos Cavalcanti.	221
VI – Nobiliarquia e Heráldica.	222
VII – Felipe Cavalcanti.	224
VIII – Anacronismo quanto a Guido Cavalcanti.	225
B) A família Cavalcanti no Brasil.	226
I – João Cavalcanti de Albuquerque.	226
II – Antônio Cavalcanti de Albuquerque.	226
III – Jerônimo Cavalcanti de Albuquerque.	237
IV – Lourenço C. de Albuquerque.	238
V – Felipe Cavalcanti de Albuquerque.	238
VI – Genebra C. de Albuquerque.	239
VII – Joana Cavalcanti.	240
VIII – Margarida Cavalcanti.	240
IX – Catarina Cavalcanti.	241
X – Felipa Cavalcanti I.	241
XI – Brites Cavalcanti de Albuquerque.	241
C) Atuação e descendência do Cel. Francisco de Paula de Holanda Cavalcanti de Albuquerque, o "Suassuna".	242
D) Ramo do Cardeal Arco-Verde.	245
I – Os elementos etnológicos Albuquerque, Cavalcanti e Holanda na família do Cardeal.	246
II – Quando e porque o apelido Arcoverde se introduziu na família.	249
III – Vocação de Joaquim Arcoverde para o sacerdócio.	250
IV – Vocação de Arcoverde para as letras.	251
V – Inclinação de Arcoverde para o ensino.	252
VI – Cargos e dignidades religiosas.	253
VII – O administrador.	254
VIII – O falecimento de Arcoverde e a tradição deixada.	255
E) Ramo Queiroz Monteiro.	256
F) Ramo do Marquês de Olinda.	257
Bibliografia	258
Capítulo III – Holanda.	259
A) Ascendência de Arnau de Holanda.	259
B) Descendência de Arnau de Holanda.	260
I – Cristovão de Holanda Vasconcelos.	260
II – Antônio de Holanda Vasconcelos.	265
III – Agostinho de Holanda (1).	268
IV – Adriana de Holanda (1).	271
V – Isabel Gomes de Vasconcelos.	272
VI – Inez Goes.	272
VII – Ana de Holanda	273
VIII – Maria de Holanda.	273
Bibliografia	274
Capítulo IV – Barreto	275
Subcapítulo A – Barreto pré-pernambucano.	275

A) Os velhos Troncos.	275
B) O tronco através de Arnaldo Baião.	277
C) O primeiro Barreto, suas armas e tradições.	278
I – Tradição dos Barretos.	278
II – Armas.	279
D) Diversidade de opiniões quanto à prioridade do nome.	282
I – Menção feita por Tivisco de Nazau Zarco.	282
II – Ponto de partida de Afonso Torres.	283
III – Opinião de Sanches Baena.	283
IV – Referência de Alarcon e Ribereda.	283
V – Citação de Manuel Severim.	283
VI – Indicações sobre a Dualidade de Barreto.	284
VII – "O livro Velho de Linhagens".	284
E) Gomes Mendo Barreto, sua esposa e descendência.	284
F) Fernão Gomes Barreto.	285
G) Martim Fernandes Barreto, esposa, armas e filhos.	286
H) Nuno Martins Barreto, morgado de Quarteiras e seus filhos.	287
I) Gonçalo Mendo Barreto.	287
J) Diogo Nunes Barreto.	288
K) Gonçalo Nunes Barreto (2).	288
L) Gonçalo Nunes Barreto (3).	288
M) Nuno Rodrigues Barreto.	289
N) Barretos morgados de Bilheiras	290
Bibliografia	292
Subcapítulo B – Primitivos colonizadores de Pernambuco, dos quais descendem os atuais Paes Barreto	294
Bibliografia	296
Subcapítulo C – O tronco da família em Pernambuco. João Paes Barreto e sua ligação genealógica com o autor. Sinopse.	297
Bibliografia	300
Subcapítulo D – O primeiro Paes Barreto no Brasil.	302
A) Títulos de João Paes Barreto (3).	302
B) Conceitos sobre João Paes Barreto (3).	303
C) Atividades rurais de João Paes Barreto (3).	304
D) João Paes Barreto e seus serviços.	306
Bibliografia	309
TÍTULO 12 – Fatos reais ou lendários atribuídos a vultos das famílias dos primitivos colonizadores.	311
Capítulo I – Homicídios anteriores à constituição do reino.	311
A) Homicídio passional pelo Rei Ramiro.	311
B) Uxoricídio pelo Rei Ramiro.	312
C) Assassino de D. Edmundo da Inglaterra.	313
D) Assassinato do duque de Tebas.	313
E) Morte do conde Nichi Goizoi.	314

Capítulo II – Alguns homicídios em Portugal. 315
A) Coautoria passiva de Egídio Paes no trucidamento de Gil Paes. 315
B) Colaboração moral de Pavaro Paes no homicídio do conde de Ourén. 315
C) Morte de João Afonso. 316
D) Assassínio de Inez de Castro. 316
E) Leonor de Albuquerque. 317

Capítulo III – Alguns homicídios no Brasil. 318
A) O assassínio de João Paes Barreto (5). 318
B) Morte do Cel. Albuquerque Lacerda. 320
C) Assassínio do Dr. Felipe de Gusmão. 321
D) Homicídio derivado de casamento contra a von-tade paterna. 321
E) Latrocínio contra João Paes Barreto e Esposa. 321
F) Morte de Manoel Joaquim Paes Barreto. 322
G) Caso de "aberratio ictus". 322

TÍTULO 13 – Versões e anedotário 323

Capítulo I – Versões sobre Jerônimo de Albuquerque, João Paes Barreto e Cristóvão Lins. 323
A) As trezentas concubinas de Jerônimo de Albuquerque. 323
B) O sistema de inventariar em vida. 323
C) O fidalgo carreiro. D) O estratagema de Cristóvão Lins. 324
D) O estratagema de Cristóvão Lins. 325

Capítulo II – As esquisitices de Barros Pimentel. 326
A) Os calções de Barros Pimentel. 326
B) Os clarins de Rodrigo de Barros. 326
C) Ausência de tino comercial de Barros Pimentel. 327
D) Moradia de Pimentel em um iate. 327

Capítulo III – Atos públicos relativos à Família. 328
A) A família na Inquisição. 328
B) Sentença considerando extinta a família Sousa. 328
C) Vencimentosde fidalguia. 329
D) Votos de casamento com moças pobres. 329

Capítulo IV – Fatos pertencentes ao folclore e à lenda. 330
A) Boêmios na família. 330
B) União pelo casamento de famílias adversárias. 330
C) Vícios atribuídos a algumas famílias pernambucanas. 331
D) Rapto de noivo. 331
E) Vingança de Wanderley negro contra Wanderley branco. 331

Capítulo V – Casos de ordem eugênica. 335
A) Casamentos consanguíneos. 335
B) Ilegitimidade consanguínea. 336
   I – Vários bastardos. 336
   II – Amantes reais. 338
C) Precocidade em casamentos. 338
D) Parentescos renovados. 338

E) Mistura do sangue estrangeiro.	339
F) Proliferação.	340
G) Casos de longevidade.	340
Capítulo VI – Alcunhas, nomes extravagantes e extensos e irmãos com diferentes Denominações.	342
A) Alcunhas.	342
B) Nomes extravagantes.	343
C) Extensão de nomes.	344
D) Irmãos com diferentes nomes.	344
Capítulo VII – O Marquês de Pombal e o Barão de Cotegipe	346
A) Ascendência brasileira do Marquês de Pombal.	346
B) Cotegipe pernambucano, mineiro e baiano	346
Bibliografia	348
TÍTULO 14 – Origem de algumas famílias no nordeste	349
Capítulo I – Nomes locativos.	349
A) Apelidos derivados de castelos, quintas e solares.	349
I – Abreu.	349
II – Albuquerque.	349
III – Aguiar.	350
IV – Alvarenga.	350
V – Amorim.	350
VI – Andrade.	350
VII – Araújo.	351
VIII – Azevedo.	351
IX – Barbalho.	351
X – Barbuda.	351
XI – Barreto.	352
XII – Barros.	352
XIII – Calheiros.	352
XIV – Carvalho.	353
XV – Coutinho.	353
XVI – Dantas.	353
XVII – Lima.	353
XVIII – Menezes.	354
XIX – Paiva.	354
XX – Pereira.	354
XXI – Sá.	354
XXII – Souza.	354
XXIII – Teixeira.	355
XXIV – Vasconcelos.	355
B) Apelidos locativos de famílias reais.	356
I – Bragança.	356
II – Castro.	356

    III – Noronha. 356
Capítulo II – Apelidos patronímicos. 357
  A) Apelidos locativos regulares. 357
    I – Vários apelidos. 357
    II – Coelho. 357
    III – Goes. 357
    IV – Moniz. 358
    V – Silva. 358
  B) Nomes Patronímicos que substituíram o radical. 358
    I – Anes. 358
    II – Jacome. 359
    III – Viegas. 359
Capítulo III – Apelidos derivados de feitos de armas. 360
  A) Almeida. 360
  B) Baião. 360
  C) Bandeira. 360
  D) Câmara. 361
  E) Cunha. 361
  F) Maia. 361
  G) Maranhão. 362
  H) Melo. 362
  I) Mesquita. 362
  J) Moura. 363
  L) Pimentel. 363
  M) Távora. 363
Capítulo IV – Nomes próprios transformados em apelidos. 364
  A) Afonso. 364
  B) Berenguer. 364
  C) Garcia. 364
  D) Gomes. 364
Capítulo V – Apelidos vindos do estrangeiro 366
  A) Acioli. 366
  B) Borges. 366
  C) Bulhões. 367
  D) Cavalcanti. 367
  E) Drummond. 367
  F) Holanda. 368
  G) Lins. 368
  H) Rocha. 368
  I) Wanderley. 369
Capítulo VI – Apelidos derivados de alcunhas 370
  A) Barbosa. 370
  B) Chichorro. 370
  C) Falcão. 370

D) Feio.	371
E) Lacerda.	371
F) Marinho.	371
G) Velho.	372
Bibliografia	373
TITULO 15 – Uma velha família na atualidade.	375
Bibliografia	377

ÍNDICE DAS GRAVURAS

I – IGREJA DE NOSSA SENHORA DO ROSÁRIO DOS PRETOS	23
II – HENRIQUE DIAS E FELIPE CAMARÃO	59
III – VIDAL DE NEGREIROS E JOÃO FERNANDES VIEIRA	63
IV – VISTA DE UM ENGENHO	137
V – IGREJA DO ENGENHO MAMUCABAS	140
VI – RUÍNAS DA CAPELA DO ENGENHO MAMUCABAS	147
VII – UM PAES BARRETO DO MEADO DO SÉCULO XIX	281

ADENDO

por Noemia Paes Barreto Brandão

AS FAMÍLIAS VOLTAM

Tantos anos já decorridos dessa contenda entre dois vultos consagrados: o sociólogo Gilberto Freyre e o historiador e poliglota, Joaquim Ribeiro, podemos apontar vários membros dessas Famílias que continuam a se distinguir em diversas áreas da vida pública: magistratura, política, jornalismo, medicina, engenharia, advocacia, indústria agropecuária, letras, artes, música, até no Brasil afora.

PAES BARRETO E SEUS DESCENDENTES EM EVIDÊNCIA

Ministério das Relações Exteriores – Embaixador Renan Leite Paes Barreto – Cônsul Geral em Portugal; **Ministério Público** – Carlos Xavier Paes Barreto Brandão – Procurador da República, professor universitário; Tomaz Leonardo, Procurador da República; **Magistratura** – Desembargador Carlos Xavier Paes Barreto Sobrinho, ex-Presidente do Tribunal de Justiça de Pernambuco, professor; Desembargador Ricardo de Oliveira Paes Barreto, escritor com diversos livros jurídicos publicados e professor universitário; Maurício Paes Barreto Pizarro Drummond – Juiz Federal do Trabalho, Diretor do Fórum de 1º grau da Justiça do Trabalho (distribuidor) e professor universitário; **Promotoria do Estado** – Flávia Monteiro de Castro Brandão, RJ; Márcio Pinheiro Dantas Motta, PR; **Defensoria Pública** – Marcelo Paes Barreto – Chefe da Defensoria Pública do ES, professor universitário; Débora Dantas Motta, S.P; **Jornalismo** – Reynaldo Leite Paes Barreto, jornalista, escritor, vice Presidente do Jornal do Brasil; Sérgio Dantas Motta, correspondente do Diário de Noticias de Portugal, ex-repórter especial de "O Globo"; **Política** – **Armando de Queiroz Monteiro Neto** – deputado, advogado, empresário, Presidente da Confederação Nacional da Indústria (CNI) e seu pai, **Armando de Queiroz Monteiro Filho**, deputado federal, secretário de Estado, ministro, banqueiro, conhecido industrial; José Mucio Monteiro Filho, engenheiro, Ministro do Tribunal de Contas da União, prefeito, deputado, secretário de Estado, industrial, banqueiro e dedicou-se à agroindústria; **Advocacia** – Rômulo Paes Barreto, ex-Presidente do Instituto do Livro; **Guilherme Paes Barreto Brandão**, advogado da Confederação Nacional do Comércio (CNC), ex-assessor jurídico da Secretaria da Fazenda do Governo de SP; **Clovis Wanderley Paes Barreto Filho**; João Diniz Paes Barreto Pizarro Drummond, advogado, perito judicial, empresário de sucesso; Gabriela Motta

Kurtz, brilhante advogada do escritório "Mattos Muriel Kestener"; **Alfredo Carlos Paes Barreto** – engenheiro, empresário bem sucedido, Presidente e acionista da empresa portuguesa Promocom, Sociedade Promotora e Imóveis Ltda, da Promocom of América, Inc, do Grupo Hoteleiro Espanhol Sol Meliá, da Eurocorp Participações Ltda. e outras mais, filho do falecido engenheiro **Carlos Eduardo Paes Barreto,** especialista em Petróleo – Presidente da Petroquímica da União, tendo sido representante do Conselho Nacional de Petróleo em New York e Presidente da Caixa Econômica Federal; **Engenharia – Eduardo Paes Barreto Dantas Motta:** engenheiro civil, funcionário graduado no Banco do Brasil, responsável técnico, junto com Fernando Freire, pela construção do Centro de Processamento de Dados no Hemisfério Sul, bairro Andaraí; **Martha Ribas,** dona da Editora "Casa da Palavra" (neta do falecido Procurador Almir Paes Barreto); **Medicina – Francisco Paes Barreto**: psiquiatra, escritor; **Bruno Acataurassu Paes Barreto**: médico conceituado no Pará, professor; Sheila Machado Costa Contente, veterinária, empresária bem sucedida no ramo; **Música: Francisco Buarque de Holanda** (Chico) – músico, compositor e escritor consagrado e sua imã, **Heloísa Maria Buarque de Holanda (Miúcha)** – cantora famosa); **Pedro Buarque de Holanda,** empresário, produtor de cinema, televisão e publicidade, sócio da Conspiração Filmes; **Letras: Bartolomeu Buarque de Holanda,** economista, escritor, autor do famoso livro "Buarque, uma família Brasileira"; **Teodoro Buarque de Hollanda** – engenheiro, escritor; sociólogo, professor, ex-subsecretário de Planejamento no governo Leonel Brizola; **Cristóvão Buarque**, senador e ex-governador e outros mais.

WANDERLEY ATUAIS

Ministério das Relações Exteriores: **Weber de Barros Wanderley Lins** – Cônsul do Reino dos Países Baixos no Recife; Ministério Público: **Ariano Wanderley** – Procurador Geral na Paraíba; Magistratura: **Thomaz de Aquino Cyrillo Wanderley** – Desembargador do Tribunal de Justiça de Pernambuco; **Elio Wanderley de Siqueira Filho** – Juiz titular da 7ª.Vara Federal de Pernambuco; **Sérgio José Wanderley de Mendonça** – Juiz titular da 2ª.Vara da Federal de Alagoas; **Roberto Wanderley Nogueira** – Juiz titular da lª. Vara Federal de Pernambuco; **Roberto Wanderley Braga**, juiz em Piauí; **Setor agrícola – S.A. Usina-Coruripe Açúcar e Álcool – Grupo Tercio Wanderley, Roberto Wanderley Nogueira Wanderley, Márcio Silvio Wanderley de Paiva, Paulo Carvalho Wanderley, Maurício Tenório Wanderley, Vitor Montenegro, Marcus Carvalho Wanderley, Corália Montenegro Wanderley, Carmem Dolores Carvalho Wanderley** – empresa familiar, a maior indústria produtora de açúcar e álcool do norte-nordeste. **Tércio Wanderley** foi deputado constituinte, membro da Academia Alagoana de Cultura, Prefeito de Maceió, homenageado com comendas e designações de seu nome em ruas de Alagoas; João Mauricio Ottoni Wanderley de Araújo Pinho, famoso advogado no Rio de Janeiro, presidente de inúmeras Instituições Culturais; **Ensino: Fábio Wanderley Reis: cientista político e** professor emérito da Universidade Federal de Minas Gerais; **José Wanderley Neto** – ex-Vice Governador em AL; **Sidney**

Wanderley, poeta, professor, escritor; **Wanderley Filho** – jornalista, repórter na Paraíba, Presidente Diretor da 1ª.TV no RN; **Medicina: Célio Wanderley**, Deputado por Minas Gerais; **Cristovam Wanderley Picanço Diniz** – médico renomado, professor, Chanceler da Universidade Federal do Pará; **Juarez de Siqueira Britto Wanderley,** médico, ex-Vice-Presidente da Produção do Instituto Embraer de Educação e Pesquisa. Em sua homenagem teve o nome dado a um Colégio; **João Bosco de Barros Wanderley** – membro da Academia de Medicina de Mato Grosso e do Conselho Consultivo da Obstetrícia de MT, ex Presidente da Associação Médica; **Mauro Rogério de Barros Wanderley** – médico conhecido; **Klerman Wanderley Lope**s, conceituado cardiologista do RJ; **Engenharia – Ivo Ricardo Wanderley** – engenheiro graduado de Furnas Centrais Elétricas. Cursos de Pós-Graduação e Mestrado em diversas áreas de especialização, menção honrosa e prêmio qualidade do Governo Federal em diversas áreas de engenharia, famoso genealogista e historiador; **Eloi Angelos Ghio**: escritor, jornalista, historiador e conhecido genealogista; **Dora Wanderley Rey** – geógrafa, ex-Diretora do Primeiro Núcleo de Geografia da FGV, bolsista do Governo francês; **Luis Carlos Rey**, médico sanitarista, professor emérito da Universidade de Fortaleza, filho do famoso médico sanitarista, escritor, professor, Luis Rey; **Música: Mário Sève Wanderley Lopes**, músico famoso do quinteto "Nó em Pingo D'água", flautista, saxofonista, compositor e arranjador; **Rubens Wanderley Filho** – arquiteto famoso, escritor, ex-Presidente do Instituto de Arquitetura do Brasil; **Lya Judith Wanderley de Jong**, empresária bem sucedida no ramo de importação e exportação; **Vânia Wanderley Lopes**, alta funcionária da Light e arquiteta de sucesso e muitos mais.

Como escreveu o autor desta obra:

"Estamos todos presos à grande lei da continuidade histórica que obriga as gerações que surgem a receber, conservar e transmitir o laço que une o pretérito ao porvir".

Estou certa de que as gerações futuras irão continuar a saga dessas famílias, honrando os sobrenomes de *Paes Barreto e Wanderley* que herdaram!

O autor desta obra deixou inéditos "*Fronteiras da Ética*", publicado postumamente pela viúva, Edith Wanderley Paes Barreto, e "*Paes Barreto e seus Entroncamentos*". Este último serviu de consulta a vários pesquisadores, genealogistas e interessados nesse ramo da História. Estiveram em minha residência consultando: Dr. Sylvio Campos Paes Barreto, Ministro Djalma da Cunha Mello, Neuza Medeiros Nobre de Almeida Castro e esposo, Luis de Mello Faro e Castro, Bartolomeu Buarque de Holanda e esposa Rosana, Carlos Eduardo Barata, Dea Lins e Silva, Augusto Alexis Cordeiro de Mello, Henrique Pereira da Silva Fonseca, Roberto Cavalcanti de Albuquerque, Cláudio Marinho Falcão, Padre Teodônio Nunes, Lais Ottoni Ferreira, Desembargador Aloyzio Américo Galvão, Jorge Augusto do Nascimento, Sônia Maria de Araújo-Ulrich, Ivo Ricardo Wanderley, Fernando Caldas e outros mais.

Ao terminar, para aqueles que não conheceram o homem incomum que foi *Carlos Xavier Paes Barreto*, vou inserir aqui um pouco de sua existência.

Sua vida foi dividida por três Estados: **Pernambuco** onde nasceu, bacharelou-se pela Faculdade de Direito do Recife, onde era conhecido como o "Xenofonte, pelos seus conhecimentos históricos, e distinguido pelos colegas como orador. Exerceu a advocacia.; **Espírito Santo**, onde deu o melhor de sua vida: Político, ocupou cargos de relevância na vida administrativa do Estado, como Secretário de vários governadores do Estado, Secretário de Viação e Obras públicas, Diretor da Segurança Pública, Prefeito de Vitória, Diretor do Diário da Manhã (órgão oficial), Diretor da Biblioteca Nacional. Exerceu a Advocacia, o Jornalismo. Foi Consultor Jurídico, Procurador Geral, Legislador, Magistrado – Juiz de várias comarcas, Desembargador-Presidente do Tribunal de Justiça e do Eleitoral, Professor em diversos estabelecimentos de ensino, Professor catedrático de Direito Penal da Faculdade de Direito do Espírito Santo, entidade idealizada por ele e seu principal fundador, Escritor – publicou vários livros de Direito, História, Geografia, Biografias, etc; Orador Oficial do Instituto Histórico e Geográfico do E.Santo, entidade, da qual foi um dos fundadores; Congressista – Como representante do Governo do E. Santo destacou-se em diversos Congressos geográficos, históricos e jurídicos, apresentando teses com elogios, principalmente nos Congressos de Geografia e Criminal, tendo sido convidado para fazer a introdução do Código Penal que estava sendo modificado em 1940. No **Rio de Janeiro** foi professor em colégios e em diversas Faculdades. Examinador em concursos para catedrático. Pertenceu a inúmeras entidades culturais, de que foi Presidente, em especial, a Federação das Academias de Letras do Brasil, seu Presidente e Vice-Presidente Considerado cidadão carioca, espírito-santense e capixaba.

O autor desta obra recebeu encômios dos seus colegas e admiradores. Sou suspeita,como filha, para falar, porém, seus contemporâneos deixaram suas impressões, às quais não me furto em inserir aqui algumas e podem servir de exemplo às gerações futuras:

"...Honrar brasileiros destacados pelo seu valor intelectual e moral é um dever patriótico. Sempre dispensei um carinho especial a esses seres privilegiados que a custo de uma verdadeira abnegação, se elevam na sociedade pelo seu saber, elevação de caráter. Na posso me calar, ante a figura inconfundível de Carlos Xavier" (A Gazeta, 12.11.l940);

"...Vi e reconheci sempre em Carlos Xavier a operosidade, a segurança de caráter, a competência e muito mais, a honestidade. Sua conduta serve de espelho, de norma a todos aqueles que queiram ser homens de bem, que queiram trilhar o caminho da dignidade e da honestidade"(Senador Jerônimo Monteiro, Presidente do Espírito Santo);

"...Seus exemplos e suas lições ficarão para a posteridade"(Sen. Carlos Lindenberg, Governador do Espírito Santo);

"...O Governo e a coletividade capixaba lhe deve avultada soma de serviços, especialmente na boa administração da Justiça, da qual foi um magistrado culto, operoso, digno por todos os títulos, enriquecendo as nossas letras jurídicas com trabalhos de larga projeção..." (Cap. João Punaro Bley, Presidente do E. Santo);

"...Ando muito atrasado em Direito Penal para falar como crítico; falo, *ex-abundantis cordis*, como sincero apreciador de seu talento e de sua competência: aprendi e admirei" (Clovis Bevilaqua agradecendo a oferta de "Lê juge et la loi", tese escrita em francês, apresentada por Carlos Xavier no Congresso sobre Direito Penal em Atenas em que recebeu prêmio);

"...Cumpriu, fielmente, o preceito de Juvenal: *Vitam impendere vero*, consagrar a vida à verdade, que é o destino comum dos pensadores" (Kosciusko Barbosa Leão, professor, poeta, acadêmico, Diretor da Faculdade de Direito do Espírito Santo);

"...Seu nome que já no mundo das letras despertava os aplausos e simpatias de quantos liam os seus trabalhos de história, afirma-se, admiravelmente, na linha de vanguarda dos criminalistas brasileiros. Criminalista de tantos gabos, jurista de renome e de tantas cátedras... um dos espíritos mais claros e um dos corações mais puros que Deus pôs no meu caminho" (Adelmar Tavares, magistrado, poeta);

"...Se quereis um modelo que deveis esforçar-vos, se quereis um paradigma que os jovens devem ter sempre diante dos olhos como admirável exemplo de vivo patriotismo, aliado às mais raras aptidões intelectuais e a um infatigável devotamento ao trabalho, aqui o tendes nessa figura impressionante, *sui generis*, de Carlos Xavier Paes Barreto..." (Manoel Moreira Camargo, Presidente da OAB do Espírito Santo – discurso em sua homenagem);

"...Honra, não só ao Espírito Santo, mas a todo o país pela sua cultura, probidade, amor ao direito e à ciência" (Helio Gomes, médico, advogado, professor e Diretor da Faculdade Nacional de Direito);

"...Carlos Xavier é um diamante de primeira água, puro, sem jaça, a faiscar luz própria e brilhante pelas suas arestas esmeradamente lapidadas..." (Desembargador Augusto Afonso Botelho);

"...É o mais fecundo escritor espírito-santense de todos os tempos e um dos mais férteis publicistas brasileiros. Um dos poucos polígrafos brasileiros que sabe dar ao que escreve ou expõe, o condimento próprio e sempre numa medida exata... com propriedade, clareza e maestria... claro, fácil, brilhante e atraente..." (Eurípedes Queiroz do Vale, Desembargador, escritor, acadêmico);

"...Considero sua aposentadoria como um desastre para toda a Magistratura Espírito-santense... Você é a alma e o coração do Tribunal. Aposentado, redundaria num grande prejuízo para aquele aerópago e para toda a magistratura de que é o excelso patrono" (Desembargador Irineu de Faria);

"... Creso da bondade ele o é, sem dúvida, porque pratica, instintivamente, essa virtude tão recomendada por São Francisco de Assis, a qual consiste em ser bom até para os maus" (José Paulino Alves, magistrado, professor);

..." Conhecedor profundo de todos os assuntos... sua vida dá vida. Seus conhecimentos saem como água borbulhando e entram em nossa mente sem esforço, seja em qualquer setor, até no lar, onde é venerado ou na sociedade onde é, até hoje, presença marcante. Ele pode não estar ensinando mas a gente está aprendendo – ele pode não estar falando, mas a agente está ouvindo... (jornalista Nilge Limeira);

Depois do seu desaparecimento:

"...Inesquecível e glorioso brasileiro, paradigma de sua geração e exemplo para a posteridade." (Modesto de Abreu, escritor, jornalista, poeta, acadêmico);

"...Sua preocupação era saber mais, ele que já sabia tanto e muito há de continuar ensinando nas páginas dos volumes que publicou..." (Ciro Vieira da Cunha, médico, jornalista, poeta);

"...Vida completa e aureolada a desse brasileiro que foi grande e que foi bom. Não o choramos. Se esta palavra é de saudade, significa também, uma rosa, uma palma e uma folha de louro mínima na coroa que lhe é devida que ele soube conquistar pelo trabalho – dispensando a semente da luz e fecundando-a pelo calor do coração." (Almeida Cousin, poeta, professor, escritor, acadêmico);

"...Ainda que quisesse esquecer Carlos Xavier, não o poderia fazer. Ele está no meu coração, na minha consciência, na minha lembrança, na minha saudade, na minha admiração pelas suas qualidades de homem exemplar, de chefe de família desvelado, de amigo leal, de companheiro cordialíssimo, admiração pelo fulgor da sua inteligência, da sua cultura, da sua bondade infinita..." (Des. Cristino Castelo Branco, magistrado, escritor, acadêmico);

"...Nenhum encômio igualaria o seu nome. Contextura admirável de homem como jurista e pensador. Por anos a fio, iluminou o tribunal de justiça com as claridades da sua cultura e do seu talento, na excelsa compostura de magistrado, dignificando-se sempre e dignificando-a na nobre função social..." (José Paulino Alves, magistrado, professor, escritor);

"...Carlos Xavier não foi só uma das mais destacadas figuras da magistratura, mas do próprio Espírito Santo que ele tanto serviu e engrandeceu." (Des. José de Barros Wanderley, magistrado, professor);

No seu Centenário de Nascimento, ocorrido a 11 de novembro de 1981, foi comemorado no Rio de Janeiro e no Espírito Santo. Neste último, em sessão inusitada, reuniram-se: o Tribunal de Justiça, a Câmara dos Deputados, o Instituto Histórico e Geográfico do E. Santo e a Academia Espírito-santense de Letras para homenagear Carlos Xavier Paes Barreto em que vários oradores enalteceram a sua figura:

"Nós, magistrados, sentimo-nos humanamente honrados em poder até hoje saborear, admirar e respeitar aquele vulto quase que sagrado, que foi para a Magistratura do E. Santo, homem público de diversificada cultura que muito contribuiu para a grandiosidade da cultura do Espírito Santo..." (Desembargador. Victor Hugo Cupertino de Castro Filho);

"Conhecer a vida e a obra desse insigne brasileiro, cujos exemplos de trabalho, dignidade e amor à cultura devem ser seguidos por todos aqueles que desejam ver o Brasil como país grande, culto, próspero e feliz." (Des. Carlos Teixeira Campos – magistrado, escritor, poeta, acadêmico);

"Espírito voltado à pesquisa, ao estudo e à meditação, um semeador de idéias" (Desembargador Fernando Whitaker da Cunha, magistrado, professor, escritor, acadêmico);

"Se não tivesse vencido pelo talento o teria feito pela expressiva bondade" (Messias Chaves, escritor, magistrado);

"Como juiz criticou o excessivo rigor dos requisitos da legitima defesa, dizendo: "Como jurista estou no dever de condenar essa mesma lei que, como magistrado, estou obrigado a aplicá-la" (Aderson Perdigão Nogueira, Juiz de Direito);

"...Um dos homens mais cultos de seu tempo, no Brasil: o professor, o orador, o jornalista, o advogado, o magistrado, o jurista, o criminalista, o constitucionalista, o genealogista, em suma, o homem excepcional, *sui generis*, talento que brilhou em diversos setores da atividade intelectual..." (Merolino Correa, jornalista);

"Soube dar a Cesar o que é de César quando no exercício das funções de julgador prolatando decisões luminosas, cheias de equidade e ensinamento úteis...Com que habilidade, inteligência, e descortino e, sobretudo, com que a bondade e grandeza de espírito e coração soube dirigir e dirigiu os destinos da Justiça nesta unidade da Federação." (Desembargador Meroveu Moreira Cardoso, seu ex aluno);

"Considerado com inteira justiça uma das figuras mais notáveis do Direito e das letras jurídicas do Brasil, principalmente na esfera do Direito Criminal, íntegro magistrado, um verdadeiro mestre do direito, cujo nome na esfera do Direito Penal já muito transpôs as fronteiras do país..." (ao receber o título de Cidadão Carioca – Diário Municipal do RJ, 1958);

"...Foi ele, por todos os títulos, por todos os atributos que elevam os homens de bem, um dos grandes benfeitores do nosso querido Espírito Santo. Como historiador, como biógrafo, como pedagogo, como magistrado, como professor emérito, elevou bem alto, até fora de nossas fronteiras a hospitaleira terra capixaba." (Desembargador Carlos de Campos);

"...ajudou a construir a do Brasil, quer na sua missão de magistrado, quer na de juiz e jurista, quer na de administrador, quer na histórica e geográfica... O aluno aplicado, o jovem idealista, o professor cativante, o administrador competente, o magistrado culto, o historiador meticuloso, o pesquisador beneditino, o apaixonado genealogista, o crítico sagaz, o escritor erudito, o amigo fiel, o patriarca generoso – filho dedicado, irmão solícito, esposo e pai amantíssimo." (Leatrice Moelmann, poetisa, escritora, acadêmica);

"Sempre viveu o preclaro jurista, clamando aos nossos concidadãos contra a imoralidade e a baixeza da força, apostolando a nobreza e a santidade da lei, que não protege, por desventura, a liberdade, em virtude da comprometida indolência e do indiferentismo criminoso de certos homens... Independência de espírito, nunca se curvou para receber insinuações ou falta a seus princípios." (Juiz Beresford Moreira);

"Como historiador, biógrafo, pedagogo, magistrado, professor emérito, elevou bem alto até fora de nossas fronteiras, a hospitaleira terra capixaba. Conhecer a vida e a obra desse insigne brasileiro, cujos exemplos de trabalho, dignidade e amor à cultura devem ser seguidos por todos aqueles que desejam ver o Brasil como país grande, culto, próspero e feliz" (Des. Carlos Teixeira Campos – magistrado, escritor, poeta, acadêmico);

"Peço a Deus que me ajude a imitar, ao menos superficialmente, a conduta de meu grande amigo e mestre quando ocupava a cadeira que hoje tenho a honra de ocupar. Com que habilidade, com que inteligência, e descortino e, sobretudo, com que a bondade e grandeza de espírito e coração soube dirigir e dirigiu os destinos da Justiça nesta unidade da Federação." (Desembargador Meroveu Cardoso, ex aluno);

Noemia Paes Barreto Brandão

PUBLIQUE O SEU LIVRO!
Com a Usina de Letras você pode.
Nós trabalhamos em parceria com novos autores.
Envie o seu material para uma avaliação para o e-mail:
editora@usinadeletras.com.br

Para adquirir um exemplar desse livro,
entre em contato com:

Usina de Letras

Rua Conde de Irajá, 90 – Botafogo – (021) 2539-7909
Rio de Janeiro – RJ – CEP: 22271-020

SCS Quadra 01 Bloco E – Ed. Ceará sala 809
Brasília – DF – CEP: 70303-900

www.editorausinadeletras.com.br
e-mail: livraria@usinadeletras.com.br